中國佛敎史

鎌田茂雄 著 / 鄭舜日 譯

경서원

序　文

　　인도에서 발생한 불교는 북쪽으로 전해져서 중앙 아시아를 경유하여 중국에 전래되고 다시 중국을 중심으로 하여 한국·일본·베트남을 포함하는 광대한 지역에 동아시아 불교문화권을 형성하였다. 그러나 교리의 조직이 가장 발달했던 것은 중국불교이다. 인도불교사 연구에 티베트불교의 자료는 필요 불가결한 것이나 南北朝 이전의 인도불교사를 이해하기 위해서는 중국불교에 대한 지식은 꼭 필요하다 할 것이다. 또한 직접 중국불교를 모태로 하는 한국불교나 일본불교를 연구하기 위해서는 중국불교의 지식은 없어서는 안될 것으로 생각한다.

　　1910년에 『佛敎史林』이 간행되어 불교를 史的으로 연구하려는 풍조가 일어나 선각자들이 훌륭한 업적을 쌓아 왔으나 그것은 교리의 발달과 변천에 대한 연구가 주된 것이었다. 극단적으로 말한다면 凝然의 『三國佛法傳通緣起』의 문제의식을 근대적인 연구방법에 의하여 계승 발전시킨 것에 지나지 않는 것이다.

　　그런데 1937년에 「支那佛敎史學會」가 설립되어 중국불교사를 중국문화사나 사회사와 관련하여 파악하려고 하는 움직임이 일어났다. 교리, 교단, 미술, 문학, 법제, 경제 등의 모든 면을 총합적으로 파악하려는 불교문화사 연구가 중국불교사 연구의 주류를 이루어 커다란 성과를 이룩하게 되었다. 『支那佛敎史學』전 7권이 이룬 역할도 크다. 또한 실태조사에 기반을 둔 중국불교와 유적 조사연구를 비롯하여 미술사 연구가에 의한 敦煌이나 雲岡, 龍門 등의 諸石窟이나 房山石經 등의 실태조사도 이루어져 커다란 업적이 출판, 간행되었다. 또한 돈황문헌에 바탕한 三階敎나 禪宗史의 연구를 비롯하여 義邑·礪礎, 變文등의 사회경제사나 俗文學史의 해명도 급속한 진전을 보았다. 이와같이 새로운 분야가 개척되어 중국불교사는 크게 변화되기에 이르렀다.

1937년에 『支那佛敎史學』이 발간되어 중국불교의 학문적 연구가 시작된 이래 겨우 40여년의 세월이 지났을 뿐으로 중국불교 연구는 극히 천단한 학문이라 할 것이다. 중국불교를 연구하는데 있어서는 인도불교학을 비롯하여 중국사, 중국사상사, 도교사 등의 인접 제분야와 밀접하게 연관시켜 연구를 심화시키지 않으면 안된다. 지금도 또한 미개척의 영역이 너무도 많다. 이러한 현상태에서 총체로서의 중국불교사를 서술하고 그 전체상을 파악하려 하는 것은 그 자체가 무모에 가까운 시도라고 해도 좋을 것이다. 특히 본인은 중국불교의 한 종파인 화엄종의 교리사를 주로 전공한데에 불과하기 때문에 이 책의 내용은 모두 先學들의 업적에 힘입은 것이다. 그러나 그 성과는 엄청난 것이어서 그것들을 모두 이해하고 소화하여 기술한다는 것은 용이한 작업이 아니었다.

이 책은 교리사나 교단사 등에도 편중하지 않고 불교가 중국의 대륙과 사회에 어떻게 중국적으로 變容되고 한족에게 적응했으며 그 정신생활에 어떠한 영향을 미쳤는가 하는 점을 해명하기 위하여 그 역사적 서술을 의도한 것이다. 중국에서 불교의 변천은 극히 정치적이었기 때문에 국가 권력과 불교 교단과의 관계는 매우 밀접하였다. 그 때문에 정치와 불교, 사회와 불교와의 관계를 서술하는데 힘을 기울였다. 또한 지면의 관계로 隋와 唐불교의 諸宗의 교리는 될 수 있는대로 간략화시켰기 때문에 각 절에 기재한 종파의 개설서를 참고하여 주시면 한다.

저자가 중국불교사의 연구에 뜻을 둔지 이미 20년의 세월이 흘렀다. 그 사이에 연구는 더디어서 진전되지 않았으나 이 책의 간행을 기연으로 하여 중국불교사 연구를 조금씩이라도 추진시켜 보려고 염원하고 있다. 이 책이 이루어지는데는 먼저 선배 知友들의 따뜻한 도움에 감사를 드리며 특히 교정에는 駒澤大學 助敎授 岡部和雄氏를 비롯하여 많은 분들의 도움을 받았다. 끝으로 本書의 출판 전반을 주선해 주신 岩波書店 編集部의 木村秀彦·加藤亮三 두 분에게 깊은 감사를 드린다.

1978년 1월 10일

東京大學 東洋文化硏究所　　鎌田茂雄 (가마다 시게오)

韓國語版 序文

　불교의 역사중에서 敎理組織이 가장 발달하였던 것은 中國佛敎이다.
　그 가장 좋은 예로 天台宗이나 華嚴宗 등 敎學的으로 훌륭한 宗派들의 형성을 들 수 있다. 중국에서 形成된 諸宗은 동아시아의 여러지역, 즉 한국 일본 베트남등에 전파되어 동아시아 불교권을 이루었던 것이다. 그 때문에 韓國佛敎・日本佛敎등을 연구할 때에도 중국불교의 지식을 빼놓을 수 없을 뿐 아니라 인도불교의 敎理的 展開를 考察할 때에도 漢譯佛典의 지식은 필요 불가결하다.
　중국에 전래된 불교는 그 사회에 수용됨으로써 중국인의 종교로 정착하고, 유교 도교와 함께 그들의 정신생활에 커다란 영향을 주었다. 本書는 後漢이후에서 中華人民共和國에 이르기까지의 중국의 역사상 불교가 어떻게 수용되었는가에 주목하였다. 따라서 中國에 있어서 佛敎가 어떠한 형태로 사회상황에 적합하도록 變容되어 중국인의 종교로서 정착하였는가 하는 역사과정 전체를 간결하게 서술한 것이다.
　本人의 이러한 저서가 이번에 圓光大學校 鄭舜日敎授에 의하여 한국어로 번역되어 經書院에서 간행됨은 무한히 기쁜 일이다. 『中國佛敎史』의 한국어판이 출판됨에 따라 한국의 많은 독자들에게 중국불교의 大要를 더 깊이 이해할 수 있는 계기가 될 것으로 믿어 의심치 않는다.
　한국에서는 三國時代에 중국불교를 수용한 이래, 그것을 한국인의 정신생활에 알맞도록 개조함으로써 실천력이 풍부한 한국의 독자적인 불교를 창조하였던 오랜역사와 전통이 있다. 本書가 이와같이 높은 정신문화의 전통에 빛나는 한국인에게 읽힌다는 것은 本人에게 더 없는 영광이라 할 수 있다. 끝으로 本書를 번역해 주신 鄭교수에게 謝意를 表해마지 않는 바이다.

1984年 7月 1日

鎌 田 茂 雄

譯者 序文

한국불교의 본질을 연구하기 위해서는 한국불교의 독자성을 연구하는 외에, 이에 선행하여 인도불교나 중국불교와의 연계관계가 해명되어야 할 것이다.

또한 중국불교를 이해하는데는 제 1 단계로 불교사를 공부하는 일이 꼭 필요한 과정이다. 역자는 岩波全書로 발간된 鎌田茂雄교수의 중국불교사를 소개하고 싶던 차에 經書院의 도움을 얻어 출판하게 되었다.

중국불교사에 대한 여러 저서들이 나와 있으나 이 책의 뛰어난 점은 교리사나 교단사의 일반적인 서술에 그치지 않고 사회·경제 또는 사상사적인 안목을 함께 갖추어 중국불교사의 연구를 전개하고 있는 점이다. 저자는 풍부한 자료의 제시와 빈틈없는 고증, 그리고 다양한 연구성과의 종합을 통하여 체계적이며 종합적인 중국불교사를 개관하고 있다. 이러한 이유들로 하여 일본에서 이 책이 출판된지 3 년이 채 못되어 5 판을 거듭하게 되었고 대만과 중국 본토에 까지도 번역 소개되어 읽히게 되었는지도 모른다.

이 책을 번역하는데 흔쾌히 승낙해 주시고 한국어판 서문까지 써 보내주신 鎌田茂雄博士께 감사드리며 교정과 색인작업에 성의를 다 해 준 조교 김금란양과 도움말씀을 해 주신 양은용학형께 고마움을 전한다. 그리고 經書院 이규택 사장님께 감사드린다.

1984. 7.

譯 者

略　號　表

石田論叢	石田博士頌壽記念『東洋史論叢』石田博士古稀記念事業會，1965
市村論叢	市村博士古稀記念『東洋史論叢』富山房，1933
加藤集說	加藤博士還曆記念『東洋史集說』富山房，1941
神田論叢	神田博士還曆記念『書誌學論集』平凡社，1957
櫛田研究	櫛田博士頌壽記念『高僧傳の研究』山喜房佛書林，1973
塚本論集	塚本博士頌壽記念『佛教史學論集』塚本博士頌壽記念會，1961
常盤論叢	常盤博士還曆記念『佛教論叢』弘文堂，1933
干潟論集	『干潟博士古稀記念論文集』干潟博士古稀記念會，1964
福井思想論集	福井博士頌壽記念『東洋思想論集』福井博士頌壽記念論文集刊行會，1960
福井文化論集	福井博士頌壽記念『東洋文化論集』早稻田大學出版部，1969
山口論叢	山口博士還曆記念『印度學佛教學論叢』法藏館，1955
結城論集	結城教授頌壽記念『佛教思想史論集』大藏出版，1964
印佛研	印度學佛教學研究
日佛年報	日本佛教學會年報
日華年報	日華佛教研究會年報
東研紀要	東洋文化研究所紀要
支佛史學	支那佛教史學
正藏	大正新修大藏經
續藏	大日本續藏經
梁傳	梁高僧傳
唐傳	唐高僧傳
宋傳	宋高僧傳

중국 불교사 차례

序文··11
韓國語版 序文··13
譯者 序文··14
略號表··15
序章 중국불교의 역사적 성격····························21

제1부 전래와 수용 ──後漢·三國의 불교──

제1장 불교의 중국전파 ──後漢의 불교── ············26

제1절 불교전파의 경로···26
제2절 불교전래의 諸傳說·······································27
제3절 불교初傳의 史實···35
제4절 漢譯佛典의 성립···39

제2장 魏·晋의 불교 ──格義佛敎── ················44

제1절 魏의 불교··44
제2절 吳의 불교··47
제3절 西晋의 불교··50
제4절 道敎의 성립과 불교······································53

제2부 발전과 정착 ──東晋·南北朝의 불교──

제3장 五胡十六國의 불교 ──北方胡族지배하의 불교── ·······58

제1절 佛圖澄과 그의 문하······································58

제 2 절 道安교단의 활약 ……………………………………60
제 3 절 鳩摩羅什과 그의 문하 ………………………………68
제 4 절 毘曇과 律의 전래 ……………………………………72

제4장 江南東晋의 불교 ——귀족불교의 발전—— …………75

제 1 절 귀족사회와 불교 ………………………………………75
제 2 절 慧遠敎團의 활약 ………………………………………79
제 3 절 新大乘經典의 譯出 ……………………………………85
제 4 절 西行求法僧의 활약 ……………………………………88
제 5 절 유교·도교와의 관계 …………………………………91

제5장 南北朝의 불교 ——隋·唐 불교의 배경—— …………93

제 1 절 南朝의 불교 ……………………………………………93
제 2 절 北朝의 불교 ……………………………………………102
제 3 절 유교·도교와의 항쟁 …………………………………110

제6장 諸學派의 興起와 전개 …………………………………114

제 1 절 涅槃學派 …………………………………………………114
제 2 절 成實學派 …………………………………………………116
제 3 절 地論學派 …………………………………………………118
제 4 절 攝論學派 …………………………………………………120
제 5 절 禪·淨土와 戒律 ………………………………………122
제 6 절 疑經의 성립과 유행 …………………………………130

제7장 불교의 사회적 발전 ……………………………………135

제 1 절 불교교단의 발전 ………………………………………135
제 2 절 在俗者의 불교신앙 …………………………………141
제 3 절 불교예술의 발달 ………………………………………143

제3부 完成과 盛大 ──隋·唐의 불교──

제8장 隋의 불교 ······154
제1절 隋 文帝의 불교정책 ······154
제2절 煬帝와 불교 ······158
제3절 隋代불교의 전개 ······160

제9장 隋代의 諸宗 ······164
제1절 三論宗 ······164
제2절 天台宗 ······170
제3절 三階敎 ······175

제10장 唐의 불교 ······179
제1절 唐代불교의 국가적 성격 ······180
제2절 불교와 儒·道二敎 ······186
제3절 불교의 사회적 발전 ······191

제11장 唐代의 諸宗 ······201
제1절 불교전적의 번역과 찬술 ······201
제2절 法相宗 ······206
제3절 華嚴宗 ······210
제4절 律宗 ······216
제5절 密敎 ······219
제6절 禪宗 ······223
제7절 淨土敎 ······228

제4부 실천과 침투 ──宋·元 이후의 불교──

제12장 전환기의 불교 ──宋의 불교── ·················234

제1절 五代의 불교·················234
제2절 宋代의 불교교단·················238
제3절 『大藏經』의 출판과 번역·················241
제4절 불교사학의 발전·················243
제5절 불교 諸宗의 전개·················245
제6절 宋儒와 불교·················249

제13장 異民族지배하의 불교 ──遼·金·元의 불교──·······252

제1절 遼·金의 불교·················252
제2절 元의 불교·················256

제14장 明·淸 이후의 불교·················261

제1절 明의 불교·················261
제2절 淸의 불교·················266
제3절 民國革命 이후의 불교·················268
中國佛敎史籍解題·················273
中國佛敎各宗系譜·················277
中國佛敎史年表·················291
索　引

序章　中國佛教의 歷史的 性格

문화교류　고대 아시아에 성립하였던 두 개의 커다란 문화권은 인도문화권과 중국문화권이다. 이 두개의 문화권은 지리적으로는 같은 아시아대륙에 존재하며 땅이 연하여 있음에도 불구하고 티베트고원이나 히말라야산맥으로 나뉘어 있기 때문에 전혀 이질적인 문화권을 형성하였다. 기후나 풍토등의 자연적 조건은 물론 인종·언어·풍속·관습·사회구조 등의 차이도 뚜렷하다. 기원전 1,500년경에 인도에서는 베다문명이 꽃을 피웠으나 중국에서는 殷周문명이 발달하였다. 불교의 開祖인 석가가 활약하였던 기원전 5, 4세기경에 중국은 춘추전국시대였고 공자나 노자를 비롯한 많은 사상가가 百家爭鳴하였던 시대였다.

이 두개의 단절되었던 문화가 교류할 수 있는 서광이 비치게 된 것은 기원전 2세기말 중앙아시아 횡단의 동서 교통로가 열려진 무렵부터였다. 張騫이 중국에 돌아온(기원전 126년)후 중국의 西域經略의 결과 서쪽은 로마제국에서부터 동쪽은 長安에 이르는 실크로드가 개설되고 동서교통에 의한 통상교역이 확대되었다.

서북인도에서부터 아프카니스탄, 파키스탄지방으로 전파된 불교는 실크로드의 隊商과 함께 점차로 중국에 전파되었다. 인도에서는 힌두교가 민중사이에 깊이 침투하고 있었을 뿐만 아니라 자이나교를 비롯한 諸宗敎가 번성하고 있었으나 인도 종교의 傍系的 존재였던 불교만이 중앙아시아에 전해지고 다시 중국에 전해진 것은 단지 역사적 우연만이 아니고 민족이나 계급을 초월하여 전파하고 침투해가는 잠재력을 불교자체가 지니고 있기 때문이다.

불교는 서북인도에서 중앙아시아를 거쳐 전파한 것만이 아니고 수마트라섬과 말레이 반도를 우회하여 南部海路를 통하여 베트남을 경유하여 중국남부에도 전해졌다. 인도승려와 서역승려가 중국에 건너오기도 하였으나 중국승려인 法顯·玄奘·義淨등은 석가가 태어난 인도의 성지를 순례하고 불전을 들여오기 위해 많은 고난을 무릅쓰고 긴 세월을 소비하여 인도와 서역을 순례하고 돌아오기도 하였다. 이와같이 빈번한 문화교류에 의하여 불교는 이질적인 문화권인 중국에 점차로 전파되었던 것이다.

漢譯『大藏經』 중국에 전해진 경전은 다라니를 제외한 모두가 한문으로 번역되었다. 이것은 자기네 문자에 대한 우월감과 자부심을 가지고 있는 중국인의 中華意識이 나타난 것이며 자기들의 언어로 불교를 이해하려 한 결과인 것이다. 그로 인하여 불교전래가 시작되면서부터 唐代에 이르기까지 경전의 漢譯이 무엇보다도 중요한 사업이 되었다. 後漢이후 宋代에 이르기까지 1천년간에 이르는 세월동안 이러한 작업이 수행되었던 것이다. 또한 玄奘의 역경사업을 완성시킨 翻經院처럼 국가적 사업으로서 조직적으로 행하여진 번역사업의 결과로 세계의 번역사상 그 유례를 찾아볼 수 없는 방대한 漢譯『대장경』의 성립을 보게 된 것이다. 이 한역『대장경』에 의하여 이루어진 것이 중국불교이다. 동아시아 불교권에서는 한자문화권의 성립과 아울러 한역경전이 전파되었던 것이다. 경전의 번역뿐만이 아니라 중국의 불교인들은 많은 불교전적을 저술하였다.

대승불교의 전파 세일론·버마·타이등의 남방불교와 가장 다른 것은 중국불교는 대승불교라는 점이다. 대승불교는 중국에서 발전되고 형성되어 천태종이나 화엄종과 같은 교리를 형성하고 禪이나 淨土와 같은 실천불교를 탄생시켰다. 인도불교의 발전과정에서 본다면 원시불교에서 소승불교가 발달하고 다시 대승불교가 興起하였는데 중국에 불교가 수용된 시대는 인도에서 대승불교가 성하였기 때문에 인도로부터 중국에 전해진 것은 인도불교의 발전단계와는 상관없이 주로 대승불교가 처음부터 중국에 유입되었던 것이다.

대승불교의 근간이라 할 『般若經』은 모두 후한의 支婁迦讖(Lokakṣema)에 의해 번역되고, 다시 鳩摩羅什(Kumārajīva)에 의하여 『법화경』『유마경』등의 대승경전과 『中論』『百論』등의 대승론이 번역, 소개되었다. 그와 전후하여 阿含, 本緣部 등의 諸經典과 『阿毘曇論』등의 소승론이 번역되었기 때문에 중국불교인들은 대승과 소승의 문제에 진지하게 대응할 수가 없었다.

제경전의 가치판단은 敎相判釋을 낳게 되었다. 중국불교인들은 처음부터 대승불교를 가지고 출발하여 오직 대승불교의 참 뜻을 추구하며 따라서 소승을 치기 위한 일환으로써 一乘佛敎의 교리를 개척하고 다시 그것을 실천화하여 중국 독자적 불교인 선종이나 정토교를 탄생시키기에 이르렀다.

中國佛敎의 歷史的 意義 一乘佛敎의 理想을 확립하고 한역『대장경』에 바탕한 중국불교는 동아시아 세계에 전파하여, 특히 한국불교와 일본불교의 원류가 되었다.

중국에서는 儒敎를 비롯한 제자백가의 뛰어난 정치와 윤리의 사상이 존재하고 있었으나 종교사상이나 종교문화는 부족한 면도 있었다. 불교를 받아들임으로써 중국의 사상계는 보다 넓고 깊게 전개되어 시야를 확대하고 그 내용을 풍부하게 하였다. 유교의 경우 宋學이나 陽明學을 완성시켰고 道敎는 도교의례나 도교교리를 발전시키는데 커다란 공헌을 하였다. 또한 미술공예, 天文曆數, 음악과 의학의 면에서도 인도나 서역의 문화요소를 섭취함으로써 한층 그 내용을 풍부하게 했던 것이다.

불교는 또한 중국의 일반서민의 신앙생활에도 도움을 주었다. 宋代 이후가 되면 불교는 儒・道二敎와 더불어 생활의 지혜로써 섭취되어 明代에는『菜根譚』과 같은 人生의 書를 출현시켰다. 또한 일반민중은 關帝와 觀音을 아무런 모순도 없이 동시에 받아들여 이를 신앙하였다. 불교는 외래종교로서가 아니고 중국인 혈관속에 침투하여 그 대륙성을 획득하기에 이르러 중국인의 정신생활에 양식이 되었던 것이다.

제 1 부 전래와 수용
──後漢·三國의 불교──

제 1 장 佛敎의 중국전파 ─後漢의 불교─ · 26
　　제 1 절 佛敎 전파의 경로 · 26
　　제 2 절 佛敎 전래의 諸傳說 · 27
　　제 3 절 佛敎初傳의 史實 · 35
　　제 4 절 漢譯佛典의 성립 · 39
제 2 장 魏晋의 불교 ─格義佛敎─ · 44
　　제 1 절 魏의 불교 · 44
　　제 2 절 吳의 불교 · 47
　　제 3 절 西晋의 불교 · 50
　　제 4 절 道敎의 성립과 불교 · 53

제1장 불교의 중국전파
―― 後漢의 불교 ――

제1절 불교전파의 경로

중국과 인도를 연결시키는 교통로는 크게 나누어 海路와 陸路의 두가지가 있다. 해로는 세일론, 쟈바, 말레이반도, 베트남을 경유하여 중국남부의 交趾나 廣州등에 도달하는 경로이고 求那跋陀羅(Guṇabhadra). 眞諦(Paramārtha). 佛駄跋陀羅(Buddhabhadra) 등의 翻譯三藏은 이 남쪽해로를 거쳐 중국에 도착하였다.

이에 대하여 육로는 新疆과 중앙아시아를 경유하여 중국에 도달하는 경로로서 漢의 武帝가 서역을 경략한 이래 동서교통[1]의 요로가 되어 무역이나 여행등이 무척 빈번히 행해져 왔다. 중국과 인도 사이의 승려의 왕복에도 이 육로가 해로보다도 많이 이용되어, 인도에서 많은 翻譯僧이 이 길을 통해서 중국으로 왔고, 중국인 求法僧도, 玄奘三藏처럼 이 육로를 왕복하여 경전을 중국에 가져왔던 것이다. 중국과 인도를 잇는 육로인 新疆 (新疆(위글)自治區) 중앙에서부터 동쪽으로는 타림분지가 있다. 이 분지는 사막으로 여름에는 심한 더위가 계속되고 겨울은 혹한으로 견디기 어려운 지대이며, 서남쪽은 세계적으로 드문 고산지대로서 빙하나 빙설로 덮여져 있는 산악지대이므로 교통로로서는 최악의 조건이라 할 수 있다. 이 육로는 北道와 南道로 나뉘어진다. 北道는 敦煌에서부터 북상하여 伊吾(Hami)

---

[1] 東西交通과 西域諸國의 諸問題에 대해서는, 桑原隲藏『東西交通史論叢』(弘文堂書房, 1933), 藤田豊八『東西交渉史の研究』西域篇 (荻原星文館, 1943), 白鳥庫吉『西域史研究』上・下 (岩波書店, 1941・44), 釋東初『中印佛教交通史』(中華佛教文化館, 1968), 山本智敎「中國印度間の古代の陸路について」(『密教文化』第三十三號, 1956. 4)가 있다.

에 이르고 다시 吐魯番(Turfan)을 거쳐 龜玆(Kucha)에 이어지고, 다샤 疏勒(Kashga)에 이어지는 길이다. 타클라마칸 사막의 북쪽에 있는 天山 山脈의 남쪽기슭을 통하는 것이 北道(天山南路)이다.

南道는 돈황에서부터 사막을 넘어서 鄯善(Lobnor)을 거쳐 타클라마칸 사막의 남쪽 곤륜산맥의 북쪽기슭을 돌아, 于闐(Khotan)에 이르고 다시 서북으로 나아가 莎車(Yarkand)에 도착하게 되는 길을 말한다. 이 南北 二道가 중국과 인도 사이를 왕래하는 주된 길이지만 이밖에, 北道의 焉耆 (Karashahr)에서부터 사막을 남하하여 于闐에 이르는 法顯이 지나갔던 길 이나, 玄奘이 지나갔던 천산산맥의 북쪽 기슭으로 통하는 길(天山北路)도 있었다. 이 南北二道를 주 도로로 하여 후한의 安世高나 支婁迦讖을 비롯 하여, 삼국시대의 曇柯迦羅・康僧鎧・曇諦등이 뒤이어서 洛陽에 왔던 것 이다. 이 육로에서 교통상 가장 중요한 것은 于闐과 龜玆 그리고 葱嶺너 머 인도의 간다라지방, 즉 罽賓의 三國[2]으로 인도求法의 여행에서 반드시 경유하는 나라이었다.

제 2 절 불교전래의 諸傳說

佛敎初傳에 관한 諸傳說 종래, 불교의 중국 초기 전래에 관한 주된 전설을 들면 다음과 같다.

(1) 『列子』卷四 「仲尼篇」에 공자의 말로서 「서방에 성자가 있다」고 하는 말에 의거하여, 이 서방의 성자는 불타를 가리키며 공자가 이미 불타를 알고 있는 이상 불교는 일찌기 先秦時代에 전래했다는 것이다.

이것은 물론 가설로서 서방의 성자를 불타라고 할 하등의 근거도 없을 뿐 아니라 『열자』 자체가 위서이므로 전혀 문제가 되지 않는다.

(2) 수나라 費長房의 『歷代三寶紀』卷 1 에 보면 秦 始皇帝 4 년(B.C. 243)에 사문 釋利防 등 18 賢者가 불경을 가져왔으나 시황제는 이것을 금

---

2) 서역의 불교에 대해서는 羽溪了諦 『西域の佛敎』(法林館, 1915), 羽田亨 『西域文明史槪論』第五版 (弘文堂書房, 1942)이 있다.

지시켰다고 한다. 당의 法琳이 지은 『破邪論』 卷下에도 이것과 같은 내용의 기록이 있으며 그 典據로서 道安 朱士行등의 경록에 그러한 사실이 있다고 하나 『朱士行錄』은 후인이 조작한 것으로, 시황제 4년 전래설은 신용할 수 없다.

(3) 北齊 魏收의 『魏書』 釋老志에 의하면 전한무제의 元狩 2년(BC 121)에 霍去病이 흉노를 토벌했을 때, 休屠王이 모셨던 金人을 얻어 이를 甘泉宮에 안치했다고 한다.

『史記』 卷110 『匈奴列傳』과 『漢書』 卷55 『霍去病傳』에서는 단지 休屠王의 金人을 얻었다는 사실만이 있으며 불교에 관해서는 한마디도 언급되어 있지 않다. 이 金人은 불상이 아니고 서역의 천신[3]이기 때문에 이 기록도 불교 전래와는 전혀 관계가 없다.

(4) 같은 책 『魏書』 釋老志에 의하면 大夏에 사신으로 갔던 張騫이 身毒國, 즉 인도에 浮屠의 가르침이 있다는 것을 처음으로 들었다고 전한 기록이 있다. 이것도 『史記』 卷123 「大宛列傳」, 『漢書』 卷61 「張騫傳」 등에 의하면, 신독국에 대해서는 기술하고 있지만, 부도에 대해서는 언급하고 있지 않기 때문에, 이것도 불교도의 妄說에 지나지 않는다.

(5) 晋의 宗炳이 지은 『明佛論』(『弘明集』 卷二)에 東方朔이 한무제에게 대답했던 劫燒說 중에서 불교의 전래를 예상할 수 있다고 한다. 겁소설이란 한 무제가 昆明池를 파게 했을 때 바닥에서 검은 재가 나와 이것을 동방삭에게 물으니 동방삭은 서역인에게 물어야 할 것이라고 대답했기 때문에 竺法蘭이 왔을 때 이를 묻자, 이것은 세계의 終盡에 이르러 劫火가 일어났던 때의 재라고 대답했던 것을 말한다(『梁傳』 卷一, 竺法蘭傳). 이러한 사실을 불교측에서는 동방삭이 이미 한무제 때 불교와 접촉했던 증거라고 한다.

그러나 이 설도 그 근거는 분명하지 않고 후대 불교도의 妄說이라고 해야 할 것이다.

---

3) 羽溪了諦 「休屠王の金人に就いて」(『史林』 第三卷 第四號, 1919. 10), 白鳥庫吉 『西域史研究』 上. 또한 『史記』 始皇帝本紀三十三年조 條에 「禁不得祠」를 「浮屠祠」로 간주하는 說 (藤田豊八 『東西交涉史の研究』 西域篇 (荻原星文館, 1943) p. 445 以下)이 있지만 이것도 불교와 관련은 없다.

(6) 같은 『明佛論』에서, 劉向의 『列仙傳』 서문 중에 「74인은 불경에 있다」라는 말이 쓰여 있다. 또한 『歷代三寶紀』 卷2에도 「典籍들을 보면 가끔 불경이 있음을 본다」라고 쓰여져 있는데, 유향이 天祿閣에서 책들을 점검했을 때 그 속에 불경이 있었기 때문에, 당시에 이미 불교경전이 전래했던 것을 알 수 있다는 것이다(『佛祖統紀』卷三十五). 유향은 전한의 宣帝와 元帝를 섬겼던 인물이며 종래에는 『列仙傳』을 그가 지었다고 전해오고 있으나 실은 眞撰이 아니고 魏와 晋 사이에 위작된 것으로, 이 설도 역사적 사실로 인정할 수 없는 것은 분명하다.

後漢明帝의 感夢求法說   불교 초전에 관한 설화중에서 비교적 오래된 자료로서 가장 유명한 것이 후한 명제의 感夢求法說[4]이다. 우선 晋의 袁宏(328~379)의 『後漢紀』 卷10 「孝明皇帝紀」는 명제의 永平 13년(70)에 일어났던 楚王 英의 모반사건을 기록한 뒤에 그가 이해한 불교의 요지를 적고, 다시 그것에 이어서 불교의 중국 初傳을 「처음에 帝가, 꿈에 커다란 金人이 나타나는데 목에 일월과 같은 광명이 있음을 보고, 군신에게 묻는다. 어떤 사람이 말하기를 "서방에 신이 있는데 그 이름을 부처라고 하고 그 형상이 長大하다" 하므로 그 道術을 묻고 중국에 들여와 그 형상을 그리었다」라고 기술하고 있다.

이 원굉의 기록을 바탕으로 劉宋의 范曄은 『後漢書』 卷88 「西域傳」 天竺國條下에서 「세상에 전하기를」이라 하여 명제가 金人을 꿈에 보고 求法의 사절을 보냈다는 이야기를 쓰고 있다. 「세상에 전하기를」이라 한 것

---
4) 明帝感夢求法說에 대해서는, M.H. Maspero, "Le Songe et l'Ambassade de l'Empereur Ming, Etude critique des sources," *Bulletin de L'École Française d'Extrême-Orient* Tome X., 1910, pp. 95~130을 비롯하여, 일본에서는, 藤田豊八 「佛敎傳來に關する魏略の本文について」(『史學雜誌』第三十七編 第七號, 1927.7), 常盤大定 「漢明求法說の研究」(『支那佛敎の研究』春秋社, 1938, pp. 17~56), 松本文三郎 「漢明求法の紀年に就いて」(『宗敎研究』新第四卷六號, 1927) 등이 있으며 그 밖에 佛敎初傳에 대한 記述이 있는 著書로는, 山內晋卿 『支那佛敎史之硏究』(佛敎大學 出版部, 1922), 伊藤義賢 『支那佛敎正史』上卷 (竹下學寮出版部, 1924), 境野黃洋 『支那佛敎史講話』上卷 (共立社, 1927), 同 『支那佛敎精史』(境野黃洋博士遺稿刊行會, 1935), 塚本善隆 『中國佛敎通史』 第一卷 (鈴木學術財團, 1968) 등이 있다.

또한 佛敎初傳에 관한 연구를 개관하였던 것으로, 春日禮智 「支那佛敎初傳に關する諸硏究」(『支佛史學』第二卷 第四號, 1938.12)가 있다.

은 명제구법의 고사가 역사적 사실로서 전승되어진 것이 아니고 일종의 불교전래 설화로서 세간에 전해졌다는 것을 알 수 있다. 范曄은 이 전설을 믿고 이를 가지고 중국불교의 기원이라고 보았던 것이다.

명제의 구법설을 언급한 자료는 앞서 말한 것 외에『牟子理惑論』『四十二章經序』『老子化胡經』『明佛論』『冥祥記』『出三藏記集』『高僧傳』『眞誥』『水經注』『洛陽伽藍記』『魏書』釋老志등이 있다. 비교적 초기의 저작이라고 할『牟子理惑論』은 명제감몽구법을 다음과 같이 말하고 있다.

> 後漢의 明帝가 꿈속에서 神人이 몸에서 광명을 발하며 궁전의 앞으로 날아오는 것을 보았다. 명제는 크게 기뻐하여 다음날 군신에게「이 신은 무엇인가?」하고 물었다. 通人 傳毅가 답하기를「저는 천축에 佛이라 이름하는 득도자가 있다고 들었습니다. 그 佛은 허공을 비행하고 신체에서 광채를 발한다 하므로 帝께서 꿈에 보았던 신과 같은 것입니다.」그래서 명제는 사자 張騫과 羽林即中 秦景, 博士弟子 王遵 등 12인을 大日氏國에 보내『사십이장경』을 베껴오게 하였다. 그『사십이장경』을 蘭台石室 제14칸에 보관하였다. 그리고 낙양성 西雍門 밖에 사찰을 세웠다. 그 절의 벽에는 千乘萬騎가 탑을 둘러싸고 三匝하는 그림을 그렸다. 또한 南宮 淸凉台와 낙양성문 위에 불상을 조성했다. 명제의 생존시에 미리 壽陵을 세우고 顯節陵이라 이름하고 그 위에도 불상을 조성하였다. 그 때에 나라에 풍년이 들고 백성은 평안하여 遠夷도 중국을 사모하였다. 불교를 배우는 것이 이로부터 많아지게 되었다.

이『理惑論』에 씌여진 명제구법의 설화를 간략화하여 받아들인 것이『四十二章經序』이다. 그리고 앞에서 말한 원굉의『後漢紀』, 范曄의『後漢書』등도 이와 마찬가지다. 梁의 道士인 陶弘景의『眞誥』는『사십이장경서』의 전설을 발췌한 것이다. 이러한 문헌에 씌어진 명제구법 전설의 요점은 명제가 金人을 꿈에 보고서 사자를 파견했다는 것, 그 사신이 대월지국에서

『사십이장경』을 베껴 귀국했다는 것, 사찰과 불상을 조성했다는 것, 등이다.

다시 시대가 지나 王琰의 『冥祥記』나 慧皎의 『高僧傳』에서는 迦葉摩騰(攝摩騰)과 竺法蘭의 譯經이나 白馬寺를 세운 것 등을 덧붙이고 있다. 남북조 말에 위작되어진 『漢法本內傳』에서는 구법과 역경의 기록 이외에 다시 道士의 괴사건을 부가시키고 있다.

후한명제의 감몽구법설은 이미 六朝시대 초에 의문시되고 있으며 그 전설내용에도 많은 문제점이 있다.

우선 첫째로 꿈을 꾸고서 사신을 보낸 사실 자체가 매우 기이한 것이다. 楚王 英이 불교를 믿었다는 것은 확실하다. 그런데 명제는 태자 시절에 초왕 영과 매우 친한 교류가 있었기 때문에 이미 불교를 알고 있었을 것이다. 이로 미루어 꿈을 꾸고 처음으로 불교를 알았다는 것은 사실 같지는 않다.

둘째로 명제가 求法의 사자로서 대월지국에 보냈다는 張騫은 전한 무제시대 사람이고 명제 이전 약 160~170년 이전의 인물이다. 그는 무제의 명에 따라서 대월지국으로 갔으나 구법이 목적은 아니었다.

셋째로는 秦景이나 王遵등의 이름을 들고 있으나 이들 이름은 다른 문헌에 없고 또한 역사적 인물인지도 의문이다.

넷째로 명제가 꿈해석을 시켰던 통인 傅毅에 대해서는, 명제 당시에 그는 소년이었고, 조정에 나아가지 않았었다(『後漢書』卷八十上, 傅毅傳). 더구나 당시에 서역과 공식적으로 사절의 왕래가 없었던 사실 등으로 볼 때 『사십이장경서』나 牟子가 설명한 한 명제의 감몽구법설이 역사적 사실이 아님은 확실하다.

요컨대 명제감몽구법설을 쓴 문헌은 후한의 저작이 아니고 대부분은 六朝중기 이후의 撰者에 의하여 이루어졌던가 또는, 대부분이 僞書이기 때문에 명제구법의 전설은 晉代이후의 傳承이라고 말할 수 있다. 결국 명제구법의 전설을 기록하고 있는 가장 오래된 문헌으로서 신뢰할 수 있는 것은 원굉이 쓴 『후한기』의 기록이다. 그렇지만 그 설화가 가능했던 것은 명제시대로부터 약 200년 후인 晋代에 처음으로 기록된 것으로 불교가 뒤이어서 그 세력을 증대하고 중국 고유의 도교등과의 대항과정에서 불교의 전파를 고대로 거슬러 올라가 설정함과 동시에 권위를 부여하기 위해서 이와 같은 설화를 만들었다고 생각된다.

『四十二章經』 明帝 感夢求法의 설화가 가장 잘 다듬어진 형식으로 전해진 최초의 것은 『牟子理惑論』과 『四十二章經序』이다. 그 중에 명제가 12인의 사자를 대월지국에 파견하여, 『사십이장경』을 베낀 사실이 기록되어 있다.

이것을 梁의 慧皎가 쓴 『고승전』에서는 攝摩騰과 竺法蘭이 『사십이장경』 1권의 번역했다고 전하고 그것이 중국에서 역경의 시작이라고 기록하고 있다.

『사십이장경』의 성립에 대해서는 여러 학자[5]에 따라서 견해가 다르지만 이미 後漢 桓帝의 延熹 9년(166) 襄楷의 상소중에 『사십이장경』의 내용과 유사한 一文이 보이는 것을 보면, 그 원형은 후한말에서부터 삼국시대에 성립했을지도 모른다. 그러나 道安의 經錄에도 기재되어 있지않기 때문에 동진시대에는 아직 현존 高麗本의 『사십이장경』은 성립되지 않았거

---

5) 境野黃洋氏는 「남북조의 초기, 유송의 중엽에 성립」(『支那佛敎史の研究』 共立社, 1930, p. 11) 또는 「大智度論 역출(405)부터 출삼장기집 선술까지의 사이」(『支那佛敎精史 p. 57) 라고 하며, 常盤大定氏는 「42장경의 출현년대를 동진초기로 설정하지 않으면 안된다」(『支那佛敎の研究』 p. 49)고 한다.

松本文三郞氏는 「經序의 作은 高齊시대이므로, 42장경이 하나의 경으로서 성립한 것은 齊末梁初 (서기 500년 전후)이다」(「四十二章經成立年代考」 『東方學報』 京都, 第十四册第一分, 1943. 10, p. 36)라고 하고, 望月信亨氏는 「그 년대는 대체로 苻秦이후로 해야하고 또한 死想의 설이 과연 大智度論에 의한 것이라 한다면 다시 同論이 번역된 姚秦弘始 7년(405) 이후에까지 내려가지 않으면 안된다.」(『佛敎經典成立史論』 法藏館, 1946, pp. 388~389)라고 하여, 塚本善隆氏는 「불경 42장이나 理惑論의 원형은 상당히 오랜 시대, 즉 후한말부터 三國시대에 성립하였다고 보아도 좋다고 생각한다.」(『中國佛敎通史』 第一卷, 鈴木學術財團, 1968, pp. 52~53)라고 한다.

그 밖에 중국학자의 연구로서는, 梁啓超 「四十二章經은 그 문체를 보고 諸經錄을 살피면, 모두 兩晋시대 사람의 作임을 알 수 있다.」(『中國佛敎硏究史』 新文豊出版公司, 1975 p. 4), 「四十二章經은 모두 魏晋以後의 문체로……거의 晋人의 위작이라는 의심이 간다.」(同書, p. 167), 湯用彤 「四十二章經에 두가지 번역이 있고 한대역은 유실되고 제 2 역은 吳의 支謙譯本으로 이것이 고려본의 원본이 되었다.」(『四十二章經考證』 『漢魏兩晋南北朝佛敎史』 第三章, 中華書局, 1955년) 등이 있다. 그 밖에 岡部和雄「「四十二章經」의 成立と展開──研究史的おぼえがき──」(『駒澤大學佛敎學部硏究紀要』 第二十五號, 1967. 3)이 있다.

나 또는 『사십이장경서』의 명제구법설과 같은 기록이 수록되어 있는 『牟子理惑論』이 南方의 交州에서 찬술되었다고 전해지고 있는 점 등을 생각하면 강남지방에서 성립했기 때문에 道安이 기록을 빠뜨렸을지도 모른다.

어쨌든 『사십이장경』은 동진시대에 창작되었을지도 모르지만 『사십이장경』 중에는 삼국시대 이후에 번역된 경문을 인용한 귀절이 보이기 때문에 그 성립은 물론 후한이나 삼국시대는 아니고 동진이후, 즉 시대를 한정한다면 齊末梁初무렵(500년 전후)에 강남지방에서 성립된 것으로 추정된다. 이리하여 양의 혜교는 그 역자를 섭마등과 축법란으로 하게 된 것이다. 또 陶弘景은 그의 저서 『眞誥』 중에 『사십이장경』을 인용했던 것이다.[6]

『牟子理惑論』 『사십이장경』과 같이 후한에 찬술되었다고 전해지는 책으로 『牟子理惑論』이 있다(『弘明集』 卷一).

이 책은 유불도 3교의 異同과 優劣을 논한 것으로 3교관계의 문헌중에서 가장 오래된 것이다.

이 책의 서문에 의하면 牟子는 후한 靈帝가 몰락한 후, 천하가 요란했기 때문에 어머니와 함께 交趾에 갔다가 다시 蒼梧에 돌아와 아내를 얻고 벼슬을 권고받았다. 그러나 이것을 거절하고 모친상을 당하여 뜻을 佛道로 귀의하였으며 겸하여 『老子』 五千文을 배워 마침내 『理惑論』을 저술했다고 한다.

이 책은 37장으로 나뉘어져 모두 문답체로 기술되어 있다. 그 책 제21장에 『사십이장경서』와 거의 같은 내용의 명제 감몽구법 설화를 싣고있기 때문에 『사십이장경서』와 밀접한 관계가 있음을 알 수 있다. 이 책의 성립년대에 관해서는 학자[7]에 따라서 견해가 다르지만 현존의 『이혹론』은 후

---

6) 道敎의 立場에서 四十二章經을 보았던 것으로, 吉岡義豊 「四十二章經と道敎」(『道敎と佛敎』 第三, 國書刊行會, 1976, pp. 3~38)가 있다.

7) 山內晉卿 「牟子について」(『支那佛敎史之硏究』 佛敎大學出版部, 1922, pp. 134~142), 漢魏間撰述說. 常盤大定 『支那佛敎の硏究』 pp. 30~36, 劉宋慧通僞作說. 福井康順 『道敎の基礎的硏究』 pp. 368~369, 三國吳의 中期撰述說. 梁啓超 「牟子理惑論辨僞」(『中國佛敎硏究史』 pp. 21~23), 東晉劉宋間人僞作說. 余嘉錫 「牟子理惑論檢討」(『燕京學報』 第二十期, 十周年紀念專號, 1936, 十二月), 吳中期成立說.
P. Pelliot, "《Meou-tseu ou les doutes levés》, traduit et annoté," *T'oung Pao* (通報), Vol. XIX, 1920, pp. 255~433. ペリオ, 後漢末成立說. M.H. Maspero, op. cit.

한 시대의 성립이 아니라 삼국시대 이후의 것이며, 陸澄撰 『法論目錄』(『出三藏記集』 卷十二)에 「牟子」의 書名이 보이기 때문에 최소한 劉宋 明帝 (在位 465~472) 이전에 이 책이 존재했던 것은, 확실하다. 그러므로 魏晉·南北朝시대의 3교관계를 이해하는 데에 이 책은 매우 중요한 역할을 하고 있다.

白馬寺 전설 명제의 永平中에 攝摩騰이 『사십이장경』과 畫像을 백마에 싣고 낙양에 돌아왔기 때문에 가람을 세워 백마사라고 이름을 지었다고 하는 것이 『歷代三寶紀』등에 나오는 백마사전설[8]이다. 양의 僧祐가 쓴 『出三藏記集』에는 백마사라는 말이 보이지 않고 또 혜교가 쓴 『고승전』 (卷一)에서는 성의 서문 밖에 정사를 세웠다고 하고 있으나, 백마사라고는 하지 않고 「有記에 이르기를」이라 하여 「지금의 雒陽城 西雍門 밖의 백마사가 이것이다.」(攝摩騰傳)라고 쓰고 있을 뿐이다. 北魏의 楊衒之가 쓴 『洛陽伽藍記』(卷四)에서는, 백마사는 후한 명제가 세운 것으로서 중국에서 최초로 세워진 절이라고 하고, 求法의 사자가 얻은 불경과 불상을 백마가 짊어지고 왔기 때문에 백마사라고 이름지어져 그 經函이 지금도 역시 있다고 전하고 있다. 이들 자료와 北魏의 酈道元이 쓴 『水經注』권16 「穀水」의 條등에도 그러한 기록이 보이기 때문에 한의 명제가 백마사를 세웠다고 하는 전설은 북위때부터 북조불교를 중심으로 하여 점차 정착했다고 생각된다.

후한 명제구법의 전설은 옛부터 전하는 『무자이혹론』 『사십이장경서』 등이나 正史의 자료에는 백마사라는 명칭이 보이지 않기 때문에 후한명제구법의 백마사 전설은 후대 불교도의 창작임은 분명하다.

マスペロ, 三世紀半成立說. 그 밖에, Kenneth Ch'en, *Buddhism in China, A Historical Survey*, Princeton University Press, 1972, pp. 36~40. E. Zürcher, *The Buddhist Conquest of China*, The Spread and Adaptation of Buddhism in Early Medieval China, Leiden, 1972, pp. 13~15 등에도 쓰여져 있다.

8) 那波利貞「白馬寺の沿革に關する疑問」(『史林』第五卷第一號, 1921. 1). 常盤大定 『支那佛敎の硏究』 pp. 50~54.

제 3절 佛敎初傳의 史實

元壽원년 전래설   現存하는 불교 전래에 관한 최초의 기록은『삼국지』魏志 권30인 裵松之(372~451) 注에 인용된 魏의 魚豢이 찬술했던『魏略』西戎傳[9]의 기록이다. 「옛날 한의 哀帝 元壽 원년(BC 2)에 博士弟子 景盧는 대월지왕의 사자인 伊存에게서 浮屠經을 口授받았다. 復立이란 그 사람을 말한다」고 하였다. 이 기록에 따르면 대월지국의 사자인 이존이 博士弟子 景盧에게 불경을 口授했음을 전하고 있는 것이다. 「復立이란 그 사람을 말한다」고 한 「復立」은『世說新語』文學篇注등에 따르면 「復豆」의 誤記이며, 「復豆」란 Buddha 의 음을 나타낸 것이다. 이 기록을 통해서 대월지국에서 前漢 哀帝시대에 이미 불교가 전파되었던 것과, 중국에 전래했던 최초의 불교에서, 역경은 口授에 의해서 이루어 졌다는 것을 알 수 있다[10]. 前漢 哀帝시대에 대월지국의 사자로 부터 불경이 口授되었다고는 해도 그 불교가 어떤 내용이며, 몇사람에 의해서 신봉되었는가, 궁정밖에까지도 그 영향이 미쳤는가, 라는 점은 전혀 알 수 없다고 해도 좋을 것이다.『魏書』釋老志가 이 사건을 가리켜서 「中土는 이것을 들어도 아직 믿음에 이르지 않았다」라고 기록하고 있는 것은 주목해야 할 것이다. 이 전한 애제 원수 원년에 대월지국으로부터 불교가 전해졌다고 하는 전설은 대월지국이 힌두・쿠시산맥을 넘어 남하하여 카불 유역의 犍陀羅에 도읍하고 불교를 널리 편 迦膩色迦王이 출현한 뒤 즉 후한의 桓帝・靈帝代인 서력 2세기중엽, 서역승이 계속하여 중국으로 왔던 때에 성립된 불교전래의 전설이라고 추정하는 학자[11]도 있다.

楚王 英의 불교신앙   중국에 불교가 전래되어 최초로 확실하게 불교를 신앙했던 사람은 漢 明帝의 이종동생인 초왕 영이다. 그는 建武 17년

---

9) 藤田豊八『東西交涉史の硏究』西域篇 (荻原星文館, 1943) pp. 389~406.
10) 이 元壽元年 傳來說을 중국에 불교가 전래하였던 최초의 史實로 보는 학자는 많다. 예를들면, 境野黃洋『支那佛敎史講話』上卷 (共立社, 1927) p. 11.
11) 白鳥庫吉『西域史硏究』上 (岩波書店, 1941) pp. 639~659.

(41)에 초왕이 되어 28년에 초국에 부임하였다. 이종형인 명제는 즉위하자 소국의 왕이 된 초왕 영을 동정했다. 빈객과 交遊를 즐기던 초왕 영이 모반했다고 무고당했던 永平 8년(65)에 명제는 천하에 칙령을 내려, 사형을 당할 죄인도 비단을 바치면 속죄할 수 있다고 했다. 속죄의 죄값으로서 비단 30필을 바친 초왕 영에 대해서 명제는 조칙을 내려 黃老·浮屠를 숭상하고 있는 초왕 영에게 혐의를 씌울 필요가 없다고 인정하였다. 그리고 바친 비단을 돌려주고, 이것을 사문을 공양하는 비용으로 하라 하였으며 이 일을 諸國에 알렸다. 그 조칙은「초왕은 黃老의 微言을 독송하고 浮屠의 仁祠를 숭상하며 潔齋하기를 3개월간 하고, 신과 맹세를 하여 누구도 미워하지 않고 아무도 의심하지 않는다. 그러므로 당연히 뉘우침이 있을 것이다. 그 贖을 돌려주고 그리고 伊蒲塞桑門의 盛饌을 도우라」(『후한서』권42, 楚王 英傳)라는 것이다. 이것에 의하면 楚王 英이 黃帝·老子와 浮屠를 아울러서 숭상했던 것과 초왕 영의 왕가에서 특수한 불교의식이 행해졌던 것을 알 수 있다. 명제는 초왕 영이 잘못을 뉘우치고 반성하고 있음을 알고, 속죄의 비단을 우바새와 사문에게 공양시켰던 것이다. 이것은 후한의 조정이 국가의 상층 지배계급에게 유교나 황노의 가르침과 함께 외래불교를 신앙하는 것을 공인했던 증거가 되는 것이다. 또 초왕 영이 우바새나 사문에게 공양했던 것은 서역의 외국승이 이미 장안과 낙양뿐만 아니라 그의 임지인 彭城까지 와서 불교의 선교활동을 했던 것을 나타내는 것이다. 후에 초왕 영은 실각하여 강남의 丹陽涇縣에 좌천되었지만, 초국의 불교는 이것에 의해서 팽성에서 강남으로 널리 옮겨퍼지는 기회를 얻었다.

초왕 영이 신봉했던 불교는 어떤 불교이었는가. 황노와 부도를 함께 숭상했던 것은 양자의 구별이 되지않아 양자를 동일시했기 때문이라고 하는 설[12]도 있지만, 오히려 불교가 당시의 민간신앙과 조화순응하여 쉽게 수용되었던 것으로 보는 것이 옳다. 석달간 潔齋하여 신과 맹세를 했던 초왕

---

12) 常盤大定『支那における佛敎と儒敎道敎』(東洋文庫, 1930) p.512. 望月信享『佛敎經典成立史論』(法藏館, 1946) p.367.

영은, 불타를 신으로서 모시고 복을 바라는 현세이익과 불노장수를 주된 내용으로 하는 종교로서 불교를 신봉했다.[13] 중국에 불교가 수용되었던 최초의 신앙내용이 복을 바라는 현세이익이었던 것은, 후의 중국불교사를 일관하는 태도가 되었고 중국불교의 가장 기본적인 성격을 나타낸 것이다.

桓帝의 信佛 기록상으로 후한의 황제로서 처음으로 불교를 신봉했던 것은 환제이다. 그는 延熹 9년(166)에 황노를 濯龍宮에 모셨다(『後漢書』卷 7, 桓帝紀). 『후한서』의 내용중에는 『東觀漢紀』를 인용하여 「前史에 말하기를 환제는 음악을 좋아하고 琴笙을 잘한다. 芳林을 꾸미고 濯龍宮을 만들며, 華蓋를 설치하고, 浮圖와 老子를 모신다. 이는 이른바 신에게 聽함이다」라는 부분이 있다. 이것에 의하면 환제가 탁룡궁속에 부도와 노자를 함께 모셨던 것은 확실하다.

같은 해에 山東의 학자 襄楷가 낙양으로 가서 환제에게 상소했는데, 그 상소중에서 환제가 황노와 부도의 사당을 세웠던 것을 알 수 있고 또한 이 가르침은 淸虛하여 무위를 숭상하고, 생명을 사랑하여 살생을 미워하고, 욕심을 적게하고 사치를 버리게 하는 것이라고 설명하고 있다(『後漢書』卷 30, 襄楷傳). 양계가 불교의 가르침을 설명했던 것은, 환제의 비행을 간언하기 위함이었지만, 환제가 끌렸던 것은 불교의 윤리적 측면이 아니었다. 그는 어디까지나 불교를 불노장생을 기원하는 黃老의 신앙과 같은 류로 보아 그 열렬한 神仙的 욕망에 사로잡혀 있었기 때문에 황노를 제사함과 아울러 부도에게도 역시 기원했던 것이다. 불타는 攘災招福과 불노장수의 영험력을 가진 신으로서 신앙의 대상이 되었던 것이다. 불교를 전파하기 위하여 왔던 西域沙門은 주술의 역할을 지닌 神仙的 수행자로서 존경받았고 불교는 어디까지나 현세적이며 공리적인 도교적 신앙의 형태로 후한의 사회에 수용되었던 것이다.

황노·노자와 함께 불타를 모셨던 환제를 간했던 양계는 그 상소중에서 干吉이 신에게서 받았다는 『太平淸領書』[14]를 順帝(在位 125~144)에게 바쳤

---

13) 石川博道「後漢の佛敎に就いて」下(『史學』第十八卷四號, 1940. 4).
14) 福井康順『道敎の基礎的硏究』二版(書籍文物流通會, 1958) pp. 78~86.

다는 사실을 기술하고 있지만, 이 『태평청령서』는 음양오행설이나 巫覡의 말, 또는 護符·神呪등에 의해서 治病·消災·招福·治國의 방법 등을 설명한 것으로 후에 도교의 중요한 경전인 『太平經』[15]의 기초가 되는 것이다.

「**老子化胡說**」 西晋말의 도사 王浮가 『老子化胡經』을 僞作하기 이전에 이미「노자화호설」은 유포되어 있었다. 후한 桓帝 延熹 9년(166) 양계의 상소 속에「혹은 말하기를 노자가 夷狄에 들어가서 부도가 되었다 한다」라는 것이 문헌에 나타난「노자화호설」의 맨 처음이다. 그 후 100여년이 지나 元壽 원년의 불교전래를 설명하는 魚豢의 『魏略』西戎傳 속에「부도에 실린 바가 중국의 노자경과 서로 出入한다. 생각컨대 노자는 서쪽 關을 나와서 서역을 지나 천축에 가서 胡를 가르쳤다.」라는 것이 제 2의 자료이다. 이들의 자료를 신뢰한다면「노자화호설」은 적어도 2세기 중엽에는 성립하여 사회일부에 유포하고 있었으며 서진 말기 도사 王浮의 『노자화호경』 僞作時代(4세기 초기)에서 보아도 약 150년전 경에 이미「화호설」이 유포했던 것을 알 수 있다. 이「노자화호설」이 유포하고 있었기 때문에 반대로 漢代불교의 특질을 미루어 알 수 있다. 異國의 종교인 불교를 중국에 전도 포교하기 위한 유일한 수단방법은 중국고유의 풍속·습관·사상·신앙 등에 가능한 한 결합조화시키는 것이다. 도사나 방술가가 설명하는 불노장생술에 맞추어 불교의 가르침을 설명할 필요가 있었다. 초왕 영이「황노의 微言을 외우고 부도의 仁祠를 숭상」하였다는 것은 그가 불교로 개종했던 것이 아니라, 부도의 가르침도 황노와 참으로 같다고 간주해서 숭배했던 것이다. 환제가 궁중에 황노와 부도를 모셨던 것도 마찬가지 이유에서이다. 이처럼 노자와 부도를 혼동시켰던 생각이 시대의 경과와 함께 자연적으로 발생했던 것이다.「노자화호설」은 후세의 道·佛 2교가 대항하기 시작했던 시대에 도교측이 고의로 날조했던 것이 아니라 불교측에서 내놓은 설일지도 모른다.[16]

---

15) 太平經에 대해서는, 福井前揭書, p. 214 以下.
16) 重松俊章「魏略の佛傳に關する二三の問題と老子化胡說の由來」(『史淵』第十八輯, 1938. 4). 大淵忍爾「老子化胡說小考」(『福井文化論集』). 窪德忠「老子化胡說の成立に關する一臆說」(『石田論叢』).

불교의 중국전파 39

笮融의 佛寺건립　　후한말이 되어서 황실의 힘이 쇠퇴하고 인심이 불안 동요하자 사상도 혼란하여졌다. 또한 유교의 지위전락에 따라 사람들은 염세관에 빠져 노장의 허무사상이 융성하게 되었다. 이리하여 불교도 제 경전의 傳譯과 더불어 노장사상과 유사한 교의가 주목되기에 이르렀다. 이 후한의 과도기에 불교사에 이름을 남겼던 사람이 책융이었다. 그는 불사를 건립하고, 불상을 만들고 浴佛會를 행하며, 사회사업으로서 施飯을 공급하였다(『後漢書』卷73, 陶謙傳). 책융이 세웠던 浮屠寺는 3천여명을 수용할 수 있었다 한다(『三國志』吳志卷4, 劉繇傳). 또 그는 황금을 칠한 銅佛像을 조성하였다(같은 책). 불상의 존재에 대해서는 환제시대에 이미 존재했다(『歷代三寶紀』卷4)고도 말해지지만 확실히 불상의 주조가 행해졌던 것은 책융시대가 아닐까. 또한 책융은 불경을 독송하고 있었던 것도 확실하여, 당시에 한역된 불교경전이 유포했었던 것을 알 수 있다. 이 책융의 奉佛行爲중에서 초왕 영과 환제의 경우와 비교하여 큰 변화는 불상의 주조, 사원의 건립, 灌佛會나 施食의 실시등이다. 특히 책융이 세운 불사는 중국불교 최고의 사찰이라고 말할 수 있다.[17] 이는 초왕 영이나 환제시대보다도 불교의 儀禮面에서 큰 발전을 이룩했던 것이다. 이것은 후한의 靈帝말년에서 獻帝시대 즉 190년 전후의 徐州불교의 상태를 보여주고 있다.

제4절　漢譯佛典의 成立

황노신앙이나 불노장생술의 하나로서 수입되어진 불교는, 후한의 桓帝代가 되자 그 세력을 점점 확대하였다. 이 환제와 영제시대에 처음으로 경전을 번역하여 최초의 한역불전을 제공했던 사람이 安息의 安世高와 月氏의 支婁迦讖이었다. 迦葉摩騰이 『사십이장경』을 처음으로 중국에 전했다는 것은 후대불교도에 의한 전설에 지나지 않는다는 것은 이미 앞서 말한 대로 이지만, 중국인이 자기네 국어로 베낀 외래경전을 보았던 것은, 안세

---

17) 大谷勝眞 「支那に於ける佛寺造立の起源に就て」(『東洋學報』第十一卷第 一號, 1922. 1.)

고와 지루가참 때 부터이다. 환제·영제·헌제시대에 앞서 말한 두 사람을 비롯하여 竺佛朔·支曜·安玄·嚴佛調·康孟詳 등의 번역승이 활약하였다.

安世高   안세고[18]의 자는 世高이며 安息國의 태자로서 태어났지만 왕위를 숙부에게 양보하고 불교수학에 뜻을 두어 본국을 떠나 여러 나라를 두루 돌아다니며, 후한 환제의 建和 2년(148)경에 낙양으로 왔다. 그 후 20여년간에 걸쳐서 30여부의 경전을 번역하였다. 說一切有部의 소승불교가 왕성했던 안식출신의 안세고는 禪觀과 阿含이나 阿毘曇學에 정통하고 있었다. 禪觀에 관한 경전으로서는 『安般守意經』『陰持入經』『禪行法想經』『大道地經』 등이 있으며 阿含에 관해서는 『人本欲生經』『十報經』『普法義經』『四諦經』『七處三觀經』『八正道經』『轉法輪經』 등을 번역하였고 또한 아비담학에 관해서는 『阿毘曇五法經』『阿毘曇九十八結經』 등을 번역해 냈다. 『阿鋡口解』 一卷에 대해서 道安은 「世高의 撰과 유사하다」(『出三藏記集』 卷二)라고 했으나 후세에는 安玄의 역이라 하고 있다(『역대삼보기』 권 4). 안세고의 교학에 대해서 僧祐는 「널리 경장을 섭렵하고, 阿毘曇學에 매우 정통하여 禪經을 더듬어 그 妙를 터득하였다」(『出三藏記集』 卷十三, 安世高傳)라고 쓰고 있다. 阿毘曇學이란 阿毘達磨(Abhidharma)라는 말로 法數를 분류하여 諸法의 구조를 설명하는 학문으로 部派佛敎의 교설이다. 불교 法相學의 기본이 처음으로 중국에 전래했던 것이다.

안세고가 선교했던 시대는 환제가 궁정에서 노자와 佛을 함께 모시기도 하고 襄楷가 낙양에서 상소하여 노자와 佛의 가르침을 같이 설명하기도 했던 때였다. 또한 노자가 서방으로 가서 佛이 되었다는 「노자화호설」이 주창되었던 시기이었다. 禪觀에 관한 경전을 번역하기도 하고 그 실천자이기도 하였던 안세고는 도교의 불노장생술이나 胎息法의 수행자처럼 보였던 것 같다.

---

18) 大谷勝眞「安世高の譯經に就いて」(『東洋學報』第十三卷第四號, 1924.3). 宇井伯壽『譯經史研究』(岩波書店, 1971). 또한 最初期의 佛典翻譯에 대해서는, 橫超慧日「中國佛敎初期의 翻譯論」(『中國佛敎의 硏究』法藏館, 1958), 梁啓超「佛典之翻譯」(『中國佛敎研究史』新文豊出版公司, 1975) 參照.

안세고가 번역한 禪經의 하나인 『陰持入經』은 번뇌를 선정에 의하여 퇴치하고 탐·진·치의 3독을 계·정·혜의 3학으로 제어하는 방법이 설명되어 있는 소승경전이다. 그런데 삼국시대에는 이미 본문이 주석되어, 『陰持入經註』 2권으로 현존하고 있다. 같은 안세고가 번역한 『安般守意經』에 대해서는 吳의 康僧會가 서문을 덧붙여 쓰고 있다. 또한 晋代에 이르러 화북에서는 道安이, 강남에서는 隱士 謝敷이 禪法의 경전으로 이것을 연구했고(『出三藏記集』卷六), 본 경이 중국禪觀思想史에 미쳤던 영향은 크다.

靈帝(재위 168~189) 말에 안식의 상인인 안현은 낙양에 와서 嚴佛調와 함께 『法鏡經』을 번역하였다. 이 『법경경』을 번역할 때 안현은 梵文을 번역하였고 엄불조는 받아 적었다. 안현과 臨淮(安徽省 泗州 盱眙縣) 출신인 漢人僧의 협력으로 번역된 『법경경』은 강남지방으로 전해져서 삼국시대 康僧會(?~280)가 주석하여 經序를 지었다. 嚴佛調는 漢人 출가자 중에서 최초의 사람이며, 또한 漢人 불교도가 찬술한 최초의 책인 『十慧章句』를 저술한 사람이다.

안현과 엄불조가 번역한 『법경경』은 魏의 康僧會가 252년에 번역한 『郁伽長者所問經』이나 서진의 竺法護(239~316)가 번역한 『郁伽羅越問菩薩行經』과 동본이역으로, 재가보살의 수도를 밝혔던 대승경전이다. 소승국이라고 전하여지는 안식에서 왔던 안현이 대승불교의 경전을 번역했다는 것은 대승불교를 주로 하는 지루가참의 月氏系 불교전역과 아울러 중요한 것이다.

支婁迦讖 안세고와 같은 시기에 낙양에 왔던 역경자중에서 가장 유명했던 사람은 지루가참(Lokakṣema. 支讖)이다. 그는 대월지국 출신이며 한의 환제말에 낙양에 와서 영제의 光和(178~183)·中平(184~189) 年間에 『道行般若經』『首楞嚴經』『般舟三昧經』『阿閦佛國經』등을 번역하였다 (『出三藏記集』卷二). 그가 번역한 경전중에는 소승불교의 경전은 하나도 없고 모두 대승경전이다. 그가 번역해 낸 경전중에서 가장 중요한 것은 『도행반야경』이며 이것은 『小品般若經』의 異譯이다. 지루가참이 번역해 낸

『도행반야경』이야 말로 『반야경』의 최초의 번역이다. 또 『반주삼매경』의 역출에 의해서 아미타불이 소개된 것도 중국불교에 큰 영향을 주었던 것이다. 또한 지루가참역(帛延 譯인가? 의 의문이 있음)으로 되어 있는 『無量淸淨平等覺經』이 있다.

또 당시에 천축 사문 竺佛朔은 영제시대에 낙양에 『도행반야경』을 가져왔으며 광화 2년(179)에 『般舟三昧經』을 번역하였다. 그 때 竺佛朔이 梵本을 가져와서 지루가참이 한어로 번역하였다고 한다(『梁傳』卷一, 支婁迦讖傳). 또 당시에 支曜는 『成具光明經』을 번역하였고 康孟詳은 曇果와 함께 『中本起經』을 번역했던 사실이 전해지고 있다.

漢代佛敎의 지리적 전파 후한불교의 대표적 번역자인 안세고와 지루가참은 안식국과 대월지국에서 왔던 사람으로 서역지방을 경유해서 중국에 왔을 경우에 涼州와 長安은 반드시 지나지 않으면 안되는 경유지이다. 그러나 문헌자료가 없기 때문에 당시의 涼州와 長安의 불교의 상태는 확실하지 않다. 이런 점에서 낙양이 후한시대 譯經의 유일한 장소가 되었다. 안세고도 지루가참도 낙양에서 활약하였고, 嚴佛調도 낙양에서 출가하였다. 환제는 불교를 숭상하여 北宮에는 부도의 사당을 세웠고 낙양성의 서쪽에는 菩薩寺가 있었다고 한다(『出三藏記集』卷七, 道行經後記).

서역과 교류의 결과로 처음에 낙양이 불교의 중심지가 되었지만, 다시 丹陽·彭城·廣陵 등의 지방, 즉 江淮 지역에 전파하였다. 원래 江淮지방은 옛날부터 齊와 楚國이 번영하였던 곳으로 이 지방에는 黃老學이 왕성하였고 方術이나 仙道를 믿는 사람이 많았다. 그 때문에 불교를 수용할 수 있는 조건이 충분히 성숙되어져 있었다.

楚王 英이 다스렸던 지역은 팽성(徐州)을 중심으로 한 지역이며 淮河의 남북쪽에 걸쳐 있었다. 또 초왕 영이 좌천되었던 곳이 단양의 涇縣이다. 이 때 초왕 영을 따랐던 사람이 수천명이라고 하는데 이를 미루어 보면 불교는 강남지방에 유포되었다고도 생각된다.

또 단양사람인 笮融이 서주와 광릉사이에 浮屠寺를 세운 것 등을 볼 때 서주와 광릉지방에도 불교가 번성했었음을 알 수 있다.

漢代의 역경사업은 거의 낙양에서 행해졌지만 영제의 말기에 장안과 낙양에 난리가 일어났었기 때문에, 난을 피해서 강남지방으로 건너가는 사람이 많았으며 그와 함께 불교가 淮河나 長江유역에 전파했던 것이다. 또한 후한말이 되자 남쪽지방을 경유하는 海上교통이 발달하여 交趾·會稽 등이 해상교통의 중심이 되었기 때문에 불교도 해상을 경유하여 전해졌을 가능성도 있다.

안세고의 제자 陳慧는 會稽사람이며 삼국시대에는 交趾에서 牟子가 출현하여 『理惑論』의 원형을 저술하고 있다.

제 2 장 魏・晋의 佛敎
―― 格義佛敎 ――

제 1 절 魏의 佛敎

　魏晋 南北朝 360여년 간은 秦과 漢에 걸친 400여년의 통일시대를 이어 다시 중국이 분열한 시대였다. 안세고와 지루가참이 중국에 건너왔던 후한의 환제와 영제시대는 후한의 정치적 통제력이 약화하여 붕괴의 조짐이 보이기 시작하던 때였다. 후한말이 되어 宦官이 발호하여 名士나 학자가 탄압을 받아 한나라 왕실의 위신은 땅에 떨어져 군웅이 봉기하고 종교반란이 끊임없이 일어나게 되었다. 마침내 한제국은 무너져 魏・吳・蜀의 삼국 분립시대가 되었다가 다시 晋에 의하여 혁명 통일되었다. 후한의 멸망에서부터 삼국(220~265)과 西晋(265~316)시대에 걸쳐 중국의 사회와 사상계도 커다란 변혁기를 맞게 되었다. 후한시대에 전파한 외래불교도 이 변혁기를 타고 점차로 받아들여지기에 이르렀다.

　삼국중에서 魏는 화북을 점유하고 그 세력도 강하였으며, 吳도 강남의 옥토에 근거하였으나, 蜀은 사천의 분지에 위치하고 영역도 작았다. 이 촉에 들어간 불교에 대한 기록이 전혀 없기 때문에 촉의 불교에 대한 것은 확실치 않으나, 五斗米敎 등 도교의 세력은 이 촉지방을 중심으로 형성되었고 서역에서 직접 이 사천에 도교적 불교가 들어왔을지도 모른다. 이 촉을 제외하면 삼국시대의 불교의 중심지는 북으로는 낙양이 있었고 남으로는 建業이 있었다.

　魏의 태조 曹操(155~220)는 황건의 난을 토벌하여 이름을 날렸고 다시 민간 淫祀에 대하여 전멸정책을 폈다. 그 뒤를 이은 文帝(曹丕)는 黃初 5년(224)말에 무술이나 예언자를 신앙하는 자는 左道의 죄로 단죄하겠다는 포고령을 내렸다(『三國志』魏志 卷二 文帝紀). 다음의 明帝도 靑龍 원년(233)에 諸郡國이나 산천에 있는 예에 맞지 않는 제사를 금지시켰다(『三國志』魏志 卷三, 明帝紀). 이와같이 曹魏의 황제들은 민간사묘나 方士, 巫覡 등에 의한 주술이나 신선술들을 금하는 정책을 추진시켰다. 이 때문에 후한 이래로 유행하였던 불노장생술이나 신선사상 등의 도교적 신앙은 점차로 그 그림자를 감추게 되었다.

한편, 전한과 후한의 중국사상계는 유학이 독점해 왔었다. 그러나 그 유학은 주로 經文의 訓詁 해석학이었으며 후한의 멸망과 함께 유학의 권위도 쇠퇴일로를 걷게 되었다. 유학의 권위에 반항하고 학문과 사상의 자유를 구하는 새로운 운동이 魏의 正始中(240~249)에 일어났다. 그 대표자가 王弼(226~249)과 何晏(190~249)이었다. 그들은 노자나 장자가 말하는 「無」를 만상의 근원이며 도의 근본이라 보고 무위자연의 도를 체득하는 사람이 성인이라고 생각하였다. 이 새로운 사상운동은 魏와 晋 사상계의 중심사상으로 발전하여 嵆康·阮籍·山濤·向秀 등의 「竹林七賢」이라 불리우는 지식인을 배출시켰다. 이 지식인들의 자유스러운 생활태도나 사상이 다음의 晋代에 받아들여져 漢代와는 다른 새로운 사상을 낳게 하였다. 이러한 사상가들은 새로이 제공된 한역불전에도 흥미를 가지게 되어 불교의 『반야경』이나 『유마경』등의 空思想이 노자나 장자의 無의 사상과 유사한 것이라고 받아 들였다. 여기서 외래불교의 교의가 중국에 수용될 수 있는 정신적 토양이 육성된 것이다. 魏와 晋의 불교는 후한에서부터 계승되어진 일반시민의 「도교적 불교」와 함께 지식인들에 의한 철학적 불교가 開花했던 것이다.

譯經僧의 渡來   위나라 시대에도 서역과의 교섭은 왕성하였고 文帝가 즉위한 원년(220)에는 焉耆·于闐 등의 여러나라가 사신을 보내 조공을 바쳤다(『三國志』魏志 卷二, 文帝紀). 동 黃初 3年(222)에는 鄯善·龜玆·于闐이 入貢하였다. 또한 明帝의 太和 3년(229)에는 대월지국왕 波調가 사신을 보내어 봉헌하였고 魏는 波調王을 親魏大月氏王에 임명하였다(同卷三, 明帝紀). 위왕조와 貴霜王朝간의 교류는 서역의 서편에 위치하고 있는 인도승의 도래를 용이하게 하여 曇柯迦羅・康僧鎧 등의 天竺僧이 낙양에 왔던 것이다.

曇柯迦羅는 중천축 출신으로 위의 嘉平中(249~253)에 낙양에 왔다. 당시 낙양의 승려들은 계율에 의하여 생활하지 않고, 단지 삭발하고 있는 것이 속인과 다를 뿐으로, 齋나 참회의 법도 중국의 祠廟에서 행하고 있던 종교의례에 의하여 이루어지고 있을 뿐만 아니라 僧은 수계를 하지도 않고 지내고 있었다.

거기서 曇柯迦羅는 『摩訶僧祇律』의 戒本인 『僧祇戒心』을 역출하고 다시 梵僧을 청하여 羯磨受戒시켰다(『梁傳』卷一, 曇柯迦羅傳). 이것이 중국불교에 있어서 수계의 효시라고 일컬어진다. 마찬가지로 안식인 曇諦는 율학에 정통하여 위의 正元中(254~255)에 낙양에 와서 『曇無德羯磨』 1권 즉 曇無德部 四分律의 受戒作法을 역출하였다. 또 安法賢도 위나라때 중국에 와서 『羅摩伽經』『大般涅槃經』를 번역했다고 한다(『歷代三寶記』卷五). 康僧鎧(Saṃghavarman)는 嘉平 말에 낙양에 와서 『郁伽長者經』 등 4부를 역출하였다. 이 『욱가장자경』은 후한의 靈帝때에 안현과 엄불조가 번역한 『法鏡經』의 異譯으로, 서진시대에는 축법호가 『郁伽羅越問菩薩行經』이라 번역한 것이며 욱가장자를 위하여 재가와 출가의 보살의 계행을 설한 대승경전이다.

龜玆國 출신으로 생각되는 帛延은 甘露中(256~259)에 낙양에 와서 『수능엄경』『須賴經』 등 3부 4권을 번역하였다.

朱士行　　외국승려의 도래와 아울러 중요한 것은 250년을 전후하여 한인승려 주사행이 『반야경』의 원본을 구하기 위해 于闐에 구법한 사실이다. 주사행은 穎川(河南省 許州의 東北) 사람으로 처음에는 낙양에서 『道行般若經』을 강의하였으나, 이따금 의미가 통하지 않음을 발견하고 그 때문에 완전한 원본을 구하러 甘露 5년(260)에 于闐에 갔다. 그는 거기서 『放光般若經』의 원본을 얻어 서진의 太康 3년(282)에 제자 弗如檀(法饒)으로 하

여금 원본을 洛陽으로 가져가게 하였다. 주사행은 于闐에서 80세에 죽었으나 낙양에 보내진 『방광반야경』은 倉垣의 水南寺에 운반되어져 元康 원년(291)에 于闐의 사문 無羅叉와 하남의 우바새인 竺叔蘭에 의하여 『방광반야경』20권으로서 역출되었다. 다시 太安 2년(303)에는 倉垣의 水北寺에서 再校 書寫되었다. 또 같은 해에 支孝龍이 竺叔蘭을 따라서 한꺼번에 다섯부를 베껴 교정하여 定本으로 삼았다고 한다(『梁傳』卷四, 朱士行傳).

한인으로서 처음으로 서역에 구법의 여행을 한 사람이 주사행이었고, 이 주사행의 구법의 여정을 따라 동진의 법현, 당의 현장 등에 의하여 서역과 인도의 여행이 감행되었던 것이다. 또한 주사행이 于闐에서 구하여 번역한 『방광반야경』의 출현은 서진시대의 반야연구를 융성케하는 커다란 공헌을 하였다. 이 『방광반야경』은 축법호역의 『光讚般若經』과 동본이역이다.

梵唄의 出現   위의 무제의 셋째 아들인 陳思王 曹植은 『辨道論』을 지었던 인물로 불교를 숭상했던 인물이면서 문학에도 통달했었다. 일찌기 魚山(山東)에 놀러 갔을 때 공중에서 나는 梵天의 讚을 듣고 이에 감화하여 범패를 지었다 한다(『廣弘明集』卷五, 辨惑篇). 중국불교에서 범패의 비롯은 이 조식에서 시작한다(『梁傳』卷十三, 經師篇). 중국에서는 「詠經」을 轉讀이라 하고 「歌讚」을 범패라 하였다. 이 조식의 범패는 吳의 지겸과 강승회에 계승되어 지겸은 「梵唄三契」를 전하고 강승회는 「泥洹梵唄」를 지었다고 한다.

제 2 절   吳의 불교

후한의 불교는 초왕 영의 강남 유배와 광능·팽성에서의 笮融의 奉佛事業등에 의하여 淮·泗의 유역에 확대되고 다시 강남에 퍼지게 되었다. 한편 후한말의 전쟁으로 인하여 낙양과 장안의 주민들이 많이 남쪽으로 옮겨간 결과, 불교 승려도 강남지방에 건너가게 되었다. 또한 『무자이혹론』에 「靈帝崩後에 천하가 어지러우나 오직 交州가 편안하다. 北方의 異人이 모두와 산다. (중략) 牟子가 將母하여 세상을 交趾에서 피하여 年二十六에 蒼梧에 돌아가 妻를 娶하였다.」(『弘明集』卷一)라 한 것에서 중원의 지식인들이 남쪽으로 옮겨가 廣州와 交州지방에도 한문화가 파급하게 된 것을 알 수 있다. 또 이 광주나 교주에는 당시에 남해교통의 발달로 뱃길로 林邑과 扶南을 경유하여 불교가 전파되었다. 吳의 수도 建業은 화북에서 남하한 불교와 교주와 광주에서 북상한 불교에 의하여 불교문화를 꽃피우게 된 것이다. 남하한 사람중의 대표자는 월지인 지겸이 있고, 북상한 사람들 중에는 交趾에서 온 康僧會가 있다. 그밖에 吳의 역경승으로, 維祇難·竺律炎·支疆梁接등이 있다.

支謙 字는 恭明이며 대월지국사람이다. 조부인 法度가 한의 靈帝代에 國人 수백을 거느리고 귀화하였다. 10세에 書를 익히고 13세에 胡書를 배워 6개국어에 능통하였다. 지루가참의 제자인 支亮에게 배워 당시에 천하의 博知는 三支에 지나지 않는다고 불리워질 정도로 뛰어났다. 獻帝(재위 190~220)의 말년에 漢室의 爭亂으로 말미암아 수십인과 더불어 오나라로 피하였다. 오왕 손권은 그 박학과 재능을 듣고 그를 불러 박사로 삼아 東宮을 보필하고 지도하게 하였다 한다.

黃武원년(222)에서부터 建興中(252~253)에 이르는 사이에 많은 경전을 역출하고 『了本生死經』(『稻芋經』)에 주석을 가하였다(『出三藏記集』卷十三, 支謙傳). 또한 『法句經』에 대하여는 황무 3년(224)에 維祇難(Vighna)이 竺律炎과 함께 武昌(湖北省 鄂城縣)에 와서 胡와 漢 양국어에 능통한 지겸과 같이 역출했다고도 말해진다(『梁傳』卷一, 維祇難傳). 지겸의 역출경전 중에서 가장 중요한 것들로는 『維摩詰經』 『大明度無極經』 『大阿彌陀經』 『瑞應本起經』 등이 있고 『大明度無極經』은 지루가참역인 『도행반야경』의 동본이역이다. 서진시대에 노장의 사상에 의하여 불교의 교리를 이해하려는 풍조에 지겸이 번역한 반야부 경전이 끼친 영향은 컸다.

康僧會 그의 선조는 康居人이었으나 대를 이어 천축에 내왕하였고, 아버지는 상업에 종사하였기 때문에 交趾에 이주하였다. 10여세에 양친을 여의였으며 三藏과 六典에 통하였다. 또한 南陽의 韓林, 潁川의 皮業,

會稽의 陳慧등 소위 三賢에게서 도를 배웠다(『出三藏記集』卷六, 安般守意經序).

오의 손권이 지배하였던 江左에는 아직 불교가 있지 않았으나 그가 불교를 널리 펴기 위하여 赤烏 10년(247)에 건업에 와서 작은 절을 세우고 불상을 건립하여 行道하였다. 그때에 오나라 사람들은 처음으로 사문을 보고 기이하게 생각하였다. 그가 손권의 요청에 응하여 불사리를 구하여 왔으므로 손권은 강남에 최초로 사찰을 세우고 建初寺라 하고, 그 지방을 佛陀里라고 이름지었다 한다(『出三藏記集』卷十三, 康僧會傳).

그러나 太平 원년(256) 오의 전권을 장악한 孫綝은 횡포하기 짝이 없어 민간종교를 박해하고 게다가 「浮屠祠를 부수고 道人을 斬하라」(『三國志』吳志 卷十九, 孫綝傳)고 하였기 때문에 康僧會의 전법활동도 쉽지 않았던 것은 틀림없다. 손권이 세웠었다고 하는 건초사도 국가권력을 배경으로 한 국립사찰이었다기 보다는 처음으로 온 사문의 주처인 승원이었을 따름이며, 따라서 불사를 행한 절이었는지도 확실치 않다. 『高僧傳』등에 전해지는 康僧會와 孫皓와의 인과보응에 관한 불교교의의 문답도 후래에 조작된 것으로 보인다.

강승회가 역출한 경전으로는 『阿難念彌經』『鏡面王經』『察微王經』『梵皇王經』등을 들 수 있다. 그러나 가장 중요한 것으로는 석가의 전생을 설한 『六度集經』이다. 또한 그는 『安般守意經』『法鏡經』『道樹經』의 3경에 注를 가하고 동시에 經序를 지었다.

삼국시대의 낙양과 吳의 불교사상계에는 두 가지의 계통이 있었다. 하나는 안세고의 小乘禪學의 계통이었고, 다른 하나는 지루가참의 大乘般若學의 계통이었다. 안세고 계통의 중요한 경전으로는 안세고의 『安般守意經』『陰持入經』과 안현의 『法鏡經』, 그리고 강승회의 『六度集經』등이 있고 인맥으로는 안세고. 안현·강승회·嚴佛調. 그리고 南陽의 韓林과 潁川의 皮業, 會稽의 陳慧등이 있다. 『대장경』가운데 현존하고 있는 『陰持入經註』의 작자는 확실치 않으나, 이 계통에 속하는 인물의 주석이 있어서 西晋 이전의 저작이라 생각된다. 이 『陰持入經註』는 당시 佛典의 譯

語나 그 사상을 아는 것 이상으로 중요한 의미를 지니고 있다.

두 번째 지루가참의 대승반야학 계통의 중요경전은 지루가참역의 『道行般若經』 『首楞嚴經』과 支謙역의 『維摩詰經』 『大明度無極經』 등이 있다. 인맥으로서는 지루가참의 제자 支亮과 그의 제자 지겸이 있다. 안세고와 지루가참은 같은 낙양에 살고 있었으며 康僧會와 지겸도 또한 건업에서 같이 활약하였다. 양쪽 계통이 동시대에 활약한 인물들이었음에도 불구하고 그 사상계통이 전혀 달랐던 것에 주목하지 않으면 안된다. 안세고와 강승회의 계통은 불노장생을 주로하는 도교적 불교에 가깝고, 반야학을 설한 지루가참과 지겸의 계통은 玄學에 유사한 것이다.

도교적 불교의 계통을 이끈 강승회는 후한의 불교적 흐름을 계승했던 것이며, 玄學의 흐름에 친근성을 가진 지겸의 반야학은 兩晉이후의 玄學的 불교의 길을 연 것으로 보아도 좋을 것이다.

제 3 절 西晉의 佛敎

위의 재상 司馬炎(晉의 무제)은 魏의 제위를 찬탈하여 낙양에 도읍을 정하여 晉이라 하였다(265). 그 후 잇달아 오나라를 멸하고(280) 천하를 통일하였으나, 북방 호족의 남하에 의하여 멸망하고(316), 五胡十六國의 시대가 된다. 晉의 일족은 남쪽 건강으로 옮겨 동진을 건국하였다. 이 사이 약 50여년간을 서진이라 한다.

魏의 正始中(240~249)에 일어난 새로운 사상계의 조류는 서진시대에도 이어져 진나라 말기의 永嘉中(307~312)에 이르도록 융성하였다. 노장학, 특히 『장자』연구가 성하여 向秀와 郭象을 비롯하여 많은 『莊子註』가 저술되었다. 또 한편으로는 죽림의 칠현으로 대표되는 淸談의 名士가 활약하고, 유교의 禮敎질서에 묶이지 않는 자유스러운 사상이 시대사조의 주류를 점하기에 이르렀다.

특히 곽상의 『장자』 해석은 학자와 귀족들이 남쪽으로 건너옴을 따라서 동진사회에 받아들여졌으나 그것은 불교 반야사상의 수용을 가능케 하는 조건을 성숙시켰던 것이다. 또한 청담의 유행과 탈속하고 자유스러운 풍조는 『유마경』에 나타난 유마거사의 도입을 가능케 하였다.

서진의 수도 낙양은 후한 이래로 서역인의 도래와 함께 불교전파의 중심지였다. 서진에 이르러서도 불교는 번창하여 서진말의 永嘉中에는 42개의 사찰이 있었다(『洛陽伽藍記』序)고 한다. 당시에 衡陽의 태수인 滕永文이나 진의 闕公則은 齋會를 베풀고 誦經하며 불상을 예배하였다는 사실이 전해지고 있다(『法苑珠林』卷四十二). 또 서진시대의 역경자는 道俗 12인으로, 경율 600권을 역출해냈고 180개소의 절이 서고 3,700인의 승려가 있었다(『釋氏稽古略』卷一)고도 전해지고 있어서 상당히 불교가 성했던 것으로 보인다.

인도승 耆域은 천축에서 扶南에 도착하여 交州와 廣州를 거쳐 襄陽에 이르러 진의 惠帝 말년에 낙양에 왔다. 화려한 낙양의 승복을 보고「의복이 화려하여 素法에 應하지 아니하였도다」(『梁傳』卷九, 耆域傳)라고 비판하였다. 그는 滕永文이 滿水寺에서 병에 걸려있는 것을 보고 주술을 베풀어 회복시켰다고 한다. 神異를 나타내 보인 耆域은 流沙를 건너 서역에 돌아갔다.

竺法護　竺法護(Dharmarakṣa 竺曇摩羅刹)는 월지국 사람으로 본성은 支氏이며 대를 이어 敦煌郡에 거주하였다. 8세에 출가, 외국사문인 竺高座에 사사하여 성을 竺이라 바꾸고 오로지 경전을 연찬하였다. 方等經典이 서역에 있음을 알고 스승을 따라 서역에 가서 여러나라를 돌아다녔다. 그 사이에 36종의 서역 여러나라 말을 익히고는 胡本을 가지고 중국에 돌아왔다.

그가 역출한 경전[1]은 『光讚般若經』『正法華經』『維摩詰經』등 약 150부 300권이라고 한다. 梁의 僧祐는 經法이 중국에 널리 퍼진 이유는 축법호의 힘에 있다고 격찬하고 있다(『出三藏記集』卷十三, 竺法護傳).

후한에서부터 진에 이르기까지의 역경승 가운데 후한의 안세고와 지루가참, 그리고 오의 지겸 등의 세사람도 역경부수가 많으나 뛰어난 諸家중에

---

1) 岡部和雄「竺法護の譯經について」(『印佛研』第十一卷 第一號, 1963, 1).

서 제일이었던 것은 축법호였다. 『出三藏記集』(권 2)에서는 泰始中(265~274)에서 懷帝의 永嘉 2년(308)에 이르기까지 역출한 부수를 154부라고 하고, 『고승전』에서는 165부, 隋의 『歷代三寶記』에서는 210부라고 증가시키고 있으나 『開元釋敎錄』에서는 175부로 정리하고 있다. 하여튼 150부를 넘는 경전을 한역한 것은 경탄할만 하다. 『出三藏記集』에 역출년차가 명기되어 있는 것을 검토해 보면 泰始 2년(266)부터 永嘉 2년(308)에 이르기까지 40년간에 걸쳐 번역활동을 계속하였다. 번역장소도 다양하여 『修行道地經』 7권을 역출한 돈황, 『聖法印經』을 번역한 酒泉, 『須眞天子經』 등을 번역한 장안, 『文珠師利淨律經』 등을 번역한 낙양 등 여러 장소에서 행하였다.

축법호역의 경전은 후래의 중국불교계에 커다란 영향을 주었다. 『정법화경』 10권은 인도 대승불교의 중요경전을 처음으로 중국에 전한 것이고 이에 의하여 竺道潛·于法開·竺法崇·竺法義·竺道壹등의 『법화경』 연구자가 배출되었다. 또한 『법화경』의 一品인 「光世音菩薩普門品」에 의하여 관음신앙이 보급되었다. 그 밖에 『유마힐경』은 청담이 유행한 동진의 귀족사회에 수용되었다.

또한 지루가참에 의하여 처음 번역된 『수능엄경』도 서진에서는 축법호역과 竺叔蘭의 역이 나와 지루가참역을 刪定한 지겸의 책정본까지 4본이 되었다. 노장학이 유행하였던 서진의 사상계에 반야경전으로서 영향을 주었던 것은 『광찬반야경』이었다. 이미 9년전 朱士行이 보냈던 원전을 역출함과 아울러 서진의 불교계는 『반야경』 연구의 전성기를 맞았다. 진의 孫綽은 『道賢論』을 지어, 천축의 7승을 죽림의 7현에 비하고, 축법호를 山濤에 비유하여 덕을 기리었는데, 당시의 사람들은 모두 敦煌菩薩로 존숭하였다(『梁傳』卷一, 竺法護傳).

축법호의 역경을 도왔던 사람으로는 聶承遠·聶道眞 부자가 있다. 축법호가 『超日明經』을 역출했을 때 섭승원은 이를 刪定하여 2권으로 하였다. 섭도진은 梵學에 능통하여 축법호의 역경을 돕고 또한 竺法首·陳士倫·孫伯虎·虞世雅등도 집필과 교정의 역할을 담당하였다. 축법호의 제자로는 돈황에서 활약한 竺法乘을 비롯하여 竺法行·竺法存이 있다.

그 밖에 당시의 역경승으로는 惠帝와 懷帝(재위 290~311) 사이에 法炬가 『樓炭經』을 번역하고, 다시 法立과 함께 『法句喩經』『福田經』의 2경을 번역하였다. 이러한 역출경전은 永嘉中에 호족의 침입으로 말미암은 동란때문에 모두 散逸되었다. 또한 惠帝(재위 290~306) 때 帛遠은 『惟逮菩薩經』 등을 번역함과 아울러 『수능엄경』에 注를 달고, 그의 동생인 帛法祚는 『방광반야경』에 주를 달았으며 『顯宗論』을 저술하였다. 같은 혜제때 在家 奉佛者인 衛士度는 『道行般若經』 2권을 역출하였다.

竺叔蘭 천축사람으로 아버지는 達磨尸羅(法首)며 숙부에 2인의 사문이 있었다. 어릴 때 부터 불교를 배웠으며 漢胡兩語에 통하였다. 元康 원년(291)에 『放光般若經』『異維摩詰經』『首楞嚴經』을 번역하였다. 『放光般若經』은 주사행이 于闐에서 가져온 원본을 無羅叉의 손을 거쳐 竺叔蘭이 晉文으로 번역하였다.

『수능엄경』에 대하여는 후한의 지루가참역, 오의 지겸역, 서진의 축법호역, 그리고 축법란역의 4역이 있으며 서진말의 支敏度는 이 4역의 대조본을 작성하였다(『出三藏記集』卷七, 合首楞嚴經記).

축숙란과 無羅叉역의 『방광반야경』이 중원지방에서 크게 유행되고 연구되어진 것에 대하여, 축법호가 太康 7년(286)에 번역한 동본이역인 『광찬반야경』은 甘肅과 凉州지방에서 유행하였으나 중원지방에는 전해지지 않았다. 낙양지방에서 번역된 축숙란의 『방광반야경』은 당시의 청담과 현학이 성했던 중원지방의 지식층에 유포되었던 것이다.

제 4 절 道敎의 성립과 佛敎

道敎의 성립 道敎의 성립[2]은 후한말의 太平道와 五斗米道에서 보는

---

2) 道敎에 대해서는, 幸田露伴 『道敎思想』(角川書店, 1957), 小柳司氣太 『老莊의 思想과 道敎』(關書院, 1935), 常盤大定 『支那に於ける佛敎と儒敎道敎』(東洋文庫, 1930), 吉岡義豊 『道敎の硏究』(法藏館, 1952), 同 『道敎經典史論』(道敎刊行會, 1955), 同 『道敎と佛敎』第一 (日本學術振興會, 1959), 同第二 (豊島書房, 1970), 同第三 (國書刊行會, 19

것이 통설이다. 태평도는 張角에 의하여 후한의 靈帝(재위 168~189) 무렵에 시작하여 황건의 난까지 발전하였다. 五斗米道는 順帝(재위 125~144) 무렵에 張陵에 의하여 창시되어 張魯에 이르러 교회조직이 정비되어 사천성에서부터 협서성 남부에 걸쳐서 종교적인 결사운동으로 일어났다. 후한 말기의 사회불안 중에서 농민대중의 요구를 들어주었던 것이 이들 조직이었다. 태평도는 壞滅하였으나 五斗米道는 魏의 조조에 항복하고 天師道라는 이름으로 존속하였다.

한편 당시 유행하였던 신선술이나 仙術에 관한 서적으로는 吳의 魏伯陽이 찬했다고 하는 『周易參同契』와 진의 葛洪이 쓴 『抱朴子』가 있어 큰 영향을 미쳤다. 도교는 신선사상을 중심으로 하는 종교로, 道家・陰陽五行・易・卜筮・讖緯등의 여러 설이나 주술까지도 널리 취하여 후대에 이르러서는 교리나 의례의 면에서 불교의 영향을 강하게 받아서 성립하였다.

『老子化胡經』 불교가 점차로 사회적 세력을 늘려감에 따라, 佛・道 2교 사이에서 夷夏의 구별이나 선후문제를 중심으로 하여 佛・道 2교사이에 논쟁이 일어났다. 위의 陳思王 曹植은 『辨道論』[3]을 지어 신선술등의 詐妄한 점을 밝혔다. 서진시대 도불의 논쟁은 帛遠과 道士 王浮와의 사이에서 행해졌다. 왕부의 저작이라고 하는 『노자화호경』[4]은 이 논쟁의 산물의 하나이다. 「가버린 곳을 알지 못한다」고 하는 『史記』의 老子傳이 발전하여 『魏書』 西戎傳에서 볼 수 있는 것처럼 노자가 석가를 교화했다고 하는 설이 나오게 되었다. 이러한 설에 의하여 저술된 것이 『노자화호경』이다. 불

---

76), 同『永生への願い 道敎』(淡交社, 1970), 窪德忠『道敎と中國社會』(平凡社, 1948), 同『道敎史』(山川出版社, 1977), 福井康順『道敎の基礎的硏究』(理想社, 1952), 大淵忍爾『道敎史の硏究』(岡山大學共濟會書籍部, 1964), 許地山『道敎史』上 (商務印書館, 1934), 傅勤家 『中國道敎史』(商務印書館, 1937), 陳國符『道藏源流考』(中華書局, 1963) 등이 있다.

또한 道敎經典의 敦煌目錄에 대해서는, 大淵忍爾『敦煌道經目錄』(法藏館, 1960), 吉岡義豊『スタイン敦煌道經分類目錄』(東洋文庫, 1969) 등이 있다.

3) 久保田量遠「曹魏西晉時代に於ける道佛二敎の關係」(『支那儒道佛三敎史論』 第四章, 東方書院, 1931).

4) 桑原隲藏「老子化胡經」(『東洋史說苑』 1927). 柴田宣勝「老子化胡經僞作者傳に就いて」(『史學雜誌』第四十四編 第一・二號, 1933. 1. 2月). 松本文三郎「老子化胡經の硏究」(『東方學報』京都, 第十五册第一分, 1945. 1). 福井康順「老子化胡經」(『道敎の基礎的硏究』). 王維誠「老子化胡說考證」(『國學季刊』第四卷 第二號, 1934年).

교가 중국에 전래한 이래 점차로 그 세력을 확대시켜 왔으므로 도교측이 불교에 대한 우위를 주장하기 위하여 僞作된 것이라고 말해진다. 그러나 노자가 석가가 되었다든가, 또는 노자가 석가를 교화했다고 하는 사실은 불교가 중국사회에 수용되어지기 위해서는 극히 편리한 설로서, 혹시 불교측에서 먼저 주장한 것일지도 모른다.

이 『노자화호경』은 이후에 불도논쟁에는 언제나 사용되어 왔고, 당나라 때에는 한 때 금단의 조칙이 내려지기도 하였으며 원나라때에 이르러 파멸되었다. 그 원형은 1권이 있었던 것 같으며 唐代에는 10권본도 있었다 한다.

또 道安의 『二敎論』, 甄鸞의 『笑道論』, 法琳의 『辨正論』 『破邪論』, 祥邁의 『至元辨僞錄』 등에 인용되어진 『化胡經』을 보면 『老子化胡經』 『老子西昇化胡經』 『明威化胡經』 『化胡消水經』 『老子開天經』 등의 명칭으로 불리우고 있으나 모두 후대에 조작된 것이고, 근대에 발견된 돈황본도 唐代 이후에 이루어진 것이다.

제 2 부 발전과 정착

──東晋・南北朝의 불교──

제 3 장 五胡十六國의 불교・58
제 4 장 江南東晋의 불교・75
제 5 장 南北朝의 불교・93
제 6 장 諸學派의 興起와 전개・114
제 7 장 불교의 사회적 발전・135

제3장 五胡十六國의 불교
―― 북방 호족지배하의 불교 ――

　북방 흉노족인 漢(前趙)의 劉聰(재위 310~317)이 懷帝 永嘉 5년(311)에 낙양을 공격하여 帝를 포로로 하고, 또한 일족인 劉曜가 愍帝 건흥 4년(316)에 장안을 함락시켰기 때문에 마침내 서진은 멸망하고 말았다. 서진의 일족인 司馬睿는 남쪽지방의 建康으로 피하여 여기에서 제위에 올라, 東晋의 元帝(재위 317~322)라고 칭하였다. 강남지방을 지배했던 동진(317~418) 1백여년간에 강북 중원 지방은 호족이 유린하는 곳이 되어 前趙 이후에 주로 五胡(匈奴・鮮卑・羯・氐・羌)의 제 민족이 흥망을 거듭하여 十數國의 興廢가 있었기 때문에 이 때를 五胡十六國 시대라고 한다.
　북방 호족국가는 北魏(439)로 통일되기까지 남방 東晋은 劉裕(420)의 혁명이 있기까지의 백여년간을 東晋시대 또는 五胡十六國 시대라고 한다. 서진이 멸망하고 동진이 흥하자 중원지방의 귀족도 帝室과 함께 강남으로 이주했기 때문에 종래 중국문명의 중심이었던 황하유역은 갑자기 쇠퇴하게 되었다. 그리하여 그 후로는 長江유역이 중국문화의 중심이 되어 화북중심의 문명이 전 중국에 확대 되었다. 이것은 동양사에서의 일대 사건일 뿐만 아니라 중국불교의 전개와 확대에 큰 영향을 주었던 것이다.

제1절　佛圖澄과 그 문하

　佛圖澄　화북의 패자가 된 後趙王 石勒과 石虎의 존경과 신뢰를 받아 後趙불교의 중심이 되어 활약했던 사람이 佛圖澄[1](232~348)이다. 불도징

은 서역사람이며 본성은 帛氏이기 때문에 龜玆國사람임을 알 수 있으나 일찌기 罽賓國에 가서 說一切有部系의 소승불교를 배웠다. 西晋 영가 4년 (310)에 돈황을 거쳐 낙양에 와서 東晋의 영화 4년(348) 12월 8일에 鄴都에서 107세로 죽었다. 낙양에 왔을 때 그는 이미 79세의 고령이었다. 영적 능력의 소유자로서 신통력이나 주술 또는 예언에 뛰어난 불도징은 석륵의 존경을 받았다. 석륵이 죽은 후에는 잔인한 맹장이었던 石虎가 後趙王이 되었지만 석호도 또한 불도징을 나라의 큰 보배로서 받들어 모셔 大和上이라고 존칭하였다.

서진 무제의 太康中(280~290)에는 晋人의 출가를 금지했다(『法苑珠林』卷 二十八, 晋抵世常傳)고 전하여진다. 그러나 石虎는 從來寺를 세우기도 하고 비록 출가하는 것은 서역인에게 한정되어 있기는 했어도 사람들이 출가하는 것을 公許하였다.

石虎 치하에서 불도징의 교화력은 대단히 커서 佛調·須菩提등의 외국승려 수십명이 아득히 먼 천축과 康居에서 부터 수만리를 멀다하지 않고 流沙를 건너 불도징에게 와서 사사하였다. 또한 한인인 道安과 中山의 竺法雅등도 불도징에게 사사하였다.

이리하여 문도가 1만명에 가까웠고 사찰도 893개소나 되어 화북불교는 불도징에 의하여 가장 왕성해졌다. 그의 제자로는 5호 16국시대 후반에 활약했던 도안·축법아·僧朗을 비롯하여 法首·法祚·法常·僧慧·道進·法汰·法和·安令首尼등이 있다.

역경도 하지 않고 저술도 남기지 않았던 불도징은 神異道術의 달인이었다. 그 때문에 불도징의 전기는 『晋書』권95 「藝術傳」, 『高僧傳』권 9 「神異篇」 등에 수록되어 있다. 또한 불도징은 계율을 엄히 지켰던 持律僧이었다(『出三藏記集』卷十一; 比丘大戒序). 그의 제자인 安令首尼는 서진말 建興中(313~316)에, 낙양의 서문에 竹林寺를 세우고 처음으로 비구니계를 받았던 죽림사 淨檢에게서 계를 받고 建賢寺를 세웠다. 출가자 200여명이

---

1) 佛図澄에 대해서는, 塚本善隆 「華北胡族國家の佛敎興隆」(『中國佛敎通史』第一卷, 第五章). Arthur F. Wright, "Fo-t'u-têng (佛図澄), A Biography," *Harvard Journal of Asiatic Studies*, Vol. 11, 1948, pp. 321~370.

精舎를 짓고, 수행에 힘써 石虎는 이들을 공경했다고 한다(『比丘尼傳』卷一, 安令首尼傳).

後趙의 石勒과 石虎시대에 활약했던 불도징에 이어서 당시 神異道術을 통하여 활약했던 사람으로는 單道開·竺佛調·耆域·揵陀勒등이 있었다(『梁傳』卷九).

僧 朗 불도징의 제자 승랑은 太山에 주하며 민중을 교화했던 신승이지만, 蔬食布衣의 생활에 만족했다. 冉閔의 난을 피해 태산으로 옮겨서 隱士 張忠과 교류하며 수도에 힘썼다. 그는 태산 서북쪽에 있는 金興谷 崑崙山에 精舎를 세우고 백여명의 제자를 가르쳤다.

승랑은 산중에서 虎災를 없애 道俗을 안심시키고는 85세로 입적하였다. 그는 영험과 신이의 능력에 뛰어나서 前秦王 苻堅·後秦 姚興·南燕 慕容德·東晋 孝武帝·北魏 拓跋珪등의 존숭을 받았다. 승랑이 南燕 慕容德에게서 東齊王의 호를 받고, 또한 二縣의 封給을 하사받았던 사실은 중국불교사상 特筆해야 할 것이다.[2]

義解僧으로서의 승랑은 『放光般若經』을 강의했으며, 제자로는 僧叡가 있다.

제 2 절 道安敎團의 활약

佛敎史家는 초기 중국불교계의 위인으로서 佛圖澄과 道安, 그리고 慧遠의 세사람을 들지만 그 중에서 중국불교의 지반을 구축하는 데에 가장 공적이 컸던 사람은 도안[3]이다. 도안은 일세의 사표로서 알려진 인물로 난

---

2) 宮川尙志「晋の太山, 竺僧朗の事蹟──五胡佛敎に對する省察──」(『東洋史硏究』第三卷第三號, 1938. 2).
3) 道安에 대해서는, 羽溪了諦「弥天道安論」(『藝文』第三年 第二·三·四號)을 비롯하여 湯用彤『釋道安』(『漢魏兩晋南北朝佛敎史』第八章), 宇井伯壽『釋道安硏究』(岩波書店, 1956), 塚本善隆「中國佛敎史上の道安」(『中國佛敎通史』第一卷, 第七章), 玉城康四郎「道安の佛敎」(『中國佛敎思想の形成』第一卷, 第五章, 筑摩書房, 1971) 등이 있다. 또한 道安傳의 英譯으로서는, Arthur E. Link, "Biography of Shih Tao-an", *T'oung Pao*, Vol. XLVI, Livr. 1~2, 1958이 있다. 中國思想史에서 보았던 것으로, 武內義雄「支那思想史上より見たる釋道安」(『支那學』第二卷 第八號, 1923. 4)이 있다.

세 중에도 수천명의 제자를 지도하여 전진왕 부견의 신임을 얻었으며 불전의 교정 및 주석과 經錄의 편찬, 그리고 儀軌의 제정 등 중국불교의 기초를 다지는데 큰 공적을 남겼다. 제자 慧遠도 廬山에서 白蓮社를 결성하여 중국 정토교의 개척자로서의 역할을 하여 중국불교는 실로 도안을 기다려서 처음으로 그 바탕을 확고히 다질 수 있었던 것이다.

송의 祖琇는「法源濫觴의 첫무렵에 佛圖澄으로 말미암아 道安을 얻고, 道安으로 말미암아 遠公을 얻었다」(『隆興佛敎編年通論』卷三)라고 하고 있는데 도안은 불도징을 기다리지 않고서도 도안이었지만, 혜원은 도안을 기다리지 않고서는 혜원일 수 없었던 것이다.

道 安 도안의 본성은 衛氏이고 西晋 영가 6년(312)에 常山의 扶柳(河北省 冀縣 西南六十里)에서 태어났다. 어려서 부모를 잃고 의형인 孔氏에게서 양육되었다. 천품의 英資가 뛰어나서 학문에 뜻을 두었으나 12세 때 출가하였다. 용모가 못생겼기 때문에 스승이 중요하게 여기지 않아서 3년간 밭에서 일하게 되었다. 그는 스승에게 사정하여 『辨意經』(『辨意長子所問經』)과 또한 一萬言이나 되는 『成具光明經』을 얻었는데 한번 읽어서 외웠다고 한다.

그 후 도안은 스승으로부터 구족계를 받고 遊學하여 불도징의 제자가 되었다. 도안은 불도징에게서 신임을 얻어 면학에 힘썼는데 얼마 안있어 불도징이 죽고 말았다. 또한 당시 慕容氏와 石氏와의 전란이 격심해졌기 때문에, 도안은 濩澤(山西省 陽城縣)으로 피하였다. 그는 거기에서 太陽의 사문 竺法濟, 雁門의 사문 曇講, 鄴都의 사문 竺僧輔에게서 경전을 공부하고, 다시 竺法汰와 함께 飛龍山으로 들어가 僧先・道護와 함께 경전을 깊이 연구하였다.

또 太行의 恒山에서 사탑을 건립하여 하북을 교화하였다. 武邑의 태수인 盧歆의 요청에 따라 그 지방에서 강의를 했으며 45세에 다시 冀州(河北省 高邑縣 西南十五里)로 돌아가 受都寺에 살며 문하에 수백명을 모아 법을 널리 폈다. 이 때 趙王 石慕의 요청에 따라서 鄴都의 華林園에 들어갔는데 冉閔의 난이 일어났기 때문에 대중을 거느리고 王屋(山西省 垣曲縣)의

女机山으로 들어갔다. 다시 난을 피해서 황하를 건너 陸渾(河南省 嵩縣)으로 이주하여 山棲木食하며 수행하였다. 慕容俊이 陸渾을 압박했기 때문에 新野(河南省 新野縣 南)에서 머물었다. 여기에서 그는 널리 교법을 유포시키기 위하여 그의 제자들을 사방으로 파견시키려고 생각하여 法汰를 揚州로, 法和를 蜀에 보냈다. 또한 그는 스스로 500명(일설에는 400인)과 더불어 襄陽에 도달하였다. 양양에 당도한 도안의 휘하에는 사방의 學士가 모였기 때문에 그가 살고 있던 白馬寺가 좁게 되어서 淸河에 있는 張殷의 집을 절로 삼아 檀溪寺라고 이름지었다고 한다. 다시 부호의 원조에 의하여 오층탑과 400개의 방이 완성되었다. 양주의 刺史 楊弘忠은 銅 만근을 보내고, 전진왕 부견은 금으로 된 倚像등을 보냈다. 동진의 효무제도 사자를 파견하여 그의 덕을 찬양하였다. 유명한 習鑿齒도 스스로 나아가서 도안과 교제를 청했다고 한다.

前秦 건원 15년(379)에 부견은 양양을 공략하였다. 그 이유는 부견이 도안의 명성을 듣고 그를 얻어서 자기를 보필하게 하기 위함이었다. 도안은 부견의 요청에 따라 양양을 떠나 장안에 이르러 수천명의 승도를 교화하고 지도하였다.

도안은 장안에 머무는 동안 풍족한 환경속에서, 경전의 서문을 쓰기도 하고 경전연구에 집중할 수도 있었는데 부견이 淝水전쟁에서 패하고 또한 姚萇에게 죽음을 당하기 3개월전인 동진 태원 10년(385) 2월 8일에 74세로 입적하였다.

도안이 양양에 있을 때「四海의 習鑿齒」라고 불리우던 지식인 習鑿齒에 대하여 스스로를「彌天의 道安」이라고 칭했다고 하는데, 習鑿齒가 謝安에게 주었던 책(『出三藏記集』卷十五)에 의하면 習鑿齒는 도안이 유례없이 뛰어난 인재이며, 내외의 수많은 서적을 비롯하여 음양과 算數에도 능통하며 불경에 대해서는 가장 훌륭하였다는 것을 기록하고 있다.

부견이 양양을 공략했던 것은 도안을 얻기 위함이었는데 그는 그 목적을 달성했을 때 僕射 權翼에게「짐은 10만의 師로써 양양을 취하여, 오직 한사람 반을 얻었다. (중략) 安公은 한사람이며, 習鑿齒는 반사람이다」

『梁傳』卷五, 道安傳)라고 했다고 한다. 또 鳩摩羅什도 그의 본국 龜玆에 있을 때 이미 도안의 德風을 듣고 「이는 실로 동방의 성인이라」고 찬탄하며 아득히 먼 곳에서 경배를 했다고 한다.

도안은 경문의 깊은 뜻을 연구하여 그 참 뜻을 더듬어 찾기 위해서 佛典을 주석하였다. 『반야경』연구에 심혈을 쏟았던 도안은 『광찬반야경』을 주해한 『光讚折中解』・『光讚抄解』를 썼고, 『방광반야경』의 해석인 『放光般若折疑准』 및 『折疑略』・『起盡解』를 썼으며, 다시 『도행반야경』의 주석인 『道行集異注』를 저술하였다.

禪觀[4]에 관한 것으로는 『大十二門注』『小十二門注』『了本生死經注』『人本欲生經注撮解』『安般守意經解』『陰持入經注』『大道地經注』가 있다. 그 밖에 『賢劫八萬四千度無極經解』와 嚴佛調가 찬술했던 『十慧章句』와 강승회가 모았던 『六度要目』에서 초출해 낸 『十法句經』의 『連雜解』를 썼다. 그리고 竺法護 譯의 『密迹金剛經』과 『持心梵天經』의 『甄解』등 20여부를 저술했다. 도안이야말로 佛典 주석자의 선구라고 해야 할 것이다.

도안은 불전을 주석함과 동시에 많은 서문을 썼으며 불전번역의 유래와 불전의 해제, 그리고 자기의 견해를 발표하였다.

그러한 종류로는 『安般注』序, 『陰持入經』序, 『人本欲生經』序, 『了本生死經』序, 『十二門經』序(『出三藏記集』卷六), 『道行般若經』序, 『合放光光讚略』解(同卷七), 『摩訶鉢羅若波羅蜜經』抄序(同卷八), 『增一阿含經』序(同卷九), 『道地經』序, 『十法句義經』序, 十四卷 『鞞婆沙』序, 『阿毘曇』序(同卷十), 『比丘大戒』序(同卷十一) 등의 저술이 있다. 그 밖에 서역의 지리와 산물, 또한 불교의 상태등을 기록했던 『西域志』(『水經注』卷二)도 도안의 저서로 되어있다.

도안은 불전을 번역할 때 번역자가 주의해야 할 사항으로서 「五失本, 三不易」을 주창했다. 五失本이란, 금지조항이 아니라, 한어로 번역할 때에 한해서 이 5가지의 규정내에서는 胡本의 원형을 잃어도 그만둘 수 없다는 사항이며, 三不易이란 번역이 곤란한 세가지 사항을 들었던 것이 아니

---

4) 橫超慧日 「初期中國佛敎者の禪觀の實態」(宮本正尊編 『佛敎の根本眞理』 三省堂, 1956).

라 경문을 제멋대로 바꾸어서는 안된다는 3가지의 근거를 들었던 것이다.[5] 수나라때 譯經에 종사했던 彥琮은 『辨正論』을 저술하여 그 속에 이 도안의 학설을 인용하여 도안의 견식을 칭송하였다(『唐傳』卷二, 彥琮傳).

도안은 또 후한시대부터 서진에 이르기 까지의 역경의 시대와 번역인을 검토하고 불전의 진위를 판별하기 위하여 동진의 興寧 2年(364)에 『綜理衆經目錄』(『道安錄』[6]이라고 약칭된다) 1권을 찬술하였다. 이 경록은 散逸되었지만 『出三藏記集』권2에서 권5까지에서 그 내용을 찾을 수 있다.

도안은 또한 계율을 중시하였다. 이미 曇柯迦羅(Dharmakāla)와 曇諦(Dharmasatya)에 의해서 僧祇律과 四分律이 전해지고 수계의 법도 실행되고 있었으나 역시 충분하지 않았다. 도안은 曇摩侍가 전했던 『十誦比丘戒本』과 僧純이 가져왔던 『比丘尼大戒』를 竺佛念과 曇摩持, 그리고 慧常 등에게 번역하도록 지시하였다. 이와 같이 도안은 계율을 정비하고 연구하여 『僧尼軌範』 『法門淸式二十四條』(『編年通論』卷三)를 판정하였다. 그것은 (1) 行香・定座・上經・上講의 法, (2) 常日六時行道飮食唱時의 法, (3) 布薩差使悔過等의 법을 내용으로 하고 있다. 역시 예참문을 모은 『四時禮文』 1권이 있다(『義天錄』卷二). 그 밖에 도안은 처음으로 釋姓을 주창하였다. 종래의 사문은 각자의 성이 같지 않았었다. 도안은「大師의 本은 釋迦보다 존귀하지는 않다」고 주장하여 불제자가 된 자는 모두 「釋」으로 성을 삼게하였다.

도안은 열렬한 미륵신앙자이며 항상 隱士 王嘉와 제자인 法遇・曇戒・道願 등 여덟 사람과 함께 미륵상 앞에서 서원을 올려 도솔왕생을 기원하였다. 수백명이라고 하는 도안의 제자 중에서 僧傳에 보이는 것은 慧遠・慧持兄弟를 비롯하여 曇翼・法遇・曇徽・曇戒・道立・慧永・曇邕・道願등이다. 도안과 同學인 法汰・法和도 역시 도안의 제자라고도 한다. 이들 중에서 도안의 참된 계승자는 廬山으로 옮겼던 慧遠이었다.

---

5) 橫超慧日「釋道安の翻譯論」(『印佛硏』第五卷 第二號, 1957.3).
6) 常盤大定「道安目錄」の整理及びその復原」(『後漢より宋齊に至る譯經總錄』前編第二章, 東方文化學院東京硏究所, 1938). 林屋友次郞 「道安綜理衆經目錄」(『經錄硏究』前篇第三部, 岩波書店, 1941).

竺法雅──格義佛敎　　도안과 아울러 불도징의 강설을 들었던 竺法雅는 격의불교를 제창하였다.

위·진시대부터 점차 유교에서 바뀌어 노자와 장자등의 無의 철학이 사상계에 유행했었다. 그러므로 한역불전을 이해하는 데에 노장사상을 매개로 하기도 하고 노장사상을 습합시켜서 설명하는 풍조가 생겨났다. 이것을 격의불교[7]라고 한다.

格義란 「經中의 事數를 外書에 擬配하여 生解의 例로 한다」(『梁傳』 卷四, 竺法雅傳)라고 하는 것에서 알 수 있는 것처럼 예를 들면 불교의 五戒를 유교의 五常에 적응시켜서 이해하려고 했던 것과 같은 것이다.

축법아는 河間(河北省 河間縣) 사람으로 中山(河北省 定縣) 출신의 康法朗 등과 함께 격의를 불교이해의 방법으로 사용하였다. 축법아는 外典과 불경을 번갈아 가며 강설하였으며 道安과 法汰등과 함께 여러 의심거리들을 해석하여 經要를 드러 내었다. 도안도 초기에는 중국고전, 특히 『노자』의 말을 매개로 하여 불전을 이해 하였다(『安般守意經』 序). 그러나 후에는 불전은 불전으로서 바르게 이해해야 한다고 하여 격의를 배척하였다. 그러나 노장학을 가지고 불교를 이해하는 방법은 당시의 사회에 널리 유행했던 것이다.

축법아와 같은 시대의 康法朗·毘浮·曇相등도 격의를 주장하였고, 축법아의 제자 曇習도 격의를 계승하였다. 中山에 문도가 수백명에 이르렀다고 전해지는 康法朗에게는 제자로 令韶이 있었고 그는 禪數(禪과 小乘의 아비달마 : 譯者註)에 능했다고 한다.

慧皎의 『고승전』을 보면 후한시대부터 魏에 이르는 동안은 역경승의 전기를 열거한 것 뿐으로 義解僧은 없지만[8] 서진이후가 되면 『반야경』연구의 義解僧을 많이 기술하고 있다.

삼국시대에 주사행이 于闐에서 낙양으로 보내 축숙란에 의해 역출되었

---

7) T'ang Yung-t'ung, "On "Ko-yi", the earliest method by which Indian Buddhism and Chinese thought were synthesized", Radhakrishnan, *Comparative Studies in Philosophy*, New York, 1950, pp. 276~286.

8) 武內義雄 『支那思想史』(岩波書店, 1936) p. 191.

던 『放光般若經』은 「크게 華京에 유행되어 息心居士 翕然도 이것을 전했다고 한다」(『出三藏記集』 卷七, 合放光光讚略解 序)라고 전하고 있는 것처럼 당시 불교계의 환영을 받았던 것이다.

阮瞻・庾凱등과 함께 八達의 1인이었던 支孝龍은 『방광반야경』을 강의하고 康僧淵은 『放光』 『道行』의 두 가지 『반야경』을 함께 읽었다. 晉의 成帝 때 康僧淵은 康法暢・支敏度와 함께 강남지방으로 건너갔다. 淸談에 뛰어났던 康法暢은 『人物始義論』을 저술하였다(泰山에 살던 支僧敦은 대승에 정통하고 敎論에 능하여 『人物始義論』을 저술했다고도 한다).

그 밖에 竺道潛・竺法蘊・于法蘭・于法開・于道邃・支遁・竺僧敷등도 『반야경』 연구에 종사하였다.

般若의 空에 대한 異說 『반야경』은 一切法이 空인 것을 설명한 것이지만, 당시의 학자는 이 空을 해석할 때에 노장의 無를 가지고 했기 때문에 반야의 空을 바르게 이해할 수 없었다.

姚秦때에 鳩摩羅什이 용수의 『중론』등을 번역하기에 이르러 처음으로 반야의 空을 바르게 이해할 수 있었다. 道安무렵까지도 반야의 空의 해석에 여러가지 이설이 나와 鳩摩羅什의 제자인 僧肇의 『不眞空論』이나 隋 吉藏의 『中論疏』등에 따르면 당시 空의 해석으로 (1) 心無義, (2) 即色義, (3) 本無義의 三義[9]가 있다고 하며, 曇濟의 『六家七宗論』[10]에서는 七家의 설을 들고 있다.

(1) 心無義란 「心을 만물에 無라 하고 만물 아직 일찌기 無됨이 없도다」(『不眞空論』)라는 것으로, 空이란 만물의 위에 마음을 멈추지 않는 것이며 物에 집착심을 일으키지 않는다는 것으로 支敏度와 道恒의 주장이다. 支

---

9) 湯用彤 『漢魏兩晋南北朝佛敎史』(商務印書館, 1938) p.229 以下. 境野黃洋 『支那佛敎史講話』上卷 (共立社, 1927) p.134 以下. 宇井伯壽 「支那佛敎史의 初期에 於ける 般若研究」(『佛敎思想研究』 岩波書店, 1943). 松本雅明 「魏晉における無の思想の性格」(『史學雜誌』 第五十一編第二・三・四號, 1940, 2・3・4月). 同 『中國古代における自然思想の展開』(松本雅明博士還曆紀念出版會, 1973). 橫超慧日 「魏晉時代의 般若思想」(『福井思想論集』). 蜂屋邦夫 「心無義說小論」(東京大學敎養學部 『紀要比較文化研究』 第九輯, 1969.3). 湯用彤 『魏晋玄學論稿』(人民出版社, 1957.6). 侯外盧等 『中國思想通史』 第三卷 (人民出版社, 1957) p.404 以下.

10) 今井宇三郞 「六家七宗論の成立」(『日本中國學會報』 第七, 1955, 10).

敏度[11]는 衣食때문에 心無義라는 새로운 학설을 발표했다고 전하여 진다 (『世說新語』假譎篇). 또한 道恒은 心無義에 집착했기 때문에 竺法汰와 그의 제자인 曇壹이나 廬山의 慧遠에 의하여 배격되었다(『梁傳』卷五, 竺法太傳).

(2) 即色義란「色은 스스로 色이 아니며 그러므로 色이라 해도 또한 色이 아니다」는 것이며 색은 색으로서의 자성을 가지지 않는 것이며 即色이란 即色空이라는 의미로, 색은 색이면서 실은 색이 아니라 본래 공이라는 것을 주장하는 설이다. 即色義는 『即色遊玄論』의 저자인 支遁의 설이라고 한다.

(3) 本無義란「마음(情)에 無를 숭상하여 많은 말을 사용하여 無로 인도한다. 그러므로 非有이면 有는 즉 無이고, 非無이면 無도 또한 없는 것이라.」고 하여 非有非無의 雙非에 의하여 유무의 二見을 破하여 空이란 物이 일체의 분별을 초월한 것을 가리킨다.

非有非無를 가지고 반야의 본질로 보았던 것은 도안이며 그의 제자인 僧叡와 慧遠도 本無義를 주창하였다.

또한 陳의 慧達이 지은 『肇論疏』에서는 心無義를 竺法溫(竺法蘊)의 설이라 하고 即色義를 支遁의 설이라 하며 本無義를 道安과 慧遠의 설이라 하고 있다. 또 길장의 『中論疏』에서는 本無義에 도안의 本無義와 不正義라고 일컬어 지는 琛法師(竺道潛)의 설을 들고 있으며, 即色義에는 關內의 即色義와 支遁의 『即色遊玄論』의 설을 들고 있고, 心無義에는 溫法師(竺法溫)의 설을 제시하고 있다. 또한 曇濟의 『六家七宗論』에서는 本無宗・本無異宗・即色宗・心無宗・識含宗・幻化宗・緣會宗의 七宗을 들고, 本無宗에 本無二宗을 포함시켜서 六家라고 칭하고 있다(『中論疏記』卷三 末). 이 중에 識含宗은 于法蘭의 제자인 于法開의 설이며 幻化宗은 竺法汰의 두 명의 제자인 曇壹이나 道壹의 설이며, 緣會宗은 于道邃의 『緣會三諦論』의 설이라고 한다.

---

11) 陳寅恪「支愍度學說考」(『慶祝蔡元培先生六十五歲論文集』 歷史語言硏究所集刊外編第一種 上册, 1933年 一月, 國立中央硏究院刊).

삼국시대 이후에 장자사상이 유행하고 또한 魏의 正始中에 청담이 일어나 천하를 풍미하는 중에서 『반야경』이 계속해서 역출되었기 때문에 반야사상에 관한 이해가 급속히 높아졌다. 이 결과 한편에서는 格義가 출현하고, 이어서 반야와 공에 대한 여러가지의 이설이 출현하였으며, 다시 이러한 것들에 의하여 세련된 空思想의 참된 이해가 일어났던 것이다.

제 3 절 鳩摩羅什과 그 門下

도안을 숭배했던 전진왕 부견의 뒤를 이어 받아서 화북에서 일대의 불교융성기를 현출시켰던 것은 姚秦時代이다.

姚秦時代에는 많은 서역승이 계속 건너와서 역경사업에 종사했다. 그 중에서도 중국 譯經史上에 하나의 새로운 시대를 장식했을 뿐 아니라 중국 불교를 이식시대로부터 성장발전의 시대로 전환케 한 원동력이 되었던 것은 鳩摩羅什[12](Kumārajīva. 344~413 또는 350~409)의 활약이다.

鳩摩羅什 구마라집의 전기를 기술한 근본자료는 『출삼장기집』 권14, 『고승전』 권2, 『晋書』 권95 「鳩摩羅什傳」[13]이다. 三傳으로도 生沒年에 대한 의문이 있으나 僧肇가 찬술했던 『鳩摩羅什法師誄』(『廣弘明集』 卷二十三)을 신용한다면 後秦姚興의 弘始 15년(413)에 죽었던 것이 되고, 거꾸로 계산한다면 그 출생연도는 동진 康帝의 건원 2년(344)으로 할 수 있다. 역시 이 설에 의문을 품고 『고승전』 등을 검토하여 그의 생애를 대체로 350~409년으로 추정하는 학자[14]도 있다.

구마라집은 천축사람인 鳩摩羅炎을 아버지로, 龜玆國王의 누이동생을 어머니로 하여 구자국에서 태어났다. 일곱살에 출가하여 경을 배워 날마다 千

---

12) 羽溪了諦 「鳩摩羅什の研究」(『藝文』 第一年第九號, 第二年第一號, 1910) p. 341 以下. 境野黃洋 「鳩摩羅什の學統」(『支那佛敎精史』 第二篇第一章). 橫超慧日 「鳩摩羅什の翻譯」(『大谷學報』 第三十七卷第四號, 1958. 3). 塚本善隆 「鳩摩羅什論——その佛敎の江南擴大を中心として——」 (1) (2) (『結城論集』 및 『干瀉論集』). 湯用彤 「鳩摩羅什及其門下」(『漢魏兩晋南北朝佛敎史』 第十章, p. 278 以下).
13) 鳩摩羅什傳의 資料批判에 대해서는, 上原專錄 「鳩摩羅什考」(『一橋論叢』 第二十二卷第一號, 1949. 7)가 있다.
14) 塚本善隆編 『肇論硏究』(法藏館, 1955) p. 130 以下.

偈석을 읽었다고 한다. 아홉살 때는 역시 출가했던 어머니와 함께 罽賓으로 옮겨 槃頭達多에게 사사하고 雜藏인 『중아함경』 『장아함경』을 배웠다. 열두살 때 어머니와 함께 계빈국을 떠나 구자국으로 돌아오는 도중에 疏勒(Kashgar)에 들러서 佛鉢을 頂載하였다. 라집은 疏勒에서 머문지 1년 동안에 『阿毘曇』『六足』등의 諸論과 『增一阿舍經』을 읽었다.

사문 喜見의 천거에 의하여 소륵왕에게 중용되어 『轉法輪經』을 강의하였다고 한다. 그 후 구자로 돌아와서 四吠陀·五明·陰陽星算의 여러 학문을 널리 연구하였다.

라집의 초기학습은 소승불교를 주로 하고 있었지만 須利耶蘇摩에게 사사하여 대승교를 배워 『中論』『百論』을 읽었다. 또 佛陀耶舍에게서는 『十誦律』을 배웠다. 그 후 구자국의 新寺에 住하며 『방광반야경』을 배워 여러 대승경론에 정통하였다.

라집이 예전에 소승교를 배웠던 옛스승인 槃頭達多는 계빈에서 구자로 와서 라집으로부터 대승의 깊은 뜻을 배웠다고 한다. 그로 인하여 대승학자로서의 라집의 명성은 서역제국에 널리 퍼졌다.

關中에서 세력을 뻗친 전진왕 부견은 건원 18년(382)에 장군 呂光에게 구자와 焉耆를 토벌하여 구자국의 왕실을 멸하고 라집을 사로잡아오라고 하였다. 라집을 동반한 여광은, 부견이 姚萇에게 살해되어 전진이 멸망했다는 소식을 듣고 涼州를 평정하여 後涼國을 세웠기 때문에 라집도 16,7년간 涼州에 체재했다.

後秦의 姚興은 弘始 3년(401)에 後涼을 토벌하여 라집을 장안으로 모셔왔다. 三寶를 존중하고 숭배했던 姚興은 국사의 예를 다하여 라집을 맞이하여 西明閣과 逍遙園에서 경론을 번역시켰다. 그 후 십여년간 오로지 경론의 傳譯과 講說에 종사하였으며 문하에 수천명의 영재를 교화했던 것이다.

라집이 홍시 4년부터 동 15년에 걸쳐서 12년 동안에 번역했던 경전은 『出三藏記集』에서는 35부 294권이라 하고, 『開元釋敎錄』에서는 74부 384권이라고 하고 있는데 어쨋든 300권 이상의 대 번역사업을 완수했던 것이다.

 그 주된 것을 들어 보면 『大品般若經』『妙法蓮華經』『阿彌陀經』『思益經』『佛藏經』『維摩經』『金剛經』등의 대승경전과 『坐禪三昧經』『禪秘要法經』『禪法要解』등의 禪經典과, 그리고 『十誦律』『十誦比丘戒本』등의 律典, 또한 『中論』『十二門論』『百論』『大智度論』『成實論』등의 논서를 비롯하여 『馬鳴菩薩傳』『龍樹菩薩傳』『提婆菩薩傳』등의 傳記類에 이르고 있다. 그 밖의 저서로서는 姚興을 위하여 『實相論』2권을 지었다고 한다. 또 慧遠의 질문에 답한 것으로서 『鳩摩羅什法師大義』3권이 있다. 라집이 가장 심혈을 기울였던 것은 반야계통의 대승경전과 용수와 提婆계통의 中觀部 논서의 번역이다. 라집이야말로 인도 중관불교나 주요한 대승경전을 중국에 이식시켰던 최대의 공헌자이었다.

 구마라집의 역출경전은 후의 중국불교에 큰 영향을 주었다. 『中論』『百論』『十二門論』의 3론은 道生등에 의하여 남쪽지방으로 전해져서 僧朗·僧詮·法朗을 거쳐 수나라의 길장에 의해서 三論宗으로서 대성하였다. 또 『大智度論』도 3론과 함께 四論학파를 발생시켰으며 다시 『법화경』과 함께 천태종을 열게하는 근거를 제공하였다. 또한 『成實論』은 성실학파의 기초가 되었다.

 그 밖에 『아미타경』이나 『十住毘婆沙論』은 정토교 소의의 경론이 되었고 『미륵성불경』등은 미륵신앙의 발달을 촉구하였다. 『坐禪三昧經』등의 번역은 菩薩禪의 유행을 촉구하였고 『梵網經』은 大乘戒를 전하였으며 『十誦律』은 律 연구의 자료를 제공하였던 것이다.

 姑藏에서 呂光은 라집에게 강제로 구자국의 왕녀를 처로 삼게하였고, 장안에서는 姚興이 그에게 妓女 10인을 제공하였다. 라집은 講說할 때에 「예를들면 臭泥속에서 연꽃이 돋아나는 것과 같다. 다만 연꽃을 취함이며 臭泥를 취하는 것이 아니다」(『梁傳』卷二, 鳩摩羅什傳)라고 변호했던 것은 혹은 전설에 불과하여 사실이 아닐지도 모르지만 持戒堅固한 도안이나 혜원 등과는 다른 특이한 불교자이었다.

 鳩摩羅什의 문하인이 3,000인이라 하는 중에서 關內의 四聖이라고 불리워 졌던 僧肇·僧叡·道生·道融과, 여기에 道恒·曇影·慧觀·慧嚴을 더한 八宿을 비롯하여 僧　·僧遷·法欽·曇無成·僧導·僧業·僧嵩 등 삼십여명이 있었다.

羅什이 沒한 후에 僧肇·道融·僧叡은 그대로 장안에 머물렀으나 道生·慧嚴·慧觀·僧叡·僧苞·曇無成·道溫·僧導등은 남쪽지방으로 옮겼다. 따라서 나집이 전했던 대승불교는 江南지방으로 전파하며 남북 양쪽지방에서 硏鑽되기에 이르렀다. 특히 僧導계통에서 成實學派가 생겨나고 僧嵩 계통에서 남쪽지방의 新三論이 생겨났다.

북쪽지방에 남았던 僧䂮은 姚興이 僧尼를 통제하기 위하여 승관을 설치했을 때 명성이 높았던 탓으로 국내의 僧主가 되고 僧遷은 悅衆에, 法欽·慧斌는 僧錄에 취임하였다(『梁傳』卷六, 僧䂮傳).

僧　肇　승조는 京兆사람으로 집이 가난했기 때문에 책을 筆寫하여 생계를 유지했으므로 經史등의 고전에 정통하였다. 특히 노장을 애호하여 心要로 삼았다. 그러나 그는 『노자』를 읽었지만 만족하지 못하다가 吳의 지겸이 번역한 『유마경』을 보고 환희를 느껴 심취하여「처음으로 돌아갈 곳을 알게 되었다」고 말하였다. 그는 곧 출가하여 대소승을 배웠다. 후에 구마라집이 姑藏으로 와 있다는 사실을 알고 姑藏에 가서 라집에게 사사하고 라집이 장안으로 들어가자 스승을 따라 장안으로 돌아와 僧叡등과 함께 라집의 번역사업을 도왔다.

『대품반야경』이 역출되었을 즈음 즉 弘始 7년(405)을 전후하여 승조가 『般若無知論』을 저술하여 라집에게 바쳤을 때, 라집은 이것을 매우 칭찬했다. 어느날 廬山의 劉遺民은 道生이 가지고 온 이 논을 보고 감탄하여 글을 승조에게 보내고 승조도 답서를 보냈다.

홍시 9년(407)에, 승조는 『維摩經注』를 저술했는데 이것도 劉遺民에게 보냈다.

『고승전』에 의하면 승조는 동진의 義熙 10년(414)에 31세로 죽었다고 되어 있는데 이것을 신용한다면 그의 생애는 384~414년으로 확정되지만 그가 죽은 해를 40세 전후로 수정하여 生沒년대를 374~414년으로 추정하는 학자[15]도 있다.

승조의 저서로서는 『肇論』『注維摩詰經』『百論序』『長阿含經序』『寶藏論』『梵網經序』『金剛經注』『法華經翻經後記』『鳩摩羅什法師誄』등이 있는데『寶藏論』[16] 이하는 승조가 직접 저술한 것이라고 인정되지는 않는다.

『肇論』은 승조의 책「般若無知論[17]附劉遺民書問」「物不遷論」「不眞空論」「涅槃無名論」의 四論에「宗本義」가 합해져 南北朝말에 성립되었던 것이다.

제 4 절 毘曇과 律의 도입

毘曇과 律의 譯出 동진시대에 화북에서 번역사업에 종사했던 번역승은 많지만 그 중에서 특히 화북에 큰 영향을 주었던 것은 毘曇과 율에 관한 譯經이다.

毘曇과 禪數의 學은 모두 안세고가 전해온이래 북쪽지방에서는 융성하였으며 竺道潛의 제자인 竺法友는 阿毘曇을 공부하였고 竺僧度는『阿毘曇旨歸』를 저술했다고 한다.

僧伽跋澄(衆現)은 罽賓사람으로 建元 19년(383)에『鞞婆沙論』을 번역하고 다음해에『婆須蜜集經』과『僧伽羅利集經』을 譯出하였다(『出三藏記集』卷二).

『鞞婆沙論』을 譯出할 때는 曇摩難提가 받아썼고 후의 2경은 曇摩難提와 僧伽提婆까지 합한 세사람이 梵本을 읽고 竺佛念이 번역을 맡고 慧嵩이 받아 썼으며 道安과 法和가 이것을 대교했다.

曇摩難提(法喜)는 兜佉勒(Tukhuār. 都貨羅) 사람으로 건원 12년(384)부터 21년에 걸쳐『증일아함경』과『중아함경』을 難提가 梵本을 구송하고

---

15) 塚本善隆, 前揭書, p. 120 以下.
16) 拙著『中國華嚴思想史の研究』(東京大學出版會, 1965) pp. 375~401.
17) 板野長八「僧肇の般若思想」(『加藤集說』). 蜂屋邦夫「僧肇の般若無知論及び劉遺民との問答について」上 (東京大學敎養學部『紀要比較文化研究』第十一輯, 1971. 8). Liebenthal, Walter, *The Book of Chao* (肇論), A Translation from the Original Chinese with Introduction, Notes and Appendices, Monumenta Serica, Journal of Oriental Studies of the Catholic University of Peking, Monograph XIII, The Catholic Univ. of Peking, 1948.

쓴佛念이 譯出하였다.

僧伽提婆(Saṃghadeva. 衆天)는 계빈국사람으로 전진의 建元中에 장안으로 와서 건원 19년(383)에 『阿毘曇八犍度論』을 번역해 냈고 다음해에 『阿毘曇心論』을 譯出하였다.

『八犍度論』은 「因緣品」을 빠뜨리고 있었는데 390년 曇摩卑에 의해서 보충되었다. 후에 강남지방으로 건너가서 廬山으로 들어가 동진의 太元 16년(391)에 『阿毘曇心論』과 『三法度論』을 慧遠을 위하여 번역하였다.

동진 융안 원년(397)부터 다음해에 걸쳐 계빈의 사문인 僧伽羅叉와 함께 『중아함경』을 譯出하였는데 이 『중아함경』은 현존하지 않는다. 『三法度論』은 동진 효무제 때, 鳩摩羅佛提가 번역했던 『四阿含暮抄解』와 동일본이다.

쓴佛念은 涼州사람으로 전진의 견원중에 僧伽跋澄과 曇摩難提에게 협력하여 번역사업에 종사했다. 『증일아함경』과 『중아함경』이 譯出되었던 것은 쓴佛念의 공적이다.

「世高와 支謙이후에 念을 넘어설 자 없어 苻姚 2대에 걸쳐서 번역자들의 宗이었다.」(『梁傳』卷一, 쓴佛念傳) 후에 다시 『出曜經』 『菩薩瓔珞經』 『十住斷結經』 『菩薩處胎經』 『中陰經』 들을 번역하였다.

曇摩耶舍(Dharmayaśas. 法明)는 弘始 9년(407)부터 16년에 이르는 동안 천축의 사문인 曇摩掘多와 함께 『舍利弗阿毘曇論』을 번역했는데 宋의 元嘉中에 서역으로 돌아가서 입적한 곳을 알지 못한다고 한다. 耶舍의 제자인 法度는 오로지 소승을 배워 方等을 읽는 것을 금했다고 한다. 이로 보면 당시 小乘毘曇學이 일부에서 유행하였음을 알 수 있다.

아함경전등을 역출했던 축불념은 전진의 건원 7년(371)부터 다음해에 걸쳐 曇摩持와 함께 『十誦比丘戒本』을 번역하고 曇摩持・慧常과 함께 『比丘尼大戒』를 번역했는데 律部는 그 외에 많은 역경승에 의해서 역출되었다.

弗若多羅(Puṇyatara. 功德華)는 『十誦律』에 정통하여 홍시 6년(404)에 『十誦律』을 誦하고 구라마집이 이것을 역출하였다. 弗若多羅가 그 3분의

2까지 번역했을 때 죽었기 때문에, 다시 曇摩流支(Dharmaruci. 法樂)가 이 번역을 보충하여 완역하였다.

구자국에서 라집에게 율장을 강의했던 卑摩羅叉(無垢眼)는 계빈국 사람이었는데 홍시 8년(406)에 장안으로 와서 라집이 죽은 후에 강릉의 辛寺에서 『十誦律』을 강의하여 「律藏이 널리 퍼짐은 叉의 힘이다」(『梁傳』卷二, 卑摩羅叉傳)라고 말해졌다.

라집이 번역했던 『十誦律』은 처음에는 58권이었지만 卑摩羅叉가 이것을 61권으로 만들었다.

佛陀耶舍(Buddhayaśas. 覺明)는 계빈국 사람으로 홍시 12년(410)부터 15년에 걸쳐서 『四分律』『四分戒本』『長阿含經』을 번역하였다. 律部의 전적은 동진의 佛馱跋陀羅가 『摩訶僧祇律』을, 劉宋의 佛陀什이 『五分律』을 역출하여 거의 완비하기에 이르렀다.

제 4 장 江南東晋의 불교
──귀족불교의 발전──

317년, 東晋의 元帝가 즉위해서부터 420년까지 11帝 104년동안 계속되어진 동진시대에는 한족이 남쪽으로 건너옴에 따라 중원에서 유행하던 노장학이나 청담과 더불어 한역불전, 특히 『반야경』과 『유마경』이 유행하게 되었다. 建康·會稽를 중심으로 南朝의 귀족불교가 전성기를 이루게 되어 이윽고 외래의 불교가 노장이나 청담에 대하여 우위를 점하게 되면서 南朝는 전개된다. 여기서 중국사상사 가운데서 특이한 시대를 출현시키게 되는 것이다.

특히 동진시대 중기에 襄陽을 중심으로 활약한 道安의 교단과, 동진 후기에 廬山을 중심으로 활약한 慧遠의 교단은 그 후의 중국불교사에 커다란 영향을 주었다.

제 1 절 귀족사회와 불교

帛尸梨蜜多羅와 梵唄의 유행 동진초기에 建康의 불교에 커다란 영향을 주었던 것은 서역출신의 帛尸梨蜜多羅(Śrīmitra 吉友)였다. 帛姓이었기 때문에 구자국 사람으로, 전하는 바에 의하면 구자국왕의 적자로 태어났으나 나라를 동생에게 이양하고 출가하였다 한다. 永嘉中(307~312)에 낙양으로 왔으나 전란이 있었기 때문에 남쪽으로 건너가 吳의 강승회가 건립한 建初寺에서 주하였다. 丞相 王導가 사사하였기 때문에 명사들 사이에서 존숭을 받았으며 커다란 감화를 주었다.

帛尸梨蜜多羅는 주술을 잘 하였고『大孔雀王神呪經』『孔雀王雜神呪』『大灌頂神呪經』등의 주술경전을 역출하고 건강에 처음으로 밀교를 전했다. 또한 범패에 뛰어나 제자인 覺歷에게 이를 전했다고 한다. 成帝의 咸康中 (335~342)에 80여세의 고령으로 죽었다.

중국의 범패는 위의 陳思王 曹植에서부터 비롯되었다 한다. 강남에서는 지겸이『무량수경』이나『中本起經』에 의하여『菩薩連句梵唄三契』를 지었고, 또한 강승회가 梵唄聲明을 유행시켰을 즈음에 帛尸蜜多羅가 범패의 유행에 박차를 가하였다.

또한 孝武帝(재위 373~396)의 귀의를 받았던 支曇籥이 읊었던 六言梵唄등의 전래와 더불어 남조에 이르기까지 귀족불교의 융성과 더불어 범패는 유행한 것이다.

『출삼장기집』권12에는 「經唄導師集」이라 제목을 붙여『陳思王感魚山梵聲制唄記』『支謙製連句梵唄記』『康僧會傳泥洹唄記』『覺歷高聲梵記』등 21수의 梵唄記등이 수록되어 있다. 또한『고승전』은「經師篇」을 설정하여 진대부터 남조에 이르기까지 활약한 여러 經師의 이름을 들고 있다.(권 13)

竺道潛과 支遁　　강남의 청담이나 현학적인 귀족불교의 발전에 커다란 공헌을 한 것은 竺道潛과 支遁이었다. 축도잠(286~374)의 字는 法深이며 화북의 명족인 琅琊의 王氏 출신으로 동진초기의 실력자 王敦의 동생이다. 그는 18세에 출가하여 당시 명성을 떨쳤던 中州의 劉元眞에게 사사하였다. 24세 때『법화경』과『대품반야경』을 강의하였는데 청중이 언제나 500인을 밑돌지 아니하였다. 그는 永嘉의 난을 피하여 남쪽으로 건너갔다. 건강에서는 元帝와 明帝를 비롯하여 승상인 王導, 太尉인 庾亮등으로부터 존경을 받았기 때문에 그는 언제나 신발을 신은채 殿內에 들어갈 수가 있었는데, 그것은「方外의 士이나 德이 重하므로 그렇다」(『梁傳』卷四, 竺潛傳)고 전해지고 있다.

明帝와 王導가 세상을 뜬 후 축도잠은 會稽의 剡山에 은거하기를 30년 동안 하였는데, 이 사이에 哀帝(재위 361~365)의 청에 따라 建康에 나와서『방광반야경』을 강의하였다. 후의 簡文帝가 된 會稽王 昱의 귀의를 받앉고, 청담계의 명사인 劉惔과도 교류를 맺었다. 축도잠이 입적하자 효무제는 재상이 되는 영예를 버리고 출가하여 隱逸을 좋아하며 山居하여 불법을 선양한 그의 덕을 칭송하여 일만전을 하사했다고 한다. 孫綽은 『道賢論』 중에서 그를 죽림칠현의 1인인 劉伶에 비하고 있다. 그의 제자인 쯔法濟는 『高逸沙門傳』이라는 저술을 남겼다.

支遁[1] (314~366)의 자는 道林이며 본성은 關氏로 陳留(河南省 陳留縣) 사람이라고도 하고 林慮(河南省 林縣) 사람이라고도 한다. 집안은 대대로 불교를 신봉하여 왔으나 일찌기 강남에 이주하여 余杭山에 은거하여 『도행반야경』이나 『慧印三昧經』을 가까이 하다가 깨친 바 있어 25세에 출가하였다.

그는 노장에 통달하였을 뿐만 아니라 청담에도 능하여 王洽·劉恢·殷浩·許詢·郗超·桓彦表·王敬仁·何次道·王文度·謝長遐·袁彦伯 등 당시 일대의 名流와 교류가 있었다. 그는 특히 『장자』 逍遙遊篇에 注를 가하여 向秀와 郭象의 二家이외에 새로운 견해를 보였다. 다음으로 吳(江蘇省 吳縣)에 支山寺를 세우고, 다시 王羲之의 청에 의하여 會稽의 靈嘉寺에 주하였으며, 그리고는 剡山의 沃州 小嶺에 절을 건립하고 백여명의 승려를 지도하였다. 당시의 會稽 剡山은 축도잠도 머물던 곳으로 佛道修行者의 본산이었다. 다시 石城山으로 옮겨 棲光寺를 세워 修禪과 저술을 하였다. 361년, 哀帝가 즉위하자 사신을 보내어 出都할 것을 청했기 때문에 건강으로 나와 東安寺에 머물면서 『도행반야경』을 강의하였다. 건강에 머물기 3년에 그는 왕에게 상서하여 余姚의 塢山(浙江省 余姚縣)으로 돌아가 병으로 인하여 동진의 태화 원년(366) 4월 4일, 53세를 일기로 죽었다. (沒年地에 대해서는 異說이 있음) 저서에는 『即色遊玄論』 『聖不辨知論』 『道行旨歸』 『學道誡』 『釋朦論』 『切悟章』 『文翰集』 등이 있다(『梁傳』 卷四, 支道林傳). 또한 陸澄撰 『法論目銀』에서는 앞의 책들 이외에 『辨著論』 『辨三乘論』 등을 들고 있다(『出三藏記集』 卷十二). 그의 문집을 모은 『文翰集』 10

---

1) 高雄義堅 「支那佛敎史上に於ける支遁の地位」(『支那學』第三卷第四號, 1924). 同 『中國佛敎史論』(平樂寺書店, 1952) pp. 12~23. 福永光司 「支遁と其の周圍——東晉の老莊思想——」(『佛敎史學』第五卷第二號, 1956. 57). 蜂屋邦夫 「莊子逍遙遊篇をめぐる郭象と支遁の解釋」(東京大學敎養學部 『紀要比較文化硏究』第八輯, 1968. 3).

권은 梁代까지 세상에 전했으나 散逸되고 말았다. 현존하는 것은 겨우『大小品對比要抄序』(『出三藏記集』卷八)을 비롯하여『卽色妙觀章』『逍遙論』『與高麗道人論竺法深書』등이『世說新語』『弘明集』『廣弘明集』『高僧傳』등에 단편적으로 전해지는 것에 불과하다.

구마라집이 오기 이전에 중국불교사에서 중요한 역할을 했던 것은 화북에서는 道安, 강남에서는 支遁이었다. 도안이 계율을 제정하기도 하고 경록을 제작하여 혜원과 같은 위대한 제자를 배출시킨 것에 대하여 支遁은 강남에서 여러 명사들과의 교류에 의하여 귀족사회에 불교를 선포하였다.

또한 支遁은『반야경』과『유마경』의 연구에서 반야의 空論에 깊은 이해를 가지고 卽色意를 확립하였다. 또한 禪觀이나 계율에 대해서도 유의하였다. 그것과 관련하여 元의 曇噩의『六學僧傳』에서는 支遁의 전기를 戒學中의 弘法科에 삽입하고 있다.

『장자』에 통달했던 支遁은『장자』의 사상을 매개로하여 불교의 空思想을 이해하는 실마리로 삼았던 동시에 중국사상이 불교사상을 매개로하여 그 자신을 확충시키고 심화시키는데 커다란 역할을 하였다.

축도잠과 支遁외에도 강남의 귀족과 교류했던 승려는 많았다. 于法蘭은 阮籍에 비유되는 인물로, 강남 剡縣의 石城山下에서 살았던 隱者이며 支遁이 像을 세워 讚을 쓰고 있다. 또한 于法蘭의 제자로 支遁과 卽色空의 뜻을 가지고 논란을 벌였던 于法開가 있고, 같은 于法蘭의 제자로 阮咸에 비유되며 支遁이 銘文을 지었던 于道邃등이 있다.

康僧淵은 장안에서 태어난 康居人으로 한어에 능통하며『放光』,『道行』등 두개의『반야경』을 誦하였는데 동진때 康法暢·支敏度등의 반야학자와 더불어 남쪽으로 건너가서 殷浩에서 王導·庾亮과도 교류를 가졌다. 도안과 同學인 竺法汰는 新野에서 도안과 헤어져 曇壹·曇貳등과 荊州에서 건강으로 들어가 王洽·王珣·謝安등과 교류를 맺고 瓦官寺에 주하면서 簡文帝를 위하여『放光經』을 講하였다. 法汰의『放光經』義疏, 郗超에게 준 글, 本無意를 논한 글들이 세상에 전해졌다고 한다.

승려뿐만 아니라 세속학자중에서도 불교에 능통했던 사람이 나타났다.

노장을 비판했던 孫盛이나 『喩道論』 『道賢論』 등을 지어 유불도 3교일치론을 제창하였던 孫綽,[2] 불교개론인 『奉法要』[3]를 지었던 郗超등이 나온 것이다.

동진초기에는 화북에서처럼 경전의 번역이 많이 행해지지 않았고 동란중에 종교적 실천이 진지하게 이루어져서 講經편중의 학풍이 발생하고 청담을 즐기는 풍조와 어울려서 귀족적, 隱逸的인 불교를 유행시키게 된 것이다.[4]

제 2 절   慧遠敎團의 활약

화북에서 활약하였던 도안의 문하에서 배출된 慧遠은 廬山에 들어박혀 동진 불교계의 지도자가 되었다. 그는 한인승려로서 화북에서 온 僧伽提婆・鳩摩羅什・佛馱跋陀羅등의 교학적 흐름을 이으면서 다시 중국의 전통과 새로운 정치나 윤리에서 던져진 문제들과도 대결하여 새로운 전개를 해야하는, 중국불교사상의 대전환기에 활약했던 인물이었다. 특히 구마라집이 혜원의 질문에 답한 『大乘大義章』은 당시의 불교학의 수준을 알게하는 것으로, 그 후의 불교사상사를 이해하는 데에 커다란 역할을 할 뿐만 아니라 인도적 사유와 중국적 사유를 대비시킨 자료로써 중요한 의의를 지닌다.

廬山慧遠   慧遠[5](334~416)의 본성은 賈氏이며 오대산의 기슭에 있는 雁門樓煩縣에서 태어났다. 13세 때에 중원의 許昌과 낙양에 유학하여 六

---

2) 福永光司 「孫綽の思想——東晉における三敎交涉の一形態」(『人文科學硏究報告』 第十輯, 愛知學藝大學, 1961. 2月). 蜂屋邦夫 「孫綽の生涯と思想」(東京大學東洋文化硏究所 『東洋文化』 1977. 3).
3) 奉法要의 和譯은, 福永光司 「郗超の佛敎思想」(『塚本論集』). 英譯은, E. Zürcher, *The Buddhist Conquest of China* The Spread and Adaptation of Buddhism in Early Medieval China, Leiden, 1959, pp. 164~179. 그 評에 Kenneth Ch'en (陳觀勝), "Apropos the *Feng-fa-yao* of Hsi Ch'ao", *T'oung Pao* (通報), vol. L, Livr. 1~3, pp. 79~92.
4) 宮山尙志 「東晉時代の貴族と佛敎」 上下 (『支佛史學』 第四卷第一・二號, 1940. 5・8月).
5) 慧遠에 관한 총합적인 연구의 성과로서는, 木村英一編 『慧遠硏究——硏究篇』(創文社, 1962)과 『遺文篇』(創文社)이 있다.

經과 노장을 배웠다. 21세 되던 해 太行恒山에서 弟 慧持와 함께 道安에 사사하고 「진실로 나의 스승이로다」(『梁傳』卷六, 慧遠傳)하고 감격하였으며 도안의 『반야경』강의를 듣고 儒·道 2교를 버리고 출가하였다. 동진 哀帝의 興寧 3년(365)에 도안은 혜원 등 4백여인과 전란을 피하여 襄陽에 왔다. 그러나 전진왕 부견이 양양을 공략하고 도안을 데리고 가버렸기 때문에 혜원은 따로 弟 慧持와 제자 수십인과 더불어 남하하여 荊州 上明寺에 들어갔다. 그 후 남방의 羅浮山으로 갈 것을 뜻하고 江을 내려와 潯陽에 이르러 龍泉寺에 와서 廬山의 빼어난 봉우리를 보고 이 산에 머무를 생각이나, 同學 慧永의 인도로 여산 西林寺에 들어갔다가 다시 東林寺에 주하였다.

혜원은 여산에 주하기를 30여년이나 하였는데 그 사이에 산을 나오지 않고 동진의 義熙 12年(416) 8월, 83세를 일기로 죽었다(『出三藏記集』卷十五, 慧遠傳). 저서에 『法性論』 『釋三報論』 『大智度論抄』 『沙門不敬王者論』 등의 論·序·銘·讚·詩·書가 모아서 10권, 50여편이나 되었다 한다. 혜원의 저서를 모은 것으로 『혜원문집』이 있다. 제자로는 道昺·曇邕·慧寶·僧濟·法安·曇順·曇詵·僧徹·道汪·慧靜·道溫·曇恒·道敬·法莊·曇翼·曇學등이 있다.

전진의 建元中(365~384)에 장안에 왔던 僧伽提婆는 도안의 사후에 여산에 영입되어 『阿毘曇心論』과 『三法度論』을 번역하였으며 혜원은 이 양론의 서문을 썼다. 提婆는 다시 건강에 나가 毘曇學을 선포하였다. 혜원의 弟 慧持도 阿毘曇에 통달했었다.

동진의 隆安 5년(401)에 구마라집이 장안에 도착하자 혜원은 라집에게 친교를 구하는 편지를 보내어 두 사람간에 교류가 시작되었다. 혜원이 새로이 전래된 대승경전에 대하여 질문을 하고 그에 대하여 라집이 해답을 한 것이 『大乘大義章』이다. 혜원문하의 道生·慧觀·道溫·曇翼은 장안에 가서 라집의 가르침을 받기도 하였다. 또한 혜원은 신역 『大智度論』을 연구하여 『大智度論抄』를 지었다. 그는 처음에는 毘曇學을 공부하였으나 후에 라집에게서 毘曇學을 부정한 용수의 반야학을 전수받았기 때문에 자신의 毘曇學과 道安에게서 받았던 전통적인 반야학의 수정을 하지 않으면 안 되었다. 또한 라집교단에서 배척받았던 불타발타라가 慧觀과 함께 여산에 왔기 때문에 혜원은 그에게서 좌선에 관한 경전의 번역과 禪의 지도를 받았다.

라집의 행실에 파계가 있었던 것에 반하여 혜원은 持戒主義者였다. 佛若多羅와 라집에 의하여 역출되던 『十誦律』이 미완성으로 그쳐버리자 혜원은 이를 안타까이 여겨 제자인 曇邕을 曇摩流支에게 보내어 나머지 부분의 역출을 간청하였다. 『十誦律』이 강남에서 행해지게 된 원천은 혜원의 공덕에 의해 이루어진 것이다.

후세에 蓮宗의 조사라고 불리워진 혜원은 元興 원년(402)에 123인의 동지와 함께 般若臺의 아미타불상 앞에서 염불실천의 서원을 세웠다. 여산의 염불삼매는 지루가참이 번역한 『般舟三昧經』에 근거를 두고 있었다. 般舟三昧를 얻는 방법으로서 아미타불을 專念하여 見佛한다고 하는 禪觀의 방법을 닦고 있던 사람들은 어느덧 내세의 왕생정토를 위한 염불수행자가 되어 혜원을 蓮宗의 祖로 모시고 여산의 白蓮社를 탄생시켰던 것이다. 이 백련사 중에는 혜원을 비롯하여 東林의 18현이라고 일컬어지는 慧永・慧持・道生・曇順・慧叡・曇恒・道昞・曇詵・道敬・佛陀耶舍・佛馱跋陀羅등의 승려와, 劉程之・張野・周續之・張詮・宗炳・雷次宗등의 거사와 여러 명사가 포함되어 있다.

潯陽과 江陵지방에서 세력을 떨쳤던 桓玄은 승려를 도태시키기 위한 엄명을 발하고 우선 승려를 왕권하에 예속시키기 위하여 사문이 王者에 대하여 예를 다해야 한다는 데에 대한 견해를 혜원에게 질문하자 혜원은 『沙門不敬王者論』을 지어 출가법과 세간법과의 차이를 밝혀서 사문은 王者에게 예를 다해야 할 필요가 없다고 주장하였다. 여기에서 중국전통의 禮敎秩序와 외래불교 계율과의 상충이 엿보인다.

혜원의 禮敬問題의 배경에는 그의 神不滅論[6]이 존재하였다. 이 신불멸

---

6) 板野長八「東晋における佛徒の禮敬問題」(『東方學報』東京第十一册之二, 1940. 7). 同「慧遠に於ける禮と戒律」(『支佛史學』第四卷第二號, 1940. 7). 塚本善隆 「ツナにおける佛法と王法」(宮本正尊編『佛敎の根本眞理』三省堂, 1956).

론은 부처의 절대성을 설한 法身常住의 설로, 禮敬문제를 촉발시킨 혜원의 사상적 기반이었음과 동시에 동진말 사상계의 중요한 과제의 하나였던 神滅・神不滅論爭[7]에 대한 하나의 해답도 되었던 것이다.

혜원은 중국고전은 말할것도 없이 불진도 『禪經』『阿毘達摩』『般若經』 『中論』등을 배웠고 게다가 격의불교의 영향도 남아있었기 때문에 應報輪廻나 신불멸설도 잡다한 사상적 요소에 바탕하여 구성되어 있었다. 그러므로 혜원의 사상을 과도적 성격을 지닌 것이라고 해야할 것이다.

道 生 라집문하의 승조와 더불어 중요한 인물은 강남에서 활약한 道生(355~434)이다. 道生의 본성은 魏이고 鉅鹿(河北省 鉅鹿縣)의 사람이다. 그는 사문 竺法汰에 의하여 출가하였고 15세에 강좌에 등단하여 당시의 명사들을 굴복시켰고 20세에 강연의 명성이 높았으며 隆安中(397~401)에 여산에 들어가 7년간을 깊이 은거하고 白蓮社의 1인이 되었다. 후에 慧叡・慧嚴・慧觀과 함께 장안에 가서 라집에게 사사하였다. 409년에 건강에 돌아와 靑園寺에 주하였으며 善不受報義와 頓悟成佛義를 주창하였다 그 때문에 옛 이론을 지키려는 사람들에게 미움을 받아 찬성과 반대의 소리가 높았다.

또한 6권의 『泥洹經』이 建康에 오자 도생은 경의 본의를 깊이 궁구하여 경에서는 설하지 않고 있는 一闡提(icchantika. 斷善根. 성불이 가능한 소질을 갖지 못한 사람)도 성불이 가능하다고 하는 闡提成佛說[8]을 제창하였다. 사람들이 경에 반대되는 邪說이라 하여 이를 배척하였으나, 그 후 北本 『열반경』이 건강에 왔을 때 경중에 그 說이 설해져 있었기 때문에 사람들은 도생의 탁견에 경탄하였다. 元嘉 7년(430)에 여산에 들어갔다(『出三藏記集』卷十五, 道生傳)고도 하고, 吳의 虎丘山에 들어가 龍光寺에서 주하다가 그 후에 돌연 여산에 들어갔다(『梁傳』卷七, 竺道生傳)고도 한다.

---

7) 津田左右吉「神滅不滅の論爭について」(『東洋學報』第二十九卷第一・二號, 第三十卷第一號, 1942. 2. 5, 43. 2). 板野長八「慧遠の神不滅論」(『東方學報』東京, 第十四册之三, 1943. 11). 同「慧遠僧肇の神明觀を論じて道生の新說に及ぶ」(『東洋學報』第三十卷第四號, 1943. 11).

8) 板野長八「道生の佛性論――特にその歷史性について――」(『支佛史學』第二卷第二號, 1938. 5).

423년에 용광사에서 佛陀什과 智勝을 청하여 『五分律』을 번역시켰다. 宋의 元嘉 11년에 여산의 정사에서 沒하였다. 『二諦論』『佛性當有論』『法身無色論』『佛無淨土論』『應有緣論』을 비롯하여 諸經의 義疏를 저술하였는데 『法華義疏』는 현존하고 있다.

도생은 悉有佛性說에 이어서 다시 頓悟成佛說[9]을 주창하였다. 도생이 돈오설을 주장하였기 때문에 당시에 頓悟와 漸悟의 논쟁이 성하게 되어 慧觀은 『漸悟論』을 쓰고 曇無成은 『明漸論』을 지어 함께 漸悟를 주장하였다. 송의 文帝(재위 424~452)가 돈오설을 述하자 라집의 제자인 僧弼(365~442)이 비난한 것에 대하여 文帝는 「만약 죽은자를 살았다고 하면 어찌 제군에게 도움이 될 것인가」(『梁傳』卷七, 竺道生傳)이라고 답하였다 한다.

도생의 제자인 道猷·寶林·法寶를 비롯하여 謝靈運(385~433)이나 宋의 文帝, 慧觀의 제자 法瑗(409~489) 등은 돈오설을 계승하였다. 또한 갚기를 바라는 마음을 떠난 곳에 善이 있다고 하는 善不受報說도 돈오설과 더불어 도생의 독창적 사상이라고 일컬어지나 僧鏡은 이를 비난하였다. 僧璩는 『述道生善不受報義』를 지었고, 齊代의 隱士인 劉虬은 善不受報義와 頓悟成佛義를 제창하였다.

후대에는 頓悟義에 大頓悟義와 小頓悟義의 2설이 있다고 하여, 僧肇·支遁·眞安埵·邪通·匡山遠·道安을 小頓悟師라 하고 도생을 大頓悟師라 하였다(碩法師『三論遊意義』). 도생의 돈오설은 후대의 선종이나 화엄종에도 영향을 주었다. 특히 澄觀의 사상형성에 커다란 역할을 하였다.[10]

또한 위·진시대의 불교는 반야교학이 주류를 이루었으나 宋·齊 이후는 법화와 열반교학이 그 중심이 되었다. 그 전환점에 위치한 것이 도생의 『法華經疏』[11]로서 그 의의는 크다.

---

9) 板野長八「道生の頓悟說成立の事情」(『東方學報』東京, 第七册). 矢吹慶輝「頓悟義の首唱者, 竺道生とその敎義」(佛誕二千五百年記念學會編『佛敎學の諸問題』岩波書店, 1935).
10) 境野黃洋『支那佛敎精史』(境野黃洋博士遺稿刊行會, 1935) p. 857 以下. 胡適『神會和尙遺集』(亞東圖書館, 1930) p. 39. 湯用彤『漢魏兩晋南北朝佛敎史』p. 663. 張東蓀「中國哲學史上佛敎思想之地位」『燕京學報』第三十八期, 1950. 6, p. 168). 拙著『中國華嚴思想史の研究』(東京大學出版會, 1965) p. 403 以下.
11) 羽溪了諦「最初の法華經疏」(『六条學報』第百四十二號, 1913. 8). 布施浩岳「法華古疏の

도생과 당시에 명성을 겨루었던 인물로는 慧叡·慧嚴·慧觀이 있어, 당시의 사람들은 「生·叡는 天眞을 發하고 嚴·觀은 깊이 흐름을 얻었다」(『出三藏記集』卷十五, 道生傳)고 칭하였다.

장안의 僧叡와 건강의 慧叡는 慧皎의 『고승전』에는 다른 사람으로 전해지고 있으나 같은 사람[12]으로 생각된다. 「僧叡傳」에서는 魏郡, 長樂(河北省 冀縣) 사람으로 18세에 僧賢의 제자가 되고, 太山僧朗에게서 『放光經』을 듣고 24세에 라집에 사사하였다. 제경전을 비롯하여 『大智度論』『中論』『百論』『十二門論』의 諸論과 『坐禪三昧經』의 序를 지었다. 또한 『中論』과 『十二門論』의 各品에 간단한 綱要를 지었는데 『十二門論』의 綱要는 현존하고 있다. 「慧叡傳」에서는 여러나라를 돌아다니다가 여산에서 머문 후 돌연히 장안에 가서 라집에 사사하였다. 後秦이 망한 후 강남으로 건너와 건강의 烏衣寺에 주하였다. 범어와 한어에 능통하였으며 『十四音訓叙』를 지었고 宋의 元嘉中에 85세로 입적하였다고 한다. 또한 慧叡의 저작인 『喩疑』도 현존하고 있다(『出三藏記集』卷五).

慧嚴(363~443)은 姓이 范이며 豫州사람이다. 16세에 출가하여 라집의 제자가 되었고, 후에 건강에 돌아가 東安寺에 주하였으며 송 文帝의 신임을 받았다. 『無生滅論』과 『老子略注』를 저술하였다. 제자로는 法智가 있다.

慧觀은 어려서 출가하여 후에 여산에 가서 혜원의 제자가 되었으나 라집이 중국에 왔다는 말을 듣고 북쪽으로 가서 라집에게 사사하였다. 당시의 사람들이 「情을 通하는 것은 곧 生과 融이 上首이고 難을 精하는 것은 곧 觀과 肇가 제일이라」(『梁傳』卷七, 慧觀傳)고 평하였다. 라집 沒後에 남쪽의 荊州로 갔다가 다시 건강으로 돌아와 道場寺에 주하였다. 『十誦律』에 통하였고 『辨宗論』『論頓悟漸悟義』『十喩序讚』『勝鬘經序』『修行地不淨觀經序』를 저술하였다. 제자에 法瑗이 있다. 慧觀은 『열반경』을 再治하고 一代敎를 열어 頓敎·三乘別敎·三乘通敎·抑揚敎·同歸敎·常住敎의 五時敎判을 세웠다. 남쪽지방의 교판은 慧觀의 교판에 바탕하고 있다.

研究──後秦より北魏を經て陳代に及ぶ──」(『宗敎硏究』新第六卷六號, 1929). 橫超慧日「竺道生撰「法華經疏」の研究」(『大谷大學硏究年報』第五輯, 1952.12).
12) 橫超慧日『中國佛敎の硏究』第二, p. 119 以下.

제 3 절   新大乘經典의 譯出

구마라집에 의하여 용수계 中觀哲學의 諸論書와 『법화경』 『유마경』 『아미타경』 등의 대승경전이 역출되어 중국불교 교학이 크게 전개되어갈 즈음에 동진의 불교계에는 새로운 대승경전이 역출되어 강의되고 연구되기에 이르렀다. 그것은 曇無讖에 의한 『열반경』의 번역과 佛馱跋陀羅에 의한 『화엄경』의 번역이었다. 특히 曇無讖이 번역한 40권 『열반경』(北本)은 法顯이 가져와서 佛馱跋陀羅가 執本하고 寶雲이 傳譯한 6권 『열반경』과 대교하여 36권 『열반경』(南本)이 완성된 것이다. 이를 계기로 南本 『열반경』에 의하여 佛性學說을 연구하는, 중국불교에 있어서 최초의 학파인 열반학파가 발생하기에 이르렀다.

曇無讖——『涅槃經』의 傳譯   曇無讖(曇摩讖[13]). 385~433)은 중천축사람으로 어려서 達摩耶舍(Dharmayaśas)의 제자가 되어 처음에는 소승을 공부한 후에 白頭禪師에게서 『열반경』을 배우고서 대승에 귀의하여 20세의 나이에 대소승경전 200여만언을 읽었다고 한다.

왕의 비위에 거슬려 그 나라를 떠나 『大涅槃經本』의 前分 12권과 『菩薩戒經』 『菩薩戒本』을 가지고 罽賓을 거쳐 龜玆에 당도했다. 다시 河西王인 沮渠蒙遜에게 초청되어 姑藏에 이르러 慧嵩과 道朗에게 受筆시켜 『열반경』을 비롯하여 『大集經』 『大雲經』 『金光明經』 『菩薩地持經』 『菩薩戒經』 『菩薩戒本』 등 20여부를 역출하였다. 또한 『열반경』의 나머지 부분을 于闐에서 구해다가 玄始 3년(414)부터 시작하여 현시 10년(421)까지 번역을 마쳤다. 이것이 40권 『열반경』 즉 北本이다. 법현이 번역한 6권 『泥洹經』의 역출후 4년째 되는 해이다. 외국 사문인 曇無發이 경의 품목이 아직 부족하다고 말하자 後品을 구하러 나라를 떠났는데 그 도중에 첩자의 혐의를 받아 蒙遜의 자객에게 살해 당하였다.

道場寺 慧觀은 담무참의 뜻을 계승하여 後品을 구하려고 高昌의 사문인

---

13) 布施浩岳 『涅槃宗の硏究』 前篇 (叢文閣, 1942) pp. 116~138.

道普를 宋의 元嘉中(424~453)에 파견하였는데 長廣郡에 이르러 배가 파손되는 바람에 다리를 다쳐 그 길로 죽었기 때문에 그 뜻을 이루지 못했다. 그래서 「涅槃의 後分은 宋의 땅과는 인연이 없도다」(『出三藏記集』卷十四, 曇無讖傳)라는 한탄을 했다고 전해진다.

담무참은 「博通多識은 羅什의 流이고, 秘呪神驗은 澄公에 필적한다.」(『梁傳』卷二, 曇無讖傳)고 말하여질 정도로, 번역가로서는 구라마집의 박식함과 동등할 정도였으나 주술만 가지고서도 불도징의 그것에 비할 정도의 역량을 지니고 있었다. 귀신을 부려 병을 치료하는 주술에 능하여, 「男女交接의 術로써 婦人을 敎授한다」(『魏書』卷九十九, 牧犍傳)고도 전해지고, 鄯善王의 妹인 曼頭陀林과 私通하다가 발각되어 涼州에 망명했었다고 전해지는 측면도 있었던 모양이다.

담무참에 의하여 역출된 40권 『열반경』(北本)은 宋의 元嘉 7년(430) 말에 동진의 도읍인 건강에 전해졌다. 慧觀·慧嚴·謝靈運등은 이미 남쪽지방에 전해지고 있던 6권본과 장과 절이 다른 북본의 개정에 착수하여 436년에 36권 『열반경』을 완성하였다. 이를 남본이라 부른다. 화북지방의 학자들은 북본을 사용하였으나 강남의 열반학자들은 남본에 의하여 연구하였다.

북본 『열반경』이 강남에 전해지기 전에는 慧觀과 道生이 각각 漸悟와 頓悟를 주장하면서 서로 혼들리지 않았는데 6권 『泥洹經』을 연구하였던 道生이 6권본에 쓰여 있는 「一切衆生皆有佛性」 설에서 연역하여 一闡提의 成佛을 제창하였다. 慧觀一派가 이를 妄說이라 하여 宋의 文帝에게 「道生小僧은 전혀 學識이 없이 胷臆을 일로 삼아 經宗을 乖越하나이다. 만약 流傳케하면 後學들이 오류가 심할 것이오니 이제 表를 올려 奏請합니다. 물리쳐 出入을 금지케 하소서」(道暹撰 『涅槃經玄義文句』卷下)라고 진상하여 그 때문에 道生은 蘇州의 虎丘山에 은퇴하였다고 한다. 430년말에 북본 『열반경』이 건강에 전해진 후에 道生의 설이 옳았다는 것을 알고 『열반경』의 연구가 급속히 활발해져 남쪽의 열반학파가 발생하였다.

佛馱跋陀羅―『華嚴經』의 傳譯　　佛馱跋陀羅(Buddhabhadra. 359~429)

는 佛賢(『出三藏記集』), 覺見(『梁傳』) 覺賢(『開元錄』)등으로도 불리운다. 그는 북천축 사람으로 5세에 고아가 되었고, 17세에 출가하여 禪과 律을 가지고 명성을 높였다. 求法沙門인 智嚴의 요청을 받고 東土求法의 뜻을 세워 靑州 東萊郡에 이르렀으나 다시 구마라집의 명성을 듣고 장안으로 갔다. 중국에 건너왔던 경로는 남해의 항로를 택했을 것으로 생각되나 확실치는 않다.

그는 「고요함을 지켜 무리에 휩쓸리지 말라」하며 오로지 덕행을 강조하였으나 道恒등에게서 배척 당하여 제자인 慧觀 등 40여인과 더불어 남쪽으로 피하였다. 410년경에 혜원이 그들을 맞아들여 여산에 들어 갔다. 여산에서 禪經을 번역하면서 강의도 하였다.

불타발타라가 중국에 온 목적은 이 禪經에 있는 선법을 전하려는데 있었다. 그 후 荊州에 가서 건강의 道場寺에서 번역작업에 종사하고 元嘉 6년(429)에 71세를 일기로 입적하였다.

그의 역경사업은 413년경에 여산에서 『達磨多羅禪經』을 번역하고 다시 건강의 道場寺에서 義熙 12년(416)에 『摩訶僧祇律』을, 다음해에 『大般泥洹經』을 법현과 함께 번역하였다. 418년부터 420년에 걸쳐서 『大方廣佛華嚴經』을 번역하였으며 永初 2년(421)에는 『無量壽經』[14]을 번역해냈다. 그 밖에 그가 번역한 경전으로는 『觀佛三昧經』『大方等如來藏經』『文殊師利發願經』등 모두 11부에 달한다.

그가 번역한 경전중에서 가장 중요한 것은 『화엄경』이다. 일찌기 支法領이 于闐에서 얻은 『화엄경』 胡本 三萬六千偈를 吳郡의 內史였던 孟顗와 右衛將軍이던 褚叔度가 불타발타라를 청하여 譯匠으로 삼고 慧嚴·慧義등 백여인과 더불어 이를 역출하였다. 이 역경사업을 기념하여 道場寺에 華嚴堂이 건립되었다. 이 불타발타라가 번역한 『화엄경』에 의하여 唐代에 화엄종이 성립하였던 것이다. 唐代의 實叉難陀가 번역한 80권 『화엄경』을 唐譯, 또는 新譯이라 하는 것에 대하여 불타발타라 역 60권 『화엄경』을 晋譯, 또는 舊譯이라고 한다.

---

14) 藤田宏達 『原始淨土思想の硏究』(岩波書店, 1970) pp. 35~96 參照.

제 4 절   西行求法僧의 활약

중국의 승려로서 서역에 구법한 최초의 인물은 삼국시대의 朱士行이지만 동진시대에도 西行求法僧이 많이 출현하였다. 서행구법승의 목적은 경전을 찾으러 가는 것(支法領), 천축의 고승에게 사사하여 가르침을 받으려는 것(于法蘭・智嚴), 聖跡을 심방하려는 것(寶雲・智猛) 등이었다. 서행구법승들은 대개가 학문이 깊었기 때문에 異國의 사상을 잘 흡수하고 불전의 깊은 뜻을 참구하는 것이 가능하였다. 귀국 후에는 번역사업과 그 밖의 사업에 공헌한 바가 많아서 중국불교의 발전에 기여하였다.

동진부터 송대에 걸쳐서 서행구법승은 康法朗・于法蘭・竺佛念・慧常・慧叡・支法領・智嚴・法顯・寶雲・智猛・法勇・沮渠京聲・道泰 등 많은 이름을 열거할 수 있으나 가장 유명한 것은 法顯・智嚴・寶雲・智猛・法勇 등이다.

法顯(339?～420?)의 성은 龔씨이며 平陽 武陽사람이다. 세살에 사미가 되어 20세때 구족계를 받았다. 그는 항상 율장에 빠진 부분이 있는 것을 개탄하여 경론을 구할 서원을 세우고 晋의 융안 3년(399 『法顯傳』에는 弘始 2년이라 함)에 慧景・道整・慧應・慧嵬등과 함께 장안을 출발하여 沙河를 건넜다. 그 정경을 기술하여 「沙河중에 많은 惡鬼와 熱風이 있어 만나기만 하면 곧 모두 목숨을 잃으니 하나도 온전한 자가 없도다. 위로는 나르는 새도 없고 아래로는 달리는 짐승도 없어 사방을 둘러 보아도 끝간데를 몰라라. 건널 곳을 찾으려 하나 찾을 수 없도다. 다만 죽은 사람의 마른 뼈로써 표식을 삼을 뿐이라」(『法顯傳』)라고 말한 一文은 流沙紀行의 명문으로, 후세에까지 인용되고 있다. 沙河를 건넌 법현 일행은 산길이 지극히 험하여 석벽이 천개의 칼날처럼 서있는 葱嶺에 당도하여 小雪山을 넘을 즈음에 慧景을 잃었다. 30여개의 나라를 거쳐 북천축에 도착하였으며 迦施國을 거쳐 중천축에 당도하였다. 그들은 摩竭提國의 天王寺에 머무르기를 3년동안 하며 그동안 胡書와 胡語를 배웠다. 그곳에서 『摩訶僧祇律』

『薩婆多律抄』『雜阿毘曇心論』『綎經』『方等泥洹經』 등과 經像을 얻었다. 이어서 상인들과 더불어 師子國(세일론, 현 쓰리랑카)에 도착하였으나 이 때 동행한 열한명 중에서 혹은 머무르기도 하고 혹은 죽기도 하여 남은 것은 단지 법현 한사람 뿐이었다. 여기서 2년동안 머물었는데『彌沙塞律』『長阿含經』『雜阿含經』 및 『雜藏經』의 胡本을 얻었다. 후에 상선에 타고 동쪽으로 돌아 耶婆提國(Javadvīpa)를 경유하여 廣州로 가려 했으나 도중에 풍랑을 만나 義熙 8년(412)에 靑州 長廣郡 牢山(山東省 勞山灣 부근)에 도착하였다.

그 뒤에 건강으로 가서 불타발타라와 함께 道場寺에서 6권『泥洹經』『摩訶僧祇律』『大般涅槃經』『雜阿毘曇心論』등을 번역하였는데 미처 번역하지 못한 梵本도 많았다. 후에 荊州(江陵縣)의 幸寺에서 86세를 일기로 沒하였다. 그의 沒年은 확실치 않으나 義熙 14년(418)에서 景平 원년(423) 사이로 추정되고 있다.[15]

399년 장안을 출발하여 412년에 남해를 경유하여 靑州에 도착하기까지 전후 14년간에 걸쳐서 경전을 구하여 동지 11인과 더불어 고난의 여행을 감행했는데, 14년간에 걸친 각국의 佛跡·宗敎·風俗·地理등의 견문을 간결하고 명확하게 기술한 것이『法顯傳』[16]『佛國記』)이다. 이는 현장의『대당서역기』와 義淨의『대당서역구법고승전』과 더불어 중앙아시아와 인도에 관한 중요한 자료를 제공하고 있다. 현장이 28세에, 또한 의정이 37세로 천축으로 출발한 것에 대하여 법현은 60여세에 장안을 출발하여 건강에 귀환한 것이 70여세였다.

법현이 서역의 張掖·烏夷國등지에서 만난 智嚴은 서역을 주유한 후에 계빈국에 당도하여 佛駄先에게서 3년동안 선법을 배우고 중천축의 불타발타라에게 요청하여 법을 중국에 전하려고 함께 장안에 돌아 갔었다. 그는 宋의 元嘉 4년(427)에 寶雲과 함께『普曜經』등을 번역하고 후에 해로를 통하여 다시 천축에 당도하여 78세로 계빈국에서 沒하였다. 제자인 智羽·

---

15) 境野黃洋『支那佛敎精史』(境野黃洋博士遺稿刊行會, 1935) p.519
16) 足立喜六『法顯傳 中亞印度南海紀行の硏究』(法藏館, 1940)

智達·智遠이 서역에서 돌아와 智嚴의 최후의 소식을 알렸다고 전해진다.

寶雲은 여러 경전을 구하려고 동진의 隆安 원년(397)에 법현이나 지엄 등과 서로 전후하여 서역을 향하여 떠나 烏夷國에서 법현과 만나고 다시 慧景, 慧應등과 더불어 북천축의 弗楼沙國에 갔다가 다시 되돌아 장안에 돌아왔다. 그 사이에 천축의 諸語와 胡書를 공부하였기 때문에 후에「江左에서 梵語에 숙련된 자로 寶雲과 비유될 사람이 없었다」(『出三藏記集』卷十五, 寶雲傳)고 일컬어 졌던 것이다. 장안에 돌아와 불타발타라에 사사하여 선법을 배웠다. 그가 번역한 경전에『無量壽經』『佛本行經』이 있다.

법현이나 보운등이 천축에 간 사실에 자극 받아서 인도에 갔던 인물이 法勇이었다. 법용은 일명 曇無竭이라고도 하며 본성은 李氏로서 幽州 黃龍(河北省) 사람이다. 그는 宋의 永初 中(420~422)에 동지인 僧猛·曇朗 등 25인과 더불어 서방으로 향하여 流沙를 건너고 고창·구자·소록을 경유하여 葱嶺의 雪山을 넘었다.「葱嶺을 지나 3일을 경과하여 다시 雪山에 올랐다. 懸崖壁立하여 발을 편히 붙일 곳이 없다. 석벽에는 모두 낡은 구멍들이 곳곳에 널려 있었다. 사람들은 모두 네개의 구멍을 붙잡아, 먼저 발을 빼 올리고 손을 위로 뻗쳐 展轉하기를 거듭하였다」(『出三藏記集』卷十五 法勇傳)는 고투를 겪으면서 동행자 12人을 잃었다. 나아가 계빈국에 당도하여 胡語를 배우고『觀世音受記經』梵文을 얻었다. 다시 서쪽으로 여행을 계속하여 新頭那提河(Sindhunadi. 인더스강)를 건너 월지국에 당도하고, 다시 犍馱羅國의 檀特山(Daṇḍakaparvata)의 남쪽에 있는 石留寺에 가서 佛陀多羅(佛救)에게서 구족계를 받았다. 이어서 북쪽으로 방향을 바꿔 중천축에 다달았으나 그 도중에 동행인 8명을 잃고 다섯사람이 여행하게 되었다. 그들은 恒河(Gaṅgā. 간지스강)를 건너 舍衛國을 경유하여 남천축에 이르고, 후에 해로로 남해를 경유하여 廣州에 당도하였다.

智猛도 또한 後秦의 홍시 6년(404). 동지 15인과 함께 장안을 출발하여 凉州와 玉門關을 경유하여 流沙를 건넜다. 그는 鄯善·龜妓·于闐을 거쳐 총령을 넘었으나 동행인 9인은 되돌아 오고 말았다. 罽賓國·迦毘羅衛國(Kapilavastu)를 거쳐 華氏城(Pāṭaliputra)에 이르렀던 智猛은 그

곳에서 『泥洹經』『摩訶僧祇律』의 胡本을 얻었다. 424년에 귀로에 올랐으나 동행인 4인은 도중에 죽고 단지 智猛과 曇纂 두사람만이 凉州에 돌아와서 『泥洹經』 27권을 번역하였다. 元嘉 14년(437)에 촉에 들어간 지맹은 원가 말년(453)에 입적하였다. 『歷國傳』을 저술했으나 현존하지 않는다(일부는 「智猛遊外國傳」으로 『出三藏記集』 卷八에 수록되어 있다).

제 5 절 儒敎・道敎와의 관계

『淸淨法行經』 서진 王浮의 『老子化胡經』에 대하여 불교측에서는, 老子・孔子・顔回를 보살의 權現으로 보아 『淸淨法行經』을 만들어냈다. 이 權現思想의 배경이 된 것은 오의 支謙이 번역한 『瑞應本起經』의 本生談이었다. 『淸淨法行經』의 三聖化現說은 남북조시대의 僧順의 『釋三破論』중에 인용되었고 다시 道安의 『二敎論』에도 나타났다. 이는 부처님이 세명의 제자를 보내어 振旦을 교화하려 하여 儒童菩薩을 孔丘라 하고 光淨菩薩을 顔淵이라 하였으며 摩訶迦葉을 老子라 했다는 것이다. 또한 『二敎論』에 引證된 『須彌四域經』에서는 寶應聲菩薩을 伏羲라 하고 寶吉祥菩薩이 女媧가 되었다 하여 伏羲・女媧도 보살의 화현이라 하였다. 『淸淨法行經』은 僧祐의 「失譯雜經」중에 실려져 있는데 (『出三藏記集』 卷四), 隋의 彦悰은 이를 疑經이라 하고 있다(『衆經目錄』 卷四).

儒敎와의 관계[17] 동진시대에 불교의 급속한 발전은 여러가지의 문제를 일으켰다. 유교측에서 하기 시작한 불교비판은, 사회문제로서 승려는 遊民坐食하고 조세를 부담하지도 않으며 사탑을 건립하는 것은 국비를 낭비하고 국가에 이익이 없다고 비판하였다. 윤리문제로서는 부모를 등지고 처자를 버리며 王者를 공경하지 않는 것은 倫常에 어긋난다고 하였다. 思想問題로서는 神滅不滅,[18] 三世報應등이 문제가 되었다. 神不滅論을 설했

---

17) 久保田量遠 「東晉時代における儒佛道三敎の關係」(『支那儒道佛交涉史』 第三章, 大東出版社, 1943)
18) 關正郞 「六朝神滅論の 背景」(『日本中國學會報』 第六集, 1954. 10). 牧尾良海 「神滅論小考」(『大正大學硏究紀要』 第四十九, 1964. 3).

던 것으로는 羅含의 『更生論』, 慧遠의 『形盡神不滅論』이 있다. 應報論에 대하여는 戴安道의 『釋疑論』에 대하여 慧遠이 『三報論』을 쓰고, 周道祖가 『難釋疑論』을 저술하였다. 또한 孫綽은 『道賢論』, 『喩道論』을 지었는데 『喩道論』에서는 유교에 입각하여 유교와 불교를 조화시키려 하였다.

제 5 장 南北朝의 佛敎
―――隋·唐불교의 배경―――

　남북조는 宋(420~478)·齊(479~501)·梁(502~556)·陳(557~589) 四代의 남조와, 北魏(386~534)·東魏(534~550)·西魏(535~556)·北齊(550~577)·北周(557~580) 五代의 북조를 가리킨다. 북위의 太武帝가 화북의 제국을 통일하고 나서 隋가 남북을 통일하기까지 150년간을 말한다. 동진시대와 마찬가지로 화북은 호족지배하에 있었으며 강남지방은 한민족에 의해서 통치되고 있었다. 왕조의 변천은 어지럽게 행해졌지만, 불교는 동진시대를 계승하여 커다란 발전을 이루었던 시대이다.

　엄청나게 번역 소개되었던 한역불전에 대한 본격적인 연구가 가해져서 불교의 여러 학파가 성립되었던 것도 남북조 시대이다. 불교교단의 사회적 세력이 강대해졌기 때문에 북조에서는 北魏 太武帝의 廢佛과 北周 武帝의 폐불이 행해져 국가권력에 의한 불교교단의 탄압이 행해졌다. 또한 종교교단으로서 성립되었던 道敎와의 대립항쟁이 있었던 것도 남북조 종교사의 특징이라고 말할 수 있다.

　또 북위의 洛陽이나 남조 建康에서 이루어진 불교사원의 아름답고 우아한 건축·미술이나 雲岡·龍門石窟에서 볼 수 있는 불교문화의 발달도 주목해야 할 것이다.

제 1 절 南朝의 불교

　宋의 불교　　宋의 開祖 무제는 嵩高山 靈神의 계시인 「江東에 劉將軍이

있어 應하여 天命을 받을 것이다」라는 상서로운 명을 받아 천자가 되었던 (『梁傳』卷七, 慧義傳. 『宋書』卷二十七, 符瑞志 上) 것이며 그 때, 무제의 뜻에 따라서 상서로움을 확인하였던 것이 慧義였다. 天의 命과 佛의 命이 합일 되었던 것은 외래종교인 불교가 중국의 공적인 종교로서 등장하였던 것을 의미한다.[1]

永初 원년(420)에 무제는 내전에 齋를 베풀어, 사문 道照를 초빙하였다 (『佛祖統紀』卷三十六). 영초 3년(422)에는 化城寺에 行幸하여, 절안에 二十八子院을 세워 승려 1,000명을 득도케 하였다(『宋學士全集補遺』卷四, 重興太平萬壽禪寺碑銘).

宋의 文帝도 불교를 보호하였으며 求那跋摩의 명성을 듣자마자 交州刺史에게 명하여 그를 모셔오도록 했기 때문에, 元嘉 8년(431)에 求那跋摩는 건강으로 와서 祇洹寺에 머물게 되었다. 문제는 그를 불러 施物을 하사하였다(『出三藏記集』卷十四, 求那跋摩傳). 宋의 高祖에게 중용되었던 慧嚴도 문제에게 신임을 받아 帝는 慧嚴에게 불법을 묻고, 후에 불교 신자가 되었다(『梁傳』卷七, 慧嚴傳).

元嘉의 치세[2]는 위·진의 正始의 風을 이어받아 玄談義理를 중요시 하여 불교에서도 玄談的이며 노장적인 불교가 왕성하였다. 이와 같은 분위기 속에서 활약했던 謝靈運은 일생을 불교와 깊은 관계를 가졌던 것이다. 특히 『辨宗論』을 저술하고 道生의 頓悟義를 옹호했던 것은 높이 평가해야할 것이다. 謝靈運은 道生의 頓悟義를 지지하고 또한 『금강반야경』도 주석했다. 또 『열반경』을 慧嚴·慧觀등과 함께 다시 정리하였다.

북조에서 행해졌던 불교탄압이 남조에서는 거의 없었고 帝王이 불교 보호정책을 취했기 때문에 외국 사문의 도래도 왕성하였으며 宋代에는 佛陀什·畺良耶舍·求那跋摩·求那跋陀羅등이 활약하였다. 佛陀什(Buddhajīva)은 계빈국 사람으로, 율과 禪要에 정통하였으며 景平 원년(423) 7월에 揚州에 왔다. 그는 법현이 가지고 왔던 『五分律』 30권을 번역하였다.

---

1) 板野長八「劉裕受命の佛敎的瑞祥」(『東方學報』東京, 第十一册之三, 1940.3).
2) 塚本善隆 「南朝《元嘉治世》の佛敎興隆について」(『東洋史硏究』第二十二卷 第四號, 1964. 3).

畺良耶舍(Kālayaśas. 442년 이후에 沒함)는 서역사람으로 毘曇, 律, 禪觀 등에 능하였다. 그는 元嘉의 첫무렵에(424) 沙河를 건너 京邑으로 왔는데 후세의 정토교에 큰 영향을 주었던 『觀無量壽經』을 번역하였다. 사문 寶誌는 그의 禪法을 존숭하였다.

求那跋摩(Guṇavarman. 功德鎧. 377~431)는 曇無讖 이후에 大乘律을 전래한 거장이며 삼장법사의 명성에 부끄럽지 아니하였다. 求那跋摩는 罽賓王의 支胤이며 經律에 모두 정통하여, 사자국(세일론)과 闍婆國(쟈바)을 경유하여 원가 8년(431)에 송의 도읍인 건강으로 왔다. 그가 역출한 경전으로는 『菩薩善戒經』 『四分羯磨』 『優婆塞五戒略論』 『優婆塞二十二戒』 등 26권과 伊葉波羅(Īśvara)의 『雜阿毘曇心論』 13권중에서 마지막 3권을 번역하였다. 건강에 체재한 시일은 겨우 9개월에 지나지 않았으나 그의 장례를 치를 때 만여명이, 사방에서 운집했다고 한다. 또 원가 11년 (434)에 求那跋摩는 南林寺에서 계단을 세워 승려의 수계를 행하였는데 이것은 중국불교에 있어서 戒壇의 시초라고 전해진다(『佛祖統紀』 卷三十六).

求那跋陀羅 求那跋陀羅(Guṇabhadra. 394~468)는 중천축 사람으로 대승을 배웠기 때문에 摩訶衍(Mahāyāna)이라는 호를 받았다. 그는 원가 12년(435)에 廣州에 왔는데 文帝는 그를 도읍에 맞이하여 祇洹寺에 살게 하였다. 문제는 그를 깊이 존경하였고, 顏延之·彭城王 義康·南譙王 義宣 등도 그에게 사사하였다. 효무제도 그를 후히 예우하였으며 가뭄에 당해서 祈雨를 청하기도 하였다.

그는 『雜阿含經』 『勝鬘經』 『楞伽經』 『相續解脫經』 『無量壽經』 등을 寶雲과 法勇에게 傳語케 하여 역출하였다. 『아함경』은 僧伽提婆의 『增一阿含經』 『中阿含經』, 佛陀耶舍의 『장아함경』에 이어서 이 구나발타라의 『잡아함경』의 역출에 의하여 『四阿含經』 전부가 중국에서 완역되었던 것이다.

『승만경』과 『능가경』의 역출은 중국 如來藏思想[3]의 전개에 커다란 영향을 주었다. 慧觀은 『승만경』序를 지었고 최초의 주석서는 道生의 제자인 道攸(道猷)가 썼다. 그 밖에 法瑗·僧馥·慧通등도 注疏를 저술하였다.

---

3) 小川弘貫 『中國如來藏思想研究』(中山書房, 1976).

『능가경』은 4권『楞伽』라고 하여, 선종인 菩提達摩가 慧可에게 주었던 것으로 혜가문하의 法冲이 주석서를 저술하였던 사실만으로도 알 수 있는 것처럼 선종계통에 커다란 영향을 미쳤다.

『상속해탈경』은 당의 현장이 역출하였던『解深密經』의 품중에서 마지막 2품인「地波羅蜜多品」「如來成所作事品」을 번역하여『相續解脫地波羅蜜了義經』, 또는『相續解脫如來所作隨順處了義經』이라 하였던 것이다. 여기서 인도 瑜伽行派 경전의 일부가 처음으로 중국에 전해졌던 것이다. 그 밖에 宋代에는 원가 10년(433)에 京都에 왔던 僧伽跋摩(Saṃghavarman)는 율장과『雜阿毘曇心論』에 정통하였고 원가 원년(424)에 홀로 와서 荊州를 거쳐 건강의 祇洹寺에서 住했던 曇摩蜜多(Dharmamitra. 356~442)는 『禪法要』『普賢觀經』『虛空藏觀經』등의 諸經을 역출하였다. 또 于闐에 갔던 沮渠京聲은『治禪病秘要法』을 저술하였고 외국 사문인 功德直은 玄暢의 청에 따라서『念佛三昧經』六卷과『破魔陀羅尼經』을 역출하였다.

齊의 佛敎　齊의 高帝는 建元 월년(479)에 莊嚴寺에 행가하여 僧達의 『유마경』강의를 청문하였다.

무제는 永明원년(483)에 華林園에서 八關齋戒를 베풀어 불교를 숭상하였다. 특히 무제의 장자인 文惠太子와 둘째 왕자인 文宣王 蕭子良(460~499)[4]은 유명하다. 많은 인사들이 蕭子良의 주위에 모였고(八友), 梁의 무제와도 젊은 시절에 친교를 가졌다. 그는 형인 文惠太子와 함께 명승을 초대하여 불법 강설을 베풀었다 한다. 그가 존경했던 승려로는, 玄暢·僧柔·法度·僧祐·寶誌등이 있었다. 당시의 명승으로 그와 관계하지 않았던 僧은 없었다고 전하여진다.「명승을 招致하여 佛法을 講語하며 經唄의 新聲을 이루었다. 道俗의 盛함이 江左에 일찌기 있지 않았다」(『南齊書』卷 四十, 竟陵文宣王傳)라고 전하여질 만큼 불법은 융성하였다.

蕭子良은 華嚴齋·龍華會·道林齋등의 齋會를 제정하였을 뿐만 아니라 捨身·放生·施藥등의 자선사업을 행하였고 또한 불경 71권을 손수 썼다

---

4) 小笠原宣秀「南齊佛敎と蕭子良」(『支佛史學』第三卷 第二號, 1939.7). 撫尾正信「南朝士大夫の佛敎信受について——南齊蕭子良とその周圍——」(『佐賀龍谷學會紀要』第五號, 1957.12).

고 한다. 저서로는 후세에 큰 영향을 미쳤던 『淨住子淨行法門』[5] 『注遺敎經』 『維摩義略』 5권등을 찬술하였다.

齊代에도 외국승의 도래가 있었다. 僧伽跋陀羅(Saṃghabhadra)는 『善見律毘婆沙』를 번역하였고 曇摩伽陀耶舍(Dharmgatayaśas)는 『無量義經』을 達摩摩提(Dharmamati)는 『法華經』 提婆達多品을 각각 번역하였다. 단 『無量義經』은 번역경전이 아니라 중국찬술의 위경이라고 알려지고 있다.[6]

또 중천축 사람인 求那毘地(Guṇavṛddhi)는 齊의 건원 초기에 건강으로 와서 毘耶離寺에 住하며 『百喩經』『十二因緣經』『須達長者經』등을 번역하였다.

梁의 불교 梁의 武帝[7] (재위 502~549)가 치세한 48년간은 국내정치는 안정되고 文運은 번영하여 남조문화의 전성기를 출현시켰다. 남조불교도 梁代에 이르러 대성되고 정점에 달하였다.

무제는 儒學이나 문학방면에서도 뛰어난 학문적 재질을 발휘했을 뿐 아니라 불교를 신봉하는 정성이 독실하고, 만년에 이르러서는 「釋敎에 빠졌다」(『南史』卷七, 武帝紀論)라고 전하여질 만큼 불교에 깊이 마음을 기울였던 인물이다.

天監 3년(504) 4월 8일에, 무제는 群臣士庶 2만인을 거느리고 도교를 버리고 불교에 귀의할 것을 선언하였다(『辨正論』卷八). 이 무제의 捨道奉佛에 대한 正史의 기록이 없기 때문에 의문을 품는 학자[8]도 있지만 도교에서 점차로 보다 고차원적인 불교로 끌렸던 것은 사실일 것이다.

뒤이어 천감 10년(511)에는 스스로 斷酒肉文을 공표하여 불교도로서의 계율생활에 들어갔다. 그 후 무제는 더욱 더 불교에 몰두하여 천감 16년

---

5) 鹽入良道「文宣王蕭子良の「淨住子淨行法門」について」(『大正大學硏究紀要』第四十六輯, 1961.3).
6) 橫超慧日「無量義經について」(『印佛硏』第二卷第二號, 1954.3).
7) 森三樹三郎『梁の武帝』(平樂寺書店, 1956) 山崎志「梁の武帝の佛敎信仰」(『支那中世佛敎の展開』法藏館, 1971, pp. 188~236).
8) 內藤龍雄「梁武帝の捨道の非史實性」(『印佛硏』第五卷第二號, 1957.3). 太田悌藏「梁武帝の捨道奉佛について疑う」(『結城論集』).

3월에는 犧牲폐지의 칙령을 내려(『廣弘明集』卷三十六), 전통을 중요시 하는 한족들 사이에서의 심한 비난에도 불구하고 宗廟의 供物에 처음으로 채소와 과일을 사용하였다(『梁書』卷二, 武帝紀). 그 해 10월에는 천하의 道觀을 없애고 도사를 모두 환속시켜 버렸다(『佛祖統紀』卷三十七). 이 때문에 도사 陸修靜의 一門이 北齊로 달아났다고 한다.

천감 18년(519)에는 鏡山 草堂寺에 있는 慧約에게 청하여 보살계를 받았다. 무제는 당대의 명승 대덕과 친숙하여 특히 家僧으로서 무제의 고문도 되고 사우가 되었던 고승도 있었다. 家僧으로서는 僧伽婆羅・法寵・僧遷・僧旻・法雲・慧超・明徹등을 들 수 있다. 그 밖에 寶誌・僧祐・寶唱・智藏・慧約[9]・洪偃・寶瓊・安廩・慧勝・法規등이 무제의 知遇를 받았다. 특히 光宅寺의 法曇・開善寺의 智藏・莊嚴寺의 僧旻은 梁의 3대법사로 칭하여졌다.

梁의 도읍인 건강은 「都邑의 大寺가 700여곳이며 僧尼講衆이 항상 1만이 있다」(『破邪論』卷下)라고 전하여질 만큼 저명한 대사찰이 많았다. 특히 유명한 것은 同泰寺로서 大通 원년(527)에 완성되었다. 그 밖에 大愛敬寺・大智度寺・皇基寺・光宅寺・開善寺등은 무제가 세웠던 대사찰이다.

그 밖에 대규모적인 재회를 베풀기도 하고 네차례에 걸쳐서 捨身을 행하였다. 무제는 同泰寺에서 無遮大會, 平等大會, 盂蘭盆會등을 자주 행하였다. 특히 中大通 원년(529) 9월에 同泰寺에서 道俗 5만인에 대하여 四部 無遮大會가 베풀어져 捨身[10]이 행하여졌고 군신은 1억만錢을 가지고 속죄를 행하였다. 이 때의 五萬人齋會는 일찌기 없었던 대재회이었다고 한다. 평등자비의 정신으로 道俗을 구분하지 않고 士庶를 차별하지 않았을 뿐 아니라, 水陸大齋會를 열어 水陸일체의 생물에 까지 이르게 하려고 하였다.

捨身은 첫번째가 대통 원년 3월에 同泰寺에서 행하였던 것을 시작으로 하여 전후 네차례에 걸쳐서 행하여 졌다. 捨身이란 『법화경』『열반경』『금광명경』등에 설명되어 있는 가르침으로 몸을 버려 부처를 공양하거나 또

---

9) 撫尾正信「梁國師慧約をめぐって」(和田博士古稀記念『東洋史論叢』講談社, 1961),
10) 名畑應順「支那中世に於ける捨身に就いて」(『大谷學報』第十二卷第二號, 1931.3).

는 중생에게 베푸는 보살행으로 燒身供養도 그 하나에 속한다. 『고승전』에서는 「亡身篇」에 捨身하였던 고승의 전기를 싣고 있다. 무제가 행하였던 것은 사원의 노예가 되어 봉사하며 재물을 보시하는 것이었다.

또한 무제는 열심히 불교 교리를 연구하였다. 무제의 불교관계 저작으로서는 『涅槃經』『大品經』『淨名經』『三慧經』등의 義記 수백권이 있었다고 한다(『梁書』卷三, 武帝記). 『大梁皇帝立神明成佛義記』『大梁皇帝勅答臣下神滅論』(『弘明集』)을 비롯하여 譯經序나 불교관계의 詔·頌·文·賦·詩(『廣弘明集』)등이 현존하고 있다.

무제는 또 고승의 강론을 듣고 講會를 주최하여 친히 강경을 하기도 하였다. 또한 僧旻·法雲·慧超등에게 『制注般若經』과 『勝鬘經』을 강의하도록 하였다. 中大通 원년 9.월, 捨身하기 전에 同泰寺에서 『열반경』을 스스로 강의하였다. 그가 가장 많이 강의하였던 것은 『반야경』과 『三慧經』이었다.

무제는 또 당시의 學僧에게 명하여 많은 책을 편찬하고 써내게 하였다. 僧旻의 『衆經要抄』, 智藏의 『義林』, 僧朗의 『注大般涅槃經』, 寶唱의 『續法輪論』『經律異相』『法集』『飯聖僧法』, 寶亮의 『涅槃義疏』, 僧紹의 『華林佛殿略目』등이 그러한 것들이다. 덧붙여서 말한다면 梁의 무제와 선종의 달마와의 문답은 역사적인 사실이 아니다.

무제는 채식을 하며 계율생활을 하였기 때문에 황제 보살이라고 불리웠지만 지나치게 불교에 몰두했기 때문에 결국 梁朝를 멸망으로 이끄는 원인이 되었다. 무제의 장자인 昭明太子와 그의 동생인 簡文帝, 元帝도 모두가 불교를 신봉하였던 학자이며, 昭明太子는 『解二諦義』(『廣弘明集』卷四)를 저술하기도 하였다.

高僧의 활약   무제의 치하에서 梁의 3대법사를 비롯하여 많은 고승들이 활약하였다. 僧祐(445~518)는 律僧임과 동시에 불교사학자이며 중국에 불교가 전래한 이래의 護敎的 문헌을 모았던 『弘明集』[11]과 중국찬술의 현존하고 있는 最古의 불전인 『釋迦譜』, 또한 경전목록의 가장 중요한

---

11) 牧田諦亮編 『弘明集硏究』 譯注篇上下 (京都大學人文科學硏究所, 1974. 75).

자료인 『出三藏記集』을 비롯하여 『法苑集』(逸亡) 등도 저술하였다고 한다 (『梁傳』卷十一, 僧祐傳).

승우의 제자인 寶唱은 天監中에 칙령을 받들어 新安寺의 주지가 되어 華林園寶雲經藏을 관장하였으며 『名僧傳』 『比丘尼傳』을 찬술하였다(『唐傳』卷一, 寶唱傳).

慧皎(497~554)는 『涅槃經義疏』 『梵網經疏』 등의 저술이 있는 것 외에도 승우의 『出三藏記集』이나 寶唱의 『名僧傳』 등에 의거하여 후한 明帝의 永平 10년(67)부터 양무제의 천감 18년(519)까지 453년간의 고승 257인 付傳 243인의 전기를 모았던 『고승전』[12]을 찬술하였다. 이 책은 중국초기 불교사의 가장 신뢰할 만한 자료이며 후에 『續高僧傳』 『宋高僧傳』의 모범이 되었던 것이다(『梁傳』卷十四. 『唐傳』卷六, 慧皎傳).

양대에는 僧伽婆羅·曼陀羅·眞諦三藏이 도래하였다. 僧伽婆羅는 扶南國사람으로 毘曇과 율에 정통하였으며 正觀寺에 주하며 구나발타라의 제자가 되어 『阿育王經』 『解脫道論』 등을 번역하였다. 같은 扶南國 사람인 사문 曼陀羅도 婆羅와 함께 『寶雲經』 『法界體性經』 『文殊般若經』 등의 三部를 번역하였다.

眞諦三藏 진제[13](Paramārtha. 波羅末陀. 499~569)는 서천축 優禪尼(Ujjayanī)國 출신으로 양의 무제가 扶南國에 명승의 초빙을 의뢰하였던 결과 大同 12년(546)에 남해에 당도하였으며 2년 후에 건강에 이르러 양의 무제와 접견하였다.

侯景의 亂에 의해서 세상이 어지러웠기 때문에 富春으로 가서 『十七地論』 등의 번역에 종사하였다. 뒤이어 承聖 원년(552)에 다시 건강으로 돌

---

12) 山內晋卿「高僧傳の研究」(『支那佛敎史之研究』pp. 1~41). 牧田諦亮編『梁高僧傳索引』(平樂寺書店, 1974). Arthur, F. Wright, "*Hui-chiao* (慧皎), As a Chinese Historian," Journal of Indian and Buddhist Studies, vol. Ⅲ, No. 1. Arthur, F. Wright, "*Biography and Hagiography, Hui-chiao's Lives of Eminent Monks*," Silver Jubillee Volume of the Zinbun-Kagaku-Kenkyusyo, Kyoto Univ. 1954. Robert shih, *Biographies des Moines Éminents (Kao Seng Tchouan) de Houei-Kiao*, Traduites et Annotees, Louvain-Leuven, 1968.

13) 宇井伯壽「眞諦三藏傳の硏究」(『印度哲學硏究』第六, 岩波書店, 1965). 또한 眞諦譯 十八空論, 三無性論, 顯識論, 決定藏論의 硏究도 同書에 있다. 蘇公望『眞諦三藏年譜附譯述考』(北京佛學書局, 1940. 9).

아와 正觀寺에서 願禪師 등 20여명과 함께 『金光明經』을 번역하였으며 2년 후인 554년에는 豫章으로 돌아가 각지를 유랑하였다. 永定 2년(558)에 다시 豫章으로 되돌아와서 臨川·晋安의 諸郡에 머무르며 역경에 종사하였는데 여건이 좋지 않아서 세번이나 귀국을 뜻하였지만 이루지 못하였다. 天嘉 3년(562)에는 배를 띄워서 귀국길에 올랐으나 바람에 밀려서 廣州에 상륙하였다. 이 때문에 귀국을 단념하고 『攝大乘論』등의 역출에 종사하였다. 光大 2년(568)에 세상을 싫어하여 자살을 하려다가 제자들에 의해 저지당했는데 다음해에 병으로 죽었다.

역서에 『十七地論』 『決定藏論』 『攝大乘論』 『攝大乘論釋』 『中邊分別論』 등의 인도 瑜伽行派의 諸 論書를 비롯하여 『俱舍論偈』 『俱舍釋論』 등 世親의 『俱舍論』의 번역과 『大乘起信論』 『如實論』 등 여래장 계통의 논서도 번역하였다. 「東夏에 오면서부터 널리 衆經을 번역하였으나 치우쳐서 攝論을 宗으로 하였다」(『唐傳』 卷一, 眞諦傳)라고 전하여지는 것처럼 진제가 가장 정성을 들였던 것은 『섭대승론』의 역출과 그것을 널리 알리는 작업이었다.

진제가 번역한 『섭대승론』에 의거하여 섭론학파가 성립되었다. 제자에 慧愷·法泰·道尼·曹毘 등 10여명을 헤아릴 수 있지만 진제를 따라 역경사업을 잘 도왔던 것은 慧愷(518~568)이다.

陳의 불교   陳의 고조 무제는 양의 敬帝로부터 선양을 받아 557년에 陳을 건국하였다. 그는 즉위한 해에 佛牙(부처의 유골)를 모시고 4부(출가 재가의 남녀 奉佛者)를 모아 無遮大會를 베풀어 친히 예배하였다. 이 佛牙는 齊의 승통 法獻이 于闐에서 얻어 鍾山의 定林上寺에 보존되어 있었는데 天監말에 攝山의 慶雲寺 慧興이 간직하였고 다시 그 제자인 慧志의 손으로 건너가 承聖말에 은밀히 고조가 간직하게 되었다(『陳書』 卷二, 高祖紀)고 전하여진다. 고조는 혁명자로서 인심을 모우기 위하여 불교를 이용하였다고 한다.[14]

고조는 다음해인 영정 2년에 네차례에 걸쳐서 大莊嚴寺에 행가하여 捨

---

14) 塚本善隆 「陳の革命と佛牙」(『東方學報』京都, 第十九册, 1950.12).

身이나 無遮大會를 행하였다. 이러한 것들은 奉佛행위임과 동시에 막대한 자금을 모으는 수단이었다.

영정 3년에는 후에 京邑의 대승통이 되었던 寶瓊을 불러 重雲殿에서 『대품반야경』을 강의하도록 하였다. 후의 文帝(재위 559~566)·宣帝(재위 568~582) 등도 無遮大會나 捨身을 행하였으며 고승을 불러 경전을 강의하도록 하였다.

陳代에 활약하였던 외국사문에 月婆首那(高空)가 있다. 그는 서천축 優禪尼國출신으로 처음에는 東魏로 갔다가 후에 양의 大同中에 남쪽으로 건너가 于闐의 승려인 求那跋陀가 가지고 왔던 『勝天王般若經』을 陳의 문제의 천가 6년(565)에 江州 興業寺에서 역출하였다. 그 밖에 扶南國 승려인 須菩提는 『大乘寶雲經』을 번역하였다.

제 2 절 北朝의 불교

北魏의 佛敎   북방의 이민족인 拓跋부족이 蒙疆에서 남하하여 화북에 군림하였던 北魏(386~534)시대에 중국불교 역사상 隆盛期가 시작되었다. 北齊의 史官인 魏收[15](506~572)가 『魏書』를 편찬할 때에 「釋老志」[16]를 新設하였던 것을 보아도 北魏시대에 불교의 사회적 위세가 당당했던 것을 알 수 있다.

북방 鮮卑의 拓跋部는 북방에서 남하하여 세력을 신장시켰고, 拓跋珪는 登國 원년(386)에 國號를 魏라 하고 스스로 道武帝라고 칭하였다. 태조 道武帝는 산서와 하북에 진출하여 大同으로 천도하자마자 종래의 중원지방에 널리 퍼져있던 불교를 존숭해야할 것이라고 생각하여 불교를 국가공인의 종교로서 허용하였을 뿐만 아니라, 나아가서는 새로운 수도를 건설하는 도시계획 속에 대규모의 佛寺를 건립하는 것을 인정하였다.

---

15) 塚本善隆 「魏收と佛敎」(『東方學報』京都 第三十一册, 1961. 3)
16) 塚本善隆 『魏書釋老志の硏究』(佛敎文化硏究所出版部, 1961). 영역으로는 James R. Ware, "Wei-shou on Buddhism," *T'oung Pao*, vol. XXX, 1933, pp. 100~181. 이 비평으로서 周一良 「評魏楷英譯魏書釋老志」(『史學年報』第二卷第四期 1937. 12月)이 있다.

태조는 天興원년(398)에 조칙을 내려 佛寺와 불상의 건립을 명하였다. 또 태조는 僧朗을 공경하여 서신을 보내고 비단등을 하사하였다(『廣弘明集』 卷二十八 「與朗法師書北魏主拓跋珪」. 『魏書』 釋老志). 또한 皇始中(396~397)에 趙郡(河北省 趙縣)의 사문인 法果를 맞이하여 道人統(沙門統)에 임명하고 僧徒를 統監시켰다.

太宗도 法果를 존숭하여 輔國・宜城子・忠信候・安成公등의 호를 하사하였으나 그는 사양하여 받지 않았다. 법과는 泰常中(416~423)에 80여 세로서 입적하였다. 법과는 항상「太祖는 明叡하여 도를 좋아하니 곧 當今의 여래이다. 사문은 널리 예를 다해야 한다」(『魏書』 釋老志)라고 말하고, 천자를 우러러보는 것이 부처를 예배하는 것과 동일하다고 주장하였다. 법과가「현재의 황제는 즉 현재의 여래이다」라고 주장하였던 사상은 북조의 불교계에 길이 계승되어 북조불교의 국가적 성격을 강하게 하는 사상적인 배경이 되었다.

이에 반하여 같은 도안의 문하에서 나왔던 여산의 혜원이 王者에 대한 禮敬을 거부하고 『沙門不敬王者論』을 저술하여 스스로 方外의 逸民으로 임하였던 태도는 도안의「國主에 의존하지 않는다면 즉 法事를 세우기 어렵다」(『梁傳』 卷五, 道安傳)하는 태도나, 법과의 현재의 제왕을 「當今의 如來」[17]라고 하는 태도와는 다른 것이다. 여기에 북조 호족의 專制황제 치하에 있어서의 불교와 남조의 귀족제 사회에 있어서 한족황제 치하의 불교와의 성격 차이가 잘 나타나고 있다. 이 때문에 북조불교는 북위이후에 국가적 색채[18]가 강하게 되고, 주술적・실천적・민중적 경향을 강하게 가지기에 이르렀다.

북위의 제3대 世祖 太武帝(재위 424~452)는 즉위하자 태조와 태종의 불교정책을 계승하여, 덕이 높은 사문을 불러 담론하기도 하고, 4월 8일의 불탄절에는 行像의 행사를 행하도록 하였다. 태무제는 始光 3년(426)에 장안을 함락시키고 夏의 赫連昌을 평정하였으며 뒤이어 다음해에

---

17) 鈴木啓造「皇帝卽菩薩と皇帝卽如來について」(『佛敎史學』第十卷第一號, 1962. 3).
18) 橫超慧日「中國佛敎に於ける國家意識」(『中國佛敎の硏究』第一).

夏의 도읍인 統萬城을 함락시켰다.

북위의 장안점령은 라집불교가 북위불교속으로 포함되게 되었던 것을 의미한다. 그 때 라집의 제자 白足和尙 曇始는 장안에서 平城으로 옮기게 되어 세조에게 신임을 받았다(『魏書』釋老志). 이 曇始는 遼東에 開敎한 사람으로 알려져 북위불교가 고구려에 전래한 하나의 증거가 된다.[19]

439년에 北涼을 멸망시키고 涼州를 점령하였던 북위는 曇無讖이 활약하였던 양주불교를 북위의 세력권내에 넣을 수 있었으며, 여기에 북위불교는 長安과 涼州의 2대 불교권을 획득할 수 있어 북위불교의 전성시대를 출현시킬 준비를 갖출 수 있었다.

北魏의 廢佛   태무제때에 국가 정책의 추진자로 재상 崔浩(381~450)가 있었다. 그는 新天師道의 창시자인 寇謙之[6](363~448)와 결탁하고 태무제에게 아첨하여 불교탄압의 기치를 들기에 이르렀다. 崔浩는 태무제의 關中정복과 北涼정복에서 군정의 최고 고문으로서의 지위를 얻고 寇謙之의 新天師道도 국교로서의 지위를 확립하고 있었다.

始光 2년(425)에는 帝都에 天師道壇이 만들어지고(『水經注』卷十三) 최호가 司徒에 임명되었던 神麚 4년(431)에는 靜輪宮이 建立되었으나 완성되지 못하고 말았다. 같은 해에「모든 州와 鎭에 道壇을 세워 각각 1백인을 두었다」(『歷代三寶紀』卷三)라고 전하여지는 사실에서 寇謙之의 新天師道가 중앙과 지방에 道壇을 가지고 도교교단으로서의 체제를 갖추고 있었음을 알 수 있다.

太延 4년(438)에 崔浩와 寇謙之는 책동을 계속하여, 50세 이하의 사람은 중이 되는 것을 금지하는 승려 제한의 조칙을 공표하였다(『魏書』卷四上, 世祖紀). 또한 440년에는 연호를 太平眞君으로 고쳐 마침내 태무제는 도교군주가 되었다.

태평진군 2년(441)에, 최호는 민간의 神廟를 미신이라 하여 폐해 버렸다. 涼州에서부터 平城으로 맞아 들여, 태자 晃(恭宗)이 師事하였던 사문

---

19) 李能和『朝鮮佛敎通史』上編 (新文館, 1919) pp. 11~14.
20) リチャード・B・アーサー, 大藪正哉・松本浩一共譯「寇謙之と北魏朝廷に於ける道敎の神政」(『道敎の總合的研究』國書刊行會, 1977).

玄高와 고승 慧崇이 처형되었다. 태평진군 7년(446)에 태무제가 최호의 建策에 의해서 蓋吳를 토벌하기 위하여 장안으로 들어가자마자, 장안의 사원에서 있은 사문의 비행에 격노하여 최호의 불교단멸의 전언에 따라 폐불의 조칙이 내려져 사문은 살륙되고 불상과 경전들은 모두 불태워졌다. 그 때가 태평진군 7년 3월이었다.

국정을 쥐고 있었던 太子 晃이 사문을 형살하고 사원과 불상을 불태움은 옳지 않다고 하였으나 태무제는, 불교는 허망한 종교이며 이것을 없애야 한다는 최호의 주장을 받아들여 「짐이 아니면 누가 이 歷代의 僞物을 제거하리오」(『魏書』釋老志)라고 하는 불교에 대한 격심한 증오의 감정을 가지고 북위 전역에 걸쳐서 가혹한 廢佛을 단행하였다. 그 폐불의 정황은 『태평 7년을 효시로 하여 불법을 훼멸하여 軍兵을 풀어 사원을 분탕질하게 하고 統內의 僧尼로 하여금 모두 환속케 하였다. 사원근처에 방황하는 자가 있으면 모두 사람을 파견하여 체포하고 잡히면 참수하였다. 그러므로 사원 경내에 두번 다시 사문이 존재하지 않았다」(『梁傳』卷十, 曇始傳)고 전하여진다.

이 격심한 폐불령에는 그 유명한 寇謙之도 반대하여 최호와 대립하였지만 태평진군 9년(448)에 구겸지는 죽었다. 태무제를 선동하여 도사 구겸지를 이용하면서 폐불단행에 성공하였던 최호는 스스로 편찬하였던 魏의 國史를 돌에 새겨서 자기의 공적을 천하에 나타내려고 계획하였지만 호족을 멸시하는 입장에서 편찬되었던 국사가 호족출신인 태무제의 격노를 사서 폐불령 발포 4년 후인 태평진군 11년(450)에 최호 일족과 그 僚屬이하 128인이 주살되었다.

다음해인 정평 원년에는 태자 恭宗도 죽고 帝도 또한 다음해에 宗愛등의 폭동에 의하여 살해되었다.

曇曜와 불교부흥　구겸지·최호·태무제의 죽음은 폐불령에 따라서 숨어있던 불교도에게 다시 일어나는 기회를 주었다. 425년에 불교의 신봉자였던 故, 太子 晃의 장자, 高宗 文成帝가 즉위하여 興安으로 改元하였다. 즉위한 해 11월에 復佛의 조칙이 발포되자마자 열광적인 불교도의 불교부흥운동이 일어났다. 최초의 사형이나 태무제의 暴死를 목격한 민중은 불교의 인과응보의 신앙에 놀라 깨달았던 것이었다.

　復佛에 맞추어 천축의 승려인 師賢이 불교교단을 통솔하고 감독하는 종교국장으로서의 沙門統에 임명되었다. 또한 사문통이 주재하는 관아로서 監福曹(昭玄)가 설치되었다. 지방에는 僧曹가 설치되어 이러한 감독僧官 하에서 승려들은 민중교화의 임무를 국가로부터 위촉받았다. 이와같이 부흥된 불교는 국가종교로서 출발하였다.

　興佛사업의 수반이 되어 융성했던 북위불교의 기초를 다졌던 것은 師賢의 뒤를 이어서 제2대 사문통이 되었던 曇曜[21](生沒年不明)이다. 涼州 불교도이었던 曇曜는 文成帝의 和平 원년(460)부터 獻文帝를 거쳐 孝文帝의 太和 연간(477~499)에 이르는 30여년간 3대의 황제를 섬겼다.

　獻文帝(재위 465~471)는 皇興원년(467)에 永寧寺를 건립하였으며 그 절에 7층탑을 세웠는데 탑의 높이가 300여척으로 그 규모는 천하제일이라고 할만 하였다. 高祖 孝文帝(재위 471~499)도 불교를 숭상하였으며 조정의 실권을 장악하고 있었던 문성제의 황후인 文明皇太后 馮氏도 열성적인 불교신자이었다. 承明 원년(476) 8월에 효문제는 永寧寺에서 顯祖의 追善공양을 행하여 100여인을 得度케하고 스스로 剃髮式을 행하였으며 승복을 보시하였다. 태화 원년에도 자주 永寧寺에서 行幸하였다.

　사문통 曇曜는 태조 道武帝로부터 현재의 황제 文成帝까지를 포함한 5대의 제왕을 위하여 釋迦立像 五體를 조각하여 이것을 雲岡石窟의 제16동에서 제20동까지에 모셨다. 이 다섯개의 석굴(曇曜五窟)은 「황제 즉 여래」의 북조불교의 전통사상을 조형화하였던 것으로, 曇曜는 문성제를 「當今의 如來」라고 하여 황제의 모습과 비슷하게 하여 석가상을 조각시켰던 것이었다.

　曇曜는 운강석굴을 조성하는데 있어서 발원자로서 활약하였을 뿐 아니라, 僧祇戶와 佛圖戶(제7장 제1절 참조)를 설립하여 불교흥륭사업의 재정적인 기반을 확보하였다. 또한 『付法藏因緣傳』의 역출편찬에 노력하였

---

21) 塚本善隆「沙門統曇曜とその時代」(『支那佛敎史硏究・北魏篇』弘文堂書房, 1942).

기 때문에, 『속고승전』의 撰者인 道宣은 曇曜를 「譯經篇」에 편입시켜 그 전기를 쓰고 있다.

洛陽의 불교　太和 17년(493)에 고조 효문제는 낙양으로 천도하였다. 효문제는 호족의 풍속을 버리고 유교국가의 제왕이 되는 것을 理想으로 삼아 초기에 많은 호족들의 반대를 무릅쓰고 낙양천도를 단행하였기 때문에 북위에 漢化는 한층 철저해졌다.

태화 19년(495)에는 徐州의 白塔寺에 行幸하여 道登법사에게 『成實論』을 강의하도록 하였다. 태화 21년(497)에 帝는 라집이 주하였던 寺跡에 라집을 추모하기 위한 三重塔을 세우도록 명하였다. 또한 관직을 하사하여 우대하기 위하여 라집의 자손을 찾기도 하였다. 효문제 때 沙門道順·惠覺·僧意·惠紀·僧範·道辨·惠度·智誕·僧顧·僧義·僧利등이 인정을 받아 존경받았다.

태화 23년(499)에 즉위하였던 世宗 宣武帝(재위 499~515)도 효문제 이상으로 불교를 믿어 스스로 궁정에서 여러 승려들과 신하들을 위하여 『유마경』을 강의하였다(魏書 卷八, 世宗紀).

숭불천자의 치하에서 延昌中(512~515)에 이르기 까지 천하 州郡 사찰의 총계는 13,727개소나 되었다고 한다. 세종은 景明(500~503)의 초에, 白整을 불러 大同의 운강석굴처럼 洛南의 龍門에서 효문제와 그의 황후인 文昭皇太后를 위하여, 석굴을 조성케 하였다. 이것이 龍門의 石窟이다. 또 세종을 뒤를 이었던 숙종 孝明帝(재위 515~528) 대에는 낙양성내에 靈太后의 발원에 의해서 永寧寺가 세워졌다.

그러나 북위는 正光이후에 내란과 외침이 연달아 일어나고 낙양의 귀족도 멸하여 쟁란상태가 되었다. 永熙 3년(534) 7월에 북위의 효무제는 高歡의 권세를 피하여 장안으로 달아나서, 宇文泰에 의지하여 西魏를 세우고, 高歡은 10월에 孝靜帝를 옹립하여 天平 원년으로 改元하고 鄴으로 도읍을 옮겨 東魏를 세웠다. 여기에서 낙양은 제국의 수도로서의 지위를 잃고 그곳의 사찰들도 황폐 일로를 겪게 되었다.

북위시대에 불경이 유통하여 415부, 1,919권이 魏에 모여지고 승려의 수는 2백만, 사원은 3만을 헤아릴 수 있어 불교는 크게 왕성하였지만 그 폐해도 현저하게 나타났다.

외국승려의 活躍 북위시대에 중국에 와서 번역에 종사하였던 사람으로 菩提流支・勒那摩提・佛陀扇多・般若流支등이 있다.

菩提流支(Bodhiruci. ?~527)는 북천축 출신의 사문으로 菩提留支라고도 쓰여지며, 道希라고 한다. 508년 낙양에 이르러 永寧寺에 주하며『金剛般若經』『入楞伽經』『深密解脫經』『金剛般若經論』『無量壽經論』『法華經論』등 30여부의 경론을 번역하였다. 菩提流支는 무착과 세친계통의 신 대승불교학을 전하였기 때문에 당시의 불교학계에 큰 영향을 미쳤다.『十地經論』의 연구에 기반을 둔 地論學派가 생겨나고,『無量壽經論』은 曇鸞의『往生論註』를 낳게하여 淨土敎가 흥하게 되는 전기를 가져왔던 것이다.

勒那摩提(Ratnamati. 寶意)는 중천축 출신으로『究竟一乘寶性論』『法華經論』『寶積經論』등 여러 부를 번역하였고 또한『화엄경』을 강의하였다.

佛陀扇多(Buddhaśānta. 覺定)는 북천축의 승려로 正光원년(520)에서 元象 2년(539)까지의 사이에 낙양의 백마사와 鄴都의 金華寺에서『섭대승론』등 약 10여부를 번역하였다. 瞿曇般若流支(智希)는 538년부터 542년 사이에 鄴都에서『正法念處經』『廻諍論』『順中論』등을 번역하였다. 그 밖에 吉迦夜는 曇曜와 함께『付法藏因緣傳』을 번역하였다. 또 曇靖은 疑經인『提謂波利經』을 찬술하였다. 楊衒之는 낙양의 여러 사찰에 대한 舊聞과 古跡을 集錄한『洛陽伽藍記』[22]를 찬술하였다.

神龜 원년(518)에 세종의 명에 따라 돈황 출신인 宋雲(生沒年 不明)은 승려 惠生과 함께 서역과 북천축을 방문하여 정광 3년(522)에 불경 170부를 가지고 돌아왔다(『洛陽伽藍記』卷五.『魏書』卷百二, 西域傳.『魏書』釋老志에는 출발과 도착시기가 조금 차이가 있다). 宋雲과 惠生의 여행기는 후인에 의하여『北魏僧惠生使西域記』[23]로서 완성되었다.

---

22) 神田喜一郞「洛陽伽藍記序剖記」(『東洋史硏究』新第一卷第五・六號, 1947.7). 畑中淨円「洛陽伽藍記の諸板本とその系統」(『大谷學報』第三十卷四號, 1951.6).

23) 內田吟風 「後魏宋雲釋惠生西域求經記考證序說」(『塚本論集』). E. Chavannes, *Voyage de Song Yun dans l'Udyāna et le Gandhāra*, (518~522 P.C.). Bulletin de l'Ecole françasie d'Extême-Orint, Tome Ⅲ, 1903, pp. 377~441.

또한 북위시대에 활약하였던 승려로서 정토교의 개조인 曇鸞과 선법을 익혔던 佛陀禪師나 선종의 개조인 菩提達摩, 그리고 四分律宗의 개조인 慧光, 『화엄경』을 연구한 靈辨등이 있다.

北齊의 文宣帝   文宣帝(高洋)는 法常을 국사로 초빙하여 『열반경』을 강의하도록 하였고 曇延(516~588)을 존숭하여 昭玄統으로 삼고, 또한 僧稠(480~560)에게 소칙을 내려 鄴都에 雲門寺를 세우도록 하였으며 도살을 금지하고 백성으로 하여금 한달에 6회, 일년에 3회씩 齋戒하도록 하였다(『唐傳』卷十六, 僧稠傳). 또한 昭玄十統을 두어 法上(495~580)을 大統으로 임명하였다. 北齊 승관의 관할하에는 승려가 400여만이고 사찰이 4만 여개소라고 전하여지는 것을 보아도 얼마나 불교가 왕성하였는가를 알 수 있다.

北齊시대의 외국 번역승으로는 那連提耶舍(Narendrayaśas. 尊稱)가 있으며 『月燈三昧經』『大悲經』등을 역출하였다. 또 고승으로는 法上・法常을 비롯하여 천태종의 창시자인 慧文禪師, 禪者로서 활약하였던 僧達과 僧實의 兩禪師등이 있다.

北周의 廢佛   三武一宗의 法難중에서 두 번째는 북주 武帝(재위 560~578)에 의하여 단행되었다.[24] 무제는 지극히 영매한 군주로서 오랫동안 실권을 장악하고 있던 宇文護(495~572)를 죽이고 모든 방면에서 실권을 장악하였다. 무제는 北齊의 토벌을 위하여 부국강병책을 취하였으며 불교사원을 정리하여 사원소유의 장원을 빼앗아 국가재정의 건전화를 꾀하려고 하였다. 또 타락하였던 불교승려의 숙청을 시도하여 불교교단을 정리하고 탄압을 가하였다.

天和 2년(567)에, 道士인 衛元嵩은 무제에게 상소하여 불교廢毀를 진언하였다. 天和 4년(569) 2월에, 무제는 大德殿에 나아가 백관과 도사 그리고 사문을 모아 불・도 2교에 대해서 토론시켰다. 다음해 2월 15일에, 불교승려 甄鸞이 『笑道論』을 무제에게 지어 바쳐서 도교가 거짓되고 허

---

24) 塚本善隆「北周の廢佛に就いて」(『東方學報』京都, 第十六・十八册, 1948. 9・1930. 2). 同 「北周の宗敎廢棄政策の崩壞」(『佛敎史學』 第一卷, 1949. 7). 野村燿昌 『北周廢佛の硏究』 (東出版株式會社, 1968).

망하다는 사실을 밝혔으나 무제는 군신들 앞에서 『笑道論』을 불사르게 하였다. 이에 대하여 道安은 『二敎論』을 奉呈하여 佛·道 2교의 우열을 논하였다. 그러나 무제는 점차 儒敎우위의 정책을 강화하여 建德 2년(573)에는 3교중에서 유교를 으뜸으로 삼았다.

유교국가로서의 北周의 확립과 함께 무제는 불·도 2교를 탄압하기로 결단을 내려 건덕 3년(574) 5월 17일에 불·도 2교의 斷滅을 시도하여 경전과 불상을 불사르고, 사문과 도사를 환속시켰으며 모든 淫祀를 금지하였다.

그리고는 국립 종교연구소라고도 할 만한 通道觀[25]을 설립하였다. 폐불에 성공하였던 무제는 건덕 6년(577) 북제를 토벌할 때, 마찬가지로 폐불을 실시하였다. 이 북제의 폐불시에는 任道林과 淨影寺 慧遠의 반대가 있었다.

宣政 원년(578) 6월 1일, 무제가 죽고 9월 13일에 宣帝가 즉위하자 任道林이 불교부흥의 청원을 하여 선제는 불교부흥을 소칙을 내려 허가하였다.

북주 폐불때의 상황을 보면 여덟개 州에서 4만여의 사원을 귀족들의 저택으로 사용케 하고 경전을 수없이 불태웠으며 불교승려 3백만여명을 환속시켰던 것이다(『歷代法寶記』卷十一). 폐불기간은 5년에 불과하였으나 그것이 불교계에 주었던 영향은 사상적으로나 경제적으로나 대단히 커다란 것이었다

제3절 유교·도교와의 항쟁

神滅論爭 동진의 庾氷에 의하여 제기되었던 王者에 대한 禮敬문제는 慧遠과 桓玄과의 논쟁이 되어 그 후에도 문제가 되었다. 남북조시대 특히 남조에서 중시되었던 것은 神滅不滅과 因果應報의 문제이었다. 유교는 形과 神이 함께 없어져 후세에는 응보가 없다고 주장하는 것에 대하여 불교

---

25) 窪德忠 「北周の通道觀に關する一臆說」(『福井文化論集』).

는 神不滅을 내세우고 3세의 인과응보를 주장하였다.

동진시대의 羅含이 『更生論』을 저술하여 노장의 자연설에 의거한 신불멸설을 주창했던 것에 이어서 劉宋代의 鄭道子는 『神不滅論』을 저술하였다. 宋代에 신멸과 불멸에 관해서 논쟁하였던 것은 慧琳・何承天・宗炳・顔延之이다. 黑衣의 재상인 慧琳은 『白黑論』(『均善論』)을 저술하여 불교를 공격하고 何承天도 『達性論』을 써서 불교를 비방하였다. 이에 대해서 혜원의 제자인 宗炳은 『難白黑論』과 『明佛論』을 저술하고 顔延之는 『釋達性論』을 지어서 何承天과 논쟁하였다.[26]

齊와 梁代에, 신멸불멸에 관하여 문제를 제기하였던 것은 范縝의 『神滅論』[27]이다. 무신론에 입각한 유학자인 범진의 『神滅論』에 대하여 蕭子良이 승려를 모아 이를 비난하였지만 굴복한 일은 없었다. 범진의 外弟인 蕭琛은 『難神滅論』을 저술하여 이를 반박하고 또 沈約과 曹思文도 『難神滅論』을 저술하여 논쟁을 계속하였다. 범진의 『神滅論』은 蕭琛의 『難神滅論』속에 인용되어 있다(『弘明集』卷九). 범진의 『神滅論』은 양대에 계승되고 양 무제의 명에 따라 光宅寺 法雲은 王公 貴顯에게서 의견을 모았다. 『大梁皇帝勅答臣下神滅論』에는 62인의 奉答書가 수록되어 있다.

남쪽지방에서는 유교와 불교의 대립항쟁이 심하였던 반면에 북쪽지방에서는 北齊 顔之推의 『顔氏家訓』 歸心篇에서 볼 수 있는 것처럼 五常과 五戒와의 일치조화가 시도되었다. 오상과 오계와의 일치사상은 北朝에서도 일반적으로 인식되어 이미 北魏의 曇靖에 의해서 만들어 졌던 『提謂波利經』에서도 설명되고 있다. 唐代에서는 法琳의 『破邪論』이나 神淸의 『北山錄』 등에서도 주장되고 있다.

도교와 불교의 논쟁   북위의 태무제시대에 寇謙之는 儀禮면에서 불교를 받아들이면서 新天師道를 개창하였다. 도교는 황제를 外護者라고 할 뿐 아니라 신자라고 할 정도로 국가 종교로서의 지위를 획득하였다. 한

---

26) 太田悌藏「宗炳「明佛論」の神不滅說及びその三敎調和思想」(『常盤論叢』). 同「支那宋齊時代の道佛論爭」(『宗敎硏究』 新第十卷第三號, 1933.5).
27) 久保田量遠「支那儒道佛三敎史論」 pp. 68〜87. 蜂屋邦夫「范縝「神滅論」の思想について」)『東硏紀要』第六十一册, 1973.3). 또 從來의 硏究에 대해서는, 蜂屋論文의 「注」 參照.

편 강남지방에서는 宋代에 陸修靜이 출현하고 梁代에는 陶弘景이 나와 교학을 정비하고 도교경전을 정리하여 체계화가 행해졌다. 陶弘景은 茅山派 道敎를 개창하였다. 이와 같이 도교가 교단적으로나 교학적으로도 정비되어 그 세력이 증대하게 되자 필연적으로 당시에 큰 세력이 되었던 불교와 대립항쟁을 하기에 이르렀다. 그 논쟁점은 특히 夷夏論[28]이 중심이었다.

송 明帝의 泰始 3년(467)에, 顧歡은 『夷夏論』을 저술하여 夷狄의 종교인 불교는 中夏가 취할 것이 아니라고 해서 불교를 배격하였다. 이 顧歡의 『夷夏論』이 미친 영향은 매우 커서 즉시 明僧紹의 『正二敎論』, 謝鎭之의 『與顧道士析夷夏論』, 朱昭之의 『難顧道士夷夏論』, 朱廣之의 『疑夷夏論諮顧道士』, 慧通의 『駁顧道士夷夏論』, 僧敏의 『戎華論析顧道士夷夏論』 등의 반박논문이 저술되었다. 顧歡의 『夷夏論』은 전해지지 않으나 『南史』 권75의 「顧歡傳」과 『弘明集』에 수록되어 있는 앞서 말한 반박논문들에 의해서 그 내용을 추정할 수 있다. 이와 관련하여 慧通의 『駁顧道士夷夏論』의 인용문 속에 牟子의 『理惑論』과 공통되는 부분이 있어서 慧通이 牟子에게 假託하여 『理惑論』을 위작하였다는 설이 나오게 되었다.

顧歡과 같은 시대의 사람으로 張融이 있다. 그는 『門律』(『弘明集』卷六)을 저술하여 불교와 도교의 동일설을 주창하였으나, 道는 本地이며 佛은 垂迹이라고 보았기 때문에 장융이 중요시 하였던 것은 도교이었음이 분명하다. 이 장융의 『門律』에 대해서 『三宗論』(『大乘玄論』卷一)의 저자인 周顒은 반박을 가하였다. 장융이 도교에 입각하여 도불 일치설을 주창하였던 것에 대하여 周顒은 유교에 입각하여 유불일치설을 주창하였다. 또 孟景翼은 『正一論』(『南史』卷七十五)을 저술하여 도불 2교의 일치를 주창하였다. 또한 도교의 입장에서 불교를 공격하였던 것으로 張融의 『三破論』이 있다. 이에 대해서 梁의 劉勰은 『滅惑論』을 쓰고 僧順은 『答道士假稱張融三破論十九條』를 저술하여 이를 반박하였다.

北朝에서는 북위 효명제의 正光원년(520)에 禁中에서 불도 2교의 논쟁이 있었다. 淸道觀의 도사 姜斌과 融覺寺의 曇無最가 노자와 불타와의 出

---

28) 久保田, 前揭書, 第十章「夷夏論」.

世前後에 대해서 논쟁을 하였는데 담무최에게 패한 강빈은 馬邑으로 유배되었다고 한다.

이와 같은 불교와 도교사이의 논란에 대한 자료는 北周 甄鸞의 『笑道論』, 道安의 『二敎論』, 僧祐의 『弘明集』, 道宣의 『廣弘明集』『集古今佛道論衡』, 法琳의 『破邪論』, 神淸의 『北山錄』등에 수록되어 있다.

제 6 장   諸學派의 興起와 전개

제1절   涅槃學派

『열반경』의 연구자로서 우선 첫번째로 꼽을 수 있는 인물은 道生이다. 도생은 동진의 義熙 14년(418)에 역출되었던 6권 『泥洹經』을 연구하여 『泥洹義疏』를 저술하였다. 또한 劉宋의 元嘉 7년(430)말에 北本 『열반경』이 華南으로 전래되자 그것을 강의하였다. 열반 관계의 저서로는 『涅槃三十六問』『釋八住初心欲取泥洹義』『辨佛性義』가 있다. 도생과 함께 『열반경』을 연구하였던 사람으로는 慧嚴・慧觀・僧導・曇無成등이 있다.

혜엄(363~443)은 라집문하에서 四哲중의 한사람이며 『無生滅論』『老子略注』를 저술하였으나 『대열반경』이 宋에 들어오자 慧觀・謝靈運과 함께 南本을 수정하는 임무를 맡았다.

혜관은 慧遠의 제자로서 라집에게도 사사하였으며 『法華宗要序』를 저술하여 라집에게 드렸다. 라집이 죽은후에 형주로 가서 文帝때는 건강의 道場寺에서 주하였다. 그는 『辨宗論』『論頓悟漸悟義』『十喩序讚』『勝鬘經序』『修行地不淨觀經序』 등을 저술하였으며 『열반경』을 연구하여 一代敎를 돈교(『화엄경』)와 점교로 나누고 다시 점교를 三乘別敎(三乘의 行因律果不同을 설명한 經), 三乘通敎(『반야경』), 抑揚敎(『유마경』『思益經』). 同歸敎(『법화경』), 常住敎(『열반경』)의 5교로 나누어 5時의 교판을 주장하였다. 『열반경』을 가지고 부처 일대의 敎說에 관하여 가장 궁극의 경이라하여 이것을 常住敎라고 처음 말하였던 사람은 慧觀이다. 이 시대의 열반연구에 있어서 저명한 사람으로는 慧靜·曇無成이 있다.

慧靜은「법륜을 한번 굴릴 때에 그 은혜를 입는 자는 천명을 헤아렸다」(『梁傳』卷七, 慧靜傳)라고 전해지는 사람으로 『涅槃略記』를 저술하였다. 또한 동명이인인 慧靜도 涅槃을 많이 공부하였던 사람으로『佛性集』을 저술하였다. 曇無成(宋 元嘉中 沒)은 라집의 제자이며 顏延之나 何尙之와도 교제를 맺었으며 저서에 『實相論』『明漸論』『申無生論』이 있다.

혜관의 제자인 靈根寺의 法瑗(409~489)은 도생의 돈오설을 주창하였기 때문에 何尙之로 하여금「今日, 다시 象外의 談을 듣는도다. 이르건대 하늘이 아직 그 글을 버리지 않았구나」(『梁傳』卷八, 法瑗傳)라고 찬탄케 하였다고 한다. 法瑗의 제자인 僧宗(438~496)은 曇斌와 曇濟에게 배웠는데, 그가 강설을 할 때마다 청중이 수천명에 가까웠다고 한다. 이 僧宗의 열반학 강의에 대한 명성을 좇아 남쪽지방에 왔던 사람이 북쪽지방의 法師 曇准(439~515)이었다. 혜관의 열반연구의 계통은 法瑗—僧宗—曇准으로 이어진다.

『열반경』의 주석으로서는 慧靜의 『涅槃略記』, 道生과 僧鏡의 『泥洹義疏』, 그리고 法瑤의『涅槃義疏』등이 있지만 가장 유명한 것은 寶亮의『涅槃義疏』이다. 보량(444~509)은 12세에 출가하여 靑州 道明법사의 제자가 된다. 齊의 文宣王의 청에 따라 靈味寺에 주하며 여러 경전을 강의하고 僧 俗의 제자가 3천여인이 있었다. 양 무제의 천감 8년(509)초에 칙명에 따라『涅槃義疏』10여만언을 찬술하고 무제는 여기에 서문을 썼다. 보량의 찬술로 되어있는『涅槃經集解』71권(現存)은 혹시 보량의 찬술이 아니라 建元寺 사문인 僧朗의 찬술일지도 모른다(『唐傳』卷一, 寶唱傳.『歷代三寶記』卷十一). 이 책의 내용에는 道生·僧亮·法瑤·曇濟·僧宗·寶亮 등 諸家의 학설이 모여 있어서 열반학파를 연구하는데에 꼭 읽어야할 책이다.

북쪽지방에서『열반경』연구로 유명한 사람은 曇廷(516~588)이다. 담정의 『涅槃經義疏』 15권은 淨影寺 혜원의 것보다도 더 뛰어나다고 전하여 진다. 담정의 제자로는 慧海(550~606)·童眞(543~613)·通幽·覺

朗・道洪(574~649?)・道蒜(556~630)・慧誕(557?~627?)・道謙・玄琬(562~636)・法常(567~645) 등이 있다.

제 2 절　成實學派

구마라집이 번역한『成實論』의 연구는 처음에는 북쪽지방에서 행하여졌으나 그 후 남쪽지방에서 왕성해져서 梁代에는 南地 成論大乘이라고 말하여질 만큼 가장 융성하였다. 구마라집 문하에서 성실학파의 2 대계통은 僧導와 僧嵩으로 시작된다. 승도는『二諦論』『成實論義疏』를 저술하였다. 이것이『성실론』에 대한 최초의 주석이다. 그의 제자로 曇濟・僧鍾・道亮등이 있다. 曇濟는『六家七宗論』을 저술하였다. 道猛(411~475)은 僧導에게 사사했다고 생각된다. 壽春에는 劉裕(宋 武帝)가 승도와 그 일문을 맞이하여 세웠던 導公寺[1]도 있었으며 라집이 번역한『성실론』연구의 중심지였다. 道猛・曇濟의 제자로 法寵(451~524)이 있다. 多寶寺의 道亮(宋 泰始中 沒)은『成實論義疏』를 저술하였던 사람이며 라집의 孫弟子가 된다. 열반학자이며, 성실을 강의한 것이 14遍이라고 전하여지는 양의 보량이 小亮이라고 말하여지는 것에 대하여 道亮은 大亮이라고 불리워졌다. 도량의 제자로는 智林이 있으며『二諦論』『毘曇雜心記』『注十二門』『注中論』을 저술하였으며, 그는『成實論』이 大乘義를 나타내는 것이라고 한다.[2]

승도와 나란히 성실연구의 일대계통을 이룬 僧嵩은 라집으로 부터『성실론』을 이어받아 북쪽 지방에서 이를 널리 보급하였다(『魏書』釋老志). 그의 제자로 僧淵(414~481)이 있는데 그는『열반경』은 외도의 설로서 불설이 아니라고 하여 이를 비방하였다. 僧淵의 제자로 曇度(489沒)・慧記・道登(421~496)・慧球(431~504)・法度(437~500) 등이 있다. 曇度는 僧淵을 따라서『성실론』을 이어받아 이에 정통하였다. 그는 高祖 孝文帝를 위해서 강의하고 平城에서 계속 교화하여 그를 따르는 자가 천여명에

---

1) 塚本善隆「水經注の壽春・道公寺について」(『福井思想論集』).
2) 境野黃洋「「成實」大乘義」(『常盤論叢』).

달하였다고 한다. 그는『成實論大義疏』를 찬술하였다. 道登은 僧淵으로부터『성실론』을 배워 魏의 왕실에 초빙되어 훌륭하게 강설하였다. 道登은 효문제에게 신임을 받아 南伐에 따라다니며 적지의 선무공작에 활동하였다고 한다(『南齊書』卷四十五, 遙昌傳.『魏書』釋老志).

　남쪽지방에서 유명한 학자[3])로 僧柔(431~494)와 慧次(434~490)가 있다. 齊의 永明 7년(489) 10월에 文宣王이 京師의 석학·명승 500여명을 모아놓고 定林寺의 승유와 謝寺의 혜차를 초청하여 普弘寺에서 교대로『성실론』을 강의하게 하였다(『略成實論記』). 승유 등은『略成實論』을 저술하고 그 때 周顒이 그 서문을 썼다. 이 승유와 혜차에게는 많은 제자가 있지만 가장 유명한 사람이 梁의 3 대법사라고 전하여지는 智藏·僧旻·法雲의 세사람이다. 이 중에서도『성실론』을 널리 펴는데에 가장 큰 공헌을 하였던 사람이 開善寺의 智藏(458~522)이다. 지장의 저서인『成實論大義記』와『成實論疏』는 당시에 있어서 실로『성실론』을 근거로 하는 大乘師들의 지주가 되었다.『成實論』을 소승으로 판단하였던 것은 智顗와 吉藏 이후의 일이었고 어쩌면 라집이후부터 양대까지의 학자는 이것을 대승으로서 강술해 왔을 것이라고 생각된다.

　智藏의 문하에서 유명한 사람은 龍光寺의 僧綽이며 建元寺의 法寵과 함께 성실에 뛰어난 식견을 가지고 있었다. 승작의 설은 길장의『大乘玄論』『二諦章』등에도 많이 인용되어 있다. 慧韶는 僧旻과 지장으로부터『成實論』을 배우고 또한 승작의 가르침을 받아 독자적인 견해를 나타내「滅諦를 辨하여 本有로 삼고, 麁細를 사용하여 心을 折한다」(『唐傳』卷六, 慧韶傳)고 하였다. 승작의 제자로는 慧晈(515~589)·洪偃(504~564)·警韶(508~583)가 있다. 洪偃은『成實論疏』를 저술하여 陳의 文帝의 귀의를 받았다. 그 밖에 僧旻의 계통에 속하는 성실학자로서는 寶淵(466~526)·僧喬(467~502?) 등이 있으며 法雲의 계통에는 寶海(492~571?)가 있다. 그 밖에 계통이 확실하지 않은 성실학자로 南澗寺의 仙師가 있고 그 제자

---

3) 春日禮智「支那成實學派の隆替について」(『東方學報』京都, 第十四册第二分, 1944.2月).
　楊白衣「俱舍成實宗史觀」(『中國佛敎史論集』中華文化出版事業委員會, 1956).

로 삼론종의 法朗(507~581)과 陳의 대승정이 되었던 寶瓊(504~584)이 있다. 수대에 활약하였던 成實학자로는 慧日道場의 智脫(541~607)이 있다. 智脫은 梁의 招提寺의 慧琰이 『成實論玄義』를 찬술하였지만 문장이 번다했기 때문에 이를 정리하여 세상에 널리 펴도록 하였다고 한다.

제3절 地論學派

『十地經論』의 번역에 대해서는 옛날부터 三人三處 別譯說(『唐傳』卷一, 菩提流支傳)과 二人二處 別譯說(『歷代三寶紀』卷九) 등이 있지만 번역 현장에 참석하여 受筆의 임무가 있었던 侍中 崔光의 『十地經論』의 서문에 의하면 菩提流支와 勒那摩提 그리고 傳譯沙門인 佛陀扇多의 3인이 同一譯場인 大極殿에서 역출하였던 것은 확실하다. 단지 勒那摩提와 菩提流支와의 사이에 교의상 견해를 달리하였던 점이 있었던 것이 別譯說이 생기게 된 동기일 것이다. 지론종은 北道派와 南道派로 나뉘어진다. 이 북도와 남도라는 명칭은 相州에서 낙양으로 들어가는 두길이며 道寵은 北道에 있었기 때문에 北道派라고 하며 慧光은 南道에 있었기 때문에 南道派라고 불리운다.[4]

북도파를 열었던 道寵은 菩提流支에게 3년 겨울동안을 사사하였으며 그 이름이 鄴都에 높았다. 그의 제자로 僧休・法繼・誕禮・牢宜・儒果등이 있었다. 道寵의 문하에 있는 5인에 대해서는 그 행적이 확실하지 않지만 僧休는 慧遠과 더불어 이름을 견줄만 했던 학자이었다(『唐傳』卷十二, 靈幹傳).

南道派의 慧光은 四分律宗을 開宗하였으며, 동시에 北齊의 승통으로 光統律師라고 불리웠다. 『十地經論』의 전역과 더불어 勒那摩提의 가르침을 받았으며 두 三藏의 분쟁을 통하여 취사선택하고 『십지경론』의 강령을 깨친바 있어 論의 注釋을 지었다고 한다. 『십지경론』이 流傳하였던 것은 혜광의 힘이 컸다. 혜광문하에 十哲이 있었다고 전하여 지는데 法上・僧範・

---

4) 布施浩岳「十地經論の傳譯と南北二道の濫觴」(『佛敎硏究』第一卷第一號, 1937.5).

道憑・曇遵・慧順・靈詢・道愼・曇衍・安廩・僧達등이 알려져 있다.

法上(495~580)은 9살에 『열반경』에 접하였고 12살때에 道藥禪師에 의하여 출가하였으며 다시 혜광에게 사사하였다. 당시의 사람들이 「京師의 極望은, 道場과 法上」(『唐傳』 卷八, 法上傳)이라고 까지 존경하여 魏・齊의 2대에 걸쳐서 승통이 되어 200여만의 승려를 40여년 동안이나 다스렸다. 그의 저서로 『十地論義疏』 『增一數法』 『佛性論』 『大乘義章』 『衆經錄』이 있다.

慧光의 제자인 十哲의 이름은 확실하지 않으나 法上・僧範(476~555)・道憑(488~559)의 세 사람이 유명하다. 도빙에 대해서 당시 사람들은 「憑師의 法相과 上公(法上)의 文句는 一代의 希寶」(『唐傳』 卷八, 道憑傳)라고 크게 격찬하였기 때문에 法上과 비견할 만한 대학자이었음을 알 수 있다. 도빙의 문하에서 유명한 사람은 靈裕(518~605)이다. 영유는 학덕이 높아 裕菩薩이라고 불리웠다. 北周의 폐불때에는 취락에 숨었지만 隋가 흥하자 都統이 되었으며 후에 演空寺에서 주하였다. 『大乘義章』 4권과 그 밖에 많은 저서를 저술하였다. 이 영유의 제자로 彭淵(544~611)이 있으며 이 彭淵은 終南山 至相寺의 祖이며 그 문하에서 智正(559~639)이 나왔는데 이 智正의 학계를 이어받은 사람이 실은 화엄종의 제2조인 智儼이기 때문에 영유의 계통이야말로 화엄종의 모태라고 말 할 수 있다.

法上문하의 제자중에서 가장 유명한 사람은 淨影寺의 慧遠[5](523~592)이다. 혜원은 북주의 폐불때에는 북주무제에게 極諫하였으나 듣지 않자 汲郡 西山에 은거하였다. 大象 2년(580) 불교가 다시 흥하기 시작하자 少林寺에서 강의하고 隋가 천하를 통일하자 칙령에 따라서 洛州 沙門道로 취임하였다. 그 후에 淨影寺에서 강설하여 700여인의 학도가 운집하였다고 한다. 淨影寺에서 주하고 있었기 때문에 淨影寺의 慧遠이라고 하며 廬山의 慧遠과는 구별하고 있다. 저서로 『大乘義章』 14권 등 많은 疏가 있다. 특히 『大乘義章』은 249과로 이루어져 敎法・義法・梁・淨・雜의 五衆으로 나뉘어져 있다. 이는 지론종 南道派의 교설에서 본 南北朝의 불교학을 집

---

5) 拙稿 「淨影寺慧遠における大乘思想の展開」(『中國佛敎思想史硏究』 春秋社, 1968).

대성한 것으로서 교리사의 흐름에서 중요한 의미를 가진다. 그는 많은 제자를 두었는데 그 중에서 유명한 사람으로 靈璨(549~618?)·慧遷(548~626)·慧覺(531~620) 등이 있다. 혜원의 문파는 매우 왕성하여 한편으로는 『열반경』을 널리 펴고 한편으로는 『십지경론』을 선양하여 후세에서는 涅槃宗과 十地宗의 二宗의 이름을 가지고 불려졌다. 특히 慧遷은 隋의 開皇 17년(597)에 칙령에 따라서 五衆의 제도가 제정되었을 때에 十地衆主가 되었던 사람이다.

지론학파의 남도파와 북도파의 학설의 차이에 대해서는 남도파에서는 阿黎耶識(ālaya-vijñāna)을 淨識으로 간주하고 八識說을 취한 반면에 북도파에서는 眞妄和合識으로 간주하고 九識說을 취한다. 제 8 식을 妄識으로 하고 제 9 식을 眞識과 淸淨識으로 하는 것이다. 남도파의 학설은 宋譯 四卷인 『楞伽經』의 학설과 같으며 북도파는 魏譯 十卷인 『楞伽經』의 학설과 같은 것이다. 眞諦의 섭론종이 일어나자 제 9 菴摩羅識(amala-vijñāna)을 淨識으로 간주하였기 때문에 지론종 북도파의 설과 일치하는 것이 되어 북도파는 섭론종과 합쳐져 소멸하고 남도파만이 홀로 번영하는 결과가 되었다.

제 4 절 攝論學派

眞諦三藏의 역출인 『攝大乘論』[6]을 소의로 하여 성립하였던 것이 攝論學派[7]이다. 진제의 제자인 慧愷(518~568)는 法泰등과 함께 진제를 모시고 『섭론』과 『구사론』을 역출할 때에 受筆을 하였다. 法泰는 慧愷·僧宗등과 함께 이름을 드러냈는데, 廣州 制旨寺에서 진제의 번역사업을 도운지 20 년동안에 50 여부를 번역하였다. 특히 율의 『明了論』을 번역하고 『明了論疏』 5 권을 저술하였다. 靖嵩(537~614)은 北周에서 法難을 만나 同學인 法貴·靈侃 등 300 여 僧과 함께 남쪽지방으로 피난하여 陳 宣帝의 환영

---

6) 佐佐木月樵『漢譯四本對照攝大乘論』(萠文社, 1931).
7) 勝又俊敎『佛敎における心識論の硏究』(三喜房佛書林, 1974).

을 받았다. 그는 새로이 전래하였던 世親의 唯識敎學을 法泰로부터 이어 받았다. 그는 또한『攝論疏』등을 찬술하였다. 靖嵩의 계통은 智凝에게 전해진다. 이 智凝(562?~609?)의 제자로는 僧辨(568~642)이 있다.

진제의 제자인 道尼는『攝論』을 널리 보급하고 개황 10년(590)에는 칙령에 따라서 장안의 大興善寺에 주하였다. 道尼는 廣州에서 최후까지 진제에게 사사하였던 사람이다. 道尼의 문하에서 유명한 사람은 道岳(568~636)이다. 道岳은『섭론』보다도『구사론』에 정통하고 있었다. 慧休(548~?)는 法彦・志念・靈裕를 따라 후에 曇遷과 道尼를 만나『섭론』을 이어 받았다. 진제문하에서 유명한 거사 曹毘는 廣州에 와서『섭론』을 배웠다. 그의 제자로는 僧榮・法侃(551~623)이 있다.

섭론종의 북방전파에 가장 공적이 컸던 사람은 曇遷[8] (542~607)이다. 그는 어려서 주역과 노장에 정통하였는데 처음에 曲李寺의 慧榮에게 공부하다가 21세때 定州 賈和寺의 曇靜律師에 의해서 출가하였다. 그리고는 鄴都의 曇遵法師에게서 불법의 綱要를 배웠다. 그는「배우는 것은 法을 알기 위함이요 법은 行을 닦기 위함이다. 어찌 榮利로써 곧 이름하여 道라 할 것인가」(『唐傳』卷十八, 曇遷傳)하는 뜻을 가지고 林廬山 黃花谷의 淨國寺에 숨어 여러가지 경론을 연구하였다. 北周의 破佛時에 36세로서 건강으로 피하여 道場寺에서 유식을 연찬하였다. 桂州刺史 蔣君의 집에서『섭대승론』을 얻어 유식의 교의에 정통하였다. 隋代가 되자 彭城의 慕聖寺에서『섭론』을 널리 보급하고「攝論의 北土創開는 이로부터 비롯이 된다」(『唐傳』卷十八)고 전해져 섭론종의 북쪽지방 개종의 祖가 되었다. 한 때 건강으로 갔으나 개황 7년에 칙령에 따라서 장안으로 돌아와 大興善寺에서 주하였다. 이 때 慧遠・慧藏・僧休・寶鎭・洪遵의 五大德과 함께 大興殿으로 초빙되기도 하였다. 法門이 뛰어났기 때문에 曇遷보다 20살 연장인 慧遠도 曇遷의『섭론』강의를 들었던 것이다. 그의 저서로는『攝論疏』『亡是非論』등 20여권이 있다. 그 중『亡是非論』은 화엄종의 제2

---

8) 結城令聞「隋・西京禪定道場釋曇遷の硏究——中國佛敎形成の一課題として」(『福井思想論集』). 宇井伯壽『西域佛典の硏究』(岩波書店, 1969) pp. 5~17.

조인 智儼의 『華嚴孔目章』 속에 인용되어 있다. 曇遷의 제자로는 慧海(550~606)·辨相(555?~627?)·道哲(564~635)·玄琬(562~636)·法常(567~645) 등 많은 학자가 있는데 辨相의 제자인 靈潤은 攝論학자로서 알려져 종래의 諸家와는 다른, 새로운 학설을 내놓았던 것이 기록되어 있다(『唐傳』卷十五, 靈潤傳).

제 5 절 禪·淨土와 戒律

禪法의 유행 중국의 禪法[9]은 후한의 安世高로부터 시작된다. 또 삼국시대 吳의 강승회도 주목하지 않으면 안된다. 符秦의 도안도 깊이 禪觀에 달하고 그 만년에는 장안에서 罽賓의 승려와 더불어 毘曇을 번역하였기 때문에 禪數의 학문을 중요시하게 되었다. 그러나 역시 당시의 禪法은 아직 확실하지 않았고 그 規矩도 갖추어져 있지 않았다. 구마라집이 장안에 왔을 때 僧叡는 禪經의 譯出을 청하였다. 라집은『坐禪三昧經』『禪法要解』『禪秘要法經』을 번역하고, 불타발타라는『達磨多羅禪經』을 역출하였다. 劉宋에는 曇摩密多가『五門禪經要用法』을, 沮渠京聲이『治禪病秘要法』을 역출하여 선법이 유행하기에 이르렀다.

후한시대부터 동진시대에 걸쳐서 유행하였던 선법은, 안세고의 역출에 의한『安般守意經』에 의거하여 安般을 念하는 방법이었다. 이를 吳의 강승회는「무릇 安般은 諸佛이 大乘으로 衆生의 標流를 제도하는 것이다」(『安般守意經』序)라고 하였다. 한편 라집이 번역한『首楞嚴三昧經』에 의해서 首楞嚴三昧가 중시되었다. 수능엄삼매는 대승불교의 가장 중요한 禪定의 하나이며 健相이라든가 勇伏定이라고 번역되었으며 그 위력이 절대적인 것이라 하여 이를 행하는 사람이 많았다. 그 밖에 정토교의 소의가 되었던 것으로 지루가참이나 축법호가 번역한『般舟三昧經』에 바탕한 般舟三昧가 있다.

---

9) 佐佐大憲德『列傳體漢魏六朝禪觀發展史論』(昭和農道塾出版部, 1935). 水野弘元「禪宗成立以前のツナの禪定思想史序說」(『駒澤大學研究紀要』第十五號, 1957, 3) 古田紹欽「菩提達摩以前の禪」(『鈴木學術財團研究年報』第二號, 1965, 3).

동진시대에 여산의 혜원은 선법을 중요시하여 제자를 서역으로 보내어 禪經과 계율을 구하도록 하였다. 또한 불타발타라에게 禪經을 번역하게 하였다. 같은 무렵, 曇摩耶舍(Dharmayaśas)는 강릉의 辛寺에서 선법을 널리 보급하였다. 이에 배우러 온 사람은 300여명이라고 한다(『梁傳』卷一, 曇摩耶舍傳). 宋의 초기에 曇摩蜜多(Dharmamitra. 356~442)는 특히 선법을 깊이 닦아 凉州에서 蜀을 거쳐 荊州에 이르러 長沙寺에서 禪閣을 지었다. 또한 건강의 祇洹寺에서 『禪法要』『普賢觀經』『虛空藏觀經』『五門禪經要用法』등의 禪經을 번역하였다. 학자들이 모두 그를 대선사라고 칭하였다(『出三藏記集』卷十四). 그 무렵 건강에는 求那跋摩(Guṇavarman)와 佛陀什(Buddhajiva)이 있어 선법에 능하였다. 沮渠京聲도 宋의 초기에 건강에 와서 『治禪病秘要法』을 번역하였다. 이와같이 동진시대부터 宋의 초기에 걸쳐 건강・강릉・촉지방을 중심으로 선법이 왕성하였던 것이다.

구마라집계통의 선법은 道生과 慧觀등에 의하여 특이한 발전을 하였다. 도생이 주창하였던 돈오설과 후의 달마선과의 사상적인 관련을 설명하는 학자[10]도 있지만 그 내용에 있어서 질적으로 다르다는 것을 말할 수 있다[11] 강남에서 선법의 융성에 공헌하였던 사람으로 寶誌가 있다. 寶誌(418~514)는 保誌라고도 쓰는데 僧儉에게 사사하여 선법을 행하고 많은 神異를 나타냈다. 오늘날 寶誌의 저술로 되어있는 『十二時頌』『大乘讚』『十四科頌』등의 小篇이 있지만 아마 후세인들이 그의 이름을 빌어 지은 것으로 보인다.

불타발타라 계통의 선법을 이어받은 玄高(402~444)는 12세에 출가하여 불타발타라에게 사사하고 후에 장안의 사문인 曇弘 등 100여명과 함께 麦積山에 은거하며 禪道를 행하였다. 그는 外國禪師인 曇無毘에게서 배웠다. 그는 후에 북위의 태자인 拓跋晃의 스승이 되었지만 폐불시에 慧崇과 함께 죽음을 당했다. 제자로 玄暢・僧印등이 있다.

---

10) 境野黃洋『支那佛敎精史』p. 857 以下. 胡適『神會和尙遺集』(亞東圖書館, 1930) p. 39. 湯用彤『漢魏兩晋南北朝佛敎史』p. 663. 張東蓀「中國哲學史上佛敎思想之地位」(『燕京學報』第三十八期, p168).
11) 鈴木大拙『禪思想史硏究』第二 (「鈴木大拙全集」第二卷, 岩波書店, 1968), p. 40. 宇井伯壽『禪宗史硏究』(岩波書店, 1935) pp. 20~21.

북위의 習禪者로 중요한 사람은 佛陀禪師이다. 『魏書』釋老志에서는 跋陀라고 되어 있고 道宣도 「僧稠傳」에서 跋陀라고 하였기 때문에 跋陀가 바르다고 생각된다. 佛陀禪師와 『十地經論』의 번역자인 佛陀扇多를 동일시하는 설[12]도 있으나 이 두 사람은 전혀 다른 사람이다.[13] 佛陀禪師는 원래 천축의 승으로 여러나라를 돌아다니다가 魏의 平城으로 왔다. 효문제는 그를 공경하여 少室山에 少林寺를 세워서 주하게 하였다. 제자로 地論宗의 南道派인 慧光과 道房이 있다.

僧稠(480~560)는 僧寔法師에 의해서 출가하고 처음에는 佛陀禪師의 제자인 道房에게서 止觀을 닦았다. 항상 『열반경』聖行品인 四念處法을 행하고 道明禪師로부터 十六特勝法을 이어받았다. 후에 소림사에서 佛陀禪師에게 사사하고 跋陀로부터「葱嶺의 동쪽으로 禪學의 최고봉은 바로 너로다」(『唐傳』卷十六, 僧稠傳)라 하여 그의 深要를 전수받았으며 嵩岳寺에서 주하였다. 北齊의 文宣帝는 僧稠를 존경하여 천보 3년(552)에 칙령을 내려 龍山에 정사를 건립하고 雲門寺라고 이름지어 거기에 주하도록 하고 石窟大寺의 주지도 겸하게 하였다. 그의 저서로 『止觀法』이 있고 제자로는 曇詢(520~599)이 있다.

『十地經論』의 번역자인 勒那摩提도 선법을 전하였으며 그 제자로 道房·僧達·僧實등이 있다. 僧達(475~556)은 북위의 효문제가 맞아들여 『四分律』을 강의하게 하였다. 그는 勒那摩提와 慧光에게 사사하여 『십지경론』을 배웠으며 후에 양의 무제가 맞아들여 同泰寺에 주하게 하였지만 다시 북쪽지방으로 돌아가 북제의 文宣帝에게 존경을 받아 洪谷寺에 주하였다.

寶誌는 僧達을 일컬어「達禪師는 바로 大福德의 人이다」라고 하고 양의 무제는「북방의 鸞法師·達禪師는, 肉身의 菩薩이라」(『唐傳』卷十六, 僧達傳)고 하였다. 僧實(476~563)은 26세로 출가하여 道原法師에게 사사하고 태화 말년(499)에 勒那를 만나 선법을 전수받았다. 保定의 해(591)에 北周의 태조는 僧實을 존경하여 나라의 三藏으로 삼았다. 제자로 曇相

---

12) 境野黃洋 『支那佛敎精史』 p. 916.
13) 柳田聖山 「ダルマ禪とその背景」(『北魏佛敎の研究』 pp. 117~177).

(?~582)등이 있다.

북쪽지방의 선법은 佛駄跋陀羅・佛陀禪師・勒那摩提등의 계통을 이어받아 발전되었지만 이와 전혀 다른 계통을 시작하였던 사람이 菩提達摩이며 이 달마의 선이 후대 선종의 기초가 된다. 달마는 중국선종의 初祖라고 하고 있다. 후세사람들은 達磨라고 쓴다. 현존하는 달마의 전기[14]에 관한 자료로서는 楊衒之의 『洛陽伽藍記』와 道宣의 『속고승전』중에서 「보리달마전」이 있다. 楊衒之는 달마와 같은 시대의 사람이며 도선은 달마보다 약 150년 후의 사람이다. 달마는 남천축의 婆羅門種이라고도 하고 波斯國사람이라고도 전해진다. 뜻은 大乘에 두고 스스로 변방에 있음을 슬퍼하여 법을 中土에 넓히려고 하여 宋境의 南越에 이르고 후에 북쪽지방에 나아가 禪을 널리 폈다. 낙양의 永寧寺의 화려한 건물을 보고 스스로 「내 나이 일백오십세가 되고 諸國을 歷涉하여 돌아다니지 않은 곳이 없건만 이 사찰처럼 精麗한 것은 閻淨에도 없도다. 物의 境界를 極함도 또한 아직 이만 못하도다」(『洛陽伽藍記』卷一)라고 하였다.

永寧寺는 魏의 熙平 원년(516)에 완성되어 11년 후에 폭풍으로 인하여 파괴되었다고 하기 때문에 달마가 낙양의 永寧寺를 보았던 것은 이 기간동안이 될 것이다. 그는 天平中(534~537) 이전에 낙양에서 죽었다. 일설로는 독살되었다고도 한다. 제자로 曇林(曇琳)・道育・慧可・僧副등이 있는데 선종 제 2조는 慧可가 계승하였다.

달마는 혜가에게 4권의 『능가경』을 전수하고 「내가 漢地를 관하매 오

---

14) 松本文三郎 『達磨』(森江書店, 1911). 鷲尾順敬 『菩提達磨嵩山史蹟大觀』(菩提達磨嵩山史蹟大觀刊行會, 1932). 鈴木大拙 「校刊少室逸書附錄・達磨の禪法とその思想」『少室逸書』安宅佛敎文庫, 1934~35). 同 『禪思想史硏究』第二. 宇井伯壽 『第二禪宗史硏究』(岩波書店, 1966. 再刊). 關口眞大 『達摩大師の硏究』(彰國社, 1957). 同 『達磨の硏究』(岩波書店, 1967). 柳田聖山 『禪宗史書の硏究』(法藏館, 1965). 同 『達磨の語錄』(「禪の語錄」 1, 筑摩書房, 1969). 林岱雲 「菩提達摩傳の硏究」(『宗敎硏究』 新第九卷第三號, 1957). 津田左右吉 「禪宗についての疑問の二三」(『ツナ佛敎の硏究』 第六篇, 岩波書岩, 1957). 中川孝 「菩提達摩の硏究──四行論長卷子を中心として──」(『文化』 第二十卷第四號, 1956). 田中良昭 「四行論長卷子と菩提達摩論」(『印佛硏』 第十四卷第一號, 1965, 12). 胡適 「菩提達摩考──中國中古哲學史的一章──」(『胡適文存』 第三集, (927). 今關天彭譯 「支那禪學の變遷」(東方學藝書院, 1936). 吉岡義豊 「中國民衆信仰の中の達摩大師──「達摩寶卷」を中心として──」(『櫛田硏究』). 松田文雄 「菩提達摩──「洛陽伽藍記」の達磨」(『文化』 第三號, 1976, 3).

직 이 經만이 있을 뿐이라. 仁者에 依行하지 말고 스스로 세상을 건질 바를 얻으라」(『唐傳』卷十六, 僧可傳)고 가르쳤다. 혜가는 항상 4권『능가경』을 가지고 法要로 하였기 때문에 달마의 일파를 능가종이라고도 한다. 또 남천축 一乘宗이라고도 하였다. 달마의 사상은 제자인 曇林이 저술한『二入四行論』에 의해서 알려지고 있다. 二入이란 理入과 行人이며 四行이란 報寃行 隨緣行 無所求行 稱法行을 말한다. 또한 달마의 二入四行說은『금강삼매경』의 성립에 영향을 주었다.[15]

선종 제2조인 혜가는 僧可라고도 한다. 처음에는 外典을 배웠는데 40세 때 달마를 만나서 6년동안 사사하여 一乘을 精究하였다. 달마가 죽은 후 천평 원년(534)에 鄴都에서 講苑을 열자마자 道恒禪師등은 혜가의 설법을 魔語라고 하여 이를 비방하였다. 이와 관련하여 달마와 양의 무제와의 회견이나 혜가의 雪中斷臂등의 설화는 후대의 선종문헌이 창작하였던 것으로 역사적인 사실은 아니다. 혜가의 제자는 제3조인 僧璨이 있다. 승찬에 대해서는 史的 인물로는 인정하기 어렵다는 설[16]도 있었지만 현재의 학계에서는 史的 인물이라고 하고 있다.

淨土敎의 성립　　중국의 정토교는 크게 나누어 彌勒淨土와 彌陀淨土의 두 종류로 나뉘어 진다. 서진의 축법호가 번역한『彌勒菩薩所問本願經』이나『佛說彌勒下生經』등에 의거하여 미륵정토교가 성립하였고 지겸이 번역한『大阿彌陀經』, 畺良耶舍가 번역한『觀無量壽經』등에 바탕하여 미타정토교가 일어났다. 미륵정토교는 道安으로부터 시작되지만 그 후에는 그다지 융성하지 못했다. 그러나 禮拜의 대상으로서의 미륵신앙은 북위를 중심으로하여 번창하였다. 龍門石窟에서는 석가상의 조립이 첫번째이고 미륵불은 제2의 지위를 차지하고 있었다.[17] 또 양의 寶亮(444~509)과 북제의 靈裕(518~605) 등은 미륵경전에 注를 하였다. 그러나 정토교의 정통 흐름은 뭐라고 해도 미타정토이며 남쪽지방에서는 여산 혜원의 白蓮社의 영향을 받아 번성하였다. 劉宋에서는 曇弘(?~455)이, 또한 南齊에서는

---

15) 水野弘元「菩提達摩の二入四行說と金剛三昧經」(『駒澤大學硏究紀要』第十三號, 1955, 3).
16) 境野黃洋『支那佛敎精史』pp. 930~932.
17) 塚本善隆「龍門石窟に現れな北魏佛敎」(『支那佛敎史硏究・北魏篇』).

法琳(?~495)이 항상『無量壽經』과『觀無量壽經』을 誦하였다. 북쪽지방에서도 慧光·道憑은 西方에 왕생하기를 원하고 靈裕와 淨影寺의 慧遠은『觀無量壽經』의 소를 지었다. 그러나 北方에서 가장 중요한 사람은 曇鸞이다.

담란[18](476~542?)은 오대산의 靈跡을 보고 발심출가하여 용수의『중론』『백론』등의 四論을 배우고 또한『大集經』의 주석에 뜻을 두었는데 병에 걸려서 神仙長壽의 법을 얻기 위해 梁으로 가서 도사 陶弘景으로부터 仙經 10권을 받아가지고 낙양으로 돌아왔다. 한편 菩提流支로부터『관무량수경』을 전수받았다. 만년에 汾州北山의 石壁 玄中寺에 주하며 淨土敎義의 연구실천에 진력하였다. 그의 저서인『往生論註』『讚阿彌陀佛偈』는 정토교의 기초가 되었다(『唐傳』卷六, 曇鸞傳). 또한 담란에게는「胎息法」이나「服氣法」등의 저작이 있었다고 전해지고 위작이겠지만 현재『曇鸞法師服氣法』이『達磨大師住世留形內眞妙用訣』과 함께『道藏』에 수록되어 있다(『雲笈七籤』卷五十九). 담란은『관무량수경』의 염불관에서 전회하여 稱名念佛을 처음으로 수립하였다.

戒律의 연구와 유행 小乘律로서 중국에 전래되었던 것은 說一切有部의『十誦律』과 法藏部의『四分律』, 化地部의『五分律』과 大衆部의『摩訶僧祇律』, 그리고 根本說一切有部의『根本說一切有部毘奈耶』이다. 이 중에서 중요한 것은『십송률』과『사분률』이다.

『십송률』[19]은 구마라집이 關中에서 弗若多羅와 공동으로 그 3분의 2를 역출하고 弗若多羅가 죽었기 때문에 라집은 다시 그 나머지를 曇摩流支와 함께 역출하였다. 번역문이 불충분하다는 것을 알면서 라집이 죽었기 때문에 卑摩羅叉가 이것을 완성시켰다. 卑摩羅叉는『십송률』을 江陵에 전하고 僧業과 慧觀등이 다시 이를 建業에 널리 보급하였다. 양의 혜교가

---

18) 道端良秀『中國の淨土敎と玄中寺』(永田文昌堂, 1950). 小笠原宣秀『中國淨土敎家の硏究』(平樂寺書店, 1951). 野上俊靜『中國淨土三祖傳』(文榮堂書店, 1970). 塚本善隆「那淨支土敎の展開──漢魏晉南北朝──」(『支佛史學』第三卷第三·四, 1939, 12).

19) 上田天瑞譯『國譯十誦律』(『國譯一切經』律部五·六·七). 平川彰「漢譯律典翻譯の硏究」(『律藏の硏究』第二章, 山喜房佛書林, 1960).

「비록 諸部가 모두 전해졌으나 十誦의 一本이 東國에서 가장 盛하였다「(『梁傳』卷十一, 論)라고 한 것처럼 『十誦律』이 가장 널리 퍼졌다.[20] 강릉의 辛寺에 주하였던 慧猷는 卑摩羅叉에게 사사하여 『십송률』을 배우고 『十誦義疏』를 저술하였다.

라집의 제자인 僧業(367~441)·慧詢(375~458)과 南齊代에 僧主에 임명되었던 法穎(416~482), 京師 瓦官寺의 超度, 그리고 『관무량수경』을 읽었던 法琳등도 『十誦律』에 정통하였다. 『십송률』로 가장 유명한 사람은 智稱(429~500)이다. 法輪을 굴리기 20여년에 『십송률』을 강의하는 것이 40여회에 달하였다. 그의 저서인 『十誦義記』는 고금을 통털어 매우 탁월한 것이라고 전하여진다. 智稱의 제자인 法超(456~526)는 『出要律儀』를 찬술하였다. 또한 陳의 太建中에 죽었던 光宅寺의 曇瑗과, 智稱의 제자인 僧辨에게서 배우고 『羯磨疏』『菩薩戒疏』등을 저술하였던 智文(509~599)이 있다. 역시 梁의 僧祐도 『십송률』을 강의하였고 受戒의 법을 논술하였다고 전해지며 남쪽지방에서 『십송률』의 연구자로서 큰 공헌을 하였다.

『四分律』[21]은 410~442년에 佛陀耶舍가 竺佛念의 협력을 얻어 장안에서 역출하였던 것이며 상좌부 계통의 부파인 法藏部로 전해진 계율이다. 중국에서는 처음에 『십송률』의 연구가 한창이었지만 『四分律』은 내용이 잘 갖춰져 있어서 이해하기도 쉬웠기 때문에 6세기경부터 『사분률』연구가 왕성해졌다. 『사분률』이 역출되고 60여년 후 북위의 효문제 시대에 北臺의 法聰律師가 맨 처음 『사분률』을 널리 보급하였다고 전해지지만(凝然『律宗綱要』) 확실하지 않다. 또한 智稱의 제자로 法聰과 法超가 있는데 그 중의 한사람인 法聰을 가리키는 것일지도 모른다.

북쪽지방의 『사분률』연구의 개척자는 道覆으로 「이보다 앞서 四分은 아직 널리 宣通되지 않았다. 道覆律師가 있어 처음 이 部를 열고 疏六卷을 제작하였다」(『唐傳』卷二十一, 慧光傳)라고 전하여진다. 그러나 여기서는 단지 科文을 세웠을 뿐으로 아직 종지를 선명히 하기까지에는 이르

---

20) 境野黃洋 『支那佛敎精史』 pp. 799~810.
21) 境野黃洋譯 『國譯四分律』(『國譯一切經』 律部一·二·三·四), 西本龍山 『四分律比丘戒本講讚』(西村爲法館, 1955).

지 않고『사분률』의 연구와 講讚은 慧光의 활약을 기대하지 않으면 안되었다. 혜광은 『四分律疏』120 紙를 찬술하고 제자 道雲은 『四分律疏』9권을 지었으며 그것을 제자 道暉가 간추려서 7권으로 하였다. 慧光이후에 『사분률』 연구는 북쪽지방에서 왕성해지고 뒤이어 唐代가 되면서 道宣(596~667)·法礪(569~635)·懷素(624~697)의 3인이 배출되어 사분률종의 기초를 확립하게 되었다.

양의 무제가 보살계 제자라고 칭하였던 것에서 알 수 있는 것처럼 남쪽지방에서는 대승계인 보살계가 유행하였다. 보살계를 설명하고 있는 경전으로는 竺佛念이 번역한 『菩薩瓔珞本業經』, 라집의 번역으로 되어 있는 『梵網經』, 동본이역의 曇無讖이 번역한 『菩薩地持經』과 求那跋摩가 번역한 『菩薩善戒經』등이 있다.

『菩薩瓔珞本業經』[22]은 梁代이전에 중국에서 찬술되었던 疑經이라고 한다. 十重禁戒와 四十八輕戒를 설명한 『梵網經』[23]도 라집이 번역한 것이 아니고 劉宋代에 중국에서 찬술되었다고 간주되고 있다. 『菩薩地持經』[24] '은 『瑜伽師地論』의 「本地分菩薩地」와 同本이며 戒品중에서 三聚淨戒(攝律儀戒, 攝善法戒, 攝衆生戒)가 설명되어 있기 때문에 중국이나 일본에서는 『梵網經』과 함께 중시되었다. 『菩薩地持經』에 대해서는 북쪽지방의 僧範·慧順·靈裕·法上등이 疏를 짓고 慧光·曇遷등도 이 경을 널리 보급하였다. 大乘戒經으로서 가장 중요한 『梵網經』은 수·당대가 되어서 연구가 완성해졌다. 天台 智顗는 『菩薩戒義疏』 2권을 쓰고, 華嚴 法藏은 『梵網經菩薩戒本疏』 6권을 지었으며 신라의 太賢은 『梵網經古迹記』 3권을 저술하였다.

---

22) 望月信亨『淨土敎の起源及發達』(共立社, 1930) pp. 184~196.
23) 望月信亨, 前揭書, pp. 155~184. 同『佛敎經典成立史論』(法藏館, 1946) pp. 441~471. 1954) pp. 252~284. 大野法道『大乘戒經の硏究』(理想社, 1954) pp. 252~284.
24) 大野, 前揭書, pp. 183~204. 平川彰「大乘戒と菩薩戒經」(『福井思想論集』).

제 6 절　疑經의 成立과 流行

　중국에서 疑經[25]의 제작은 일찍부터 행해져서 道安(312~385) 스스로 불경이 아니라고 하여 찬집하였던 『新集安公疑經錄』(『出三藏記集』卷五)을 보면 疑經으로서 『寶如來經』 『毘羅三昧經』 『惟務三昧經』 『貧女人經』 등 26부 30권의 경이름을 들고 있다. 梁의 僧祐가 지은 『出三藏記集』권 5 「新集疑經僞撰雜錄」에서는 『決定罪福經』 『安墓呪經』 『灌頂經』 『提謂波利經』 『寶車經』 등 합해서 20부 26권을 제시하고 있다. 또한 隋의 法經이 찬술하였던 『衆經目錄』에는 疑惑으로서 『仁王經』 『梵網經』 『占察善惡業報經』 『大乘起信論』 등 55부 67권을, 僞妄으로서 『寶如來經』 『老子化胡經』 『須彌四域經』 『梵天神策經』 『灌頂經』 『五凡夫論』 등 계 141부 330권을 제시하고 있다. 같은 隋의 사람으로 彦琮 等이 찬술하였던 『衆經目錄』권 4에는 疑와 僞를 합해서 209부 491권을 열거하고 있다. 『道安錄』에서 26부 30권의 疑經이 隋의 彦琮의 『衆經目錄』에서는 209부 491권으로 증대되어 있는 것은 도안이후 兩晉·남북조시대에 놀랄만한 숫자의 疑經이 찬술되었다는 것을 보여주고 있다. 이들 疑經의 經文 귀절들은 道綽의 『安樂集』 善導의 『觀念法門』 등 많은 문헌에 인용되어 있다.[26]

　庶民經典의 성립　북위시대 疑經의 첫번째로 들 수 있는 것은 『提謂波利經』 2권이다. 이 경은 「宋의 효무제시절에 北國의 比丘 曇靖이 찬술하였다」(『出三藏記集』卷五)고 전해지고 있다. 또 찬술한 사람인 曇靖의 전기는 확실하지 않지만 이 경은 「佛의 최초의 신자가 되었던 상인의 一團에 대한 佛의 설법」이라고 하는 형태로 찬술되고 三歸五戒의 재가불교를 평이하게 설명한 것이기 때문에 급속히 유행하여 북쪽지방 뿐 아니라 남쪽지방에도 유포되었다. 隋의 초기에는 關中지방에서 『提謂經』을 중심으로 하여 결성되었던 신앙단체(邑義)가 존재하였다고 한다.[27] 『提謂經』은

---

[25] 牧田諦亮 『疑經研究』(京都大學 人文科學研究所, 1976).
[26] 望月信亨 「古佚經の遺文」(『佛敎史の諸研究』望月佛敎研究所, 1937).
[27] 塚本善隆 「支那の在家佛敎特に庶民佛敎の一經典」(『支那佛敎史研究·北魏篇』).

전에는 『法苑珠林』이나 그 밖의 다른 곳에 逸文으로서 잔존하고 있었다. 그러나 오늘날에는 敦煌本 『提謂經』이 발견 소개되고 스타인本 『提謂經』과 페리오本 『提謂經』이 연구자료로서 제시되기에 이르렀다.[28]

『提謂經』과 함께 북위에서 찬술되었던 疑經으로 『寶車經』(『寶車菩薩經』 『妙好寶車菩薩經』)이 있다. 僧祐는 「北國 淮州의 比丘 曇辯이 찬술하였다. 그리고 靑州의 比丘 道侍가 改治하였다」(『出三藏記集』 卷五)라고 쓰고 있다. 이 경은 三歸五戒를 받아지키고 十善戒를 보전하며 八關齋戒를 지키고 齋日에는 계율생활을 유지해야한다는 것을 설명하고 또 중국의 泰山신앙과 불교의 지옥응보의 신앙이 결부되어져서 설명되어 있다.

『淨度三昧經』[29]은 昭玄沙門統인 曇曜의 번역이라고 되어 있지만(『歷代三寶紀』 卷三, 『唐傳』 卷一) 혹은 曇曜의 이름을 빌어 쓰여졌던 것일지도 모른다. 그러나 曇靖의 『提謂經』의 찬술과 시대가 같다는 것은 확실하다. 이 經은 齋戒를 받아지켜 善神의 수호를 얻으며 六齋日과 八王日에는 특히 계법을 지키면 수명과 재산이 늘어나고 사후에 틀림없이 천상으로 갈 수 있다는 것을 설명하였다. 자료로서는 『大日本續藏經』 所收本과 敦煌本이 있다. 역시 이 경의 逸文은 『經律異相』 『諸經要集』 『法苑珠林』 『安樂集』 『觀念法門』 등에 인용되어 있다.

한편 남쪽지방에서도 『灌頂經』 『菩提福藏法化三昧經』 등의 疑經이 찬술되었다(『出三藏記集』 卷五). 『灌頂經』은 『藥師琉璃光經』 또는 『灌頂拔除過罪生死得度經』이라고도 하는 것으로 宋의 孝武帝 大明 원년(457)에 秣陵 鹿野寺의 비구 慧簡이 경에서 抄出하였던 것이라고 한다. 이 경은 『八吉祥神呪經』 『觀藥王藥上經』 『提謂經』 등의 여러가지 경에서 초출하여 찬집하였던 것이다.

『菩提福藏法化三昧經』은 齊의 무제(재위 482~493) 때에 비구 道備가 찬술하였다고 전해진다. 道備는 이름을 道觀으로 바꾸었다고 전해지는데 梁의 천감 2년(503)에 『衆經要攬法偈二十一首』를 찬술하였던 道歡과 동일

---

28) 牧田, 前揭書, pp. 148~211.
29) 望月信亨 『佛敎經典成立史論』 pp. 404~407. 砂山稔 「曇曜と淨度三昧經——東アジア佛敎理解の一環として——」(『日本中國學會報』 第二十五集, 1973, 10).

인인지도 모른다. 齊의 말기에는 大學博士 江泌의 딸인 僧法尼가 閉目靜坐하고 誦出하였던 경으로서 『寶頂經』『淨土經』등 21종 35권이 기록되어 있다. 또 梁代에는 천감 9년(510)에 鄧州의 頭陀道人 妙光이 조작하였던『薩婆若陀眷屬莊嚴經』1권과 작자불명의『法苑經』189권,『抄爲法捨身經』6권등이 있었다. 그 밖에 隋의 法經의『衆經目錄』권2에 가장 먼저 수록되었던『大通方廣經』[30]『大通方廣懺悔滅罪方廣經』)이 있다. 이 경에 의해서 陳의 文帝(재위 559~566)가『大通方廣懺文』을 찬술하였기 때문에 이 경의 찬술시대의 下限은 陳의 문제 이전이라고 생각된다. 이 경은 현세상에서 지은 여러 죄를 참회하고 佛名을 唱各·誦持·讀誦·書寫함으로써 성불할 수 있다고 설명한다.

道敎과 俗信관계의 疑經 중국불교는 초기에 전래된 이래 도교적 불교로서 수용되었던 기본적인 구조를 이어 받아서 疑經의 찬술에 즈음해서는 도교의 영향을 이어받은 것이 많다.『四天王經』『三品弟子經』등을 비롯하여 앞서 말한『淨度三昧經』이나『提謂波利經』의 일부에도 그 영향은 엿보인다.『四天王經』은 劉宋의 원가 4년(427)에 智嚴과 寶雲이 함께 번역하였다고 되어 있다. 이 경은 도교의 사상인 현세의 선악의 행위에 따라서 사람의 수명의 장단이 정해진다고 설명한다.『抱朴子』內篇등에 설명되어 있는 司過의 神이 사람이 저지른 죄의 경중에 따라서 수명을 늘린다고 하는 增壽益算說을 이어받은 것이다.『三品弟子經』은『歷代三寶紀』권5『開元錄』권2 등에서는 吳의 支謙이 번역하였다고 되어있고『出三藏記集』은「失譯雜經錄」에 들어 있다.

敦煌本『首羅比丘見月光龍子經』에는 月光童子가 3천명의 徒衆과 함께 蓬萊山에 있으며 水災가 있을 때 月光이 출현하며, 申酉의 해에 중생을 위해서 설법한다고 설명되어 있다. 月光童子가 출현한다는 사실은『觀月光菩薩記』『佛鉢經』등에도 보이고 있다.

特定의 敎義를 주장한 疑經 호국경전으로서 또 보살계를 주장하기 위해서 설해진 것으로『仁王般若波羅蜜經』『梵網經』『菩薩瓔珞本業經』등이

---

30) 牧田, 前揭書, 第八章「大通方廣經管見」.

있다.『仁王般若經』은 보살의 계위를 설명하고 있지만 주된 내용은 호국의 법을 밝힘에 있다. 국왕이 百講座를 널리 시행하고 百法師를 청하여 반야바라밀을 강의하게 하면 怨敵이 물러가고 나라를 수호할 수 있을 것이라고 설명한다. 구마라집이 번역하였다고 되어 있지만 후대에 조작된 것이다.『出三藏記集』에 經名이 있는 것과, 양 무제의『注解大品序』에「오직 仁王般若經은 갖추어 名部를 썼지만 세상에서 疑經이라 하므로 이제 논하지 않는다」(『出三藏記集』卷八)이라 하고 있는 것과, 또한 北魏의 영안 3년(530)이라는 題記가 있는『인왕경』의 古寫本(許國霖『敦煌石室寫經題記』)이 있는 것 등을 보면 梁代이전에 세상에 행해졌던 것은 확실하다.『인왕반야경』에 바탕하여 보살의 계위를 논하였던『梵網經』에 대해서는 이미 제5절에서 말한 바 있거니와 曇無讖의 戒本은『菩薩地持經』『涅槃經』『比丘應供法行經』등에 기초를 두고 10重戒와 18輕戒를 세웠다. 이는 또한 남북조시대에 있어서 王者의 非法과 승려의 비행을 바로 잡으려고 하여 제정되었던 것이다. 그 밖에 姚秦의 竺佛念이 번역하였다고 전해지는『菩薩瓔珞本業經』이 있다. 이 경은 보살의 52위의 階位와 10無盡戒를 설명하지만 번역의 유래는 확실하지 않고 梁代이전에『인왕경』이나『범망경』의 설을 이어받아 僞作되었던 것으로 보여진다.

天台智顗나 嘉祥吉藏이 그 經證으로서 자주 인용하였을 뿐만 아니라 三階教의 信行이 중요한 經證으로 하였던『像法決疑經』[31]은『出三藏記集』에는 기록되지 않고 隋의『法經錄』이나『歷代三寶紀』에 기록되어 있기 때문에 6세기 후반에 찬술되었다고 추정된다. 중국에서는 일찌기 散逸하였으나 돈황문헌도 발견되고, 일본에서도 옛부터 이용되었던 것이었다. 이 경에서 像法期 불교계의 승속의 타락을 지적하고 헛된 造塔・造像・寫經등에 대한 겸허한 반성을 쓰고 불교개혁을 강조하였던 것은, 6세기 후반의 불교를 둘러싼 사회적 조건의 반영이라고 보여진다.

隋의 菩提燈이 번역하였다고 하는『占察善惡業報經』2권에 대해서는 隋의 開皇 무렵에 廣州와 靑州에서 이 經에 의해서 塔懺의 법을 행하는 사람

---

31) 牧田, 前揭書, 第九章「像法決疑經について」.

이 있어 남녀가 군집하였으므로 개황 13년(593)에 광주의 司馬 郭誼이 장안에 와서 그 사실을 임금에게 말씀드리고 法經등의 진위를 밝혔던 바 疑經으로 단정되었다(『歷代三寶紀』卷十二). 이 경의 상권에서는 占察法이 설명되어 있다. 점찰법이란 木輪을 가지고 과거세상의 선악업과 현세의 고락길흉등을 점치고 흉사가 나타나면 지장보살을 禮懺하여 죄를 멸하고 장애를 제거하게 하는 것이다. 경의 하권은 거의『대승기신론』의 설과 같은 如來藏說이 설명되어 있다. 또한『占察經』의 塔懺法은 自樸法[42]이라고 부르는 滅罪法이다. 또한 성립연대가 劉宋시대라고 생각되는 것에『無量義經』[33]이 있다. 이 경은 速疾成佛사상을 설한 疑經으로 그 찬술의 배경에는『법화경』이나 道生의 돈오성불설이 있었다고 보여진다.

최후로 관음신앙을 鼓吹하기 위한 疑經으로서는『高王觀世音經』『觀世音三昧經』『觀世音懺悔除罪呪經』『觀世音菩薩救苦經』등이 있는데『고왕관세음경』과『관세음삼매경』[34]이 유명하다.『고왕관세음경』이 경록에 처음으로 수록되었던 것은 道宣의『大唐內典錄』(664 撰)이지만 이미『魏書』권84의「盧景裕傳」에 그 이름이 보이고 있다. 盧景裕가 高歡의 군사에게 붙잡혀서 옥중에서『고왕관세음경』을 묵송하기를 천편이나 하자 그 공덕에 의해서 죽음을 면하였던 일이 연유가 되어서 세상에 유통되었다고 한다.

『관세음삼매경』은 智顗의『觀音玄義』卷下나 吉藏의『法華義疏』권12등에 인용되었던 중국찬술경전으로 그 후 흩어져 없어졌는데 현재는 京都國立박물관에 소장되어 있는 것 외에 돈황본도 있다. 이 경이 처음으로 경록에 수록되었던 것은 法經의『衆經目錄』이다.『出三藏記集』에 수록되어 있지 않기 때문에 이 경의 찬술은 어쩌면 梁이나 陳代로 추정되고 있다.『고왕관세음경』이 관음보살의 공덕이익을 쓰고 있는 것에 비해서 이 경은 관음신앙의 이론과 구체적인 실천법을 타나내고 있으며 후에 天台智顗의 請觀世音懺法으로서 결실을 맺게 되었다.

---

32) 楊聯陞「道敎之自搏與佛敎之自撲」(『塚本論集』).
33) 橫超慧日「無量義經について」(『印佛硏』第二卷第二號, 1954, 3, pp. 100〜109.)
34) 牧田, 前揭書, 第七章「高王觀世音經の出現」, 第五章「觀世音三昧經の硏究」.

제 7 장 불교의 사회적 발전

제 1 절 佛敎敎團의 발전

남북조시대, 특히 북위에서 불교교단은 비약적으로 발전하였다. 북위의 太和 원년(477)경에는 「사방에 여러절이 6,478 곳이 있고 僧尼가 77,258 인이다」라고 전해졌던 불교교단이 약 30 년후에 불교부흥운동이 일어난 후인 선무제의 延昌 중(512~515)에는 천하 州郡의 사찰수는 모두하여 13,727 개소로 헤아려지며 또한 북위말기에는 승니 대중이 2 백만인, 국가적 대사찰이 47 개소, 왕실에서 세운 사찰이 849 개소, 민간인이 세운 사찰이 3 만여개소라고 전해졌다(『辨正論』卷三). 북위일대에 불교교단이 얼마나 급팽창하였는가를 알 수 있다. 이처럼 빠르게 번창하였던 불교교단이 어떠한 기구로 통제되었는지, 또는 재정적인 뒷받침은 어떠했는지 하는 점을 승관제도와 僧祇戶, 또는 佛圖戶의 성격을 통하여 고찰하여 보자.

僧官制度의 확립 僧官이란 국가가 승려중에서 임명하여 불교교단의 통제감독을 목적으로 하여 승니를 통찰하고 法務를 행하게 하는 것이다. 남북조시대의 승관[1]은 북조계통의 沙門統(道人統·僧統 또는 昭玄統)과 남조계통의 僧正(僧主)과의 2 대계통으로 나뉘어진다. 사문통의 기원은 북위의 태조때에 法果가 道人統이 되고 僧正의 기원은 後秦姚興때에 僧䂮이 국가僧主가 되었다고 전해진다(『大宋僧史略』卷中).

---

1) 高雄義堅「北魏佛敎敎團의 發達」(『中國佛敎史論』平樂寺書店, 1952). 小笠原宣秀「支那南北朝時代佛敎敎團의 統制——特히 僧官僧曹에 대하여——」(『龍谷史壇』第十四號, 1934).
8). 賀光中「歷代僧官制度考」(一)(二)(『東方學報』卷一卷第一·二期, 1958, 12).

승관의 기원은 북위의 道武帝가 皇始연간에 趙郡의 사문인 法果를 平城으로 맞이하여 道人統으로 삼고 僧徒를 관장케 했던 것으로 시작된다(『魏書』釋老志). 그 해를 皇始 2년(397)이라고도(『佛祖統紀』卷三十八)하고, 황시 원년[2]이라고도 전해진다. 태무제의 폐불때에는 사문 法達이 僧正이었다(『梁傳』卷十一, 玄高傳). 이어서 후진의 姚興은 라집문하의 僧䂮을 국내 僧主로 삼고 僧遷을 悅衆으로 임명하였으며 法欽과 慧斌 두사람은 僧錄으로 임명하였다(『梁傳』卷六, 僧䂮傳).

興安 원년(452)에 불교부흥의 조칙을 내렸던 북위의 문성제는 師賢을 道人統에 임명하였다. 도인통이 주재하는 관아는 監福曹라고 하였다. 중앙 監福曹의 장관이 도인통이며 그 차관을 都維那라 불렀다. 지방의 각 주에는 그 분소라 할 僧曹가 있고 장관에 의하여 각주의 沙門統이 임명되었다. 州 沙門統에 대해 중앙의 사문통은 沙門都統이라고 불렀다. 중앙 사문통과 지방 사문통에 의하여 전 불교교단이 하나로 통제되었던 것이다.

和平원년(460)에 도인통이었던 師賢이 죽자 曇曜를 사문통(또는 昭玄統)에 임명하고 이 때 종래에 있었던 監福曹를 昭玄寺로 하였다(『魏書』釋老志). 昭玄寺는「諸佛寺를 관장한다. 大統 1인, 統 1인, 都維那 3인을 둔다. 또한 功曹·主簿員을 두어 諸州 君縣의 沙門曹를 관장한다」(『隋書』卷二十七, 百官志)는 것이라고 전하여진다. 그러나 실제로는 大統과 統을 각 1명씩 두는 것이 아니라 曇曜를 사문통에 補하고 그 위에 달리 대통을 두지 않았던 것 같다. 중앙에서는 昭玄寺에 沙門統을 두었기 때문에 昭玄沙門統이나 昭玄大統등의 명칭이 사용되었다. 덧붙여서 말하면 『위서』釋老志나 『고승전』에서는 사문통이라고 되어 있지만 후대의 『大宋僧史略』이나 『佛祖統紀』등은 사문도통의 호칭을 사용한 것이 많다.

그 후 효문제때에 思遠寺의 주지 僧顯이 사문도통으로 임명되고, 皇舅寺 법사 僧義가 都維那에 임명되었다(『廣弘明集』卷二十四「帝以僧顯爲沙門都統詔」). 이어서 宣武帝의 정시 3년(506)부터 영평 4년(511)까지 惠深이 소현통에 임명되었다(「魏書」釋老志). 都維那에 임명되었던 사람의 이

---
2) 山崎宏『支那中世佛敎の展開』(法藏館 1971) p. 476.

름은 확실하지 않으나 겨우 都維那 僧遷·僧頻등의 이름이 보이고 있다. 또한 북위의 僧制의 내용에 대해서는 확실하지 않으나 효문제의 太和 17 년(493)에 僧制 47조가 세워지고(『魏書』釋老志) 東魏에서는 慧光이 僧制 18조를 정하였다(『唐傳』卷二十一, 慧光傳). 승려의 살인 이상의 범죄는 나라의 법률로 단죄하였으나 살인 이하의 범죄는 昭玄寺가 『十誦律』이나 『僧祇律』등의 內律과 僧制를 가지고 이를 다스렸던 것이다.

또한 孝文·宣武二帝때에 각 사찰에 上座·寺主·維那, 즉 三綱 또는 三官에 상당하는 승관을 두었다. 상좌란 법랍과 학덕이 높은사람, 사주란 절의 사무장, 維那는 悅衆과 같이 僧衆의 여러가지 일을 담당하는 사람을 의미한다.

東魏시대가 되자 慧光이 처음에 國都가 되고 이어서 國統이 되었다. 국도는 昭玄都維那, 국통은 昭玄統의 별명이다. 혜광의 문인인 法上은 昭玄統이 되어 북위에서 북제에 걸쳐서 전후 40년간 그 직을 맡아 있었다. 북제의 文宣帝는 천보 2년(551)에 法上을 소현대통으로 삼고 그 외에 9명의 通統을 두어 합해서 十統으로 하였으며 이를 昭玄十統[3]이라고 부른다. 通統 9인 중에는 僧達·曇遵·慧順·曇衍·道愼 등 혜광과 법상의 문하가 많다. 또한 魏나라 말기에서 北齊때에는 지방에도 중앙과 마찬가지로 많은 승관을 두었다.

西魏에서는 문제때에 道臻을 魏國大統에, 그리고 曇廷을 國統에 임명하였다. 같은 文帝의 大統中(535~551)에는 僧實을 昭玄三藏에 임명하였다. 北周에서는 중앙에는 曇崇이 周國三藏으로 임명되었고 지방에서 亡名이 夏州三藏으로, 그리고 僧瑋가 安州三藏으로 勅任되었다. 그 밖에 犍陀羅國에서 왔던 闍那崛多가 益州僧主에 임명되었다. 三藏이란 이름이 사용된 것은 종교행정권을 행사하는 권한은 축소되고 불교계 내의 예법·도덕·교학 방면의 감독자라는 것을 나타내고 있다.

南朝의 승관은 僧正·僧主의 명칭을 사용하였으며, 그 명칭의 시초는 後秦의 姚興이 라집문하의 僧䂮을 국내 僧主로 삼고 僧遷을 悅衆에 임명하

---
3) 山崎「北齊の僧官昭玄十統」(前揭書, pp. 517~537).

였으며 法欽과 慧斌 두 사람을 僧錄에 임명하였던 것에서 찾을 수 있다. 또 동진 安帝의 시대에 益州刺史 毛璩는 그가 신봉하는 僧恭을 蜀郡 僧正에 임명하였다(『梁傳』卷六, 慧持傳). 국내 僧主인 僧䂮은 중앙승관이며, 蜀郡 僧正인 僧恭은 지방승관이다.

劉宋시대에는 고조 무제때에 瓦官寺의 法和가 승주가 되고(『梁傳』卷七, 僧苞傳) 효무제 시대에는 曇岳을 대신하여 智斌가 승정이 되었으며(『梁傳』卷七, 僧瑾傳) 僧璩・法穎・道溫은 都邑僧正으로 慧璩가 京邑 都維那가 되었다. 명제때에는 智斌의 뒤를 이어받아 僧瑾이 천하승주가 되었다. 천하승주의 이름은 그로부터 시작된다. 또한 명제의 泰始 2년(466)에 寶賢尼가 都邑僧正에 임명되었다(『比丘尼傳』卷二). 寶賢尼의 都邑僧正을 京邑 尼僧正이라고도 부른다(『佛祖統記』卷三十六). 尼正이라고 하는 尼僧統은 남조에서 많이 임명되었다(『大宋僧史略』卷中).

齊의 高帝 때에는 宋말기의 승주 曇度의 후임으로서 道盛이 칙령에 의하여 임명되고 都邑僧正 法穎도 僧主가 되었다. 다음 무제의 永明中(483~493)에 法獻과 玄暢이 같이 승주가 되어 강을 경계로하여 남북 양쪽을 분임하였다(『梁傳』卷十三, 法獻傳). 玄暢은 형주 승주인 僧慧와 함께 黑衣의 2걸이라고 칭해졌다. 그 무렵 慧基는 文宣王의 두터운 신임을 받아「무릇 東土 僧正의 비롯이라」(『梁傳』卷八, 慧基傳)라고 말해졌다. 그 밖에 지방에는 荊土 僧主에 僧慧와 慧球가 임명되고 南兗州 僧正에는 道達이 임명되었다. 齊代에서는 京師 建康에 천하승주를 두었지만 강북지방의 실권은 南兗州(正蘇省 江都縣) 승주가, 東土 三吳지방은 동토승주가, 서쪽지방은 荊土僧主가, 남쪽지방은 南海僧主가, 각기 실권을 장악하고 있었다고 생각된다.

梁代에서는 무제의 家僧이었던 慧超가 최초의 승정이 되었다. 이어서 光宅寺의 法雲이 승정에 취임하고 그 뒤에 慧令이 임명되었다. 都邑 僧正에는 法超가, 吳國 僧正에 僧若과 法仙이, 그리고 十城 僧主에 曇斐가 임명되었다. 중앙승정의 통제가 불충분하기 때문에 齊代와 마찬가지로 지방승정이 실권을 장악하였다. 陳代에서는 천하승정에 『十誦律』의 대가인 曇瑗이 취임하였다. 건강에서는 寶瓊과 慧暅이 京邑 大僧正이 되었다. 지방에서는 慧乘이 廣陵 대승정에 취임하여 江都 揚州 지방을 통제하였다. 齊·梁 二代를 비교해서 지방승관은 건강과 그 주변에 한해서만 임명되었다.

남조의 僧制에 대해서는 慧遠의 승제가 처음 사용되었던 것 같으며 宋의 僧璩의 『僧尼要事』 2권이나 齊의 文宣王의 『僧制』 1권, 梁의 法雲의 僧制등이 제정되었다.

僧祇戶와 佛圖戶 북위의 불교가 중앙과 지방의 승관제도를 제정하여 교단통제를 확립함과 동시에 새롭게 僧祇戶와 佛圖戶의 제도[4]를 제정하였던 것은 불교교단의 발전에 중요한 역할을 하였다. 僧祇戶는 해마다 六十斛의 粟(僧祇粟)을 僧曹에게 바치는 의무를 맡은 특정한 戶이고 僧曹는 僧祇粟을 관리하여 운용하고 흉년에는 주린 백성에게 나누어 주고 풍년에는 약간의 이자를 붙여서 반납시켰다. 제도상으로 僧祇粟은 사찰의 소유가 아니고 승려의 수입도 아닌 官有物이었지만 이것을 감독하고 운영하는 것은 승려이었고 僧曹의 장관 이하의 수뇌부는 승려였기 때문에 造寺·度僧·法事·講經등의 불교사업에 이용되었다. 덧붙여서 말하면 僧祇粟의 僧祇는 범어 sāṃghika 의 음역으로 「衆」의 의미이며 僧祇粟이란 僧祇大衆에게 공급되는 粟이라는 의미일 것이다. 僧祇戶의 제도는 僧祇律의 律文에서 힌트를 얻었다고 전해진다. 佛圖戶는 중죄를 지은 죄인 및 官奴를 寺奴로서 절의 洒掃 및 사찰소유지 경작등의 노동에 종사시켰던 사람으로 불교교단의 관리하에 두었던 노예를 말한다. 僧祇戶나 佛圖戶는 일종의 사원재산이었다.

沙門統 曇曜는 불교교단의 경제적인 기초를 강하게 굳히고 그 국가사회에 대한 활동면을 널리 활발하게 하기 위해서 僧祇戶나 佛圖戶의 제도를 고안하여 平齊戶(『佛祖統記』권38에서 말하는 平民齊戶의 의미가 아니라 平齊郡의 戶를 의미)를 僧祇戶로 하자는 청원을 올렸다. 『魏書』 釋老志에 의하면 僧祇戶와 佛圖戶의 창설을 고종때라고 하고 있지만 이것은 『魏書』의 잘못된 기록이고 사실은 顯祖의 皇興 3년(469)부터 고조의 承明 원년

---
4) 高雄義堅 『中國佛敎史論』 pp. 30~34.

《476》 동안에, 다시 말하면 顯祖 崩御후에 顯祖 追善의 불교사업을 한창 전개하였던 고조의 승명 원년경에 설립되었던 것이라고 추정되고 있다.[5]

470년대에 창설되었던 僧祇戶와 佛圖戶는 510년경에는 각 지방에 보급되어 불교교단의 경제적인 기초를 강화하고 그 발전과 융성을 도왔다. 이 제도는 국가의 긴요한 사회시설이 되어 서민생활의 안정에 기여하였던 면도 있었지만 그 반면에 여러가지 폐해도 생기고 악용되어 당초의 목적에 미치지 못하였다. 영평 4년(511) 여름의 宣武帝의 조칙에는 (1) 僧祇粟의 대출에 고리를 첨부하여 채무의 징수에 水害나 旱害의 사정을 고려하지 않는다. (2) 이자가 원금을 초과하기도 한다. (3) 계약서를 고쳐서 細民을 괴롭히고 있다는 사실을 지적하고 이후 僧祇粟의 관리는 승관에게만 맡기지 않고 州의 刺史와 함께 감독 검사시킨다는 내용이 들어 있었다. 여기에 덧붙여서 尙書는 僧祇粟의 소재지를 州別로 조사하여 그 원금과 이자, 그리고 賑給의 多少, 그리고 대출과 상환의 년월이며 현재의 미회수액등을 합해서 대장에 기입시키도록 하였다. 만약 이자가 元本을 초과한 것이나, 처음의 계약서를 고친 사실이 있는 것은 국법에 따라서 이를 면제하여 반환의 의무가 없도록 하며 이후 대출의 경우는 우선 빈궁한 자에 대해서 행할 것이며 부자에게는 무리한 대출을 금하며 만약 冒濫하는 자가 있으면 법에 따라서 처벌한다는 것을 내용으로 하고 있다.

佛圖戶의 제도에 대해서도 熙平 2년(517) 봄에 靈太后가 영을 내려서 (1) 지금부터 노비의 출가를 허락하지 않는다. (2) 僧尼로서 타인의 노비를 득도케하는 자는 500리 밖으로 옮겨서 僧이 되게 한다. (3) 僧尼가 친척이나 다른 사람의 노비의 자식을 길러 일정한 연령에 도달하면 私度하여 제자로 삼고 있는데, 지금부터 이를 허락하지 않고 만약 이를 범하면 환속시켜 被養者를 본적에 도로 들어가도록 한다는 3개조의 禁令을 내고 있다. 이 점에서 생각하면 당시 노비의 몸으로 출가하는 사람[6]이 상당히 많

---

5) 塚本善隆「北魏の僧祇戶・佛圖戶」(『支那佛敎史硏究・北魏篇』 p. 191).
6) 道端良秀「中國佛敎と奴隷の問題」(『塚本論集』). 同「中國佛敎に於ける奴隷出家の問題」(『印佛硏第』九卷第一號, 1961, 1). 仁井田陞「唐代法における奴隷の出家入道と奴隷解放」(『結城論集』).

았던 것을 알 수 있다.

　僧祇戶와 佛圖戶의 제도가 어느 때까지 계속하였으며 어떻게 변하고 폐지되었던 가는 확실하지 않으며 北魏이후에 僧祇戶와 佛圖戶에 관한 문헌은 없다. 또한 북위의 太和이후 주로 화북에서 행해졌던 邑義나 邑社, 또는 사원에 있어서 無盡藏이나 장생고의 대출사업등과의 관련성을 생각해 볼 필요가 있을 것이다.

제 2 절　在俗者의 佛敎信仰

　義 邑　北魏의 曇曜가 창립하였던 僧祇戶와 직접 관련이 있는지 어떤지는 확실하지 않지만 북위시대에 화북에서 한창 결성되었던 재가불교도를 중심으로 한 신앙단체가 있었는데 그것을 邑義, 또는 義邑이라고 부른다. 주로 불상건립을 위하여 결성되었던 신앙단체이다. 이 義邑에 속하는 단체원을 邑子라고 부르며 그 거의 대부분의 구성원은 재가신자 이었다. 또한 邑師라고 칭하는 출가의 교화자도 있어서 義邑을 순회하며 교화를 담당하였다. 현존하는 자료에 의하면 의읍은 북위의 태화 7 년(483)의 造像銘[7]에서 처음 나타나 있고 邑主에서 維那에 이르기까지 139 명의 이름이 보이고 있다. 永熙 2 년(533)에 시작되어 武定 원년(543) 8 월에 완성되었던 하남성 登封府의 비문에 의하면「邑義五百餘人」이라고 하고 있기 때문에 대규모적인 의읍이 존재하고 있었던 것을 알 수 있다.[8]

　의읍의 조직은 교화자로서의 邑師와 의읍의 사무를 처리하는 邑維那, 그리고 교화를 맡았던 敎化主, 재물보시의 勸進을 맡은 勸化主가 있었다. 또한 불당과 집회소등의 건립을 맡아 진력하였던 道場主 또는 佛堂主, 佛具나 경전, 燈明등을 특별히 布施 기부하였던 鐘主・經主・燈明主, 불상조성을 위하여 출자하였던 像主, 尊像이 완성된 후에 오로지 공양을 맡아 하는 供養主등으로 구성되어 있다.[9]

---

7) 佐藤智水「北朝造像銘考」(『史學雜誌』第八十六編第十號, 1977, 10).
8) 高雄義堅『中國佛敎史論』pp. 34〜36. 小笠原宣秀 「支那南北朝佛敎と社會敎化」(『龍谷史壇』第十號, 1932, 7). 大村西崖『支那美術史彫塑篇』(佛書刊行會圖像部, 1916).
9) 山崎宏『支那中世佛敎の展開』pp. 765〜781.

法社　　의읍과 같은 목적으로 만들어진 것으로 法社가 있다. 법사는 보통 여산의 慧遠으로부터 시작된다고 전해진다. 법사에 관한 남북조의 자료에는 혜원의 『法社節度序』 僧祐의 『法社建功德邑記』 西晉 竺法護의 번역으로 되어있는 疑經인 『法社經』 1권등이 있다. 특히 법사는 남조에서 발달하였다. 혜원의 白蓮社에서는 그를 중심으로 하여 120 여명의 道俗이 법사를 결성하고 있다. 그러나 그 在俗者는 귀족·관료·지식계급을 주로 하였다.

남쪽지방의 법사가 귀족중심이었던 것에 비해서 북쪽지방의 법사는 서민을 중심으로 이루어졌던 것이었다. 北齊때에 鄴下의 사문 道紀는 鄴下의 村里를 돌면서 八戒를 받들어 지키고 法社의 齋를 행하며 도살을 금지하는 방법으로 포교를 하고 법사를 결성하는 노력을 하였기 때문에 많은 사람들이 그의 가르침을 받들었다(『唐傳』卷三十一, 道紀傳). 이 법사에서는 八戒를 받들어 지키고 도살을 금하는 계율을 중시하고 있었다. 또한 北朝에서는 의읍에 관한 자료가 많이 나타났던 것에 대해서 법사에 관한 자료가 거의 없는 것은 법사와 義邑이 초기에는 그 성격이 달랐다고 생각된다. 이 법사는 唐代 특히 天寶의 亂 후에 크게 발달하였다.

齋會　　齋란 범어 uposadha, posadha, 파알리어 posatha 의 한역어로 布薩이라고도 한다. 이는 潔齋와 戒會를 통하여 죄를 뉘우치고 身·口·意의 3 가지의 행위를 삼가고 몸을 청정하게하는 것이 본래의 의미이다. 그러나 정오의 食事를 의미하는 齋의 의미로 바뀌어 다시 佛事때의 식사를 의미하게 되었다. 그러므로 齋會란 僧을 모아서 齋食을 베푸는 법회라는 의미이다.

觀音信仰　　竺法護에 의하여 「光世音菩薩普門品」(『正法華經』)이 번역되고 구마라집에 의하여 「觀世音菩薩普門品」(『妙法蓮華經』)이 번역 소개되었으며, 闍那崛多와 達摩笈多가 함께 번역한 「觀世音菩薩普門品」(『添品法華經』)등의 『觀音經』이 육조시대에 번역되었다. 劉宋의 曇無竭이 번역하였던 『觀世音菩薩授記經』등에 의해 관음보살에 대한 신앙이 일어났다. 또한 密呪에 속하는 東晋의 竺難提가 번역한 『請觀世音菩薩消伏毒害陀羅

尼呪經』이나, 北周 耶舍崛多의 『十一面觀世音神呪經』 등의 경전이나, 또는 중국찬술의 疑經인 『高王觀世音經』 『觀世音三昧經』 등의 출현에 의해 관음신앙이 서민사이에서 한층 더 보급되었다.[10]

觀音의 주소는 補陀落迦(Potalaka)이며 중국의 唐末·五代에 일본승 慧鍔이 오대산에서 얻은 관음상을 舟山列島의 潮音洞에 안치하고 觀音院을 창건하고 나서 여기를 補陀落山이라고 부르며 관음의 성지가 되었다. 관음신앙은 어디까지나 현세이익이 主眼이다. 한편 『법화경』의 주석적 연구가 남북조 시대에 왕성해짐에 따라 『관음경』에 대한 교리연구도 행해지고 마침내 天台智顗(또는 灌頂)에 의하여 『觀音玄義』 2권 『觀音義疏』 2권 『請觀音經疏』 1권등이 찬술되어 觀音懺法도 행해졌다.

六朝시대에 관음신앙에 의해서 영험을 얻은 事跡은 매우 많으며 그 자료는 『고승전』 『속고승전』 『法苑珠林』 『佛祖統紀』를 비롯하여 宋의 傅亮의 『光世音應驗記』 宋의 張演의 『續光世音應驗記』 齊 陸果의 『繫觀世音應驗記』[11] 등의 六朝시대에 찬술한 「관세음응험기」가 있다. 여기에다 清의 弘贊의 『觀音慈林集』, 淸의 周克復의 『觀音經持驗記』 등 많은 「應驗記」에 기록되었던 영험담을 보면 육조시대의 사람들이 진지하게 관음을 생각하였던 모습을 분명히 볼 수 있다.

제 3 절　佛敎藝術의 발달

寺塔의 건립　사원건축도 北魏시대가 되자 화려하고 호화스러운 사원의 건립이 잇달았다. 肅宗의 熙平中(516~517)에 낙양성내에 있는 太社의 서쪽에 永寧寺가 세워졌다. 靈太后는 친히 백관을 거느리고 초석을 놓았다. 불탑은 9층으로 세워지고 높이 40여丈(『낙양가람기』에서는 90丈)이라고 전해지고 있다(『魏書』 釋老志). 이 탑의 각층의 지붕에는 각이 있고 각마다 모두 金鐸을 설치하여 상하 합쳐서 120鐸이라고 전해지며 「토목의

---
10) 佐藤泰舜 「六朝時代の觀音信仰」(『支那佛敎思想論』 古俓莊, 1960).
11) 牧田諦亮 『六朝古逸觀世音應驗記の硏究』(平樂寺書店, 1970).

功役을 다하고 조형의 정교함이 극치를 이루었도다. 佛事의 精妙함을 어찌 다 이를 수 있겠는가?」(『洛陽伽藍記』 卷一)이라고 전해지고 있다.

또 宣武帝가 건립하였던 景明寺는 正光中(520~524)에 靈太后가 7층탑을 조성했던 절로서 4월 8일이 성대한 行像의 출발점이었다. 이 절의 화려함은 永寧寺와 비할만 하다고 전해지며 4월 8일 佛誕節의 모습을 「때에 金花가 太陽에 비치고 寶蓋는 구름에 떠오르며 旛幢은 숲처럼 무성하고 香煙은 안개와 같도다. 梵樂의 法音은 울려 天地를 진동하고 百戱가 베풀어져 재미있기 그지 없었다. 名僧德衆은 주장을 지고 무리를 이루며 信徒法侶는 꽃을 들고 구름처럼 모였더라. 말과 수레는 요란하게 북적대니 이를 본 서역사문은 이것이 佛國이라고 감탄하더라」(『洛陽伽藍記』 卷三)라고 쓰고 있다. 동서 20리 남북 15리에서 109,000 여호를 헤아릴 수 있는 낙양에 절이 3,162개소가 있었다(同上 卷五)고 전해지는 것으로 보아서 낙양의 불교사원이 극히 번창했음을 알 수 있다. 그렇지만 東魏의 건국과 함께 도읍을 鄴城으로 옮긴 후에 낙양에 남았던 절은 불과 421 개소라고 한다. 덧붙여서 말하면 당의 道宣은 聖寺로서 天台山 石梁寺・五台山 太孚寺・終南山 竹林寺 등 열두개의 절에 대해서 논하고 있다(『集神州三寶感通錄』 卷下). 또 사탑에 대해서는 서진의 會稽 鄮塔, 동진의 金陵 長干塔, 石趙의 青州 古城寺塔, 姚秦의 河東 蒲坂古塔 등 20 개탑에 대한 緣起를 말하고 있다(同卷上).

佛像의 鑄造   後漢말(190 경) 笮融이 여주지방에 세웠던 佛寺와 그 金銅像이 중국에서 가장 오래된 것이라고 전해진다.[12] 초왕 英의 浮屠祠나 桓帝의 부도사가 엄밀히 말해서 畵像인 것에 비해 책융의 부도사는 彫像이며 도금의 동상이었다(『三國志』 吳志 卷四十九, 劉繇傳). 3국중 吳의 孫皓는 金像을 헌상시켰다(『出三藏記集』 卷十三, 康僧會傳). 또한 강승회는 建初寺를 건립하였다. 후한말부터 삼국에는 불상과 佛寺가 많이 만들어졌다. 현존하는 금동불중 가장 오래된 것은 建武 4년(338)에 만들어졌다.[13]

---

12) 大谷勝眞「支那に於ける佛寺造立の起源に就て」(『東洋學報』第十一卷一號, 1922, 1).
13) 水野淸一『中國の佛敎美術』(平凡社, 1968) pp. 27~35.

金人이라든지 金像이라고 기록되었던 것은 金銅佛이었다. 처음의 불상은 神仙像的인 것이었다. 초기의 불교교학이 노장의 교의를 빌어서 표현하였던 格義佛敎와 같은 것이다. 그 후 五胡十六國 시대부터 塑像이 조성되었고, 계속해서 石像이 만들어졌다. 兩晋·남북조부터 唐과 五代에 이르는 동안의 佛敎像과 道敎像의 변천에 대해서는 다른 학자[14]의 연구가 있다. 또 道宣은 후한·삼국·兩晋·남북조·隋·初唐에 이르는 동안의 유명한 金像·銀像·石像·木像·行像 등 50 상을 들고 그 인연유래를 설명하고 있다(『集神州三寶感通錄』卷上).

敦煌石窟 돈황석굴은 돈황현의 남동쪽 大泉河에 면한 석굴사원으로 鳴沙山 千佛洞 또는 莫高窟이라고도 불려지고 있다. 현재 총숫자를 5 백굴 가까이 헤아릴 수 있고 돈황문물 연구소에 의해서 조사와 수리가 진행되고 있다. 돈황석굴의 開創은 366년(4세기 중엽)이라고 전해진다. 막고굴의 窟院은 4세기(북위)부터 14세기(元)에 이르는 동안 잇달아 조성되었다. 元의 至正 8년(1348)에 찬술한 莫高窟碑에 의하면 당에서 五代와 송을 거쳐서 원대에 이르기까지 조성과 중수가 있었던 사실을 알 수 있다.[15]

1900년경 제17동의 측실중에 3,4 만권의 古寫本類가 수장되어 있는 것을 관리인 도사 王圓籙이 발견하였다. 이 고사본을 1907년에 스타인이 가져갔고 다음해에 페리오가 입수하였다. 스타인이 모집한 돈황문서[16](스타인문서)의 대부분은 대영도서관(British Library)에 수장되었다. 페리오가 모집한 문서[17](페리오 문서)는 빠리의 국립도서관(Bibliothèque Nationale)

---

14) 大村西崖『支那美術史彫塑篇』. 松原三郎『中國佛敎彫刻史硏究』(吉川弘文館, 1961).
15) 塚本善隆 「敦煌佛敎史槪說」(西域文化硏究會編, 敦煌佛敎資料『西域文化硏究』第一, 1958).
16) L. Giles, *Descriptive Catalogue of the Chinese Manuscripts from Tunhuang in the Britsh Museum*, Published by the Trustees of the Britsh Museum, London, 1957. 藏文文書에 대하여는, Louis de la Vallée Poussin, *Catalogue of the Tibetan Manuscripts from Tun-huang in the India office Library*. with an appendix on the Chines Manuscripts by Kazuo Enoki, published for the Commonwealth Relations Office, Oxford, 1962. 스타인 문서의 稀覯佛典에 관한 해설은 矢吹慶輝『鳴沙余韻解說』(岩波書店, 1933)가 있다.
17) Paul Pelliot, *Catalogue de la collection de Pelliot, Manuscrits de Touen-houang*. 本書의 中國語譯에 대해서는 陸翔譯「巴黎圖書館敦煌寫本書目」(『國立北平圖書館館刊』七卷六號·八卷一號, 1933.4). 또한 정식목록으로서는, Jacques Gernet et Wu Chi-yu

에 수장되었다. 스타인과 페리오의 모집을 알게된 淸朝정부는 돈황문서의 보호에 착수하여 이를 북경도서관[18]에 수장하였다. 그 밖에 러시아의 탐험대도 돈황문서(올덴브르그 문서)를 입수하였다.[19] 또한 돈황자료의 일부는 일본 龍谷대학도서관[20]에도 수장되어 있다. 이들 고사본의 대부분은 두루말이 형태의 佛典이나 變文이지만 그 밖에 사원경영기록이나 기원문 종류, 또는 公私의 문서류등이다. 오래된 것은 4세기에 까지 거슬러 올라가지만 대부분은 800년 이후의 書寫로 추정되고 있다. 또한 벽화[21]중 가장 오래된 것은 북위의 것이고 劉宋의 元嘉 2년의 銘文이 있는 것도 있다. 석굴에서 발견한 고사본들을 다루는 학문을 敦煌學[22]이라고 한다.

雲岡石窟 남북조시대의 불교미술사상 후세에 가장 큰 영향을 주었던 것은 운강과 龍門의 석굴 조성사업이다. 운강석굴[23]의 개착에 대해서『魏

(éd) Bibliothéque Nationale, Départment des Manuscrits *Catalogue des Manuscrits Chinois de Touen-houang* (Fonds Pelliot Chinois), Vol. I, N°˚ 2001〜2500. Paris, Bibliothèque Nationale, 1970이 간행되었고 續刊의 예정으로 있다. 藏文에 관해서는, M. Lalou, *Inventaire des Manuscrits tibétains de Touen-houang, conservés à la Bibliothèque Nationale* (Fonds Pelliot tibétain), Vol. 1〜3, Bilbiothèque Nationale, 1939, 50, 61.

18) 陳垣『敦煌劫余錄』(國立中央硏究院歷史語言硏究所, 1931). 許國霖「敦煌石室寫經題記與敦煌雜錄」(商務印書館, 1937年 六月). 런던, 빠리, 북경등의 敦煌文書의 總合目錄으로서는 王重民『敦煌遺書總目索引』(商務印書館, 1962)이 있다. 또한 臺北의 中央圖書館所藏敦煌本의 전부는『國立中央圖書館藏敦煌卷子』(石門圖書公司, 1976)에 影印되어 있다. 日本에서는 런던, 빠리, 북경의 敦煌本중 중요한 것은 東洋文庫에서 寫眞으로 볼 수 있다.

19) 올덴브르그가 가지고간 문헌을 중심으로 한 목록은 르・느・멘시코프씨 등에 의하여 그 목록이 2책까지 간행되어 있다.

20) 高楠順次郎「敦煌本古逸經論章疏幷古寫經目錄」(『昭和法寶目錄』第一卷, 大正一切經刊行會, 1929). 西域文化硏究會「龍谷大學所藏敦煌古經現存目錄」(『西域文化硏究』第一「敦煌佛敎資料」西域文化硏究會, 法藏館, 1958). 또한 大谷大學所藏經文에 관해서는 野上俊靜編『大谷大學所藏敦煌古寫經』(大谷大學東洋學硏究室, 1965・1972).

21) 室松本榮一『敦煌畵의 硏究』(東洋文化學院東京硏究所, 1937). 謝稚柳『敦煌藝術叙錄』(古典文學出版社, 1957).

22) 神田喜一郎『敦煌學五十年』(二玄社, 1960). 또한 敦煌寫本의 槪說로서는 Fujieda Akira, *The Tunhuang Manuscripts, A General Description*, Part. I, II. Zinbun kagaku kenkyusyo, kyoto Univ. 1966. 池田溫「敦煌遺文」(『書の日本史』第一卷, 平凡社, 1970)이 있다. 專門誌로『敦煌學』第一輯(香港新亞硏究所敦煌學會, 1974, 7)이 있고, 돈황연구특집호로는『東方學報』京都, 第三十五冊(1964, 3)이 있다. 그 밖에 吳其昱・池田溫 譯注「フランスにおける最近の敦煌文書硏究」(『東方學』第五十三輯, 1977, 1).

23) 關野貞・常盤大定『支那佛敎史蹟』二 (佛敎史蹟硏究會, 1926). 水野淸一『雲岡石佛群』(朝日新聞大阪本社, 1944). 水野淸一・長廣敏雄『雲岡石窟』(三十二卷, 京都大學 人文科

書』釋老志는 「曇曜가 帝에게 고하기를 "京城의 서편 武州塞에서 산의 석벽을 뚫어 굴 다섯을 조성했는데 불상을 하나씩 모셨으며, 높은 것은 70척이요 다음은 60척입니다. 조각장식이 빼어나 一世에 으뜸입니다"」라 기록하고 있다. 武州塞란 운강이며 山西省 大同서편에 있는 武周川에 의해서 이루어진 斷崖에 造營되었다. 曇曜의 석굴 개착은 和平 원년부터 말년(460~465)에 걸쳐서 시작되었다고 추정된다. 曇曜는 高祖이하 五帝에 대한 공양을 위해서 다섯개의 굴을 조성하였다. 이 5굴은 제16동에서 제20동까지에 해당하는 것으로 5굴의 五尊像은 5帝의 모습을 본뜬 것이다. 그 후 獻文帝와 孝文帝도 석굴을 개착하여 太和 18년(494)에 平城에서 낙양으로 도읍을 옮기기까지 35년간에 걸쳐서 대규모적인 조성이 계속되었다. 운강은 불교미술의 寶庫이고 그 원류는 중앙아시아에서 멀리 아프카니스탄과 서남인도에서 찾을 수 있다. 이 운강으로부터 龍門·鞏縣·天龍山등을 비롯하여 각지의 여러 석굴이 파생되었기 때문에 운강이야말로 동아시아 불교미술의 모체라고 말할 수 있다.

龍門石窟　　龍門石窟[24]은 하남성 낙양에서 남쪽으로 12킬로 떨어진 伊川의 兩岸에 있는 석굴이다. 여기에 처음으로 석굴이 열렸던 것은 太和 18년(494)이다. 북위가 平城에서 낙양으로 도읍지를 옮기자 자연히 운강석굴의 조성이 용문석굴로 옮겨졌다. 용문석굴은 처음에는 私的인 작은 佛龕등이 조성되고 있었다. 그러다가 景明(500~503) 초기가 되어서 宣武帝는 大長秋卿인 白整에게 조칙을 내려 大同의 운강석굴에 준하여 낙양의 남쪽 伊闕山(용문)에 효문제와 그 황후 文昭황태후를 위해서 석굴 2개소를 조성케 하였다(『魏書』釋老志). 이 2개소는 규모가 너무 크기 때문에 완성되지 못하고 正始 2년(505)에 大長秋卿인 王質에게 칙령을 내려서 계획했던 그림을 축소케 하였다. 또한 永平중(508~512)에 선무제를 위하여

學研究所, 1951~56). 塚本善隆「雲岡石窟の佛敎」(『印度研』第二卷第二號, 1974, 3). 佐藤智水「雲岡佛敎の性格――北魏國家佛敎成立の一考察――」(『東洋學報』第五十九卷第一·二號, 1977, 10). 長廣敏雄『雲岡と龍門――中國の石窟美術』(中央公論美術出版, 1964). 同『雲岡石窟中國文化史蹟』(世界文化社, 1976).
24) 水野淸一·長廣敏雄『龍門石窟の研究』(座右寶刊行會, 1941).

석굴 1개소를 조성하였다. 이 황실의 3개의 석굴이 현재의 賓陽洞 三窟이다. 이 3굴은 북위 후반의 대표적인 석굴이며 후벽에는 좌불을 중심으로 한 五尊像이 있고 좌우의 벽에는 부처 立像을 중심으로 한 삼존불의 입상이 있다.

북위의 멸망후에도 개착이 진행되었고 특히 당의 高宗시대(670~680)에 磨崖三佛과 雙洞·萬佛洞·獅子洞·惠簡洞·奉先寺洞등이 조성되어 용문석굴의 전성시대가 출현하였다. 특히 咸亨 3년(672)에 시작되어 上元 2년(675)에 완성되었던 봉선사동은 용문최대의 석굴이며 중앙은 노사나불을 안치하였고, 좌우에 나한과 菩薩을 조성하였으며 그 사이에 공양자의 입상이 있고 좌우의 벽에는 神王像과 力士像이 있다.

麦積山 석굴   돈황이나 운강, 또는 용문등과 관련되는 중국 불교예술의 寶庫에 麦積山석굴[25]이 있다. 甘肅省 天水縣 남동쪽의 秦嶺산맥 서쪽에 위치하는 맥적산의 동남면에 석굴과 마애불이 조성되어 있다. 마애와 석굴의 수는 194개소 이상을 헤아릴 수 있으며 東方崖와 西方崖로 대별된다. 북위의 景明 3년(502)에 張元伯이 개착하였던 것을 비롯하여 북위양식이 분명한 것은 서방애이다. 동방애의 上七佛閣(散花樓)은 북주시대에 이루어진 것(「秦州天水郡麦積崖佛龕銘並序」)이다. 그 후 수·당·송을 거치는 동안에 조성과 수리가 이루어졌다.

같은 북위의 경명중(500~503)에 조성되었던 석굴사원에는 鞏縣석굴[26]이 있다. 이 석굴은 하남성 공현성 북서쪽의 邙山을 뒤로하고 洛水를 앞으로 하여 남쪽을 향하는 다섯개의 석굴이다. 初唐에 일부 修造가 행해지고 이후 송·원·명·청대에 보수되었다.

天龍山·響堂山·雲門山   북위에 이어서 北齊때에도 석굴조성이 성하였으며 그 대표적인 것이 천룡산 석굴과 향당산 석굴이다. 천룡산 석굴[27]은 太原市의 남서쪽에 있으며 東方群과 西方群으로 나뉘어 동방군에 여덟

---

25) 名取洋之助『麦積山石窟』(岩波書店, 1957).
26) 常盤大定·關野貞『支那佛敎史蹟評解』二 (佛敎史蹟研究會, 1927).
27) 外村太治郎·田中俊逸 『天龍山石窟』(1923). 常盤大定·關野貞 『支那佛敎史蹟評解』 三 (佛敎史蹟研究會, 1926). 水野清一·日比野丈夫『山西古蹟志』)中村印刷出版部, 1956).

개의 굴이 있고 서방군에 열세개의 굴이 있다. 창건자와 개시연대는 명확치 않지만 동위와 북제시대를 걸쳐서 조성된 것이다. 隋代의 조성으로 명확한 것은 제 8 굴이며 수의 開皇 4년(584)의 銘文이 있다. 그 후 唐·五代·北漢에 이르는 동안 조성과 보수가 계속되었다.

북제시대의 불교예술을 대표하는 것으로 響堂山석굴[28]이 있다. 향당산은 鼓山이라고도 하며 太行山맥의 지맥으로 하북성과 하남성의 경계에 있다. 석굴은 남북 2 개소가 있고 북향당산은 하남성 武安縣 義井里에 있으며, 남향당산은 하북성 滋縣 彭城鎭에 있다. 북향당산은 常樂寺의 배후에 있고 3 대굴이 조성되어 있다. 3 대굴의 하나인 南洞의 굴밖에는 북제 武平 3년(572)의 晋晶郡公唐邕의 刻經記가 있어서 南洞의 조성이 572 년이전이라는 것을 알 수 있다. 남향당산에는 7 굴이 있고 開皇(581~600)에서 先天(712)에 이르는 동안의 造像記가 있다.

석굴사원은 북위와 북제시대에 많이 조성되었지만 수와 당대에는 雲門山 석굴이 개착되었다. 운문산은 山東省 益郡縣城의 남동쪽 王家生에 있다. 여기에 5 개소의 석굴이 조성되었다. 석굴의 조성은 수나라 초기에 이루어지기 시작했지만 則天武后시대에 많이 조성되었다. 이 운문산 석굴의 가까이에 駝山石窟이 있다. 타산석굴[29]은 운문산과 대치하여 수에서 당대에 걸쳐서 조성되었다.

末法思想과 房山石經   중국에서 말법사상이 성립하였던 것은 남북조시대부터 수에 걸쳐서이다. 말법사상[30]이란 불교의 역사철학으로 정법·상법·말법의 三時사상이나 五濁(劫濁·見濁·煩惱濁·衆生濁·命濁)이나 法滅의 사상에 의해서 형성되었던 것이다. 正·像·末의 시한에 대하여 (1) 정법 5 백년 상법 1 천년, (2) 정법 1 천년 상법 5 백년, (3) 정·상 각 5 백년, (4) 정·상 각 1 천년의 여러 설이 있다. 말법에 대해서는 정법과 상법의 후 1 만년이라고 하는 점에서 여러설이 일치하고 있다. 중국에서는 정법 5 백년 상법 1 천년 말법 1 만년의 설을 많이 믿었다.

---

28) 水野淸一·長廣敏雄『響堂山石窟』(東方文化學院, 京都硏究所, 1937).
29) 閻文儒「云門山與駝山」(『文物參攷資料』1957年 第十期).
30) 高雄義堅「末法思想と諸家の態度」(『中國佛敎史論』).

말법사상이 유행하게 되는 사정에 대해서는 여러가지가 있지만 첫째로는 澆末을 설명하여 正・像의 시한을 밝히는 경전에 접했던 것, 둘째로는 澆末의 모습을 목전에 드러내 보이는 것 같은 교단의 타락과, 외부에서의 박해가 있다. 경전으로는 이미 北齊의 曇景에 의해서 澆末사상을 설명한 『摩訶摩耶經』이 번역되었고, 那連提耶舍에 의해서 『大集月藏經』이 번역되었다. 특히 인심에 가장 큰 자극을 주었던 것은 那連提耶舍의 『大集月藏經』이었다. 隋의 吉藏이나 三階敎의 信行, 그리고 당의 道綽・善導 등이 모두 이 『大集月藏經』에 의해서 말법사상을 설명하고 있다.

중국에서 말법이 도래했다는 의식을 처음으로 표명하였던 것은 문헌상에서는 南岳慧思이다. 그는 지금이 분명히 말법시대라고 하는 신념을 가지고 『立誓願文』을 저술하였다.[31] 『立誓願文』을 慧思 15세의 저작이라고 한다면 『大集月藏經』의 역출보다도 7년전으로, 북주 무제의 폐불사건보다도 15년을 앞선 것이다. 이 시점에서 일찌기 심각한 말법의 자각을 환기시켰던 것은 주목해야할 것이다. 그 후 말법에 상응하는 교법으로서 수립되었던 것이 信行의 三階敎와 道綽 善導의 정토교이다.

북주의 폐불에 의해서 法滅의 참화를 목전에서 보았던 불교도는 급속히 말법의 도래를 의식하였다. 그 때문에 교법을 오랫동안 보전하게 하려는 호법적 정신의 발로로서 경전을 돌에 새겨 영구히 보존하려는 刻經사업이 일어났다. 靜琬의 房山石經이나 靈裕의 寶山石窟등의 石經이 그것이다.

방산석경등의 선구로서 이미 북제시대에 風峪의 석경이나 北響堂山 석경이 있다. 風峪의 석경은 산서성 太源의 남서에 있으며 『화엄경』을 새겼으나 이 『화엄경』은 당의 實叉難陀의 번역이기 때문에 북제시대의 것은 아니다. 북향당산 석경은 북제시대 唐邕이 발원하여 568년부터 572년 사이에 석굴의 벽면에 『유마경』『승만경』『孝經』『미륵성불경』등을 새겼다.

방산석경[32]은 가장 대규모적인 석경으로 隋의 靜琬(?~639)이 大業中(605~617)에 발원하여 『一切經』을 비석에 새겨 두었다. 一代에서는 완성

---

31) 結城令聞「支那佛敎に於ける末法思想の興起」(『東方學報』東京, 第六册, 1936, 2).
32) 塚本善隆「石經山雲居寺と石刻大藏經」(『東方學報』京都, 第五册副刊,「房山雲居寺硏究」1935, 3).

되지 않지 않고 그 사업은 唐·遼·金代까지 수백년에 걸쳐서 계승되어 석실의 벽면이나 비석에 『一切經』이 새겨졌다. 이 방산석경은 法滅을 대비하여 준비하였던 성업이었다. 房山雷音洞에 있는 貞觀 2년(628)의 刻記에는 「正法과 像法이 무릇 1500년이 지나고 貞觀 2년에 이르러 이미 末法에 든지 75년이 지났도다. 미래에 불법이 폐퀘될 때 이 석경이 나와서 세상에 유통하여지이다」라고 썩어 있다. 정관 2년을 말법기 75년이라고 한다면 서력 553년 즉 梁의 承聖 2년, 北齊의 天保 4년을 기해서 상법시 한을 끝내고 그 다음해부터 말법시에 들어갔다고 자각하고 있는 것이다.

마찬가지로 法滅을 걱정하여 寶山에 석굴을 조성하고 석경을 새겼던 사람으로 靈裕가 있다. 「寶山에서 石龕 1개소를 만들고 이름하여 金剛性力住持那羅延窟이라 하였다. 벽면에 따로 法滅의 相을 새기었다」(『唐傳』卷九, 靈裕傳)고 전해진다. 이 석굴은 隋의 開皇 9년(589)의 조성으로 그 속에 노사나불·아미타불·미륵불의 삼존을 조립하고 석굴의 벽면에『승만경』『열반경』『법화경』등의 경문이 새겨져 있다. 靈裕는『滅法記』라고 하는 책을 저술하였던 것을 보아도 강렬한 말법도래와 법멸의 자각을 가지고 있었던 것은 확실하다.

제3부 完成과 盛大
──隋·唐의 불교──

제 8 장 隋의 불교 · 154
제 9 장 隋代의 諸宗 · 164
제10장 唐의 불교 · 179
제11장 唐代의 諸宗 · 201

제 8 장 隋의 불교

제 1 절 隋 文帝의 불교정책

佛敎復興의 先驅——菩薩僧의 설치   北周 武帝의 폐불에 의하여 대 탄압을 받았던 불교 교단은 隋의 시대가 되자 급속히 부흥하기 시작하였다. 隋代는 불과 30여년에 지나지 않으나 중국불교의 전성기였던 唐代불교의 기초를 다졌던 시기였고 중국불교사에서 보아도 커다란 전환점을 형성한 점도 있다.

불·도 2교를 폐하고 通道觀을 세워 일종의 국립 종교연구소로 삼았던 북주의 무제는 宣政 원년(578) 6월에 세상을 떠나고 그의 장자인 宣帝가 즉위하였다. 선제의 황후는 文帝 楊堅의 딸이었다. 大成 원년(576) 2월에 선제는 靜帝에게 위를 양도하고 연호도 大象이라고 개원되었다. 정제는 불교부흥을 선언하고 대상 원년 4월 28일에 소칙을 내려 머리가 길어버린 옛 사문 중에서 덕행이 높은 보살승 120인을 골라 陟岵寺에서 나라를 위해 行道케 하였다(『廣弘明集』卷十). 이 칙령에 의하여 菩薩僧이 설치되었다.[1] 북주무제의 폐불이 단행될 즈음에 종남산의 1봉인 紫蓋山에 숨었던 法藏은 이 소칙을 듣고서 동년 9월에 하산하여 알현을 청하였으나 僧形때문에 내전에 들어가는 것이 허락되지 않았다. 그러나 선제가 대상 2년(580) 5월에 죽자 대승상이 되어 정치의 실권을 쥐었던 楊堅은

---

1) 常盤大定 「周末隋初に於ける菩薩佛敎の要求」(『支那佛敎の硏究』 pp. 213~245). 山崎宏 『隋唐佛敎史の硏究』(法藏館, 1967) pp. 35~48.

법장의 삭발을 허락하고 법장에게 명하여 120인의 度僧을 檢校케 했으며 법복을 하사하였다(『唐傳』卷十九, 法藏傳). 여기에서 楊堅의 불교 재부흥 정책은 제일보를 내딛게 되었던 것이다.

文帝의 불교신앙   수의 고조인 文帝는 開皇 원년(581) 즉 북주의 大定 원년 2월에 정제의 선양을 받아 즉위하였다. 그는 개황 9년(589)에 남조 陳을 병합하여 남북조의 대립시대를 종식시켜 천하를 통일하였다. 문제가 목표로 한 것은 새로운 통일국가의 완성이었다.

대정 원년(581) 2월에 수의 혁명이 이루어져 개황이라 개원하고 다음 달 문제는 칙령을 내려 한족이 명산으로써 신성시하던 五岳에 절을 한군데씩 세웠다(『歷代法寶記』卷十二). 개황 3년(538)에는 칙령을 내려「살라는 것(生)을 좋아하고, 죽이는 것(殺)을 싫어함은 王政의 本이다」고 하여, 불교정신에 입각하여 京城과 諸州의 官立寺院에서 정월과 5월, 9월에 각각 8일부터 15일까지 行道케하여 그 行道日에는 살생을 금하였다(同上). 동년에 북주의 폐불에 의하여 문을 닫았던 절의 개수를 명하였다(『辨正論』卷三).

다음해 7월에 襄陽·隨州·江陵·晋陽의 4개소에 절을 세우고 매년의 國忌日에는 設齋行道할 것을 명하였다. 또한 尉遲逈을 토벌했던 相州의 戰場에도 사원을 1개소씩 건립하여 보살을 머물게 하였다(廣弘明集 卷二十八). 개황 9년에 陳을 멸하고 천하통일의 패업을 성취한 결과, 불교에 의한 치국정책은 한층 더 추진되어 갔다. 개황 10년(590)에는 새로이 승려 50여 만명을 득도케 하였다(『唐傳』卷十, 靖嵩傳).

개황 11년(591)에 소칙을 내려「짐의 位는 人王에 있지만 三寶를 높이고 至理를 말하며 大乘을 널리 선양한다」(『歷代三寶記』卷十二)라 하고 이 이후에 공사를 불문하고 사원을 건립하는 것을 권유하였다. 개황 13년(593) 12월 8일에 북주폐불의 죄를 삼보전에 참회하고 불교부흥을 위하여 황후와 함께 비단 12만필을 敬施하고 王公이하 서민들 신자는 錢 100만을 敬施케 하였다(同上).

문제의 불교부흥정책이 점차 진행되어간 결과 隋代불교는 급속히 번영하여 開皇에서부터 仁壽 年間에 걸쳐서 출가하는 승니는 23 만인에 이르렀고 사찰은 3,792 개소, 寫經은 46 藏 132,086 권이었으며 경전의 수리는 3,853 부요 석상등의 조성은 크고 작은 것을 합쳐 106,580 軀, 故像의 개수는 1,508,940 軀를 넘었다고 전해지고 있다(『辨正論』卷三).

수 문제의 불교보호정책은 문제 한사람에 그치지 않고 수의 모든 황족, 특히 문제의 장자인 태자 勇과, 次子 晋王 廣. 三子 秦王 俊. 四子 漢王 諒. 五子 蜀王 秀를 비롯한 일족이 불교를 신봉하였다. 특히 진왕 광(煬帝)은 여러가지 비난을 받았던 인물이긴 하였으나 한편은 불교신자로서, 그가 揚州總管이었던 시절에는 智者大師를, 또한 낙양에서 慧日道場을 열었던 시절에는 慧乘·法澄·道莊·法安등의 고승을 후히 대접하였다.

문제 불교부흥정책의 목표는 불교를 가지고 통일국가로서의 隋의 정신적 지주를 삼으려는데 있었다. 그 때문에 수대 불교는 국가종교로서의 색채가 농후하였다. 그것은 大興善寺[2]를 설립한 것이라든지 二十五衆의 설치, 사리탑의 건립등에도 나타난다.

大興善寺의 설립   수의 大興城은 개황 2 년(582) 6 월에 조성하라는 소칙이 내려지고 새 도읍을 大興城이라 명명하였으며(『隋書』卷一, 高祖紀), 다시 大興殿·大興門·大興縣·大興園·大興善寺등이 설립되었다(『歷代三寶記』卷十二. 『唐傳』 卷二, 闍那崛多傳). 大興善寺가 國寺였던 사실(『唐傳』 卷二十一, 靈藏傳)에서 이 절이 수나라 최초로 세워진 국가종교 정책의 근본사원임을 알 수 있다.

大象 원년 . 陟岵寺에서 이루어졌던 120 인의 보살승은 다음해에 정식 득도하여 사문이 되었고 다시 大興善寺가 건립되자 그곳으로 옮겨졌다. 대흥선사의 住僧은 毘尼多流支(滅喜)·達摩般若(法智)·那連提耶舍·闍那崛多등의 외국승려를 비롯하여, 慧遠·曇遷·曇裕 등 60 여명에 달하였다.

대흥선사의 住僧은 승관에 취임했던 사람이 많았다. 僧猛은 隋國大統에, 曇遷은 昭玄大統에, 曇延은 昭玄統에 취임하였고 외국사문인 那連提耶舍는 外國僧住가 되었다.

---
2) 山崎, 前揭書, 第三章「隋の大興善寺」.

國寺인 대흥선사와 상대하여 그 역할은 적었지만 隋代 道敎의 본산인 玄都觀[3]이 설립되었다. 수의 玄道觀은 북주의 대도관이었던 玄都觀을 계승하였고, 가까이는 북주 무제의 국립 종교연구소라고도 할 수 있는 通道觀의 주된 부분을 계승하여 도교 총본산의 역할을 하였다.

대흥선사는 수나라 창건이래 국사로서 文帝의 불교정책을 수행하는 중요한 역할을 하였으나 煬帝時代가 되면서 부터는 일반사원과 다를 바가 없게 되었다. 당나라 중엽에 不空三藏이 이 절에 들어오면서 다시 성하게 되었다.

五衆과 二十五衆의 설치 문제의 불교부흥정책 결과 여러 학문승과 교화승이 배출되고, 따라서 학문연구와 대중교화가 성하게 되었다. 개황 12년(592)에 五衆[4]의 제도가 설치되어 장안 성내에 大論·講論·講律·涅槃·十地의 5종의 衆이 성립하고 衆主가 취임하였다. 五衆이란 5종의 衆이 있고 衆主가 각각 한사람씩이 있어 자기 衆에 대하여 주로 자기네 衆名의 경 또는 율, 혹은 론을 주야로 가르친 것이라고 생각된다.

大論의 衆主에는 法彦·寶襲이, 講論의 중주에는 智隱이, 講律의 중주로는 洪遵이, 열반의 중주로는 童眞·法總·善冑가, 十地의 중주로는 慧遷이 각각 임명되었다. 이러한 중주의 스승으로는 慧藏·僧休·慧遠·曇延등의 학덕이 겸비한 고승이었던 점은 주목해야할 것이다. 문제의 말년에는 五衆의 제도가 소멸하였다고 추정된다.

二十五衆은 개황 20년에 처음으로 칙령에 의하여 선발된 25인의 고승으로 구성된 교화단체였는데 모두 관의 재정지원에 의하여 불교교화를 행하였다. 25 중가운데 第一摩訶衍匠에는 三國論師 僧粲이, 敎讀經 法主에는 僧琨이 취임했는데 또한 대흥선사의 주승이기도 하였다. 『傷學論』등의 저자인 慧影도 개황 17년경에 二十五衆主가 되었다(『歷代三寶記』卷十二). 이 교화단체는 중주로부터 대승불교의 개론, 독경법, 또는 출가수양론 등의 가르침을 받은 것으로 생각된다.

---

3) 山崎, 前揭書, 第四章「隋の玄都觀とその系譜」.
4) 山崎宏『支那中世佛敎の展開』pp. 298～326,

舍利塔의 건립　　文帝 불교정책의 최후를 장식했던 仁壽年間에 실시된 사리탑 건립사업[5]은 중국불교사상 획기적 사실이었고 후세에 커다란 영향을 미쳤다. 仁壽 원년(601) 6월 13일에 문제는 사리탑을 세우라는 칙명을 내렸다. 동년 10월 15일 사리를 함에 넣어 30개소에 탑을 조성하였다(『廣弘明集』卷十七『辨正論』卷三에서는 40개주). 이 첫번째 탑을 세울 때에 문제는 大興宮 大興殿의 뜰에 서 있었으며 사문 367인이 旛蓋와 香華를 들고 대흥선사로부터 殿堂에 도착 하였다고 한다. (『廣弘明集 卷十七』). 다음해 4월 8일에 두번째 起塔을 행하였으며 (『感通錄』은 53개소라 함) 인수 4년(604)에 다시 칙령을 내려 4월 8일에 30개州에 탑을 조성하였다(『唐傳』卷十八, 曇遷傳). 이 때를 전후하여 諸州에 탑을 세운 것이 110개소였다(『唐傳』卷十二, 童眞傳).

　　문제의 仁壽年間의 사리탑 건립은 불교의 보시의 이상에 바탕하여 황실과 국민 모두가 그 공덕을 받기 위하여 이루어진 것이다. 그렇기 때문에 건립의 비용은 개인이 재물을 보시하여 충당하였다. 문제가 사리탑을 전국 각지의 사원에 건립한 것은 唐朝에 와서도 계승되어 고종은 천하의 諸州에 1寺 1觀을 설치하고, 측천무후는 천하의 모든 州에 大雲寺를 건립하였으며, 玄宗은 開元・龍興의 二寺를 모든 주에 건립케 하였다.

　　이상과 같은 수 문제의 불교정책의 기본은 국가 흥륭을 위하여 불교를 채용한 것으로「나라를 위하여 行道」하는 불교였다. 문제는 사찰을 짓고 탑을 세우는 북조불교의 전통을 계승하였을 뿐만 아니라 한편으로는 남조불교적인 講經의 전통도 받아들여 총합적인 隋代佛敎를 형성함과 동시에 당대에 중국불교의 전성시대를 이루게 하는 기초를 확립하였던 것이다.

제 2 절　煬帝와 불교

晉王 廣의 四道場 설립　　수의 煬帝(晉王 廣)는 중국 역사상 악한 폭군으로 알려져 있으나 그 반면에 학문을 좋아하고 불교와 도교의 신자였

---
[5] 山崎, 前揭書 pp. 331~345.

다. 특히 불교에 대하여는 晋王 廣이라고 불리우던 왕자시절부터 天台 智顗를 비롯한 고승들을 家僧으로 우대하였다. 수가 陳을 멸하고 천하를 통일한 후 개황 10년(560)에 진왕 광은 강남 진무의 대임을 받고 揚州·총관에 취임하였다.

진왕 광은 강남 종교계에서 덕이 높은 인물을 양주에 모아서 四道場[6)]에 주하게 하였다. 四道場이란 慧日. 法雲의 2佛寺와 玉淸·金洞의 2道觀을 가리키는 말이었다. 이는 중앙에서 문제가 대흥선사와 현도관을 설립한 것을 본 뜬 것으로 보인다.

양주의 四道場설립의 시기는 명확하지는 않으나 불교의 二道場은 개황 12년 12월 이전에 양주에 건립되었다(『國淸百錄』卷二).

혜일과 법운의 양도량내에, 특히 혜일도량에는 강남불교계의 인재인 智脫·法澄·智矩·吉藏·慧覺·慧越·慧乘·法安·法稱등의 수많은 명승과 학승이 모여 들었다. 이에 비하여 도사로서 玉淸玄壇에 영입되어진 인물은 王遠知의 이름이 전해지고 있을 뿐이다.

특히 삼론종을 크게 이뤘던 嘉祥寺 吉藏은 진왕 광에 의하여 혜일도량에 맞아들여져 우대를 받았으며, 다시 장안에 日嚴寺가 건립되자 그곳으로 옮겨 武德 6년(623)에 75세로 입적하기까지 장안 불교계에서 활약하였다. 건강의 建初寺에서 삼론을 강의하였던 智矩도 혜일도량으로부터 장안의 日嚴寺로 옮겨 삼론교학을 고취하였기 때문에 수대의 장안은 삼론교학의 중심지가 되고 고구려나 일본에 전파하는 원동력이 되었다.

개황 20년(600) 11월에 양제는 황태자가 되고 京師 大興城(장안) 내에 양주에 있는 혜일도량의 연장으로 보이는 日嚴寺를 건립하였다. 이 일엄사는 건국의 고승석학들을 모았던 절로, 彦琮·智脫·法澄·法論·智矩·明舜·吉藏·慧頵·慧常·智凱등의 많은 명승이 주하였다. 이 가운데는 양주의 혜일도량에서 옮겨온 사람도 있었다. 또 양제는 양주 총관시절에 경문을 모아서 經藏에 모아두었었는데 이러한 강남의 불교문화 유산과 더불어 강남의 명승도 일엄사에 옮겨 주하게 하였던 것이다. 이러한 고승들은

---

6) 山崎宏「煬帝(晋王廣)の四道場」(『隋唐佛敎史の硏究』第五章).

양제가 大業中에 건립했던 東都내의 慧日道場에도 이주하였다. 이 東都내의 혜일도량은 궁정내의 도량인 내도량의 명칭의 첫머리를 취한 것이다.[7]

煬帝와 天台智顗　양주총관이 되었던 양제(진왕 광)는 개황 11년(591)에 지의[8]를 양주에 모셨다. 지의는 진왕 광에게 보살계와 總持菩薩이라는 법호를 수여했는데 그 때 지의는 智者大師라는 호를 증여받았다.

지의는 揚都 禪衆寺에서 40여명의 승려와 더불어 行道하였는데 다음해 양주를 떠나 廬山을 거쳐 연말에 고향인 荊州로 돌아갔다. 개황 15년(595)에 다시 양주에 돌아간 58세의 지의는 진왕 광에게 『淨名疏』 初卷을 바치고 天台山에 들어가기를 청하여 허락이 되자 천태산에 들어갔다. 개황 17년(597)에 『淨名經』의 義疏를 가지고 양주로 향하던 도중에 병이 들어서 「發願疏文」과 「遺書與晋王」(『國淸百錄』 卷三)을 제자에게 부탁하고 60세의 생애를 마쳤다.

지의의 제자인 灌頂은 진왕 광에게 스승의 입적을 알리고 유서와 유품을 봉정하였다. 진왕 광은 「答遺書文」을 지어 師의 유촉에 답하고 이어서 천태산에 大齋會를 열었다. 개황 20년(600)에 진왕 광이 태자에 책봉되고 인수 4년(604)에 황제의 위에 오르자 천태산에서 灌頂과 智璪가 賀表를 奉呈하였다.

제 3 절　隋代佛敎의 전개

譯經僧의 활약　수대의 주요한 역경승으로는 那連提耶舍(Narendrayaśas)・闍那崛多(Jñānagupta)・達摩笈多(Dharmagupta) 등이 있다.

那連提耶舍(490～589)는 북천축사람으로 天保 7년(556)에 북제의 鄴都에 당도하여 文宣帝의 후대를 받고 昭玄大統 法上 등 20여인과 더불어 역경에 종사하였다. 사문 法智와 居士 萬天懿가 傳語를 맡았다. 那連提耶舍

---

7) 高雄義堅 「支那內道場考」(『龍谷史壇』 第十八號, 1939.7).
8) 煬帝와 天台智顗와의 관계에 대해서는 山崎, 前揭書, 第六章 「煬帝と天台智顗」, 塚本善隆 「隋の江南征服と佛敎」(『佛敎文化硏究』 第三號, 1953, 11) 등이 있다.

는 후에 昭玄都에 임명되었다. 북주의 폐불시에는 승복을 입은채로 난을 피하였다. 수에 이르러 三寶가 興隆하기 시작한 개황 2년(582) 7월에 장안에 들어와 대흥선사에 주하면서 번역을 다시 시작하였다. 이 사업에는 칙령에 의하여 昭玄統 사문 曇延 등 30여인도 참가하였다. 후에 廣濟寺에 이주하여 外國僧住가 되었다. 개황 9년(589) 8월 29일에 만 100세를 일기로 세상을 떠났다.

그의 업적으로는 『大方等日藏經』『大莊嚴法門經』『德護長者經』『蓮華面經』등 8부 28권을 역출하였다(『歷代三寶記』卷十二). 특히 불법의 훼멸을 설한 『蓮華面經』[9]이 역출된 것은 주목할 가치가 있다. 당시에 북천축 사문인 毘尼多流支도 개황 2년에 대흥선사에서 『象頭精舍經』『大乘方廣總持經』의 2부를 번역하고 法纂이 수필하여 彥琮이 서문을 지었다.

闍那崛多(德志 523~600)는 북천축사람으로 西魏의 大統 원년(535)에 鄴州에 왔다. 북주 폐불시에는 무제가 유교의 예에 따를 것을 강요하였으나 이를 거부하였다. 武平 6년(575)에 북제의 승려 寶暹·僧璲·僧曇등 10인과 더불어 서역에서 경을 가지러 가서 범본 260부를 얻었다. 개황 원년(581)에 隋가 흥하고 다시 불법이 흥하게 되자 寶暹등과 함께 범본을 가지고 장안으로 돌아왔다. 개황 5년(585)에 대흥선사 사문인 曇延 등 30여인이 번역에 착수하였으나 音義가 통하지 않아서 당시 突厥에 가 있던 崛多를 초청하였기 때문에 대흥선사에 주하면서 僧休·法粲·法經·慧藏·洪遵·慧遠·法纂·僧暉·明穆·曇遷 등 10대 대덕과 더불어 역경사업에 종사하였다. 『佛本行集經』『威德陀羅尼經』『五千五百佛名神呪經』『不空羂索觀世音心呪經』등 30부 176권을 번역해 냈다.

達摩笈多(法密. ?~619)는 서역 각국을 경유하여 개황 10년(590) 10월에 경성에 와서 대흥선사에 주하였다. 양제는 낙양의 上林園에 翻經館을 두고 그곳에서 번역작업에 종사하도록 하였다. 개황 초기부터 大業 말년에 이르기까지 28년 사이에 『섭대승론』『금강반야론』[10]『菩提資糧論』『藥師如來本願經』등 7부 32권을 번역하였다.

---

9) 山田龍城「蓮華面經について」(『山口論叢』)
10) 宇井伯壽「金剛般若經釋論研究」(『大乘佛典の研究』第二部, 岩波書店, 1966)

經錄의 편찬　수대에는 개황 14년과 인수 2년의 2회에 걸쳐서 經錄이 칙령에 의하여 편찬되었다. 전자는 개황 14년(594) 5월 10일에 太常卿 牛弘이 소칙을 받들어 대흥선사 翻經衆인 사문 法經 등 20대덕에게 편수를 명하였고 동년 7월 14일에 완성하였다(『衆經目錄』卷七.『歷代三寶記』卷十二). 후자는 특정한 사문에게 명하여 작성된 것이 아니고 인수 2년 대흥선사의 대덕과 翻經沙門, 그리고 학사등에게 명하여 경록을 상세히 작성케 하였고 사문 彥琮이 관여하였다(『唐傳』卷二 彥琮傳. 전자는 『法經錄』후자는 『仁壽錄』이라 약칭된다). 북주 폐불시에 한차례 환속하였던 費長房은 개황 17년(597) 12월에 『歷代三寶紀』[11] 15권을 찬하였다.

諸學者의 활약　남북조말엽부터 수대에 걸쳐서 뛰어난 불교인의 활약이 현저하였다. 그중에서 靈裕(518~605)・慧遠(523~592)・曇遷(542~607)・曇延(516~588) 등이 있으나 그 중에서 제6장「諸學派의 興起와 전개」에서 말했던 이외의 인물들에 대하여 간단히 다루고자 한다.

열반학자인 曇延은 북주의 폐불시에 태행산에 숨었으나 문제가 불교를 다시 드러내게 되자 京師로 초빙되었다. 曇延의 요청을 받은 문제는 칙령을 내려 1천여인을 득도케하고 延法師衆을 세웠다. 이 延法師衆은 바꾸어져 延興寺가 되고 京城의 동서 양대문은 延자를 따서 延興・延平이라 이름붙여졌다(『唐傳』卷八, 曇延傳). 이를 보면 문제가 曇延을 얼마나 중히 여겼는지를 알 수 있다. 그의 제자로 童眞・洪義・通幽・覺朗・道悊・玄琬・法常 등 일대의 명사들이 배출되었다. 그의 저서로는 『涅槃經義疏』15권 등 諸經의 疏가 있다.

道憑의 제자인 相州 大慈寺사문 靈裕는 말법의 자각에서 寶山석굴을 조성했던 사람인데 30세부터 저술을 시작하여 많은 책을 지었다. 유마・반야・화엄・열반등의 疏와 勝鬘・毘尼母・往生論・遺敎등의 疏記, 成實・毘曇・智論의 抄, 『大乘義章』등 경전의 注疏와 개론을 비롯하여 그 밖에 『安民論』『陶神論』『因果論』『聖跡記』『塔寺記』『經法東流記』『十德記』『僧

---

11) 隋代에 이르기까지의 經錄의 편찬 및 특징에 대해서는 林屋友次郞 『經錄研究』前篇 (岩波書店, 1941). 참조.

尼制』등 8부 30권을 지었다(『歷代三寶記』卷十二).

　東都 上林園 翻經館 사문 彦琮은 21세로 通道觀 學士가 되었으나 수의 개황 12년(592)에 칙령에 의하여 京에 들어가 번역을 관장하며 대흥선사에 주하였으며 다시 日嚴寺로 옮겼다. 인수 2년(602)에 칙령에 의하여 『衆經目錄』을 撰하였다. 저서로는 『達摩笈多傳』 『通極論』 『辨敎論』 『通學論』 『善財童子諸知識錄』 『新譯經序』 등 6부 9권이 있다(『歷代三寶記』 卷十二).

　그 밖에 『二敎論』의 저자 道安의 神足으로서 대흥선사에 주했던 寶貴는 개황 17년(597)에 『新合金光明經』을 찬하였다. 같은 대흥선사 사문 僧粲은 『十種大乘論』을 撰하였다. 粲은 25衆의 第一 摩訶衍匠에 임명되었는데 이 『十種大乘論』은 대승을 높이 찬양한 것으로 十種이란 無障碍・平等・逆・順・接・挫・迷・夢・相卽・中道를 말하는 것이며 초학자를 위한 대승불교의 입문서이다.

　북주시대에 『亡是非論』을 썼던 亡名의 제자로서 같은 대흥선사에 주했던 僧琨은 25衆의 敎讀經法主였는데 『論場』을 저술하였다. 또한 舍衛寺 사문 慧影은 『述釋道安智度論解』 『傷學論』 『存廢論』 『厭修論』 등 4부 27권을 저술하였다. 慧影의 『大智度論疏』 일부는 현존하고 있다(『續藏』 第八十七套). 그 밖에 祭酒 徐同卿은 『通命論』을 썼고 翻經學士 涇陽의 劉憑은 『內外傍通比校數法』을 찬하였다. 그 밖에 개황 15년(595)에는 문제의 칙명에 의하여 彦琮 등 翻經의 諸僧이 『衆經法式』을 撰하였다.

　外國留學僧의 교육　　수의 양제시대에는 鴻臚寺 四方館에서 외국 학승의 교육이 행해졌다. 大業 4년(608)에 淨業이 蕃僧을 가르쳤고 (『唐傳』 卷十二. 淨業傳), 동 9년(613)에는 靜藏이 東蕃을 가르치고(『唐傳』 卷十三, 靜藏傳), 동 10년에는 靈潤이 三韓을 가르치고 (『唐傳』 卷十五, 靈潤傳), 神逈은 三韓의 諸方士를 교육시켰다(同 卷十三, 神逈傳). 그 밖에 無礙(552~645)나 慧乘(555~630) 등도 四方館에서 교육을 담당하였다.

제 9 장 隋代의 諸宗

수나라 30여년간은 불교사상사의 면에서도 중요한 전환점을 보이고 있다. 북조계통의 실천불교인 선·정토·계율등의 전통은 계속적으로 발전하여 그것이 수와 당불교의 주축을 형성하고 있다. 그러나 이러한 실천적 경향에다가 南朝계통의 學的이며 思辨的인 불교가 총합 통일되어진 것에 수와 당 新佛敎의 커다란 특색이 있다. 천태종이나 화엄종 등 얼른 보기에 철학불교로 보여지는 것도 그 철학의 배경에는 天台止觀이라든지 華嚴觀法의 맥이 흐르고 있다. 분명히 수와 당의 중국불교 諸宗은 남조와 북조 불교의 止揚위에 성립되어진 것이라 할 것이다. 또한 수와 당의 新佛敎[1]야말로 인도불교의 亞流로부터 독립하여 새롭게 창조한 중국인의 新宗敎였다.

제 1 절 三 論 宗

三論宗의 相承   삼론종[2]은 인도의 용수(Nāgārjuna. 150~250 경)의 『중론』500 偈와 靑目의 주석을 합쳐서 구마라집에 의하여 한역된 『中論』 4권과 같은 용수의 저서인 『十二門論』 1권, 그리고 용수의 제자인 提婆의

---

1) 結城令聞 「隋唐時代に於ける中國的佛敎成立の事情についての考察」(『日佛年報』第十九號, 1954, 4)
2) 三論宗에 관한 연구서로는 前田慧雲 『三論宗綱要』(東京丙午社, 1920), 平井俊榮 『中國般若思想史硏究——吉藏と三論學派——』(春秋社, 1976), R.H. Robinson, *Early Madhyamika in India and China*, Wisconsin, 1967. 등이 있다.

『百論』에 婆藪의 주석을 합친 『百論』 2권의 三論을 소의의 論으로 하여, 성립한 종파이다.

중국에 삼론을 전역했던 인물이 라집이었기 때문에 삼론종의 개조는 라집이라고 한다. 라집의 제자인 僧叡나 僧肇등은 삼론교학을 이해하는데 탁월한 재능을 보였다. 삼론종의 학계를 보면 옛부터 전해오는 전승의 계보는 羅什―道生―曇濟―道朗―僧詮―法朗―吉藏의 7대에 이르는 상승의 계보가 전해진다(凝然『八宗綱要』). 그러나 이 전승에 관해서는 비판적 연구가 이루어지고 있다.[3] 道朗이 실은 僧朗의 잘못된 표기이고 라집으로부터 승랑에 이르는 학계는 명확하게 이루어지기는 어렵다는 것이 객관적 사실일 것이다.

다만 삼론종의 대성자인 길장 스스로 승랑을 중시하고 있는 점을 주목해야 한다. 길장은 승랑을 일러 攝山大師·攝嶺大師·大朗法師등으로 칭했다.

길장이 전하는 바에 의하면 高句麗 승랑은 원래 遼東사람으로 北地에서 라집교학을 배우고 南地에 와서 鐘山 草堂寺에 주하였다. 隱士 周顒은 승랑에 사사하여 『三宗論』을 썼고, 양의 무제는 승랑에게 僧正 智寂등 10인을 보내어 수학케 하였다. 무제는 승랑에 의하여 成實을 버리고 大乘으로 개종하여 『대품반야』의 소를 지었다 한다(『大乘玄論』卷一).

삼론종에 예로부터 古三論과 新三論이 있다고 하며 길장까지를 고삼론이라 하고 日照三藏과 法藏을 신삼론이라 하는데 이는 모두 잘못된 것으로 승랑 이후를 新三論이라 해야할 것이다.

라집 이후부터 승랑이전 사이에서 삼론에 능했던 사람은 우선 라집의 제자인 僧叡와 曇影을 들 수가 있다. 또한 삼론과 성실을 함께 공부한 인물로는 僧導와 『注中論』을 저술하였던 智林, 그리고 『三宗論』의 저자인 周顒등이 있다.

攝嶺으로부터 상승한 제2조는 僧詮이다. 승전은 攝山 止觀寺에 주했던

---

3) 前田慧雲『三論宗綱要』pp. 48~67. 境野黃洋『支那佛敎史講話』下卷 p. 52. 結城令聞「三論源流考」(『印佛硏』第一卷二號, 1952, 3)

인물로 길장은 그를 山中師, 또는 山中大師라 불렀다. 승전의 전기나 사상은 확실치 않으나, 승전 문하의 四哲인 興皇寺 法朗·長干寺 智辨·禪衆寺 慧勇·栖霞寺 慧布등의 전기에 의하여 승전이 般若中觀과 좌선삼매를 주로 하였으며 문하에는 학도가 수백에 달했었다는 사실을 알 수 있다. 또한 승전 문하의 4 철은 각각 四句朗·領悟辨·文章勇·得意布라 하여 각자가 뛰어난 바를 따라 불리워졌다. 삼론종이 학파로서 체제를 정비한 것은 승전부터이다.

法朗(507~581)은 21 세에 출가하여 寶誌에게서 선을 배우고 大明寺 彖律師에서 율을 전수받았고 南澗寺 仙師에게서 성실을 배웠으며 竹澗寺 靖公으로부터는 昆曇을, 그리고 僧詮으로부터 智度·三論·華嚴·大品을 배웠다. 陳의 永定 2년(558)부터 25년간 칙령에 의하여 興皇寺에 주하였다.

智辨은 그의 전기는 확실치 않으나 法朗의 학설과 다른점이 있어 中假師라 하여 배척을 받았다. 智辨의 제자로는 慧因(539~627)이 있어 唐初의 十大德중의 한사람으로 꼽히었다.

慧勇(515~583)은 처음에 揚都에서 출생하여 靈曜寺 則法師에게서 선을 배웠고 구족계를 받은 후에 靜衆寺 峰律師에게서 十誦을 배웠으며 龍光寺 僧綽과 建元寺 法寵에게서 성실을 전수받았다. 그는 30 세의 나이에 이미 法輪을 전하였다. 梁朝가 멸망하자 은둔하기 위하여 攝山 止觀寺 僧詮의 처소에 머물렀다. 天嘉 5년(564)에 陳의 문제에게서 부름을 받아 太極殿에서 講說하고 大禪衆寺에 주하기 18 년 동안에 화엄과 열반, 삼론등을 강의하였다.

慧布(518?~587)는 20 세에 출가하여 建初寺 寶瓊에게서 성실을 공부하고 僧詮에게서 삼론을 배운 후에 鄴都에 나가 선종의 慧可와 만나 흉금을 열고 대화하였다. 또한 章疏를 베끼기를 六馱나 하여 이를 가지고 강남으로 돌아가 僧朗에게 강의하게 하였다. 그러나 빠진 부분이 있었기 때문에 다시 북제에 돌아가 빠진 부분을 다시 베껴 승랑에게 보냈다. 스스로는 단지 衣鉢만을 가질 뿐이었다. 일찌기 慧思와 大義를 논하여 慧思로

하여금「萬里가 空한데 이러한 智者가 없도다」(『唐傳』卷七 慧布傳)라고 찬탄케 하였고 또 慧命의 스승인 邈禪師와도 논의하였다. 陳의 至德中(583～586)에 攝山 栖霞寺의 禪堂을 건립하였다.

삼론종의 법계로서는 법랑계통이 주가 되며 법랑의 제자로 二十五哲이 있었다고 하는데 그중에서 吉藏・羅雲(542～616)・法安(65세 沒, 沒年이 확실치 않음)・慧哲(539～597)・法澄(538?～605?)・道莊(525～605?)・智矩(535～606)・慧覺(554～606)・智鍇(533～610)・眞觀(538～611)・明法師 등이 유명하다. 그 중에서도 明法師는 茅山 明法師라고 불리우는데 法朗의 유촉을 받았던 인물이나 茅山에 들어가서 끝내 산을 나오지 않았다. 그의 제자로는 慧㬢(547～633)・法敏(579～645)・慧稜(576～640)・慧璿등이 있다. 慧㬢에게서 大品・三論・楞伽를 전수받은 法冲(587?～665)은 『능가경』을 연구하고 스스로 강의하기를 30여편이나 했다 한다. 그의 전기 중에는 혜가에게서 師承을 받았던 『능가경』의 연구자와 그 외에 楞伽師의 법계가 기록되어 있다(『唐傳』卷二十五, 法冲傳). 법랑의 후계자에는 明法師 처럼 禪觀을 중요시한 인물이 적지 않았으나 문필의 활약이 뛰어났던 길장이 삼론종의 확립자가 되었다. 明法師의 계통은 興皇 三論學의 실천적인 측면을 계승하였고 길장의 계통은 그 이론적 측면을 계승하였다고 할 수 있다. 또한 선종의 일파인 牛頭宗의 개조인 牛頭法融은 茅山 明法師(旻法師)에게서 삼론을 배웠다 한다.

吉藏[4](549～623)은 금릉에서 태어났다. 부친은 출가하여 道諒이라 하였는데 부친과 함께 眞諦三藏 만나 길장이라는 이름을 받았다. 그는 항상 법랑의 강의를 들었고 7세에 출가하여 구족계를 받은 후에 유학하여 수나라가 百越을 침공했을 당시 嘉祥寺에 주하며 삼론을 연구하였기 때문에 嘉祥大師라 불리웠다. 개황 17년(597)에는 天台智顗와 편지의 왕래가 있었다. 그 후에 수의 양제의 칙명에 의하여 慧日寺・日嚴寺등에 주하면서 法華를 연구하였다. 그는 三國論師 僧粲(529～613)과 토론에 의하여 명성을 높이었다. 唐代가 되어서는 實際・定水・延興등의 諸寺에 주하였다. 吉藏의 사

---

4) 橫超慧日「慧遠と吉藏」(『結城論集』)

람됨에 대하여「衆을 제어하는 德은 그 뛰어난 바가 아니다」(『唐傳』卷十一, 吉藏傳)라고 말해질 정도로 그의 덕은 물론 여러 방면의 학문이 뛰어났던 인물임을 알 수 있다. 그는 陳과 隋의 흥망의 와중속에서 병란때문에 황폐해 버린 여러 절에서 文疏를 모아 이를 그의 저서에 널리 인용하였다. 그 때문에 현재 선혀 알려시지 않은 사료가 그의 저서중에 나타나고 있다. 현존하는 저서로『三論玄義』[5]『中觀論疏』[6]『十二門論疏』『法華論疏』『百論疏』[7]『二諦章』『大乘玄論』『華嚴經遊意』『淨名玄論』『維摩經遊意』『同義疏』『同略疏』『勝鬘經寶窟』『金光明經疏』『無量壽經義疏』『金剛經義疏』『法華經義疏』등 26부가 있다.

길장의 제자로는 智拔(573~640)·嘉祥寺 智凱(?~646)·定水寺 智凱·智實(601~638)·辨寂·智命(?~618)·慧遠·碩法師등이 있다. 慧遠(淨影寺 慧遠과는 다른 사람)은 藍田의 悟眞寺에서 삼론을 강설하였는데 많은 사람들이 모였었다. 또한 碩法師에게는『中觀論疏』『三論遊意』등의 저술이 있었다 한다.

『四論玄義』의 저자인 慧均은 길장의 동문이라고도 하고 제자라고도 하나 실제로는 법랑의 제자로서 길장과는 동문일 것이다. 또한 初唐에 출현하여『肇論疏』를 지었던 元康은『中論疏』『百論疏』『十二門論疏』『玄樞』등도 썼는데 碩法師의 제자라고 한다. 韓國의 학승으로 삼론을 공부했던 인물로는 高麗 實法師·高麗 印法師·慧灌등이 있다. 慧灌은 일본으로 건너가서 推古朝때에 삼론종의 初祖가 된 인물이다.

初唐에 이르러 현장이 전한 법상종이 성하게 되자 삼론종은 급속히 쇠퇴하게 되었는데 고구려와 일본에 전해지게 되었다.

三論宗의 교학   삼론종의 교설[8]은 破邪顯正, 眞俗二諦, 八不中道의 三科에 기본하여 구성되어 있다. 삼론종에서는 破邪 이외에 따로 顯正을 인

---

5) 今津洪嶽『三論玄義會本』二册(『佛敎大系』 十二·十六, 1918, 1930). 高雄義堅『三論玄義解說』(東京興敎書院, 1936). 椎尾辨匡『國譯三論玄義』(『國譯一切經』 諸宗部 2). 金倉円照『三論玄義』(岩波文庫 1941). 三枝充悳『三論玄義』(大藏出版, 1971).
6) 泰本融『中觀論疏』(『國譯一切經』 論疏部 六, 七).
7) 宮本正尊『百論疏會本』(『佛敎大系』 六十二, 1937).
8) 宇井伯壽「無得正觀の法門」(『佛敎汎論』 上卷, 第八章, 岩波書店, 1947). 宮本正尊「支那佛敎の中道義」 第十六編(『中道思想及びその發達』 法藏館, 1944).

정하지 않고 파사가 그대로 현정이라고 말한다. 파사란 모든 분별 情謂를 버리는 것으로 그렇게 하여 言詮不及, 意路不到의 無名의 도에 體達케 하는 것을 파사현정이라 한다. 현정은 中道를 깨치는 것으로 無得의 正觀이라 한다.

삼론종에서는 법상종처럼 理境의 二諦를 설하는 것이 아니고 言敎의 二諦를 제시한다. 梁의 昭明太子가 開善寺 智藏·莊嚴寺 僧旻·光宅寺 法雲 등 당시의 명승고덕에게 2제에 대하여 논하게 했을 때 20여가가 각각의 입장을 설하였으나(『廣弘明集』卷二十一), 이러한 2제설은 모두 理와 境의 2제설이었다. 삼론종으로서는 『중론』에서「諸佛은 2제에 의하여 법을 설하는데 첫째는 世俗諦로써 하고 둘째는 第一義諦이다」라 하고 있고, 『열반경』에「중생에 隨順하는 故로 二諦로 설한다」고 하는 것에 의하여 言敎의 2제를 주장하기 때문에 2제는 설법의 儀式방법에 지나지 않는다고 한다. 2제는 言敎의 通詮이며, 相待의 假稱이며, 虛寂의 妙實이며, 중도를 궁구하는 極號라고 한다.

八不中道는 『중론』의 최초의 八不(『不生不滅·不常不斷·不一不異·不來不出)이 생멸거래 一異斷常의 八迷를 파하는 것이라 하며 일체의 有所得心을 洗淨하기 위한 것이라고 한다. 팔불중도는 파사현정과 동일하다. 중도는 단지 中이라 하고 不二無名相의 절대라고도 한다.

길장은 불성에 대해서도 예리한 고찰을 하였다. 佛性[9]이라는 이름에 대한 해석에 대해서는 龍光寺 僧綽·開善寺 智藏 등 세가지 설을 들어 이를 비판하였다. 또한 正因佛性에 대하여는 十一家의 설을 들고 삼론종으로서는 非眞非俗의 中道義를 正因佛性이라 하였다. 또 草木非情의 불성 유무에 관해서도 無碍를 주장한다. 그의 敎判사상으로서는 二藏三輪의 교관을 세웠다. 二藏이란 聲聞藏(小乘)과 菩薩藏(大乘)이고 三輪이란 根本法輪(『華嚴經』)·枝末法輪(華嚴에서 法華까지의 一切의 諸大小乘經)·攝末歸本法輪(『法華經』)을 말하였다.

---

9) 常盤大定 『佛性の硏究』(丙午出版社, 1930).

제2절 天台宗

天台宗의 相承 天台宗[10]이라고 하는 호칭은 당 중기의 荊溪湛然이 최초로 사용했던 것으로 隋의 천태대사에 의해서 세워졌던 宗이다. 천태종은 북제의 慧文禪師가 개조라고 한다. 初祖 혜문선사는 속성이 高씨라고 하며 처음에는 주로 禪觀을 행하였으나 우연히 용수의 『중론』과 『대지도론』을 읽기에 이르러 一心三觀의 心要를 깨치게 되었다. 그로부터 徒衆 수백명을 모아 오직 대승을 드러내기에 주력하여 河淮의 사이에서 독보적 존재로 군림하며 化風을 진작시켰다. 그의 저작이나 沒年도 확실치 않으나 그의 心要를 南岳慧思에게 전하였다 한다.

제2조 慧思禪師(514 또는 515~577)는 속성이 李氏이며 15세에 출가하여 여러 대승경전을 읽었으며 20세가 되어서는 사방으로 行遊하며 여러 대덕들을 찾아다니며 오로지 禪觀을 닦았다. 후에 북제의 혜문선사에게 나아가 一心三觀의 심요를 전수받고 법화삼매의 證悟함을 얻었다.

承聖 3년(554)에 光州 大蘇山에 들어가니 문하에 모여든 사람이 성시를 이루었다고 한다. 이어서 陳의 光大 2년(568)에 제자 40여인과 더불어 남악으로 옮겨 10년동안 주하다가 太建 9년(577) 6월 22일에 63세(『佛祖統紀』卷六. 『唐傳』卷十七에는 64세라 함)에 沒하였다. 그의 저작으로 현재 남아있는 것은 『法華經安樂行義』 『諸法無諍三昧法門』 『立誓願文』 『隨自意三昧』 『授菩薩戒儀』 등이 있고 옛부터 眞僞를 의심받는 것으로 『大乘止觀法門』[11]이 있다. 제자로는 僧照·慧超·慧威·慧命·靈辨, 그리고

---

10) 天台宗史 및 敎學史에 대해서는 硲慈弘 『天台宗史槪說』(大藏出版, 1969), 上杉文秀 『日本天台史』(破塵閣書房, 1935. 國書刊行會, 1972), 島地大等 『天台敎學史』(明治書院, 1929), 安藤俊雄 『天台思想史』 法藏館, 1959)등이 있다. 또한 法華經의 중국적 전개에 대해서는 橫超慧日編 「中國における法華思想史」(『法華思想』 第三章, 平樂寺書店, 1969) 同 『法華思想의 硏究』(平樂寺書店, 1971), 坂本幸男編 『法華經의 中國的展開』(平樂寺書店, 1972) 등이 있다.

11) 村上專精 『佛敎唯心論』(創元社, 1943) p.353 이하. 池田魯參 「大乘止觀法門硏究序說」(『駒澤大學佛敎學部論集』第五號, 1974.12). 또 『大乘止觀法門』의 慧思찬술을 부정한 최초의 학자는 일본의 寶地房証眞이다(『玄義私記』卷五末).

新羅의 玄光 등 많으나 그의 심요를 전한 것은 천태대사 智顗였다.
 제 3 조 智顗(538～597)의 字는 德安이며 부는 陳起祖이고 모는 徐氏이다. 양조의 말에 난세가 되어 양친이 차례로 세상을 떠났기 때문에 고아가 된 지의는 18 세에 果願寺 法緒의 문하에서 출가하였다. 그리고는 慧曠律師에게서 구족계를 받고 후에 大賢山으로 들어가『법화경』『無量義經』『普賢觀經』등을 읽고 다시 大蘇山에 들어가 慧思禪師밑에서 수련을 하였다. 혜사는 지의의 그릇이 비범함을 알고「옛날 靈山에 있을 때 함께 법화를 들었더니 숙세의 인연을 좇아 이제 다시 왔도다」(『唐傳』卷十七, 智顗傳)라 말하고 정성을 다하여 지도하였다. 지의는 이윽고 법화삼매를 증득하고 활연히 初旋陀羅尼를 얻어 스승의 인가를 받기에 이르렀다. 이를 천태대사의 大蘇開悟라 한다. 陳의 光大 원년(567)에 지의는 同學인 法喜 등 30 여인과 더불어 진의 도읍인 금능으로 가서 瓦官寺에 머물면서『大智度論』『次第禪門』등을 강설하였다. 白馬寺 警詔・定林寺 法歲・奉誠寺 法安 등 당대의 석학 대덕들도 모두 심복하고 존경을 하였다.
 진의 太建 원년(569)에 지의는 儀同 沈君理의 청에 응하여 瓦官寺에서『法華玄義』를 개강하였는데 그때 宣帝는 칙령을 내려 군신들로 하여금 청강케 하였다. 북주폐불의 다음해인 진의 태건 7 년(575)에 38 세의 나이로 慧辨 등 20 여인과 더불어 天台山으로 들어갔다. 천태산의 華頂에서 두타행을 하고 佛隴에 들어가 고행수련을 하였으며 그 사이에 修禪寺를 세웠다. 이처럼 천태산에 있었기 때문에 천태대사라 불렀다.
 산에 머물기를 11 년 한 후 至德 원년(583)에 陳의 後主의 청에 의하여 48 세때 다시 금능에 나아가 태극전에서『대지도론』과『인왕반야경』을 강의하였다. 이 때에 승정 慧晒과 僧都 慧曠등이 칙령을 받들어 어려운 문제들을 질문했으나 조금도 걸림없이 답변하였다. 그 해에 光宅寺에서 주하며 禎明 원년(587)에 여기에서『法華文句』를 개강하였다. 진이 멸망할 무렵에는 난을 피하여 금능을 떠나 여산에서 머물었는데 수의 개황 11 년 (591)에 진왕 광의 부름에 응하여 진왕에게 보살계를 주고 그는 智者라는 호를 받았다. 지자대사라는 칭호는 여기서부터 비롯한다. 후에 남악에 이르러 師恩에 보답하고 다시 고향인 荊州에로 돌아가 玉泉寺를 창건하였다. 옥천사의 설법을 마친 대사는 다시 揚州로 돌아가 『淨名疏』를 진왕 광에게 바치고, 개황 15년(595) 천태산으로 돌아갔다. 하산한지 12년을 지나 산내의 황폐가 심하였기 때문에 절을 수리하고 『制法十條』[12]를 지었다. 晋王 廣의 초청으로 다시 산을 내려간 지의는 西門 石城寺에서 병을 얻었는데 스스로 일어날 수 없음을 알고 『법화경』과 『무량수경』의 두 경전을 제자들에게 읽게 하고 「波羅提木叉는 너희가 宗仰할 바요 四種三昧는 너희가 明導할 바라」(『唐傳』卷十七)라고 이르고 입적하였다.

仁壽 원년(601)에는 晋王의 원조를 얻어 천태산에 國淸寺가 건립되어 천태종의 성지가 되었다.

지의가 처음 금능에서 강의하기 시작한 『法華文句』와 만년에 옥천사에서 강의한 『法華玄義』와 『摩訶止觀』의 3부를 天台三大部라 부른다. 이 삼대부는 제자인 灌頂이 필록하였다. 그 밖의 저서로서 『觀音玄義』『觀音義疏』『金光明玄義』『金光明文句』『觀經疏』의 五小部를 비롯하여 『天台小止觀』[13] 『次第禪門』『六妙法門』『金剛般若經疏』『仁王般若經疏』『維摩經疏』『菩薩戒義疏』『法界次第初門』『四敎義』『觀心論』 등의 많은 저서가 있다. 단 이 가운데 五小部중의 『觀音玄義』를 비롯하여 몇권의 저서는 제자인 灌頂의 찬술이라고 의심하는 학설도 있다.[14] 得業 傳法의 제자로는 智鍇(533~610)・波若(562~613)・法彦(546~611)・智璪(556~638) 등 30여인을 헤아릴 수 있으나 그 중에서 지의 沒後에는 智越(543~616)이 천태산을 統攝하였다. 그러나 삼대부를 비롯하여 대사가 설한 가르침을 결집, 편찬하고 이를 길이 후세에 전하도록 한 것은 실로 章安尊者 灌頂이었다.

관정(561~632)은 자를 法雲이라 하는데 7세에 출가하여 攝靜寺 慧拯에게서 배우고 20세에 구족계를 받고 『열반경』을 들었는데 陳의 至德 원년(583)에 천태산에 입산하여 지의에게 사사하였다. 그 이후 그는 지의의 강설을 기록하고 편찬하였다. 그의 저서로는 『涅槃經玄義』『涅槃經疏』『觀

---

12) 塩入良道「初期天台山の敎團的性格」(『日佛年報』第三十九號, 1974. 3)
13) 關口眞大『天台小止觀の硏究』(山喜房佛書林 1954).
14) 佐藤哲英『天台大師の硏究』(百華苑, 1961).

心論疏』『國淸百錄』[15]『智者大師別傳』[16]등이 있다. 특히『國淸百錄』과『智者大師別傳』은 지의뿐만 아니라 초기 천태종의 역사를 연구하는데 근본자료로서 중요하다. 그의 제자로는 智威(?~680)·弘景등이 있다. 智威는 제자인 慧威(634~713)에게 전하고 慧威는 左溪玄朗(673~754)에게 전하였는데 唐代에 이르러 법상·화엄·선·밀교등의 세력에 눌리어 천태종의 위세는 흔들리게 되었다.

中唐에 활약했던 荊溪湛然[17](711~782)은 처음에는 유학을 공부했던 인물이었는데 뒤에 천태종의 제3조인 左溪玄朗에게 사사하여 지관을 닦아 학덕이 뛰어난 대학자가 되었다. 그리하여 그는 기울어 가던 천태종을 중흥시킨 인물이 되었다. 저서로서『法華玄義釋籤』『法華文句記』『摩訶止觀輔行』은 삼대부 연구의 지침서이다. 또한『金錍論』『止觀義例』『五百問論』은 대외적인 입장에서 쓰여진 것이며 그 밖에『止觀搜要記』『授菩薩戒儀』등의 여러 저서가 있다. 그는 妙樂大師라고도 불리우며 그의 교학에는 화엄의 영향이 나타나고 있다. 그의 제자로는 道邃·行滿·元皓·道暹·明曠등이 있다. 일본의 傳敎大師 最澄은 道邃와 行滿에게서 천태종을 이어받았다. 道邃의 제자에 宗穎·良諝가 있다. 宗穎은 慈覺大師 圓仁의 스승이 되고 良諝는 智證大師 圓珍의 스승이다.

천태종의 교학   천태종은 화엄종과 더불어 중국불교의 精華라고 말하여지고 그 교학[18] 조직은 敎觀二門으로 나뉘어진다. 敎는 敎判과 교리를 포함하며 특히 교판은 중국불교의 여러 교판 가운데 가장 뛰어난 것이다.

---

15) Leon Hurvitz, *Chi-I*, An Introduction to the Life and Ideas of a Chinese Buddhist Monk, Bruges, Imprimerie Sainte-Catherine, 1960.
16) 山內舜雄「天台智者大師別傳並に註釋について」(『駒譯大學學報』復刊第二號, 1953. 3). 上村眞肇「隋天台智者大師別傳解題」(『國譯一切經』史傳部十, 大東出版社, 1967).
17) 日比宣正『唐代天台學序說』(山喜房佛書林, 1966).
18) 天台敎學에 대해서는 前田慧雲『天台宗綱要』(東洋大學出版部, 1911), 二宮守人『天台ノ敎義ト信仰』(天台宗大學出版部, 1922), 石津照璽『天台實相論の硏究』(弘文堂, 1947), 佐佐木憲德『天台敎學』(百華苑, 1951), 福田堯頴『天台學槪論』(三省堂, 1954), 玉城康四郞『心把捉の展開』(山喜房佛書林, 1961), 安藤俊雄『天台學』(平樂寺書店, 1968), 同『天台學論集』(平樂寺書店, 1975) 등이 있다. 또 天台止觀에 대해서는 關口眞大『天台止觀の硏究』(岩波書店, 1969), 同編『止觀の硏究』(岩波書店, 1975) 등이 있다. 天台淨土敎에 대해서는 藤浦慧嚴『支那に於ける天台敎學と淨土敎』(淨土敎報社, 1942), 山口光圓『天台淨土敎史』(法藏館, 1967)이 있다.

천태종의 교판은 남북조시대의 道生·慧觀·慧光 등 소위 南三北七의 10家의 설을 연구하여 自家 교판을 수립하였다. 천태종의 교판은 五時八敎이다. 5시란 화엄시·아함시·방등시·반야시·법화열반시를 말하고 8교란 化儀의 4교(頓敎·漸敎·秘密敎·不定敎)와 化法의 4교(藏敎·通敎·別敎·圓敎)이다. 化儀란 교화의 의식이고 化法이란 교설의 내용에서 나뉘어진 것이라 한다.

천태종으로서는 화법의 4교가 특히 중요하여 장교는 三藏敎를 말하며, 통교는 通同의 가르침을 의미하는 것이며 三乘에 공통되는 것으로 大乘初門이며, 별교는 不共의 가르침으로 대승경 가운데 隔歷次第의 법을 설하는 것으로서 화엄종의 大乘終敎에 해당한다. 원교는 事理円融의 中道實相을 설한 천태종의 가르침이다.

천태종의 교의는 諸法實相을 설하고 있다. 이 實相을 空·假·中의 三諦에 의하여 설명하려 한다. 『중론』의 三諦偈에 기초하여 因緣所生法인 일체제법이 그대로 공이고 가이며 중이라고 본다. 공으로써 본다면 三諦는 모두 공이고, 가로써 본다면 삼제는 모두 가이며, 중으로써 본다면 삼제는 모두 중이 된다. 삼제는 卽空·卽假·卽中이 되어 円融의 삼제가 된다 원융의 삼제는 天然의 性德이라 하고, 일체제법에 法爾自然하여 갖추어 있는 妙諦이므로 一境의 三諦라고도 한다.

一念三千은 만유 모두가 서로 融卽한 것을 설하는 가르침으로 一念이 三千을 具하는 것이다. 3천이란 『대지도론』 또는 『화엄경』에서 설하는 지옥·아귀·축생·아수라·인간·천상·성문·연각·보살·佛의 十界와 『법화경』에 있는 如是相·如是性·如是體·如是力·如是作·如是因·如是緣·如是果·如是報·如是本末究竟의 十如是와 『대지도론』에서 설하는 五陰·衆生·國土의 三種世間에서 유래한 것으로 十界가 각각 십계를 具하고 一界 각각 十如是를 갖추었으며 십여시가 각각 3종세간을 갖추어서 합하여 3천이라 한다. 3천은 일체제법이 모두 卽空·卽假·卽中의 妙法이며 事理融卽하여 있는 것을 보여주고 있다.

천태종에서는 「具字는 두루두루 今宗을 드러낸다」고 하여 一念三千의 교의는 性具說을 주장하기에 이르렀다. 性具는 性德本具의 의미로서 一識一墜, 一色一香의 當體에 모두 본래 삼천 선악의 제법을 갖추어 있다고 설한다. 또한 性具說[19]에서 나아가 性惡說까지도 설하게 된다. 보통 불교에서는 성에 善을 갖추고 있다고 설하나 천태종에서는 성에 惡을 갖추고 있다는 것을 설하기 때문에 독특한 교설이라 할 수 있다.

다음으로 실천적인 방면으로는 一心三觀이 있다. 일심의 위에 三千三諦의 理를 觀念하기 위하여 日常의 妄心인 个爾陰妄의 일념에 삼천을 갖추어 即空・即假・即中함을 관한다. 천태종의 지관은 圓頓止觀이라고 한다. 圓頓止觀이란「圓頓이란 처음에 實相에 緣한다. 境에 造하매 中 즉 진실 아님이 없다. 緣을 法界에 繫 하고 念과 法界가 一이다. 一色一香도 中道아님이 없다. (中略) 法性寂然함을 止라 이름하며 寂하여 常照함을 觀이라 이름한다. 始終을 말하려 해도 二도 없고 別도 없다. 이를 圓頓止觀이라 이름한다」(『摩訶止觀』卷一 上)는 것이다.

圓敎에 있어서는 修行의 과정을 六位로 나누어 이를 六即이라 한다. 六即은 理即・名字即・觀行即・相似即・分眞即・究竟即을 말한다. 理即은 오직 불성을 갖추고 있음을 가리키고 名字即은 오직 불성을 解하는 것을 말한다. 觀行即은 第子五位品, 相似即은 十信位, 分眞即은 十住・十行・十廻向・十地・等覺位를 이름이며 究竟即은 妙覺位에 상당한다. 또한 천태종의 교관을 간단히 간추린 綱要書로는 高麗의 諦觀이 쓴 『天台四敎儀』가 있다.

제3절 三階敎

信行과 三階敎의 盛衰 북제시대에 末法사상이 강열하게 의식되었고 이러한 말법의 도래에 대응하여 새로운 종교가 탄생하였다. 하나는 相州지방에서 일어난 信行의 三階敎[20]이고 다른 하나는 幷州지방에서 일어난

---

19) 安藤俊雄 『天台性具思想論』(法藏館 1953).
20) 矢吹慶輝 『三階敎之硏究』(岩波書店, 1927). 神田喜一郎「三階敎に關する隋唐の古碑」(『佛敎硏究』第三卷第三・四號, 第四卷第二號, 1922, 1923 刊). 兼子秀利「三階敎の普施觀」(『佛敎史學』第七卷第四號, 1959. 2).

道綽의 정토교였다. 전자는 지금은 「末法의 惡世」가 되었으므로 오직 普敬普法에 의지해야 한다」고 주장했던 것에 대하여 후자는 「말법惡世가 되었으므로 彌陀一念을 專念專修하자」고 설했다. 이 두가지 종파는 장안에 진출하여 수와 당의 불교계에 커다란 영향을 끼쳤다.

삼계교의 개조인 신행(540~594)은 魏州(河北省 大名縣) 사람으로 어려서 출가하여 相州의 法藏寺와 光嚴寺에서 수학하였다. 相州는 동위와 북제의 도읍이었으나 북주에 의하여 북제가 멸망하게 되고 폐불이 단행되었기 때문에 法藏寺에서 수학하고 있다 신행도 환속하여 노역에 종사하기도 하여 난을 피하였다. 개황 원년(581)에 수의 불교부흥정책이 펴지자 초청되어 京都에 들어가, 僕射 高熲이 그를 맞아들여 眞寂寺에 三階院을 설치하여 주하게 하였다. 신행은 신자들과 함께 여기서 따로 기거하여 敎旨의 실천선포를 행함과 동시에『對根起行法』『三階集錄』『衆事諸法』등 40여권을 지었다. 또한 京師에 化度·光明·慈門·慧日·弘善등의 三階院이 설치되었다. 신행의 유해는 終南山 鴟鳴의 堆에 안장되어 탑과 비가 세워졌다(『唐傳』卷十六, 信行傳). 신행의 제자인 本濟·僧邕 등 唐代의 三階敎徒도 종남산 신행의 묘탑부근에 안장되었다. 이 탑사는 百塔寺라 불리운다. 종남산은 정토교의 대성자인 善導, 南山律의 道宣, 화엄종의 杜順·智儼등과 함께 삼계교도의 遺跡이다.

신행의 문하에는 300여인의 제자가 있었다고 전해지나 확실하게 이름이 전해지는 것은 本濟·僧邕·慧如·裵玄證·僕射의 高熲등 몇명에 지나지 않는다. 居士 裵玄證은 처음에는 출가하여 化度寺에 주하였는데 신행의 제자가 되고서 환속하여 신행의 저술을 필록하였다.

本濟(562~615)는 개황 원년(581) 18세때에 「戒定逾逾하여 깨끗하고 正業 彌彌하여 고상하도다」(『唐傳』卷十八, 本濟傳)라고 말해졌다 한다. 신행에게 사사하였고 신행은 本濟를 위하여 교의를 口述하였다. 후에 신행이 입적한 뒤 22년간을 삼계교를 널리 펴는데 힘썼다. 그의 저서에『十種不敢斟量論』이 있다. 본제의 동생인 善智(?~607)도 신행에게 사사하였으며『頓敎一乘』의 撰하였다. 본제가 沒하자 제자들이 신행의 묘 우측에 付葬하였다. 또 본제의 제자로 道訓·道樹가 있다.

 僧邕(543~631)은 13세 때에 禪觀에 통달했던 僧稠에 의하여 출가하고 북주폐불 무렵에는 白鹿山의 깊은 숲속에서 난을 피하여 은거하였다. 隋의 불교 부흥정책이 시작되자 신행은 僧邕이 깊이 숨어 있음을 알고 사람을 보내어「도를 닦고 행을 세우는 데에 널리 제도함으로써 先을 삼는 것이 마땅하다」(『唐傳』卷十九 僧邕傳)고 고하였기 때문에 산을 나서서 신행과 함께 業을 쌓고 京師의 化度寺에서 머물었다. 신행이 沒한 뒤에는 徒衆을 總領하여 주지로써의 역할을 다하였다.

 則天武后 시대에 활약했던 삼계교도로는 淨域寺 法藏(637~714)이 있다 그는 12세 때에 淨域寺의 欽禪師에게 사사하고 두타걸식을 행하였다. 如意 원년(692)에 무후의 制度를 받들어 東都 大福先寺에서 無盡藏을 檢校하고 長安中(701~704)에는 다시 化度寺에서 無盡藏을 檢校하였으며 이어서 薦福寺 大德이 되었다. 그가 입적한 후 종남과 梗梓谷에서 화장하여 사리는 신행의 탑 우측에 모셔졌다. 화엄종의 法藏과 활약시대가 같기 때문에 두사람의 법장이 있었던 사실에 주의해야 한다.

 또 景龍 원년(707)에 삼계교도인 師利는 『示所犯者瑜伽法鏡經』(敦煌寫本)을 僞造하였다.

 삼계교의 역사는 일면 탄압의 역사였다. 개황 20년(600)에 칙령에 의하여 금단되었던 사실을 비롯하여 여러번 탄압을 받았다. 그러나 탄압의 조처하에서도 삼계교도들은 숨어서 가르침을 지켜, 당에 이르러서는 다시 성하게 되었다. 삼계교의 근본 도량인 化度寺에 설치된 無盡藏院은 武德에 시작하여 貞觀의 말년에 이르기까지 실로 막대한 上下의 富를 거두어 들여 無盡藏施를 실시하는 성황을 이루게 되었다. 개원 원년(713)에 칙령에 의하여 無盡藏院은 문을 닫게 되었고 개원 13년(725)에는 三階院이 폐지되었으며『三階集錄』도 금지되었다. 개원 18년(730)에 이루어진 智昇의『開元釋敎錄』을 보면 당시 유행하던『三階敎籍』35부 44권을 疑惑錄中에 편입시키고 있는데 정원 16년(800)에 소칙에 의하여 편찬되어진 일

---

21) 塚本善隆「日本に遺存する原本貞元釋敎目錄」(『神田論集』).

본의 古寫本 『貞元釋敎目錄』[21]에는 신행의 저술이 수록되어져 있다(刊本 『貞元錄』에서는 삭제).

삼계교의 전적은 거의 산실되어 겨우 단편적인 것만이 慈恩의 『西方要決』, 懷感의 『釋淨土群疑論』, 智儼의 『五十要問答』 『華嚴孔目章』, 法藏의 『華嚴五敎章』 등에 수록되어 있을 뿐이다. 그러나 최근에 돈황에서 『對根起行法』 『七階佛名』 『三階佛法密記』 卷上 등 많은 사본이 발견되었으며 또한 일본의 고사본중에서도 『三階佛法』 4권이 발견되기에 이르러 삼계교의 전모가 드러나게 되었다.

三階敎의 敎說   천태종은 산이름에서, 화엄종은 경의 이름에서 宗名을 얻은 것에 대하여 삼계교는 그 교의에 의하여 명칭이 이루어졌던 것으로 第三階宗이라고도 하고 普法宗이라고도 한다.

삼계교에서는 모든 불교를 때와 장소와 사람에 의해서 3종으로 분류하고 제1계를 一乘, 제2계를 三乘, 제3계를 普歸普法이라 하였다. 신행은 『大方廣十輪經』 『大集經』 등에 의하여 이 교설을 세웠다. 현재를 말법시대라 하고 사회는 탁하고 어지러우며 사람은 生盲의 凡夫라고 한다. 불멸후 500년(第一階)이나 그 후의 1000년(第二階) 사이에 있는 사람들은 一乘이나 三乘의 別法에 의하여 깨달음을 얻게 되나 이제는 第三階인 普法에 의지하지 않으면 안된다고 주장한다.

삼계교에서는 普敬普佛을 설한다. 일체의 법은 유일의 如來藏에서 전개한 것이고 모든 사람은 불성을 갖추고 있기 때문에 모든 사람들에 대하여 차별을 인정하지 않고 如來藏佛・佛性佛・當來佛로써 받들어야만 한다는 것이다. 이러한 보불사상은 필연적으로 일체의 사람들에 대하여 愛憎과 輕重의 차별을 두지 않는 普敬思想으로 전개된다.

이 普敬佛의 가르침이야 말로 말법탁세에 태어난 죄악이 많은 범부가 구제받을 수 있는 실천불교라고 설하고 同信同行을 僧俗에게 구하여 실천행에 힘썼다. 특히 사회적 실천으로서 無盡藏院의 활동이 삼계교의 특색으로 보여지며 그것이 또한 탄압의 원인도 되었다.

제 10 장 唐의 佛敎
―― 불교의 사회적 발전 ――

　隋에 이어서 국가를 통일한 唐의 高祖는 도읍을 장안에 정하고 무력을 충실히 하였으며 모든 제도를 정비하고 문물을 흥하게하고 대외적으로도 눈부신 발전을 이룩하였다. 태종의 시대에는 貞觀의 治라고 불리워지는 盛世를 출현시켰다.

　당대에는 서방과의 교류도 왕성해져서 祆敎(조로아스터교·모두 남북조 시대에 전래). 마니교·회교[1]이슬람교·景敎[2](그리스도교의 일파로 네스테리우스파)등의 외래종교가 중국에 전래하였다. 남북조시대부터 발전해 온 불교는 왕실과 귀족들의 귀의를 받아 번영하였다. 게다가 인도로부터 玄奘·義淨등이 새로운 불교를 전하였으며 不空·善無畏등은 密敎를 전하여 신선한 생명력을 불러 일으켰다.

　한편 이미 남북조시대에 기반을 확립한 중국불교는 당대가 되어서는 법상종의 基, 율종의 道宣, 화엄종의 法藏, 정토교의 善導, 선종의 慧能 등 뛰어난 불교인이 수없이 배출되었기 때문에 중국불교의 各宗이 성립하였다. 한편으로 불교신앙이나 문화도 서민층에 깊이 침투하였기 때문에 俗講, 變文등이 널리 행해져서 외래종교인 불교가 중국인의 정신생활에 깊은 관계를 가지게 되었다.

　중국불교의 역사상 최고의 전성시대를 이루었던 당대불교는 당의 國威

---

1) 金吉堂, 外務省調査部譯 『支那回敎史』(生活社, 1940). 傅統光 『中國回敎史』(商務印書館, 1940).
2) 佐伯好郞 『景敎の硏究』(東方文化學院 東京硏究所, 1935). 同 『支那基督敎の硏究』(一)(二)(三) (春秋社 松伯館, 1943, 1944).

의 융성과 더불어 동아시아 세계에 전파되었다. 여기에서 渤海·新羅·일본·베트남을 포괄하는 동아시아 불교권[3]이 성립되기에 이르렀고 漢譯『대장경』에 기반을 둔 중국불교가 동아시아 여러 지역에 전파되었던 것이다.

특히 고대 삼국을 통일한 新羅는 당의 불교문화를 훌륭히 섭취하여 뛰어난 불교예술을 창조하였을 뿐만 아니라 한국불교 역사상 최고의 불교 교학 興隆시대를 출현시켰던 것이다. 한편 일본의 奈良時代의 南都六宗이나 最澄의 천태종이나 空海의 진언종등이 성립되는데에 당대불교의 영향이 컸었다.

제 1 절 唐代佛敎의 국가적 성격

沙門不敬王者論의 終焉 당대에는 통일국가가 건설되고 국가의식이 강화되어 中華思想이 앙양되었다. 따라서 王法의 밑에 불교가 종속해야 한다는 원칙이 정해져 승니의 범죄에 관한 규정이 국법중에 명기되고 승단의 統制를 담당하는 관직도 꼭 승려를 임명하지 않고 일반관리로 하여금 담당토록 하기에까지 이르렀다.

당대불교가 국가 권력하에 종속되었던 하나의 증거를 들어 본다면 沙門不敬王者論[4]이 당의 초기에 한차례 발효된 후 영구히 그 자취를 감춰버린 사실을 들 수 있다. 고종의 顯慶 2년(957) 2월에 내린 소칙에서는 승니가 자기의 부모와 존속을 공경하지 아니하고 오히려 부모에게서 예배를 받고 있는 사실을 지적하고, 이는 인륜에 어긋나는 것이라 하여 엄금하였다 (『唐會要』卷五十). 고종의 龍朔 2년(662) 4월에는 사문이 임금과 어버이에게 예배해야할 것을 명하였다(「廣弘明集』卷十五). 부모에게 절하지 않는다는 公式이 비난받았던 것은 이 때가 처음이었다. 임금에게 절하지 않는 것과 부모에게 절하지 않는 것은 不離의 관계이고, 중국 고유사상에

---

3) 拙稿「中國佛敎の展開と東アジア佛敎圏の成立」(岩波講座『世界歴史』6, 1971).
4) 道端良秀 「唐代の僧尼不拜君親論──唐代佛敎の倫理性」『印佛研』第二卷第二號, 1954. 3). 과『唐代佛敎史の研究』(法藏館, 1957) pp. 335~357.

서 보면 禮를 파하는 것이라는 것이다.
 이 때 大莊嚴寺 威秀와 西明寺 道宣등이 반대운동을 일으켜 당당히 반대의견을 말하였던 결과로 소칙이 내려 不拜王者의 문제는 취소되고 부모에게만은 절을 하도록 명하였다. 이 소칙도 불교도들의 반대에 직면하였으나 무효로 돌아가 그 후로 이 문제는 영구히 종언을 고하게 되었다. 帝王에 대한 사문의 칭호도 당 초기에는 「貧道某」「沙門某」라고 하였었으나 숙종의 上元 원년(760) 3월 8일에 육조혜능의 제자 令韜가 上表할 때 처음으로 「臣」이라고 하였기 때문에 이것이 일반의 관례가 되어 宋代에는 사문의 上表文에 「臣頓首」등이라 쓰게 되었다.[5]

僧官제도 北魏의 승관은 僧尼에 대하여 독립된 재판권이 주어져 불교 교단은 승관의 지배하에 있었으며 승단의 재정유지를 위해서는 僧祇戶(僧祇粟)의 제도가 설립되어 승관은 독립된 권한을 가지고 있었다. 당대가 되면서 僧統이나 僧錄등의 승관을 설치하기는 하였으나 그것은 功德使와 같은 俗官의 예하에 두어 승니에 대한 재판권도 없어서 승관의 권한은 현저하게 축소되기에 이르렀다.

 당 초기[6]에 승니와 도사를 통속하는 중앙관청은 鴻臚寺의 아래에 설치한 崇玄署였다(『通典』卷二十五). 그 후 則天武后의 延載 원년(694)에는 제도가 바뀌어 祠部의 예하로 들어가게 되었다(『唐會要』卷五十九). 이어서 현종의 改元 25년(737)에는 도교를 宗正寺의 예하에 두고 불교를 祠部에 檢校케 하였다. 다시 天寶 2년(743)에는 정식으로 祠部의 예하에 두었다. 헌종의 元和 2년(807)에는 승니의 관장이 兩街功德使[7]에 의하여 행해졌다. 이 공덕사는 俗官이었고 이와같이 불교교단은 완전히 俗官에 의하여 통제 지배되기에 이르렀다.

 또한 승니에 대한 법령의 적용에 대해서도 북위에서는 승니의 殺人 이상의 죄는 국가가 처단을 했으나 그 이하의 죄는 승관이 內律(『僧制』四

---

5) 高雄義堅「中國佛敎の國家意識」(『中國佛敎史論』pp. 46~48).
6) 山崎宏「唐代に於ける僧尼所隷の問題」(『支那中世佛敎の展開』第四章). 滋野井恬「唐代前半期の僧道所隷について」(『東方宗敎』第十九號 1962.8) 同 『唐代佛敎史論』(平樂寺書店, 1973).
7) 塚本善隆「唐中期以來の長安の功德使」(『東方學報』京都, 第四册, 1933.12).

十七條)에 의하여 처리하는 것으로 정해져서 법적으로 승니는 속인들과는 다른 한계가 확립되었었다. 그러나 당대에는 이처럼 內律에 의하는 것이 아니고 승니의 범죄도 일반의 법률에 의하여 처단되기에 이르렀다. 승니의 사소한 죄라 할지라도 국가의 법률이 이를 구속했던 것이다.

승관제도에 대해서는 당 초기의 武德 2년(619)에 승려를 총섭하고 法務를 유지할 목적으로 十大德이 설치되었으나 이는 특수한 일시적인 제도이고 그 후 얼마 동안은 중앙승관이 설치되지 않았었다. 僧統은 지방승통이 설치된 것 같고, 당 중기에 曇一·神邕이 승통에 취임하였다. 또한 하서지방과 沙州에는 河西都僧統 洪辨[8]과 大蕃國都統三藏法師 法成등의 이름이 알려져 돈황지방에 승관[9]이 설치된 사실을 알 수 있다.

각 州의 都僧統의 官은 그 주의 수석사인 龍興寺나 開元寺에 두었던 것 같다.[10] 지방승관의 최상위에 각주의 승통이 있었는데 중앙에서도 승통을 두었던 예가 있다. 七帝의 門師로 받들려졌던 화엄종 제4조 澄觀도 승통에 취임하였는데 이것도 일종의 尊號였다. 元和 원년(806)에 장안의 龍興寺 惟英도 승통에 취임하였는데 승려를 통제하는 실권은 없었다고 한다.[11] 당조는 원칙적으로 중앙에 僧統制를 두지 않았다.

僧錄은 元和·長慶 사이에 정식으로 설치되어(『大宋僧史略』卷中) 불교와 도교를 관장하는 俗人 공덕사의 밑에서 승록이 중앙의 승려관계 사무를 주관하였다. 左右街 승록은 左右街 공덕사밑에 설치된 副員으로 차관, 또는 사무관의 성격을 띠고 있었다. 원화 원년(806)에 端甫는 左街僧錄에, 그리고 靈邃는 右街僧錄에 취임하였다.

원화 2년 이래로 중앙승관으로서는 승록이 설치되었고 지방승관으로는 僧正이 설치되었다. 원래 승정은 동진에서부터 시작한 남조계통의 승관이었고 지방승관으로서 주요지방에 설치되었던 것이었는데 당조에 이르러서

---

8) 石浜純太郎「法成について」(『支那學』第三卷第五號, 1923.12).
9) 竺沙雅章「敦煌の僧官制度」(『東方學報』京都, 第三十一册, 1961.3)
10) 那波利貞「唐代の社邑に就きて」上·中·下(『史林』第二十三 卷第二·三·四號, 1938. 4.7.10).
11) 中富敏治「唐代の僧統——特に澄觀と惟英に關する見解」(『大谷學報』第四十卷第三號, 1960.12).

도「僧正은 단지 一都督管內에 있다」(『入唐求法巡禮行記』卷一)라 한 것처럼 都督·節度使·刺史등의 관내에 사무관장을 위해 설치하였다. 그러므로 사실상 지방승통과 구별이 없었다. 승정의 實例에 대해서는 江淮지방이나 돈황지방에서 그 이름을 찾아 볼 수 있다.

國分寺의 설립 國分寺적인 성격을 가지는 官寺[12]의 설립은 수나라때에 그 싹을 발견할 수 있다. 수의 開皇 3년(583)에 문제는 경성과 모든 주에 관사를 건립하고 行道케 하고 行道日에는 자비의 정신을 강조하여 생명을 죽이는 일을 금지시켰다(『歷代三寶記』卷十二). 문제는 주와 현에 僧尼二寺를 설치할 것을 명하였다.

당의 고조는 沙汰佛道의 소칙을 내려 불교사원을 정리하여 도읍에 세개의 사찰을 두고 각 주에 한개의 사찰을 두어 官給寺院으로 하여 전 불교를 통제하려 하였으나 실행에 옮기지는 못하였다. 고종은 麟德 3년(666)에 兗州에 도관과 불사를 각 3개소씩을 두게하고 다시 천하의 諸州에 一觀一寺를 두었다(『舊唐書』卷五. 『唐會要』卷四十八). 천하에 설치한 寺觀에서는 국가의 안태를 기원하고 황제의 위덕을 선양하였다.

則天武后가 정치적 실권을 장악하자 괴승 薛懷義일파가 무후에게 아부하여 法明등 아홉명의 승려와 함께 『大雲經』에 付會한 讖文을 제작하고 무후는 미륵불이 하생한 존재이므로 당연히 唐에 代하여 제위에 올라야 한다고 하여 武周革命을 발단시켰다. 무후는 載初 원년(690) 7월에 『대운경』을 천하에 분포하였으며 같은 해 9월에는 당의 국호를 周라고 바꾸고 天授라 개원하였으며 스스로를 聖神皇帝라 칭하였다. 10월에는 兩京과 諸州에 大雲寺를 각각 1개소씩 설치케 하였다. 『대운경』이라는 경전을 절이름으로 한 동일명칭의 官寺가 일제히 설치된 것은 대운사가 처음이라고 한다.

이윽고 中宗의 神龍 원년(705), 중종이 즉위하여 당의 국호를 부활시키고 무후시대에 佛先道後의 정책을 위하여 없애버렸던 노자의 존호인 「玄

---

12) 塚本善隆「國分寺と隋唐の佛敎政策並びに官寺」(『日支佛敎交涉史研究』弘文堂書房, 1944, pp. 1~47).

元皇帝」도 부활시켰으며 또한 천하의 모든 주에「大唐中興」을 이름으로 하는 사찰과 도관을 1개소씩 설치하였다. 신룡 3년(707)에 中興寺觀의 명칭은 龍興寺觀으로 바뀌었다. 이 龍興寺는 당의 국호를 복귀한 중종이 즉위한 신룡 원년에 천하의 諸州에 같은 이름의 사관을 설치하여 당조의 중흥을 경축하고 그 장구함을 신불에게 기원할 목적으로 설치된 것이다. 이 룡흥사도 대운사와 마찬가지로 그 지방의 대표적인 대사찰의 이름을 바꾼 것이다.

玄宗의 開元 26년(738)에 玄宗朝의 新國分寺라고도 할만한 開元寺觀이 전국의 諸州에 일제히 설치되었다(『唐會要』卷五十五). 현종은 佛道二敎를 국가의 통제하에 두어 그 중심으로 삼은 것이 諸州의 開元과 龍興의 2官寺였던 것이다. 천자의 생일 등 祝壽의 의식은 개원사에서 행하고 國忌의 법요는 룡흥사에서 행하여 개원사는 국가 축전의 의식을 집행하는 도량으로 지정되었다.

불교의 궁정진출　당 초기에 새로이 전래한 불교를 국정에 이용하기 위하여 태종은 玄奘을 중용하였다. 현장은 문덕황후를 위하여 세운 大慈恩寺에서 주하면서 번경원에서 번역사업에 종사하였다.

현장이 『瑜伽論』을 역출했을 때 황제는 스스로 論을 손에 들고 찬탄하였다 한다. 현장이 입적하자 고종은「짐은 국보를 잃었도다」(『大慈恩寺三藏法師傳』卷十) 하고 탄식하고 그 장례에는 장안의 승니들에게 幡蓋를 조성하여 묘소에 보내게 하였다고 한다.

현장의 제자인 慈恩大師 基도 고종의 신임을 받았다. 또한 정토교의 道綽도 태종과 교섭이 있었고 善導는 皇后 武氏의 명에 의하여 낙양의 龍門에 盧舍那佛像의 조성을 감역하였다.

무주 혁명을 전후하여 불교도의 궁정접근은 두드러지게 많아졌다.『대운경』[13]에 付會하여 讖文을 제작한 요승 薛懷義는 불교를 이용하여 무후에 접근하여 권력을 멋대로 휘둘렀다. 武周의 불교는 괴승과 요승이 활약

---

13) 矢吹慶輝「大雲經と武周革命」(『三階敎之硏究』岩波書店, 1927, pp. 685~762). 靑廂弘基「支那佛敎史上に於ける則天武后」(『鴨台史報』第五輯, 1937.3). 陳寅恪「武曌與佛敎」(『國立中央硏究院歷史語言硏究所集刊』第五本 pp. 137~148).

하는 僞濫佛敎[14]의 일면을 보여주었다. 한편 禪과 화엄의 고승들도 무후에게 접근하였다. 북종선의 神秀[15]는 무후에 의하여 맞아들여져 安陽山에 度門寺를 세우고 三朝에 걸쳐서 국사의 예우를 받았다. 또한 그의 제자인 普寂은 중종에게 두터운 예우를 받았다. 禪의 일파인 淨衆宗의 智詵과 處寂도 궁정에 초빙되었다. 화엄종의 法藏이 무후에게 초청을 받아 화엄의 교리를 설한 사실은 유명하고 그가 입적하자 현종은 鴻臚卿을 贈하였다.

당조를 통하여, 아니 전 중국불교 역사상 궁정에서 가장 위세를 떨쳤던 것은 不空三藏[16]이었을 것이다. 그는 玄宗·肅宗·代宗의 3대에 걸친 섬김을 받았다. 그는 현종을 위하여 궁중에 들어와 灌頂法을 행하였고 대종의 명에 의하여 경을 강의할 때는 황제가 臨御하여 향을 피우고 예배를 하였으며 그를 特進 鴻臚卿에 임명하여 출입시에 승마를 허용하였다. 다시 開府儀同三司를 加하여 蕭國公에 봉하고 그가 입적하자 3일간을 廢朝하기에 이르렀다. 이러한 사실에서 不空三藏의 권세가 대단했었던 것을 알 수 있다.

內道場의 설치 內道場이란 궁정내에 불사를 행하는 장소를 말한다. 이 내도량의 명칭은 隋에서부터 시작한다고 하나(『大宋僧史略』 卷中), 精舍를 내전에 세웠던 것은 이미 오랜 동진의 효무제때의 太元 6년(381)에서 비롯된다(『晉書』卷九, 孝武帝紀). 남북조시대에 이르러서 내도량은 그다지 성하지 않았으나 수의 양제는 내도량에서 도교와 불교의 경전을 모으고 목록을 따로 작성케 하였다(『隋書』卷三十五, 經籍志). 내도량의 제도가 대규모로 발전한 것은 당대에 이르러서이다. 당대에 있어서 내도량의 기원은 확실치 않으나 문헌상으로는 측천무후 이후로 속한다. 그 전성시대는 숙종·대종무렵과 穆宗·敬宗 무렵인데 전자는 不空三藏이, 후자는 端甫가 내도량을 중심으로 권세를 떨쳤다. 당대에 번영했던 내도량의 제도는 송대에 이르러 자취를 거의 감추었다.

---

14) 野上俊靜「敦煌本「阿毗曇經」卷二六の跋について——則天武后時代僞濫佛敎に關する一資料の紹介——」(『大谷學報』第三十三卷第二號, 1953.9).
15) 山崎宏「荊州玉泉寺神秀禪師」(『隋唐佛敎史の硏究』第十章).
16) 上同 第十三章「不空三藏」.

會昌의 廢佛　중국불교 역사상 전후 네차례에 걸쳐 행해진 폐불사건은 「三武一宗의 法難」이라고 하는데 3무는 북위의 太武帝, 북주의 武帝, 당의 武宗이고 1종이란 후주의 世宗을 가리킨다. 이 가운데 武宗에 의한 會昌의 폐불[17]이 가장 철저했던 것이며 게다가 대규모적인 것이었다.

폐불사건의 동기는 도교의 불교배격이었다. 황제의 신임을 받았던 도사 趙歸眞이 도교신앙이 두터운 무종을 끌어들여 폐불을 사주하였다. 폐불의 원인은 다만 도교측의 策謀에 의해서 만이 아니라 가장 큰 이유는 사원소유의 장원이 증가함에 따른 국가의 경제적인 문제의 발생과, 교단적으로 승니의 부패와 타락, 그리고 私度僧·僞濫僧의 횡행에 있었다. 그 때문에 무종이 사원승니의 대규모적인 제한 금지령을 단행했던 것이 회창의 폐불이었던 것이다.

회창의 폐불은 會昌 5년(845)에 단행되었는데, 이미 회창 2년(842)에 승니중의 범죄자와 계행을 닦지 아니하는 자를 환속시켜 그 재산을 몰수하였다. 그 후 탄압은 계속되어 이윽고 회창 5년 8월에 「毀佛寺勒僧尼還俗制」(『全唐文』卷七十六)가 발표되었다. 그것에 의하면 折寺 4,600여 개소, 환속승니 260,500인, 折招提蘭若 40,000여개소, 몰수한 上田 수천만頃, 노예를 兩稅戶로 바꾼 것이 150,000에 이르렀다고 한다. 그러나 불교사원 전부를 없앤 것이 아니고 장안과 낙양에는 네개의 사찰을 남기고 승려는 30여인을 남겼으며 각 주에는 각기 하나의 사찰을 남겨 두어 이를 三等으로 나누어 승려를 20인, 10인, 5인씩 남게 하였다. 회창의 폐불은 불교 교단을 완전히 없애려 한 것은 아니고 불교 교단의 정리개혁을 목표로 한 것이었다.

제 2 절　불교와 유교·도교

唐왕실과 道教　당의 고조는 道教의 교조라고 하는 老子의 李姓을 당

---

17) 岡田正之「慈覺大師の入唐紀行に就いて」(『東洋學報』第十二卷, 1922.12). 龜川正信「會昌の廢佛について」(『支佛史學』第六卷第一號, 1942.7).

왕실의 李姓과 연결시켜 노자를 「唐室의 祖」라고 하는 설을 채용하였기 때문에 도교는 특별히 봉대되게 되었다. 당의 태종은 貞觀 11년(637)에 도교를 불교의 우위에 놓는 소칙을 내려 法琳이나 道宣등의 필사적인 항변도 아랑곳하지 않고 「道先佛後」의 석차를 정하였다. 武周朝의 天授 2년 (691)에 이 석차가 뒤바뀌어 불교가 도교의 위에 위치한 적도 있었으나 「道先佛後」는 당실의 일관된 방침이었다.

현종은 특히 도교를 존중하였다. 현종은 정치를 개혁하여 開元의 治世를 장식하였으나 불교에 대해서는 숙정을 행하여 開元 2년(714)에는 姚崇의 진언을 받아들여 불교승려를 환속시켰다(『資治通鑑』卷二百十一).

개원 10년(722) 정월에는 兩京과 諸州에 玄元皇帝廟를 각 1개소와 그리고 崇玄學을 설치하여 『도덕경』과 『장자』 『열자』 『文子』 등을 학습케 하였다. 개원 20년에는 士遮의 家에 『노자도덕경』 한 권석을 소장토록 하고 동 23년(735)에는 황제가 스스로 『노자』에 주를 하였으며 아울러 『老子疏義』 8권을 정리하게 하였다. 개원 25년에는 唐室의 조상에게 제사를 지내는 宗正寺에 도사와 女冠을 두게 하였다. 또한 개원 26년(738)에는 開元觀이 설치되고 天寶 3년(744)에는 無始天尊의 금동상을 조성하여 이를 전국의 開元觀에 안치케 하였다. 현종은 도교를 존숭하기는 하였으나 불교를 금지하거나 탄압하지는 않았다. 개원 22년(734)에는 『금강경』을 注하여 천하에 유포하고 밀교의 不空三藏이나 그 일행을 신임하기도 하였다.

불교와 도교의 항쟁 고조의 武德 4년(621)에 도사인 傅奕은 부국안민의 策으로서 사탑과 승니를 줄여야만 한다는 11개 조항을 상서하였다 (『廣弘明集』卷七). 이에 대하여 濟法寺 法琳은 『破邪論』을 지어 도사의 破國破家의 예를 들어 논박하고 도교의 허망한 점을 지적하였다. 또한 振響寺 明槩는 『決對論』을 지어 부혁의 11개조 중에서 처음의 8조를 파하였다. 다시 유학자였던 李師政도 『內德論』을 지어 부혁의 설을 반박하였다. 이에 대하여 도교측에서도 반격을 시도하여 부혁을 도와 도사 李仲卿이 『十異九迷論』을 쓰고 劉進喜는 『顯正論』을 지어 불교를 공격하였다. 이에 대하여 法琳은 『辨正論』을 지어 이에 반격을 가하였다. 이 논은 이중경의 『十異九迷論』에 대하여 十喩九箴으로 구성되어 있다.

불교와 도교의 선후 문제에 대해서도 二敎사이에서 열띤 토론이 오고 갔다. 고조의 무덕 8년(625)에 帝가 釋奠의 예를 행할 때, 儒·道·釋의 순위를 정하기 위하여 釋慧乘과 도사인 이중경 사이에서 논란이 벌어졌었다(『唐傳』卷二十四, 慧乘傳). 그 후에 태종의 정관 11년(637)에는 道先佛後의 소칙에 반대했기 때문에 智實은 유배에 처해지기까지 했었다(『唐傳』卷二十四). 정관 12년(638)에는 紀國寺 慧淨과 도사 蔡晃이 『법화경』의 序品 第一에 대하여 논의하였다(『集古今佛道論衡』卷丙). 다음 해에는 도사 秦世英이 법림의 『辨正論』을 황제를 비방하는 것이라고 상주하였기 때문에 법림은 益州에 유배되었다가 병을 얻어 입적하였다. (『唐傳』卷二十四, 智實傳). 이러한 對論은 고종대에 이르러 더욱 심해져서 顯慶 3년 (658) 4월에 고종은 승려와 도사 7인을 내전에 불러 불교측에서는 會隱·神泰가, 도사 黃賾·李榮·黃壽등과 논의하기도 하였다. 이러한 불도논쟁은 같은해 6월에도 행하여졌다(『集古今佛道論衡』卷丁). 같은 해 11월에는 도사 李榮과 大慈恩寺의 義褒사이에서 本際義에 대한 논쟁이 있었다(『唐傳』卷十五, 義褒傳). 또한 현경 5년(660)에는 『老子化胡經』에 대하여 승려 靜泰와 도사 李榮이 논쟁하여 李榮을 궁지에 몰아 넣었다. 다시 龍朔 3년(663)에는 蓬萊宮에서 도사 姚義玄 등 5인과 西明寺의 승려 子立 등 4인이 논쟁하였다(『集古今佛道論衡』卷丁). 이러한 논쟁이 많았던 것은 고종이 도교를 극히 비호하였던 데에 까닭이 있었다.

武周朝에는 佛先道後가 되었었으나 玄宗朝가 되자 다시 道先佛後가 되고 말았다. 그러나 二敎사이의 對論은 거의 없었고 개원 18년(730)에 靑龍寺 道氤과 도사 尹謙이 2교의 우열에 대하여 논쟁했던 사실 밖에는 없었다(『宋傳』卷五, 道氤傳). 대종의 大曆 3년(768)에는 章信寺 崇惠와 도사 史華가 對論하였고(『宋傳 卷十七, 崇惠傳)』, 덕종의 貞元 12년(796)에는 사문 覃延과 도사 葛參成간의 논쟁이 있었으며 다시 경종의 寶曆 2년 (826)에 사문과 도사 4백여인이 담론하였고 太和 원년(827)에는 사문 義

林과 도사 楊弘元이 對論하였다고 전해지고 있다.

이러한 논쟁의 주요문제는 道에 대한 내용의 詮明과 『化胡經』의 진위문 제등을 포함하여 2교의 선후문제등에 지나지 않았다. 당대의 불도 2교 의 논쟁[18]에 관한 문헌으로서는 道宣의 『廣弘明集』『集古今佛道論衡』, 智 昇의 『續集古今佛道論衡』, 復禮의 『十門辨惑論』, 玄嶷의 『甄正論』, 그리고 神淸의 『北山錄』 등이 있다.

道敎經典에 미친 불교의 영향 불교와 도교사이에 빈번히 행해진 논 쟁의 결과 도교측에서는 불교경전의 교리를 섭취하여 불교에 대항하였다. 수나라의 도사 劉進喜가 짓고 다시 李仲卿이 10권으로 만들었다고 하는 『太玄眞一本際經』[19]에는 불교의 般若空觀의 영향이 강하다. 이 『本際經』은 당대 초에 유행되어 景雲 2년(711)에 서사된 『本際經疏』가 돈황문헌에 있 다. 불교의 佛性說은 도교에서는 道性說로 바뀌어져서 『大乘妙林經』『海 空智藏經』『道敎義樞』[20] 등에 나타나고 있다. 특히 『道敎義樞』에는 삼론종 의 길장이 제시한 五種佛性說(『中論疏』)에 의한 五種道性과 草木道性說이 보여지고 있다. 또한 이 『道敎義樞』에는 三界・三寶・三學・四大・五濁・ 五陰・六根・六度 등 法相宗의 용어들이 눈에 뜨인다. 이러한 현상은 『道 門敎法相承次序』나 『一切道經音義妙門由起』 등과 같은 계통을 보여주고 있다.

또한 眞諦역 『섭대승론』의 아뢰야식설이나 三性說을 改變시킨 것에 『海 空智藏經』[21]이 있다. 그 밖에 『법화경』과 『洞玄靈寶太上眞人問疾經』 또는 『법화경』과 『太上靈寶元陽妙經』과의 관계나 『열반경』을 전면적으로 바꾸 어 작성한 『太上靈寶元陽妙經』 등, 불교경전의 영향하에 성립한 도교경전

---

18) 常盤大定 『支那における佛敎と儒敎道敎』(東洋文庫, 1930) pp. 631~652. 久保田量遠 「唐 代に於ける道佛二敎の抗爭」(『支那儒道佛三敎史論』 第十五章). 同「唐代における佛道二敎 の關係」(『支那儒道佛交渉史』 第十三章). 松本文三郎 「支那に於ける佛道二敎の暗鬪」(『佛 敎史論』 弘文堂書房, 1929).
19) Wu Chi-yu, *Pen-Tsi-king* (太玄眞一本際經), Ouvrage taoïste inédit du VIIIe siècle, Manuscrits retrouvés á Touen-houang reproduits en fac-similé, Paris, Centre National de la Recherche Scientifique, 1960,
20) 福井康順 『道敎の基礎的研究』(書籍文物流通會 1952) pp. 164~170. 吉岡義豊 『道敎と佛 敎』 第一 (日本學術振興會, 1959) pp. 309~368.
21) 拙稿 「佛道兩思想の交流」(『中國佛敎思想史研究』 第一部, 春秋社, 1969).

은 많다.

韓愈의 排佛　　韓愈[22](韓退之 768~824)는 헌종의 元和 14년(819)에 佛骨을 맞아들이려는 데에 대하여 諫하다가 潮州의 刺史로 좌천된 바 있는데 그는 『原道』『論佛骨表』『與孟簡書』를 저술하여 불교를 배격하였다.

그는 『원도』에서 불·도 2교는 국민에게 무위도식을 가르치고 倫常을 무너뜨리며 천하국가를 고려하지 않으므로 이러한 夷狄의 가르침은 유교의 정신에 위배된다고 비난하였다. 불·도 2교를 배척할 방책으로서 승니를 환속시키고 2교의 전적을 불사르며 寺觀을 民舍로 바꿔야한다고 주장하였다. 이 배불론은 荻仁傑등과 같은 취지를 지닌 것이다. 송대이후가 되면서 한유의 배불론에 대하여 契嵩의 『非韓』『輔敎篇』, 張商英의 『護法論』, 劉謐의 『三敎平心論』, 李屛山의 『鳴道集說』등이 반박을 가하였다.

三敎談論　　中唐이후에 천자의 생일에 3교관계의 행사인 3교담론이 행해졌다. 당 초기에 행해진 3교담론, 예를들면 태종의 貞觀 13년(639)에 祭酒인 孔穎達과 사문 慧淨, 그리고 도사 蔡晃이 弘文殿에서 행하였던 담론은 실질적인 담론이었으나 당 중기 이후의 것은 의례적인 것이었다.

貞元 13년(796) 4월 誕節에 麟德殿에서 徐岱와, 사문 覃延, 도사 葛參成이 3교에 대한 강론을 하였다(『新唐書』卷百六十一. 『佛祖統紀』卷四十一. 『大宋僧史略』卷下). 다음해에는 左街僧事 端甫가 내전에 들어가 儒道와 논의하였고 紫方袍를 하사받았다(『宋傳』卷六, 端甫傳). 그 밖에 寶曆 2년(826)과 太和 원년(827)에도 麟德殿에서 3교담론이 행해졌다(『佛祖統紀』卷四十二. 『白氏文集』卷五十九).

불교도의 유교와 도교 비판　　삼론종의 길장은 유·도 2교에 대하여 비판을 가하였는데 특히 노장에 대하여 여섯개 항목에 걸쳐서 비판하였다. 또한 당 초기에 활약한 法琳도 도교비판을 행하였다. 그러나 당 중기가 되면서 삼교 일치의 사상도 생기게 되었다. 천태종의 제6조인 湛然의 제자 元皓는 유교와 불교의 일치를 주장하고, 『北山錄』의 저자인 神淸도 삼교

---

22) 久保田量遠「唐代に於ける儒士の排佛論とこれに對する釋氏の反駁論」(『支那儒道佛三敎史論』第十六章). 太田悌藏「韓愈の排佛の宋學への影響」(『印佛研』第十五卷 第一號 1966. 12). 陳寅恪「論韓愈」(『歷史硏究』1954年 第二期 1954年 5月).

일치를 기본으로 삼았다. 宗密은 『原人論』에서 유·도 2교를 비판하였는데 그는 불교사상의 체계중에 유교와 도교를 짜 맞추려 하였다.[23]

제3절 불교의 사회적 발전

佛敎儀禮——法會의 유행   당대 불교의례의[24] 특색은 (1) 국가적 색채가 강하고 (2) 종파적인 차이가 거의 없으며 (3) 교단의 발전과 더불어 심히 복잡화되고 (4) 본래의 목적을 잃고 기도를 주로 하였다. 당대의 불교의례는 불교의례 발달사상의 최고의 위치를 점하는 동시에 이미 타락의 제일보를 내딛었다고 할 수 있다.

법회에는 恒例의 법회와 그렇지 않은 법회가 있다. 恒例의 법회로는 부처의 生日·성도회·열반회·盂蘭盆會[25]·誕節·國忌등이 있고 그렇지 않은 법회로서는 佛牙공양의 법회·齋會·八關齋會·講經의 법회등이 있었다. 천자의 誕節에 궁중과 사원에서 법회를 열었던 사실은 인도나 서역의 불교에는 전혀 없는 것으로 중국불교가 국가적 색채를 강하게 띠고 있음을 보여주는 것이다.

당대에서 誕節의 법회는 玄宗때부터 시작되었다고 한다. 불교도가 지켜야 할 八戒는 八齋戒, 또는 八關齋라고도 하는데 재가의 신자가 하루낮 하루밤을 한정하여 지킬 여덟가지의 계를 받는 법회가 八關齋會이다. 대종의 大曆 7년(772)에 하남의 宋州 開元寺에서 행해졌던 팔관재회는 대단히 커서 승려 천명, 속인 6천명의 많은 사람들에게 재가 공양되었다고 한다(『金石萃編』卷九十八).

법회에서 행해졌던 불교의례로는 行香, 독경·梵唄가 있다. 行香은 이미 道安이 행하였다고 하지만 그 내용은 확실치 않다. 行香이 香器를 들고 향을 나누는 것을 주로하는 의례라는 것은 『入唐求法巡禮行記』卷一에

---

23) 拙稿「宗密における儒佛道三敎」(『宗密敎學の思想史的研究』 第三章, 東京大學出版會, 1976).
24) 大谷光照 『唐代の佛敎儀禮』(有光社, 1937).
25) 岩本裕 『目連傳說と盂蘭盆』(法藏館, 1968).

서 문종의 開成 3년(838) 12월 5일의 條에 揚州 開天寺에서 國忌의 時에 行香의 규모가 적혀 있는 것을 보면 알 수 있다. 단, 법회에 참가하는 속인이 행하는 行香은 오히려 분향과 같은 것일 것이다.

독경은 경전을 독송하는 것인데 부처의 덕을 찬탄공양하여 선근공덕을 닦는 것으로 부처의 冥助에 의하여 복을 구하는 기도를 위해서 행해진다. 독경은 誦經, 또는 念經이라고도 한다. 읽혀지는 경전은 『법화경』이 가장 많고 『금강경』 『반야심경』 『藥師經』 등도 쓰여지고 있다.

登州 赤山의 新羅寺院에서는 송경을 중심으로 하여 전후에 범패·3귀의·예불·회향등을 더한 형식이 정비된 의례가 행해졌다(『入唐求法巡禮行記』卷二). 기도의 목적을 위해서는 轉經行道가 행해졌다.

行道는 本尊이나 혹은 堂塔의 주위를 돌면서 공경 존중의 뜻을 표하는 의례로 그 중심이 되는 것에 따라서 繞佛·繞堂·繞塔등으로 불리웠다. 범패는 경전의 게송에 절을 붙여서 영창하며 불덕을 찬탄하는 것으로 불교음악의 일종이다. 범패는 법회에서 중요한 역할을 담당한다.

불교의례를 구성하는 데에 중요한 역할을 하는 것으로 懺法이 있다. 이미 남북조시대에 梁皇懺과 같은 참법이 있었다고 전해지나 참법[26]의 성립에 커다란 역할을 한 것은 天台智顗였다. 그는 『方等三昧行法』 『法華三昧懺儀』를 저술하였다. 당대에는 善導가 『轉經行道願往生淨土法事讚』 등을 짓고 宗密이 『圓覺經道場修證儀』를 저술하여 唐代에 예참부의 경전이 많이 성립하였다.

齋會 재회란 승려에 대하여 식사를 제공하는 의식, 또는 그 의식을 중심으로 한 법회를 말한다. 이러한 의식을 행하는 것을 設齋라고 한다. 승려만이 아니라 일반 속인들에 대해서도 식사를 공양하는 경우는 無遮齋라고 한다.

재회는 남북조시대에 자못 성하였고 당대에 더욱 더 융성해졌다. 재회는 승려만을 공양하는 것이 원칙이었기 때문에 이를 일반적으로 僧齋라고 이름하고 그 공양을 받는 승려의 수에 따라서 千僧齋, 또는 五百僧齋라고 불

---

26) 塩入良道「中國佛敎に於ける禮懺と佛名經典」(『結城論集』).

렸다. 당대에는 大曆 7년(772)에 萬僧齋도 행해졌다(『册府元龜』卷五十二). 오대산에서는 貞元중에 열개의 사원을 비롯하여 普通院·蘭若에 이르기까지 일제히 誕節의 만승재를 베풀고 있다(『廣淸涼傳』卷中). 또한 궁중에서도 咸通 12년(871)에 의종이 궁중에서 만승재를 베풀었다는 기록이 있다(『佛祖統紀』卷四十二).

승려에게 식사를 공양하는 것을 목적으로 한 재회는 나중에는 축하와 追善의 의미를 지니는 것, 또는 기도의 의미를 지니는 것 등이 생겨났다. 祝賀追善의 의미를 가지는 재회에는 부처의 생일·열반일 또는 황제의 誕節·國忌등에 행해지는 것이나, 불상등의 낙성기념으로 이루어지는 재회도 있고 또한 고승이나 고관등의 명복을 기원하는 추선공양의 경우에도 재회가 행해졌다. 예를 들면 정관 4년(630)에 勝光寺의 釋迦佛丈六像을 조성할 때 천승재가 있었고(『佛祖統紀』卷三十九), 開元 26년(738)에 石壁寺의 철로된 미륵상을 주조했을 때의 大齋(『金石萃編』卷八十四) 등이 그것이다.

報謝의 의미로 행해졌던 것으로서는 虞世南이 병의 완쾌를 報謝하여 베풀었던 千僧齋會(『全唐文』卷百三十八 設齋疏)등이 있다. 기도를 위하여 행해진 것으로서는 정관 6년(632), 가뭄 때문에 비를 기원하는 재회가 행해졌다(『法苑珠林』卷十三). 이러한 형태는 불교를 현실의 행복을 얻는 수단으로도 생각했기 때문에 이와같은 재회가 행해진 것이다.

義邑과 法社 북위시대에 발달한 義邑은 재가중심의 불교단체를 말하는데 수대가 되면서 북주의 폐불이후에 불교부흥의 기운에 편승하여 부처상을 조성하는 일이 성하게 되고 또한 의읍도 존재하게 되었다. 당나라 때의 의읍[27]의 실상에 대해서는 「益州福壽寺釋寶瓊傳」(『唐傳』卷二十八)에 의하면 寶瓊이 지도한 의읍은 꼭 30인으로 구성되어 사람마다 『大品』 1권씩을 가지고 평상시에는 독송을 하고 매월 재회를 베풀어 各 邑人이 순차적으로 송경을 하였다고 한다. 이러한 의읍이 천여개에 달하여 많은 사람들이 모였다. 이 의읍은 종교적인 경문의 독송이나 재회를 주로 한 것이다. 隋代처럼 造像을 주로 하는 의읍은 그 내용이 약간 변화된 것으로 보

---

27) 山崎宏『支那中世佛敎の展開』pp. 76~831

인다. 또한 읍인의 신앙대상으로는 彌勒·석가·미타·관음등이 주된 대상이었으나 기원하는 목적은 주로 현세이익을 목적으로 하였다.

慧遠의 白蓮社에서부터 비롯되었다고 하는 法社[28]는 남북조와 수·당에 걸쳐서 많은 수가 존재하였고 특히 당의 말기에서 송대에 걸쳐 성하였다. 수대에서 당 초기에 걸쳐서는 법사에 관한 기록은 거의 없다. 則天武后에서 玄宗代에 걸쳐서는 금석문중에서 몇가지의 법사에 대한 기사를 볼 수 있다.

당대에 법사가 점차로 문헌에 나타난 것은 天寶의 난 이후이다. 貞元의 무렵 吳郡 包山의 神皓가 西方法社를 설치하고(『宋傳』卷十五, 神皓傳), 江州 興果寺의 神湊는 菩提香火社를 결성하였다(『白氏文集』卷二十四). 白居易는 長慶 2년(822)에 杭州 龍興寺의 승려 南操가 세운 華嚴社의 일원으로 入社하였다. 이 화엄사는 南操의 위대한 발원에 의하여 결성된 법사로서 사람마다 화엄경 1권씩을 諷誦하고 매년 4계절마다 大聚會를 개최하여 재를 베풀었다. 社人의 재물보시로 하여, 재의 비용으로 사용할 良田이 10頃이나 되었고 10만인이 다시 천만인을 권하였다고 하는 열렬한 재가 출가 합동의 신앙단체였다.

또한 백거이가 撰한 『社誡文』이 있다(『白氏文集』卷五十九. 『全唐文』卷六百七十六). 백거이는 또한 會昌中에 洛南 香山의 승려 如滿과 함께 香火社라고 하는 법사를 결성하였다(『舊唐書』卷百六十六). 또 開成의 무렵에 절강성 紹興부근에서 元英을 지도자로 하는 九品往生社가 결성되어 1,250인의 社人이 왕생을 기원하였다(『八瓊室金石補正』卷七十三).

中晚唐·五代에 있어서도 남북조시대의 의읍이나 邑會와 같은 형태의 조직이 형성되었다는 사실이 돈황문서인 社齋文·社願文·社邑文·立社條文·社司轉帖文書의 연구[29]에 의하여 밝혀지게 되었다. 그것은 社邑이나 社라고 불리워 종래의 邑師는 社僧이라 불리우고 邑主나 邑長·邑維那는

---

28) 那波利貞「唐代の社邑に就きて」上·中·下(『史林』第二十三卷 第二·三·四號, 1938. 4.7.10月). 山崎, 前揭書, p. 797 이하.

29) 那波利貞「佛敎信仰に基きて組織せられたる中晚唐五代時代の社邑に就きて」(『史林』第二十四卷第三·四號, 1939.7.10)

社長・社官・社老・虞候등으로 바뀌고 邑義・法義・邑人・邑子는 社子・社人・社戶등의 명칭으로 변화되었다.

初唐이전의 의읍이나 邑會가 비교적 불상의 조상이나 사찰의 수리사업 등을 중심으로 했던 것에 대하여 中唐이후의 社邑은 재회・송경・寫經등을 중심으로 하였다. 또한 여기에 俗講이 더해지기도 했다.

一社邑의 조합원은 25인 아니면 30인에서 40인 정도로 이러한 것이 10사읍이나 15사읍이 모여서 하나의 사원에 예속되어 있었다.

民衆敎化──俗講과 變文 민중에 불교를 전하는 역할을 맡은 승려로 經師가 있다. 경사는 범패나 **轉讀**을 즐겨하는 사람이었다. 여기에 경전을 강술하는 사람은 講師라고 하고 다시 강경할 때 강사와 문답을 하여 講經을 돕는 역할을 하는 사람을 都講이라 하였다. 이러한 강경은 남북조시대에 많이 행해졌는데 아직 그것은 승려나 귀족 등 지식인의 전유물이었다. 당대가 되면서 강경할 때 강사의 뒤를 이어 다시 複演하는 사람이 나타나 이를 覆講師라 불렀다. 당의 開成 4년(839)에 행해진 赤山院 講經儀式에 강경의 순서가 차례대로 적혀 있는데 강경의 후에 복강사가 나서서 강사의 강의를 다시 정리하여 강연하였다고 한다(『入唐求法巡禮行記』卷二).

강경에서 다시 발전하여 불교를 일반대중에게 이해시킨 것이 唱導師였다. 창도사란「法理를 宣唱하여 衆心을 開導한다」(『梁傳』卷十三, 唱導篇, 論)는 것으로 민중에 대하여 아름다운 음성으로 교화한 전문 포교사였다. 『고승전』에 이어서 『속고승전』과 『송고승전』에도「雜科聲德篇」을 두어 唱導師의 활약을 전하고 있다. 또한 민중교화의 제일선에서 활약한 것에 化俗法師라는 것이 있었다(『入唐求法巡禮行記』卷一). 이는 여러 곳을 순회하면서 교화했던 사람이다. 여기에 이어서 遊化僧・遊行僧 등 여러나라를 돌아다니며 교화하는 승려도 출현하였다.[30]

당 중기 이후 俗人에 대하여 하는 강경은 俗講[31]이라 하였다. 문종의 開

---

30) 道端良秀「佛敎徒의 精神生活と民衆敎化」(『唐代佛敎史の硏究』第二章, 法藏館 1957).
31) 那波利貞「中唐時代俗講僧文㴩法師釋疑」(『東洋史硏究』第四卷第六號, 1939. 8). 金岡照光「再論文㴩法師──俗講の諸樣相──」(『東洋學硏究』第三號, 1969. 3). 福井文雅「唐代俗講儀式の成立をめぐる諸問題」(『大正大學硏究紀要』第五十四輯, 1968. 11). 向達「唐代

成中에, 혹은 문종의 태화 9년(835)이전에 장안성중의 모든 사찰에서 칙명에 의하여 俗講이 개설되어 『화엄경』『법화경』『열반경』『금강경』등의 대승경전이 정월 15일부터 2월 15일까지의 사이에 강설되었다. 특히『법화경』을 강의한 文漵法師가 속강의 제일인자로 꼽히었다(『入唐求法巡禮行記』卷三).

속강의 형식은 종래의 출가한 전문가에 대한 강경과 같은 형태였으나 그것이 在俗者에 대하여 행해진 것이 다른 점이었다. 속강은 장안에서만이 아니라 지방의 사원에서도 이루어졌다. 예를 들면 돈황지방의 여러 사원에서는 봄 가을 二座와 여름, 또는 겨울을 더한 세차례가 열렸다. 속강은 中晩唐 이후에 행해졌다고 하나 常州 義興(江蘇省 宜興縣)의 善伏이 정관 3년(629)에 속강을 들었다고 하는 기록(『唐傳』卷二十, 善伏傳)이 있는 것으로 보아서 당대 전반에 걸쳐서 속강이 행해졌는지도 모른다. 칙령에 의한 속강은 형식적인 강경이었으나 일반민중에 대한 속강은 평이한 因緣說話를 주로 하였다. 경론에 덧붙여서 淫穢鄙褻의 일들을 설한 文淑(文宗時의 俗講僧文漵과 다른 사람으로 보는 설과, 같은 사람으로 보는 설이 있다.) 같은 俗講僧이 있었다는 사실이 전해지고 있다(趙璘「因話錄」卷四).

俗講과 唱導가 후에는 혼동되어 버린지도 알 수 없으나 기본적으로는 차이가 있다. 창도는 창도문을 美聲으로 낭송하는 포교법으로 창도사는 설법사・化俗法師 또는 遊化僧이 된 것에 대하여, 속강은 강경의 계통에 속하여 경전을 俗人에 대하여 쉽게 강의한 것이다. 속강은 覆講이 講經에서 분리 독립한 것이라고 보아도 좋을 것이다.

속강과 밀접한 관계를 가지고 있는 것이 變文[32]이다. 변문의 변은 變怪,

俗講考」(『燕京學報』第十六期 1934年 十二月). 都講에 대해서는 福井文雅「「都講」の職能と起源——中國・インド交渉の 接點——」(『櫛田硏究』).

32) 變文에 대해서는 那波利貞「俗講と變文」(『佛敎史學』第二・三・四號, 1950. 1. 6. 10). 梅津次郎「變と變文」(『國華』第七百六十號, 1955. 7.). 入谷義高編譯「變文」(『佛敎文學集』平凡社, 1975). 加地哲定『中國佛敎文學硏究』(高野山大學, 1965). 澤田瑞穗『地獄變』(法藏館, 1968). 同『佛敎と中國文學』(國書刊行會, 1975). 金岡照光『敦煌の文學』(大藏出版, 1971). 王重民他『敦煌變文集』上・下 (人民文學出版社, 1957). 蔣禮鴻『敦煌變文字義通釋』(上海中華書局, 1959). 鄭振鐸『中國俗文學史』上 (商務印書館, 1938年). 任二北『燉煌曲校錄』(上海圖書發行公司, 1955).

變更등으로 이해되는 면도 있으나 변이란 불교의 變相圖의 변이고 변문이 란 變相圖의 그림풀이와 통속설법의 대본이다. 변문에는 유명한 『目連救 母變文』을 비롯하여 『父母恩重經變文』『阿彌陀經變文』『降魔變文』『八相 成道變文』등 불전에 의한 것과 『舜子至孝變文』『張議潮變文』등 일반 고 사에 의한 것도 있다. 이러한 변문들은 俗語로 쓰여진 현존최고의 話本이 며 口語講唱文學의 시조라고 한다. 이러한 변문이 모든 俗講時에 일종의 種本이었던가 아니었던가 하는 문제는 있으나 민중의 교화자료로서 속강에 서 뿐만 아니라 많은 교화승에 의하여 이용되었을 것이다. 또한 변문과 유 사한 것으로 押座文이 있어 『八相押座文』『維摩押座文』등이라 불리운다. 압좌문이란 變相押座文, 變押座文이라고도 하여 변문이라고 하는 해석도 있고, 압좌란 座下의 청중을 진압 진정시키기 위하여 개강 전에 梵讚하여 청중의 마음을 전일케 하는 뜻이 있으며, 또한 압좌문은 俗講時에 개강에 앞서서 吟唱하는 글이라고도 한다.

또한 변문과 깊은 관계에 있고 속강이나 그 밖에 교화자료로서 사용되 어진 것에는 五更轉・十二時・百歲篇・悉曇頌・散花樂・歸去來 등 불교의 俗曲이 있었다.

悲田養病坊과 宿坊──사회사업 당대 사원에 설치된 悲田養病坊[33]은 悲田・療病・施藥의 三院을 겸한 것이었다. 비전양병방은 則天武后의 長安 中(701〜704)에 처음 설치되었다(『唐會要』卷四十九). 이 비전양병방은 불 교의 것으로 승니가 관장해야 하는 것이었다. 그래서 俗官이 국가사업으 로써 할 필요는 없었다. 현종은 개원 22년(734)에 소칙을 내려 경성내의 굶주린 아이들을 여러 사찰에 나누어 두게 하여 病坊에 모두 수용케 하였 다(『全唐文』卷七百四「論兩京及諸道悲田坊狀」). 회창의 폐불로 인하여 비전양 병방을 관장하던 승니가 모두 환속해 버렸기 때문에 비전양병방은 폐쇄되 었다. 그러자 많은 빈병자가 내버려지게 되어 각지의 錄事중에서 선발하 여 비전양병방의 임무를 맡겼다. 비전양병방의 이름을 바꾸어 養病坊이라

---

33) 道端良秀「佛敎と社會事業」(『唐代佛敎史の硏究』第四章). 同『中國佛敎と社會福祉事業』 (法藏館, 1967). 那波利貞 「簡易宿泊處としての唐代寺院の對俗開放」(『龍谷史壇』第三十 三號, 1950.6).

하고 경비로는 兩京에서는 田 7頃, 大州에서는 7頃, 이하의 諸州에서는 5頃에서 2頃까지를 급여했다고 한다.

宿坊으로서 당대 사원중에서 가장 유명했던 것은 오대산[34]의 普通院이었다. 보통원에 관한 기록은 圓仁의 『入唐求法巡禮行記』[35] (권 2)에 쓰여져 있다. 보통원은 오대산의 순례자를 위하여 설치된 것으로 오대산의 東南兩道에 있었다. 보통원은 무료숙박소적인 성격이 강하여 在俗을 불문하고 숙박시키며 평소에는 먹을 것을 준비하여 숙박자들에게 제공했었던 것으로 보인다. 오대산의 보통원은 송대까지도 존재하였다(『大宋僧史略』卷上「創造伽藍」).

불교와 사회경제 중국불교에 있어서 사회경제[36]와의 관계에서 한차례 문제가 된 것은 승려의 면세 특권과 병역과 徭役의 면제의 문제이다. 이러한 문제를 따라 사회문제나 경제문제가 파생되어 왔기 때문에 중국불교를 논할 경우 사회경제와의 관계를 무시할 수는 없다. 우선 사원의 유지와 수리, 또는 건립등의 지출에 대하여 살펴보자.

사원에는 승려 이외에 동자, 사미, 노비등이 거주하여 경제생활을 영위하고 있는데 승려의 숫자만도 적게는 2, 3인에서 크게는 3백인에 이르고 있다. 사원 생활자가 일년에 쓰는 비용은 대개 쌀이 여섯섬, 의복비가 4,000文이라고 한다(『釋門自鏡錄』) 序.

가람의 수리에 많은 비용이 들고, 특히 하나의 사찰을 건립하는 경우에는 거액의 비용이 있어야 한다. 예를들면 오대산 金閣寺의 건립에는 錢巨億萬이라고 하고(『舊唐書』卷百十八, 王縉傳), 장안 大興寺의 文殊閣에는 22,487貫 950文이 소요되었다(『表制集』卷五). 또한 천하의 誕節이나 忌日,

---

34) 小野勝年・日比野丈夫『五臺山』(座右寶刊行會, 1942).
35) E.O. 라이샤워 著, 田村完誓譯 『世界史上の圓仁——唐代中國の旅——』(實業之日本社, 1963). 小野勝年 『入唐求法巡禮行紀の硏究』 第一・二・三・四卷(鈴木學術財團, 1964, 1966, 1967, 1969).
36) 玉井是博「唐時代の社會史的考察」(『支那社會經濟史硏究』 岩波書店, 1942). 三島一「唐宋時代に於ける貴族對寺院の經濟的 交涉に關する一考察」(『市村論叢』). 同 「唐宋寺院の特權化への一瞥」『歷史學硏究』 第一卷第四號, 1934. 2). 陶希聖 「唐代寺院經濟槪說」(『食貨』第五卷第四期, 1937年二月). Jacques Gernet, *Les Aspects Economiques du Buddhisme*, Dans la Société Chinoise du V° au X° Siède, L'Ecole Française d'Extrême-Orient, Saigon, 1956, Introduction.

또는 講經이나 盂蘭盆會등의 행사나 법회에도 막대한 비용이 들었기 때문에 사원은 귀족이나 부호와 같이 碾磑(방앗간)를 경영하고 邸店(창고)·店舖(상점)·車坊[37](마차를 빌려주는 가게) 등의 사업을 경영하였으며 거기에다 無盡藏에 의하여 금융사업도 활발히 하였다.

우선 碾磑[38]에 대해서는 장안이나 낙양에 있는 대사원뿐만 아니라 돈황지방의 사원에서도 수력으로 하는 水碾磑를 운영하여 사원수입의 유력한 재원을 삼았다. 돈황의 사찰 회계문서 중에서 碾磑를 실제로 운영하는 磑戶의 존재가 확인되었다. 이로 보면 사원과 磑戶가 상호부조적인 관계에 있었음을 알 수 있다. 기름의 제조자인 梁戶[39]도 磑戶와 마찬가지로 사원의 영리사업중의 하나였다. 邸店·店舖·車坊등도 높은 임대료를 받고 상인에게 빌려주어 많은 이익을 얻었는데 관리나 부호와 함께 사원도 이러한 사업에 종사하였다.

다음으로 寺領에 대하여 살펴보면 사령이란 사원이 소유하고 있는 영지로서 寺田, 또는 寺莊이라고도 불리웠다. 사령은 원칙적으로 보시로 이루어졌으나 교단의 발전이나 사원의 융성에 따라 사원 승려들에 의하여 적극적인 사령의 확대작업이 실시되었다. 武宗의 폐불사건 때 관에 몰수된 토지와 노비가 「膏腴上田 數千萬頃을 거두어 들이고 노비를 거두어 兩稅戶로 만들기를 150,000 인이라」(『舊唐書』卷十八上 武宗本紀)고 하는 것을 보아도 사원이 얼마나 광대한 사령을 소유하고 있었는가를 알 수 있다. 이러한 寺田은 승려와 노비와 莊戶(소작인)에 의하여 경작되었으나 그 대부분은 莊戶였다.

금융사업으로서의 無盡藏은 三階敎 化度寺에 설치된 무진장원이 유명하다. 三階敎 무진장은 대여방법도 간단하여 증거서류도 없고 기한이 오면 갚는다고 하는 것처럼 채무자의 편을 든 자선사업이었다. 福田사상에 바탕한 초기의 무진장도 나중에는 축재와 영리에 떨어져 고리대금적인 성

---

37) 加藤繁「車坊について」(『支那經濟史考證』上卷, 東洋文庫, 1952).
38) 那波利貞「中晚唐時代に於ける燉煌地方佛敎寺院の碾磑經營に就きて」(『東亞經濟論叢』第一卷 第三·四號, 第二卷第二號, 1941. 9. 12. 1942. 5).
39) 那波利貞「梁戶攷」(『支佛史學』第二卷第一·二四號, 1938. 3. 5. 12).

격을 지니게 되었다. 그 때문에 無盡은 寺田과 함께 사원경제의 유력한 수입원이 되었다.

　당대의 사원은 광대한 장원을 소유하고 많은 노비와 莊戶를 부리면서 귀족과 결탁하여 부를 축적했을 뿐만 아니라 이윽고 국가재정에도 커다란 영향을 주어서 사회문제도 되었다. 거기에서 唐朝는 사원의 폐쇄라든지 승려의 沙汰, 또는 私度僧의 금지를 단행하였으며 마침내는 武宗이나 後周 世宗의 폐불사건을 일어나게 하고 만 것이다.

제 11 장   唐代의 諸宗

제 1 절   佛教典籍의 翻譯과 撰述

번역승의 활약   당대에는 법상종·화엄종·밀교·선종·정토교등의 諸宗이 성립하고 발전하였는데 번역의 방면에서도 唐 초기에 玄奘이 활약하여 羅什의 구역에 대하여 신역의 시대를 열었다. 당대에는 현장뿐만이 아니라 4대번역가의 한사람인 不空도 善無畏나 金剛智등과 함께 많은 밀교경전을 전하였다. 그 밖에 당대에는 波羅頗迦羅蜜多羅·地婆訶羅·提雲般若·實叉難陀·義爭·菩提流志·般若등의 번역승이 활약하였다.

玄奘[1](602~664)은 낙양근처의 緱氏縣에서 태어났다. 그는 陳씨의 네째아들로 禕라고 불렀다. 10세에 부친을 잃은 현장은 형의 절에서 생활하였다. 그 무렵 景法師에게서 『열반경』을 배우고 嚴法師로 부터는 무착의 『섭대승론』을 배웠다. 20세에 구족계를 받고 불교연구에 종사하였다. 불교교학을 연구하는 중에 原典에 바탕하여 연구해 보려는 뜻을 세우고 인도로 건너갈 것을 계획하였다. 현장이 인도에 들어간 첫번째 목적은 『瑜伽論』 연구에 있고 두 번째 목적은 인도의 부처님 유적을 순례하고 제 경론을 연구하려는데 있었다. 貞觀 3년(629, 일설에는 정관 원년이라 함) 장안을 출발하여 갖은 고난을 겪으면서 중인도의 那爛陀寺에 당도하여 戒賢(Śīlabhadra)에게 사사하여 유식학을 배우고 다시 勝軍에게 사사하였으며

---

1) 松本文三郎「玄奘三藏」(『東洋文化の研究』 岩波書店, 1926). 結城令聞「玄奘とその學派の成立」(『東研紀要』第十一册, 1956. 11). 前嶋信次『玄奘三藏』(岩波新書, 1952).

그 밖에 각지에서 불교학을 배웠다. 그는 전 인도를 여행하고 범본 657부를 구하여 정관 19년(645)에 장안으로 돌아왔다(『大慈恩寺 三藏法師 傳』『唐傳』卷四, 玄奘傳). 그것은 전후 17년에 걸친 대여행이었다.

정관 19년 2월 6일에 칙명에 의하여 번경원에서 역경을 시작하였다. 그가 역출한 것으로는 『大般若經』『解深密經』『瑜伽論』『顯揚論』『阿毘達磨雜集論』『攝大乘論』『大毘婆沙論』『異部宗輪論』『成唯識論』『俱舍論』『順正理論』등 75부에 달하였다.

현장은 중국의 번역사에서 한 시대를 그어 현장이전의 번역을 구역이라 하고 현장의 번역을 신역이라 한다. 그의 번역은 일자 일구도 소홀함이 없는 정확한 번역이었다. 중국불교에서 대표적인 번역가인 竺法護·鳩摩羅什·眞諦·義淨·不空등의 譯經三藏들이 번역한 경전의 총량이 469부 1,222권인데 대하여 현장은 혼자서 76부 1,347권의 경전을 번역하였다.

또한 현장의 여행기인 『大唐西域記』[2]는 7세기 전반의 중앙아시아나 인도의 지리, 풍속·문화·종교등을 아는데 귀중한 문헌이다. 이와 관련하여 현장의 여행기는 元·明代에 희곡화되어 『西遊記』라 이름하여 세상에 출현하였다.

이 위대한 번역사업은 당의 태종 치하의 貞觀의 盛時를 배경으로하여 이루어졌다. 태종은 현장의 번역사업을 돕기 위하여 국립 번역기관인 翻經院을 설립하여 원조하였다. 梁代에 유랑의 여행을 계속하면서 유식론서를 번역해야만 했던 진제삼장과는 이런 점에서 대조적이라 할 것이다.

義淨(635~713)은 어려서 출가하여 法顯이나 현장의 인도구법을 경모하여 37세(671)되던 해에 廣東에서 해로를 통하여 인도로 향하였다. 그는 20여년에 걸쳐서 30여개국을 방문하고 많은 범본 경론들을 가지고 낙양으로 돌아왔다(695). 그는 佛授記寺에서 번역에 몰두하였으며 實叉難陀와 함께 80권 『화엄경』을 번역하기도 하였다. 그 밖에 『金光明最勝王經』『孔雀王經』등 56부 230권을 번역하였다. 그 중에서도 『根本說一切有部毘奈耶』

---

2) 堀謙德『解說西域記』(前川文榮閣, 1912). 足立喜六『大唐西域記の研究』上·下 (法藏館 1942, 1943).

등의 계율을 역출해 내는데 힘을 기울였다. 저서는 5부 9권을 헤아릴 수 있으나 그중에서도 『大唐西域求法高僧傳』[3] 『南海寄歸內法傳』은 당시의 인도불교나 사회의 실상을 아는데 귀중한 문헌이다.

實叉難陀(Śikṣānanda. 學喜. 652~710)는 于闐人으로 『화엄경』 범본을 가지고 와서 證聖 원년(695)부터 菩提流志와 義淨등과 더불어 이를 번역하여 聖曆 2년(669)에 완성하였다. 이 번역하는 장소에 무후가 친히 방문하여 서문을 賜하였다. 그는 또한 10권 『入楞伽經』을 번역하였다.

地婆訶羅(Divākara. 日照)는 중인도 사람으로 주술에 능하였다. 무후의 垂拱中(685~688)에 兩京의 東西太原寺와 西京의 廣福寺에 머물면서 『화엄경』 입법계품, 『佛頂最勝陀羅尼經』 『大乘顯識經』 『大乘廣五蘊論』 등의 18부를 번역하였다.

提雲般若(Devaprajñā. 天智)는 于闐人으로 대소의 학문에 정통하였다. 永昌 원년(689)에 중국으로 와서 魏國東寺에서 『화엄경』의 分品인 『法界無差別論』 등을 번역하였다.

菩提流志(Bodhiruci. 572?~727)는 남인도 사람으로 고종이 永淳 2년 (683)에 사신을 보내어 영접하였고 天后도 그를 존경하였다. 新龍 2년 (706)부터 『大寶積經』 120권을 번역하였다.

佛陀波利(Buddhapāli. 覺護)는 북인도사람이며 『佛頂尊勝陀羅尼經』을 번역하였다.

般若(Prajñā)는 북인도 사람이며 貞元 14년(798)에 『화엄경』 입법계품을 역출하였는데 이는 40권 『화엄경』이라 불리운다. 『송고승전』의 「譯經篇」을 보면 인도와 서역승 뿐만이 아니라 玄覺・道因・覺救・智通・智嚴・懷迪・戒法・飛錫・子隣등의 중국승려의 활약이 두드러졌던 것을 알 수 있다.

疑經의 유행   남북조에 이어서 당대에도 疑經의 찬술이 많이 이루어졌다. 智昇은 『開元錄』 권18의 「僞妄亂眞錄」중에서 392부 1055권의 의경을 제시하고 있다. 『開元錄』 전체의 總入藏錄은 1,076부 5,048권이므로

---
3) 足立喜六 『大唐西域求法高僧傳』(岩波書店, 1942).

부수로 따지면 3분의 1이요 권수로 보면 5분의 1을 점하고 있다. 특히 『佛名經』[4] 『要行捨身經』[5] 『瑜伽法鏡經』[6] 『淨土于蘭盆經』[7] 『父母恩重經』[8] 『禪門經』[9] 『嫉妬新婦經』 등의 37부 54권의 疑經은 종래의 여러 경록서에는 기재되어 있지 않고 개원 18년(730)에 편찬된 『開元錄』에 처음 수록되어진 것들이다. 그러므로 『大周錄』에서 『開元錄』에 이르는 8세기의 초기에 많은 의경이 출현한 것을 알 수 있다.

그 밖에 당대에는 그 이후의 불교교학에 커다란 영향을 주었던 의경[10] 즉 『大佛頂首楞嚴經』『圓覺經』『千臂千鉢曼殊室利經』『大宗地玄文本論』『釋摩訶衍論』 등의 유명한 경론들이 찬술되었다.

『대불정수능엄경』에는 2가지 종류가 있다고 하는데 그 하나는 懷迪이 역출하였고(『開元錄』卷九), 다른 하나는 般刺蜜帝譯으로 房融이 수필했다고 한다(『續古今譯經圖記』). 찬술연대는 義淨이 중국에 돌아온 후인 久視 원년(700)에서 開元 18년(730)의 사이에 찬술되었다고 생각된다. 이 경은 문장이 웅휘하고 여래장의 깊은 뜻을 드러내고 있기 때문에 延壽・智圓・子璿・仁岳・袾宏등의 많은 학자들이 주석서를 쓰고 있다. 당대 불교교학에 가장 큰 영향을 미쳤던 것은 『원각경』이었던 것에 대하여 송이나 원, 명의 시대에 영향을 주었던 것이 이 『수능엄경』이었던 것이다.

『원각경』은 佛陀多羅가 東都 백마사에 있을 당시 역출했던 것이라고 하고 있으나 『開元錄』 이전 그다지 멀지않은 시대에 출현한 疑經으로 武周의 長壽 2년(693)에 역출된 것이라고도 한다(『圓覺經大疏』 卷上之二). 이 경은 『대승기신론』의 교설에 기초를 두고 있다. 惟慤은 『수능엄경』과 『원각경』 양 경의 소를 지었다. 『원각경』이 『수능엄경』과 관계가 있는 것은 분명하다.

---

4) 塩入良道「中國佛敎における佛名經の性格とその源流」(『東硏紀要』第四十二册, 1966).
5) 牧田諦亮「敦煌本要行捨身經について」(『疑經硏究』第十章).
6) 矢吹慶輝「瑜伽法鏡經について」(『三階敎之硏究』附錄).
7) 岡部和雄「淨土盂蘭盆經成立の背景」(『鈴木學術財團硏究年報』第二號, 1965).
8) 牧田諦亮 前揭書 p50 이하.
9) 柳田聖山「禪門經について」(『塚本論集』).
10) 望月信亨「異經及び疑僞經論の硏究」(『佛敎經典成立史論』 後編, 法藏館, 1946).

『대승기신론』의 주석서인『釋摩訶衍論』[11]은 용수보살이 짓고 姚秦三藏 筏提摩多가 奉譯했다고 되어 있으나, 분명히 위작된 론이다. 중국에서는 宗密이 최초로 인용한(『圓覺經略疏鈔』卷十) 이래 당의 法敏・聖法 그리고 遼의 法悟・志福등이 주석서를 쓰고 있을 뿐만 아니라 당 말기 이후에 많이 인용되고 있다.

경전목록의 편찬   당대에는 역출경전의 정리를 위하여 많은 경전목록이 편찬되었다. 현장의 번역현장에 참여했던 靖邁은 『譯經圖記』를 썼고, 道宣은 『大唐內典錄』을 찬집하였다. 측천무후는 佛授記寺 明佺에게 명하여 天册萬歲 원년(695)에 『大周刊定衆經目錄』을 편찬하였다. 이 『大周錄』은 옛부터 신용하기 어려운 것으로 평가되어져 왔다. 개원 18년(730)에 智昇은 『開元釋敎錄』『開元釋敎錄略出』『續古今譯經圖記』등을 찬집하였다. 그 중에서도 『開元釋敎錄』은 종래의 경록을 집대성한 것으로 가장 많이 사용된다. 또한 덕종의 정원 16년(800)에는 장안 西明寺의 圓照가 『貞元新定釋敎目錄』『續開元釋敎目錄』을 찬집하였다.

경전번역에 수반하여 梵語나 悉曇에 관한 서적도 출현하였다. 智廣의 『悉曇字記』, 義淨의 『梵語千字文』, 全眞의 『唐梵文字』, 禮言의 『梵語雜名』, 慧琳의 『大藏音義』등이 그것이다.

그 밖에 불교신앙이 민중에 침투하였기 때문에 「靈驗傳」「感應傳」등이 많이 저술되었다. 道宣의 『集神州三寶感通錄』,[12] 道世의 『法苑珠林』, 唐臨의 『冥報記』, 懷仁의 『釋門自鏡錄』, 慧詳의 『弘贊法華傳』, 僧詳의 『法華經傳記』, 法藏의 『華嚴經傳記』, 慧英의 『華嚴經感應傳』, 孟獻忠의 『金剛般若集驗記』, 段成式의 『金剛經鳩異』, 少康의 『往生淨土瑞應删傳』등이 유명하다. 특히 「靈驗傳」은 『高僧傳』의 『感通篇』『亡身篇』등과 함께 중국불교의 성격을 이해하는 데 어느 것보다도 중요하다.

---

11) 森田龍僊 『釋摩訶衍論之硏究』(山城屋. 文政堂, 1935).
12) 山崎宏 「唐の西明寺道宣と感通」(『隋唐佛敎史の硏究』第九章).

제 2 절 法相宗

법상종의 성립과 전승 玄奘三藏이 인도에서부터 중국으로 전하여 慈恩大師 基가 一宗으로 성립시킨 것이 法相宗[13]이다. 세친이 沒한 후 瑜伽行派중에서 陳那·無性·護法[14]의 계통을 이은 戒賢에게서 배웠던 현장은 세친의 『唯識三十頌』에 주석을 한 護法의 『成唯識論』을 역출하고 基에게 전수하였는 데 이 호법의 학설을 중심으로 하여 법상종을 설립한 것이다. 현장의 제자에는 神昉·嘉尙·普光·基등 네명의 뛰어난 제자가 있었는데 神昉은 신라사람으로 證義에 힘써서 『十輪經疏』『成唯識論要集』『種性差別章』등을 저술하였다. 嘉尙은 출생이나 연령등에 대하여는 알려져 있지 않으나 현장이 『대반야경』을 역출할 때 證義와 綴文을 하였기 때문에 武周朝의 日照三藏의 번역작업장에서도 薄塵·靈辨등과 함께 證義가 되었다. 특히 『성유식론』의 깊은 뜻을 증득하였다고 한다. 普光은 大乘光이라고도 하며, 20년에 이르도록 현장의 모든 번역경론의 대부분을 受筆하였다. 현장은 신역 『구사론』을 비밀히 보광에게 전수하여 보광은 이에 의하여 『俱舍論記』를 지었다. 이는 현장의 제자인 法寶의 『俱舍論疏』와 神秦의 『俱舍論疏』와 더불어 『구사론』연구의 지침서가 되었다. 法寶는 義淨과 實叉難陀의 번역사업장에서 證義를 맡았던 현장문하의 뛰어난 인재로, 보광과 법보는 라집문하의 道融과 僧叡에 비유되었다. 법보의 저서로는 『一乘佛性究竟論』『會空有論』등의 저서가 있다. 신방과 함께 현장의 受筆을 했던 靖邁는 普光寺 棲玄·廣福寺 明濬·會昌寺 辨機·豊德寺 道宣과 함께 집필과 綴文에 종사하였고 『譯經圖記』를 저술하였다. 현장문하의 彥悰은 慧立의 『大慈恩寺三藏法師傳』을 箋述하였다. 또한 일본 孝德天皇의 白雉 4년(653)에 入唐한 道昭는 현장에 사사하고 일본 법상종의 제일조가 되

---

13) 中國 법상종의 역사에 대하여는 玉置韜晃 『唯識學槪論』(龍谷大學出版部, 1924). pp. 41~51. 深浦正文 『唯識學硏究』(永田文昌堂, 1954). 結城令聞 『唯識の思想と歷史』(大法輪閣, 1940). pp. 11~23. 典籍에 대하여는 結城令聞 『唯識學典籍志』(大藏出版, 1962)가 있다.
14) 袴谷憲昭 「《淸淨法界》考」(『南都佛敎』第三十七號, p. 16 1976. 12).

었다.

基(632~682)의 자는 洪道이고 성은 尉遲氏로서 선조는 중앙아시아 출신으로[3] 보통 慈恩大師라고 한다. 窺基라고 함은 잘못된 것이다. 17세에 출가하여 현장에게 사사하여 25세부터 번역사업에 종사하였다. 顯慶 4년 (659)에 28세로 『성유식론』의 번역에 참여하였다. 처음에 현장은 神昉·嘉尙·普光·基와 더불어 세친의 『유식 30송』에 대한 10 대론사들의 주석을 따로 번역할 예정이었는데 基가 현장에게 청하여 基 한사람하고만 護法의 釋을 번역하고 다른 九釋을 合糅하여 만든 것이 『성유식론』 10 권이다. 이 역출에 대하여 基는 「청컨대 群言을 錯綜하여 一本으로 하고 眞謬를 楷定하여 盛則을 權衡케 하소서」(『唯識樞要』卷上本)라 하여 호법의 釋을 正義로 하고 다른 釋을 덧붙여서 번역하였다. 基는 이 론을 주석하여 『成唯識論述記』를 쓰고 다시 『成唯識論掌中樞要』를 저술하였다. 그 밖의 저서에 『彌勒上生經疏』 『無垢稱經疏』 『金剛經讚述』 『般若心經幽贊』 『法華玄贊』 『阿彌陀經疏』 『唯識二十論述記』 『瑜伽論略纂』 『大乘阿毘達磨雜集論述記』 『辨中邊論述記』 『大乘法苑義林章』 『因明大疏』 『異部宗輪論述記』 등 많은 저술이 있다. 基는 百本의 疏主라고 일컬어진다. 그의 『成唯識論述記』와 『大乘法苑義林章』에 의하여 법상종의 교학이 성립하였다. 基의 제자로는 법상종의 제 2 조인 慧沼가 있다.

慧沼(650~714)는 처음에 현장을 모셨는데 후에 基에 사사하여 학문을 연구하였다. 菩提流志가 崇福寺에서 『大寶積經』을 번역할 때 證義를 하기도 하였다. 그는 淄州의 大雲寺에 있었기 때문에 淄州沼라고도 불리웠다. 그의 저서에는 『成唯識論了義燈』 『金光明最勝王經疏』 『大乘法苑義林章補闕』 『能顯中邊慧日論』 『勸發菩提心集』 『因明論義纂要』 등이 있다. 그는 『成唯識論了義燈』 중에서 圓測과 道證등의 학설에 대하여 비판을 하고 있다. 그의 제자로는 智周·義忠·道邑·道獻등이 있다. 그 중에서 의충은 『成唯識論纂要』와 『百法論疏』를 저술하였고 도읍은 『唯識述記義蘊』을 썼다.

---

15) 向達 「唐代長安與西域文明」(『燕京學報』專號之二, 哈佛燕京社出版, 1933年).

智周(668〜723)의 전기는 『송고승전』에는 없으나 『法相法門錄』을 보면 통상 撲揚大師라고 하고 있다. 그의 저서에는 『成唯識論演秘』『成唯識論了義燈記』『梵網經義記疏』『大乘入道次第章』『因明論疏前記』와 『後記』등이 있다. 基의『成唯識論述記』, 慧沼의 『了義燈』그리고 智周의『演秘』를 唯識三箇의 疏라고 한다. 智周의 제자로 보이는 如理에게는『成唯識論演秘釋』『成唯識論疏義演』등의 저술이 있다.

법상종의 이단자로 불리우는 圓測(613〜696)은 신라인이다. 그는 신라의 왕족출신으로 3세에 출가하고 15세에 득도하여 당나라에 들어간 후 섭론종의 法常(567〜645)과 僧辨(568〜642)에게 수학하고 다시 현장이 귀국하자 그에게 사사하였다. 地婆訶羅의 번역에 즈음해서는 證義를 담당하였고 후에 西明寺에 주하였다. 그의 저서에는『成唯識論疏』『解深密經疏』[16]『仁王經疏』『金剛般若經疏』등이 있다. 그의 제자에는 道證・勝莊・慈善등이 있다(『金石萃編』卷百四十六「圓測法師佛舍利塔銘並序」). 원측의 학설은 眞諦의 영향을 강하게 입어 基의 학설과는 차이가 있다.

道證에게는『成唯識論要集』『中邊論疏』등의 저서가 있고 勝莊은 신라인으로『成唯識論決』『瑜伽論疏』『雜集論疏』『梵網戒本迹記』등이 있다. 또한 신라인 順憬은 因明에 정통하였다. 또한 신라의 遁倫[17]은『瑜伽論記』를 저술하였다. 이『瑜伽論記』는 중국 법상종의 異說을 아는 데 중요한 자료이다. 법상종에는 신라인이 많은데 그 중에서 神昉・智信등이 유명하다. 道證의 제자인 大賢은『成唯識論學記』외에도 저서가 약 40여부에 이르고 「古迹記」라는 이름이 붙어있는 것이 많다.

서명사 원측의 계통을 계승한 인물로 曇曠[18]이 있다. 담광은 智周 이후의 사람으로 서명사에 주하면서『大乘起信論廣釋』『大乘起信論略述』『大乘百法明門論開宗義記』(『金陵刻經處』), 『大乘入道次第開決』등을 저술하

---

16) 稻葉正就『圓測解深密經疏の散逸部分の研究』(法藏館, 1949).
17) 結城令聞「瑜伽論記の著者名に對する疑義」(『宗敎硏究』新第八卷五號, 1931).
18) 結城令聞 「曇曠の唯識思想と唐代の唯識諸派との關係──敦煌出土「大乘百法明門論開宗義記に現はれたる──」(『宗敎硏究』新第八卷一號, 1931). 上山大峻 「曇曠と敦煌の佛敎學」(『東方學報』京都 第三十五册, 1964.)

였다. 또한 원측의 유식학은 티베트에도 영향을 주었다.[19]

현장 문하에서는 유식학에 대한 연구와 함께『俱舍論』[20]의 연구가 성하였다. 普光・法寶・神泰는 각각 신역『구사론』의 疏를 지었다. 이 세사람을 구사의 3대가라고 한다. 이 밖에 基의『俱舍論鈔』, 懷素의『俱舍論疏』는 전해지지 않고 있다. 또한 圓暉의『俱舍論頌疏』는 후세에 영향을 크게 끼쳤으며 遁麟은『俱舍論記』를, 慧暉는『義鈔』를, 崇廙는『金華抄』를 찬하였다.

법상종의 교설　법상종의 교설[21]은 護法의『성유식론』에 근거하여 萬法唯識의 도리를 밝히고 있다. 법상종에서는 일체법을 五位百法으로 분류한다. 5위란 心法・心所法・色法・不相應行法・無爲法이다. 心을 최초로 하여 色을 三位에 놓고 心法은 前六識과 第七末那識(mano-ñamavijñāna)과 第八阿賴耶識(ālaya-vijñāna)의 八識을 내세운다. 心所法은 51種, 色法은 五根・五境・法處所攝色의 11종, 不相應行法은 24종, 無爲法은 6종으로 나뉘어진다. 이 五位百法으로 개인과 환경의 모든 것을 포함한다. 이 5위의 법은 모두 식을 떠난 것이 아니고 유식이라고 설한다(總門의 唯識). 다시 心王은 식의 自相이고 心所는 식의 작용이며 색은 식의 所變이며 불상응은 식의 分位이며 무위는 식의 實性이니 5위하나에 대하여 모두가 이 唯識이라고 설한다(別門의 唯識). 이것에 의하여 萬法不離識이 성립한다. 팔식중에서 제7말나식은 我執의 근본이 되는 것으로 我痴・我見・我愛・我慢의 4번뇌와 상응하고 있다. 제8아뢰야식은 藏識 또는 種子識이라 번역되어 輪廻의 주체가 된다.

법상종에서는 아뢰야식만이 아니라 八識心王・心所의 모두에 대한 인식에 관하여 四分說을 설한다. 4분이란 相分・見分・自證分・證自證分이다. 安慧는 1분설을 주장하고 難陀는 2분설을, 그리고 陳那는 3분설을 주

---

19) 長尾雅人「西域に殘れる唯識學」(『印佛硏』第二卷第一號, 1953. 9).
20) 深浦正文『俱舍學槪論』(百華苑, 1951).
21) 深浦正文『唯識學硏究』下卷, 敎義論. 富貴原章信『護法宗唯識考』(法藏館, 1955). 大虛『法相唯識學』上・下 (商務印書館, 1938年). 또『成唯識論』의 英譯에는 Wei Tat (韋達), *Ch'eng Wei-Shih Lun, The Doctrine of Mere Consciousness* copyright, 1973, Printed in Hong Kong.

장한 것에 반하여 護法은 4분설을 제시하였다. 사분설과 밀접하게 관계하는 것에 三類境의 설이 있다. 性境・獨影境・帶質境이 그것이다. 이 三類境은 현장의 口傳이라고 전해지고 있다. 四分說은 心에 대하여, 三類境은 境에 대하여 唯識인 것을 밝히고 있다.

唯識의 三性은 遍計所執性・依他起性・圓成實性을 말한다. 善惡無記의 三性과 구별하여 遍依圓의 三性이라고 한다. 遍計所執性이란 妄分別에 의하여 붙잡히는 것을 말하고 의타기성은 他에 의하여 生起하는 法이며 원성실성은 圓滿成就眞實의 性으로 二空所顯의 眞如이다. 이 三性에 대하여 순차적으로 相・生・勝義의 三無性을 설한다.

법상종의 실천수도에 대하여 알아보면 우선 行者에 五性各別함을 말하여 一切皆成佛을 허락하지 않는다. 五性이란 聲聞種性・獨覺種性・菩薩種性・不定種性・無性有情種性을 말한다. 一切衆生悉有佛性을 인정하지 않는 법상종의 학설은 一乘佛敎인 천태종등과 논쟁을 하기에 이르렀다. 수행의 階位로서는 資糧位・加行位・通達位・修習位・究竟位의 五位를 설하고 있다. 또 화엄・천태등의 性宗과 법상종의 相宗의 차이점에 대하여 澄觀이 十異를 들고 있다(『華嚴綱要』).

제3절 華嚴宗

華嚴宗의 相承 북쪽지방에서 발달한 地論宗이나 攝論宗의 학설을 받아 들이고 다시 당 초기에 현장이 전한 유식불교의 자극을 받아서 성립된 것이 화엄종[22]이다. 화엄종의 학계는 慧光・道憑・雲裕・彭淵・智正・智儼・法藏으로 相承하였으나 화엄종의 相承으로는 杜順・智儼・法藏이다.

『화엄경』의 번역은 동진의 佛馱跋陀羅(359〜429)에 의하여 이루어졌는데 그 때 수필의 역할을 했던 法業이 『華嚴旨歸』 2권을 썼다. 이것이 『화엄경』연구의 처음이다. 그 후 남북조시대에는 慧觀・玄暢・劉虬・靈辨・

---

22) 高峯了州『華嚴思想史』(興敎書院, 1942). 石井敎道『華嚴敎學成立史』(石井敎道博士遺稿刊行會, 1964). 拙稿『中國華嚴思想史の硏究』(東京大學出版會, 1965).

曇無最・智炬・法上・僧範・道憑・靈裕등의 많은 『화엄경』을 연구한 학자를 배출시켰다. 菩提流支가 "東土의 보살"이라 칭했던 神僧 曇無最는 칙령에 의하여 낙양 融覺寺에 주하였는데 「妙하게 涅槃・華嚴에 통달하고 僧徒는 千人이었으며 항상 業에 태만하지 않았다」(『唐傳』卷二十三, 曇無最傳)고 평해졌다. 그의 제자인 智炬는 『화엄경』을 50여遍이나 강설하였고 소 10권을 지었다(『華嚴經傳記』卷二). 또한 북위의 太和 원년(477)에 세째 왕자가 청량산에서 문수보살을 구하여 燒身供養하였으며 閹官의 劉謙之가 입산 수도하여 『화엄론』 600권을 저술하였다고 한다(『古淸涼傳』卷上). 청량산은 오대산이라고도 하며 문수보살의 영험도량으로 믿어져 왔었다. 화엄종의 제4조인 澄觀도 오대산 화엄사에 주하였다. 이 오대산 淸涼寺에서 靈辨(477~522)은 正光 원년(520)에 『화엄론』[23] 100권을 완성하였다(『古淸涼傳』卷上.『華嚴經傳記』卷一).

杜順(557~640)은 法順이라고도 하는데 18세에 출가하여 因聖寺에서 僧珍을 모셨다. 후에 종남산의 동편 驪山에 숨어서 오로지 定業을 닦았다. 그는 84세에 義善寺에서 입적하였으며 樊川의 北原에서 장례를 치렀다 한다. 제자에는 達法師・樊玄智・智儼이 있다. 智儼이 두순에게 사사한 것은 12세 때로 두순은 그의 高弟子인 達法師에게 양육하게 하였다. 樊玄智는 16세에 출가하여 京師의 城南에서 두순에게 입문하였다. 두순은 그에게 『화엄경』을 독송하는 것을 업으로 하여 이 경에 의하여 보현행을 닦도록 전하였다. 두순의 저서로는 『五敎止觀』『法界觀門』『五悔文』『十門實相觀』『會諸宗別見頌』등이 있는데 『五敎止觀』[24]은 두순의 저작이 아니고 法藏의 저서이다. 『法界觀門』[25]에 대해서도 이설이 있다. 또한 화엄종의 初祖를 두순으로 할 것인가 아닌가에 대해서도 이설이 있다.[26]

智儼(602~668)은 12세로 신승 두순의 문하에 들어가 두순은 達法師에

---

23) 佐藤泰舜「靈辨の華嚴經論に就いて——新發見六卷分の解說——」(宮本正尊・花山信勝・辻直四郎・中村元編『印度哲學と佛敎の諸問題』(岩波書店, 1931.) pp. 249~276.
24) 結城令聞「華嚴五敎止觀撰述者論攷」(『宗敎硏究』新第七卷第二號, 1930.5).
25) 鈴木宗忠『原始華嚴哲學の研究』(大東出版社, 1934).
26) 境野黃洋『支那佛敎史講話』下卷, pp. 490~495. 鈴木宗忠, 前揭書, p. 81. 常盤大定「支那華嚴宗傳統論」그리고「續華嚴宗傳統論」(『支那佛敎の研究』春秋社, 1938).

게 그를 부탁하였다. 그는 至相寺에서 두사람의 梵僧으로부터 범문을 배웠고 이를 숙달하였다. 14세에 출가하여 法常에게서 『섭대승론』을 공부하였다. 辨法師는 지엄에게 시험삼아 질문하였는데 그의 학식에 감탄을 금치 못하였다. 20세에는 제 경전을 硏鑽하였다. 후에 琳法師의 처소에서 공부하고 다시 智正에게서 『화엄경』의 강의를 들었다. 그는 또 慧光의 『華嚴經疏』를 보고서 別敎一乘無盡緣起를 이해하고 다시 한 異僧에게서 六相義에 대한 가르침을 받았다. 이어서 깨침을 얻어 立敎開宗하고 『화엄경소』를 제작하였다. 이 때의 나이 27세였고 이 『화엄경소』가 바로 『華嚴經搜玄記』이다. 그의 저서에 『華嚴孔目章』 『華嚴五十要問答』 『金剛般若經疏』 『入道禪門秘要』 『入法界品鈔』 등이 있다. 지엄은 至相寺에 주하였기 때문에 至相大師라고도 하며 雲華寺에도 있었기 때문에 雲華尊者라고도 불리워진다. 그의 제자에 法藏・義湘・懷齊・薄塵・慧曉등이 있는데 法藏은 화엄종 제3조로서 화엄종의 大成者이고 義湘은 海東 華嚴의 開祖가 되었다.

의상[6](625~702)은 20세에 출가하여 永徽 원년(650)에 원효와 함께 入唐求法의 뜻을 품고 길을 떠났으나 원효는 남고 의상은 중도에 유폐되었으나 드디어 龍朔 원년(661)에 입당하여 지엄에게 사사하여 7년 동안을 공부하였다. 지엄이 입적한 후 咸亨 2년(671)에 신라에 돌아갔다(『三國遺事』卷三). 儀鳳 원년(676)에 칙명에 의하여 浮石寺를 개창하고 海印・玉泉・梵魚・華嚴등의 十刹에서 가르침을 전했다. 제자로 悟眞・智通・表訓・眞定・眞藏・道融・良圓・相源(元)・能仁・義寂의 10 대덕이 있고 그 밖에 梵體와 道身이 알려져 있다. 그의 저서로는 『一乘法界圖』가 있다. 또한 법장이 의상에게 보낸 편지(『賢首寄海東書』)가 현존한다.

원효(618~686)는 의상과 함께 당나라에 갈 뜻을 세웠다가 중지하고 때로는 山水에서 좌선하고 때로는 화엄을 강의하기도 하였다. 그의 많은 저작중에서 화엄에 관계되는 것으로는 『華嚴綱目』 『起信論疏』 『華嚴經疏』 『華嚴關脈義』 등이 있다. 『起信論疏』는 別記와 함께 현존한다. 법장의 『起

---

27) 古田紹欽 「義湘の行業と敎學」(『宗敎硏究』 新第十四卷二號, 1937.6). 八百谷孝保 「新羅僧義湘傳考」 『支佛史學』 第三卷第一號, 1939.4).

信論義記』는 많은 부분을 원효의 것에 의존하였다.

　법장(643~712)의 자는 賢首이고 성은 康氏이며 선조는 康居출신이다. 17세 때 법을 구하여 太白山에 들어갔다가 후에 지엄이 雲華寺에서『화엄경』을 강의하는 것을 듣고 그의 문하에 입문하였다. 지엄이 입적하기까지 모시고 공부하였다. 지엄의 유언에 따라서 28세로 사미계를 받았다. 그는 중인도에서부터 온 地婆訶羅가『화엄경』입법계품의 범본을 가지고 왔다는 사실을 알고 청하여 구역 60권『화엄경』중에서 입법계품의 빠진 부분을 보충하였다. 또 則天武后의 시대에 實叉難陀(Sikṣānanda)가 와서 聖曆 2년(699)에 신역 80권『화엄경』을 번역할 때에는 그 수필을 하였다. 또한 義淨・提雲般若의 번역 사업장에도 참여하였다. 신역『화엄경』이 완성되자 칙명에 의하여 이를 강의하였으며 長安 4년(704)에는 武后를 위하여 장생전에서 十玄六相의 교의를 金獅子에 비유하여 설했다 한다 이것이 후에『華嚴金師子章』이 된다. 그가『화엄경』을 강의한 회수는 전후 30여회나 되었다 한다.

　법장의 전기에 대한 자료로서는 閻朝隱의『康藏法師之碑』, 崔致遠의『法藏和尙傳』, 贊寧의『宋高僧傳』권5 등이 있으나 조금씩 내용이 다르다. 그의 저서로는『華嚴經探玄記』『華嚴經敎分記』[28] (『華嚴經五敎章』)『妄盡還源觀』『遊心法界記』『華嚴旨歸』『文義綱目』『華嚴三昧觀』『華嚴經傳記』등의 화엄관계의 저서들과『般若心經』『梵網經』『密嚴經』의 疏, 그리고『起信論義記』『法界無差別論疏』『十二門論宗致義記』『入楞伽經心玄義』등 많은 저서가 있다. 그의 제자로는 宏觀・文超・華嚴寺 智光・荷恩寺 宗一・靜法寺 慧苑・經行寺 慧英등이 있다. 聖武天皇 天平 12년(740)에 일본에서 처음으로『화엄경』을 강의한 審祥도 제자였다고 전해지고 있다. 또한 勝詮은 법장의 저술을 신라에 가지고 돌아갔던 사람이다(『三國遺事』卷四).

　慧苑[29]은 법장의 뛰어난 제자였으며 華嚴一宗에 정통하였다. 그는 스승

---

28) 吉津宜英「華嚴五敎章の硏究」(『駒澤大學 佛敎學部硏究紀要』第三十六號, 1978. 3).
29) 坂本幸男『華嚴敎學の硏究』(平樂寺書店, 1956) pp. 5~297.

의 학설을 전승하지 아니하고 스스로 堅慧의 『寶性論』에 의하여 迷眞異執敎・眞一分半敎・眞一分滿敎・眞具分滿敎의 4교판을 세웠으며 十玄門을 德相과 業用의 두 가지 종류의 十玄으로 논하였다. 그 때문에 澄觀에 의하여 이단자로 취급받아 배척당했다. 그의 저서에는 법장이 완성하지 못한 신역『화엄경』의 疏를 완성시킨 『續華嚴略疏刊定記』나 『華嚴經音義』 등이 있다. 제자로는 法詵(718~778)이 있고 法詵의 제자에는 太初・正覺・神秀・澄觀이 있다.

또한 법장문하의 文超는 『華嚴經義鈔』『華嚴關鍵』을 저술하였다.

화엄종의 전통에 속하지 않는 독자적인 화엄교학을 수립한 사람으로 李通玄(635~730)이 있다. 그는 신역 『화엄경』을 연구하고 『新華嚴經論』을 지었다. 그 밖의 저서로는 『決疑論』『釋解迷顯智成悲十明論』 등이 있다. 이통현의 교학은 佛光三昧觀의 실천을 중시하였기 때문에 高麗의 知訥 (1158~1210)이나 일본 鎌倉時代의 高辨[30](1173~1232)의 교학에 커다란 영향을 주었다. 知訥에게는 『華嚴論節要』(『金澤文庫資料全書』佛典 第二卷 華嚴篇)가 있다.

淸涼國師 澄觀(738~839)은 法詵에게서 화엄을 배우고 曇一에게서 율을 배웠으며 徑山法欽과 無明에게서 선을 전수받았다. 『華嚴經疏』『隨疏演義鈔』『三聖圓融觀』『法界玄鏡』등의 많은 저서가 있다. 澄觀의 설에는 僧肇와 道生의 사상이나 천태 성악설의 영향도 엿보인다.

宗密[31](780~841)은 처음에는 유학을 배우고 다음에 道圓에 의하여 출가하였다. 그는 특히 『원각경』을 얻어 그 연구에 몰두하였다. 저서에는 『원각경』의 諸注釋과『原人論』『禪源諸詮集都序』『禪門師資承襲圖』등이 있다. 종밀은 敎禪一致說을 제창하였다.

화엄종의 교설[32] 천태종이 諸法實相의 법문이라고 하는 것에 대하여

---

30) 拙稿「華嚴敎學における正統と異端」(『思想』第五百九十三號, 1973.11).
31) 拙稿『宗密敎學の思想史的硏究』(東京大學出版會, 1976).
32) 湯次了榮『華嚴大系』(法林館, 1915). 佐佐木月樵 『華嚴敎學』(丁字屋, 1919). 齋藤唯信 『華嚴學綱要』(丙午出版社 1920). 龜谷聖馨 『華嚴哲學硏究』 (名敎學會 1922). 龜川敎信 『華嚴學』(百華苑, 1949). 鈴木大拙 『華嚴の硏究』(法藏館, 1955). 坂本幸男, 前揭書. 末綱恕一『華嚴經の世界』(春秋社, 1957). 川田熊太郎監修・中村元編 『華嚴思想』(法

화엄종은 唯心緣起의 법문이고, 천태종이 性具說을 주장하는데 대하여 화엄종은 性起說을 말한다. 화엄종은 重重無盡의 法界緣起를 밝히기 위하여 十玄緣起와 六相圓融을 설한다. 十玄門은 지엄이 두순에게서 전수받아(『一乘十玄門』) 다시 법장이 수정한 것으로 同時具足相應門・廣狹自在無碍門・一多相容不同門・諸法相卽自在門・隱密顯了俱成門・微細相容安立門・因陀羅網法界門・託事顯法生解門・十世隔法異成門・主伴圓明具德門이다. 이것에 의하여 만유일체가 그대로 相卽相入하고 一體不離하여 一卽多, 多卽一인 것을 밝히려 한다. 六相이란 總相・別相・同相・異相・成相・壞相으로 六相은 곧 一相이 되어 一法을 들면 모두가 이 六相을 갖추어 있다고 설한다. 또한 화엄종에서는 事와 事와의 無碍圓融을 밝히기 위하여 四法界를 설한다. 四法界란 事法界・理法界・事理無碍法界・事事無碍法界이다.

화엄종의 교판은 五敎十宗이다. 五敎는 小乘敎・大乘始敎・大乘終敎・大乘頓敎・大乘圓敎이다. 여기서 小乘敎는 愚法小乘이며, 大乘始敎는 相始敎와 空始敎로 나누어 相始敎는 법상종에 해당하고 空始敎는 三論宗에 해당한다고 한다. 大乘終敎는 大乘終極의 法義를 나타내는 것으로 熟敎라고도 하고 實敎라고도 한다. 『起信論』『楞伽經』이나 천태종의 교설이 이에 속한다. 大乘頓敎는 『유마경』의 교설로서 빠르게 頓悟하는 가르침이다. 大乘圓敎는 主伴具足, 重重無盡을 설하는 화엄종의 교설이다.

十宗은 我法俱有宗(犢子部)・法有我無宗(有部)・法無去來宗(大衆部)・現通假實宗(說假部)・俗妄眞實宗(說出世部)・諸法但名宗(一說部)・一切皆空宗(空始敎)・眞德不空宗(終敎)・相想俱絕宗(頓敎)・圓明具德宗(圓敎)이다. 처음의 六宗은 소승이고 뒤의 四宗은 대승이다. 이 十宗은 慈恩大師의 八宗의 설을 이어서 다시 二宗을 첨가시킨 것이다.

觀法으로서는 五敎의 조직에 의하여 세워진 『遊心法界記』『五敎止觀』이나 圓敎의 입장에서 관법을 체계화시킨 『妄盡還源觀』이 있다.

藏館, 1960). 玉城康四郞 『心把捉の展開』(山喜房佛書林, 1961). 鍵主良敬 『華嚴敎學序說──眞如と眞理の硏究──』(文榮堂書店, 1968). 高崎直道 『如來藏思想の形成』 春秋社, 1974) 木村淸孝 『初期中國華嚴思想の硏究』 春秋社, 1977).

제 4 절 律　宗

律宗의 相承　동진시대에 『十誦律』 『四分律』 『摩詞僧祇律』 등의 律典이 중국에 전래되어 번역되면서 율에 대한 연구가 성하게 되었다. 북위시대에는 法聰이 『四分律』을 연구하여 四分律宗을 열었다. 이어서 地論宗의 慧光(468~537)이 律宗을 盛하게 하였고 그 계통을 받은 道宣은 南山律宗을 열었다. 또한 한편 法礪(569~635)는 『四分律』을 연구하여 相部宗을 개종하였으며 法礪의 제자인 懷素(624~697)는 法礪의 『四分律疏』를 비판하여 『四分律新疏』를 저술하고 東塔宗을 열었다. 南山宗·相部宗·東塔宗의 3 종 가운데 相部宗과 東塔宗은 완전히 쇠퇴하고 오직 남산종만이 번영하여 송대까지 연면히 전하였다.

사분율종에서는 曇無德·曇柯迦羅·法聰·道覆·慧光·道雲·道洪·智首·道宣의 九祖를 내세우고 있는데, 慧光문하의 道雲은 제 6 조이고 道雲의 제자인 道洪은 제 7 조이다. 도홍의 제자가 智首(567~635)로 도홍문하에서 가장 뛰어난 인물이다. 그는 諸部를 分判하여 『五部區分鈔』를 저술하였다. 당 왕실의 귀의를 받아서 그가 입적하자 국장의 예우를 하였다. 道宣은 이 智首에게 10 년동안 수학하였다.

道宣(596~667)은 15 세로 智頵律師에게 수학하고 16 세에 출가하였다. 隋의 大業中(605~616. 아마도 616 년 만 20 세 때)에 智首의 문하에 들어가 율을 공부하고 계속하여 선관을 닦았다. 武德 7 년(642)에 종남산에 들어가 강설과 저술에 종사하였다. 후에는 율의 異傳을 구하여 相部宗의 祖인 法礪를 찾기도 했으나 정관 16 년(642)에 다시 종남산으로 돌아왔으며 현장의 번역작업장에 초청되어 함께 참예하기도 하였다. 永徽 3 년(652)에 칙명에 의하여 西明寺의 상좌가 되었다. 그의 제자로는 大慈·文綱(636~727)·名恪·周秀·靈崿·融濟·智仁등이 있으며 수계한 제자로는 恒景·懷素·道岸이 있다. 저서는 상당한 양이 된다. 남산율종의 기본이 된 『四分律行事鈔』 『羯磨疏』 『戒本疏』의 3 대율부와 『拾毘尼義鈔』 『比丘尼義鈔』

를 더한 五大部, 그리고 『釋門歸敬儀』『淨心誡觀法』 등의 율관계 저작을 비롯하여 불교와 도교의 교섭 자료를 수록한 『廣弘明集』『集古今佛道論衡』『高僧傳』에 이은 『續高僧傳』, 經錄인 『大唐內典錄』이나 『釋迦方志』 등 35부 188권이 있다.

도선의 동문인 道世(?~668 後沒)는 『四分律討要』『四分律尼鈔』를 저술하였는데 후에 도선의 『四分律行事鈔』와 함께 연구되어, 『四分律行事鈔』를 연구하는 사람들을 鈔家라 부르고 『四分律討要』를 연구하는 사람들을 要家라 불렀다. 또한 道世는 『法苑珠林』이나 『諸經要集』을 찬한 학자이다.

洪遵의 제자에 洪淵이 있고 그의 제자인 法礪가 相部宗을 개창하였다. 법려는 『四分律疏』『羯磨疏』를 저술하였다. 慧光의 『略疏』와 智首의 『廣疏』, 그리고 법려의 『中疏』를 三要疏라 부른다.

법려의 제자에는 滿意와 懷素가 있는데 상부종은 滿意가 계승하였다(일설에는 법려의 제자에 道成이 있으며 그 제자에 滿意와 懷素가 있다고도 한다). 滿意의 제자에 大亮이 있고 그의 제자로는 曇一(692~771)이 있다 曇一은 천태종의 형계담연이나 화엄종의 청량징관에게 율을 전수하였다. 또한 그는 법려의 『四分律疏』와 도선의 『四分律行事鈔』와의 同異를 연구하여 『發正義記』를 저술하였다. 滿意의 제자인 定賓은 법려의 『四分律疏』를 해석하여 『四分律疏飾宗義記』를 지었다. 일본의 榮叡·普照는 定賓에게서 계를 받았다.

懷素는 『四分律開宗記』를 저술하였는데 법려의 『四分律疏』를 구소라 하고 회소의 『四分律開宗記』를 신소라고 부른다. 그의 저서에는 『新疏拾遺鈔』『僧尼羯磨文』『僧尼戒本』『俱舍論疏』 등이 있다. 이 회소의 계통을 東塔宗이라 한다. 법려의 구소와 회소의 신소가 서로 충돌이 있었기 때문에 대종의 大曆 13년(778)에는 三宗의 대덕 14인을 安國寺에 모아놓고 그 시비를 가려 신구양소의 조화를 시도하여 『勅僉定四分律鈔』를 짓게 했다고 한다. 그러나 구소를 파하고 신소를 내세우려는 의도가 강하였기 때문에 성공하지 못하였다. 그 이후로 相部와 東塔의 2종은 쇠퇴하고 남산종만이 성하였다.

남산종의 제2조인 周秀는 『行事鈔記』를 지었고 도선문하의 靈崿은 文綱과 大慈에게서도 배워 『行事鈔記』를 썼다. 融濟의 제자 玄儼(675~742)은 『輔篇記』 『羯磨述章』을 지었다. 恒景(弘景·634~712)은 文綱에게서 율을 전수받고 실차난타와 提雲般若의 證義를 하기도 했는데 제자로는 一行과 鑑眞이 있다.

鑑眞[33](687~763)은 相部宗도 공부했으나 恒景에게 수계한 사람이기 때문에 남산종의 계통에 속하며 孝謙天皇 天平의 勝寶 6년에 일본으로 갔다. 文綱의 제자 道岸(654~717)은 남산종을 江淮의 사이에 크게 일으켰다. 周秀의 제자에 道恒이 있고 그 제자 志鴻은 『行事鈔』에 대하여 『搜玄錄』을 지었다. 그 밖에 義淨(635~713)은 『根本說一切有部律』을 가지고 중국에 왔다. 그는 根本有部야말로 가장 純正한 율이라고 믿고 번역했으나 중국에서는 이미 율종이 성립해 있었기 때문에 영향을 주지는 못했다.

南山宗의 교리 사분율종의 교리[34]는 도선에 의하여 확립되었다. 그는 『四分律行事鈔』에서 一代佛敎를 化敎와 制敎로 나누어 전 불교를 포괄하려 하였다. 化敎는 경론의 所詮이며 制敎는 律敎의 所詮이며 化敎의 三敎란 性空敎·相空敎·唯識敎라고 한다. 制敎의 三宗은 實法宗·假名宗·圓敎宗의 三宗을 말한다. 實法宗은 『俱舍論』을 가리키는 것으로 戒體로 있는 色法을 설하는 것이며, 假名宗은 『成實論』을 가리키는 것으로 戒體로 있는 非心非色을 설하는 것이며, 圓敎宗은 『法華經』 『涅槃經』 『楞伽經』 『攝論』 등을 가리키는 것으로 戒體로 있는 心法種子를 설하는 것이라 한다.

남산종에서는 계를 止持戒와 作持戒로 구분하고 그 교리를 戒法·戒體·戒行·戒相의 4과로 나누고 있다. 戒法이란 佛이 판정한 계율을 말하고 戒體는 受戒者가 心府에 領納하는 것이며 戒行은 계율의 실천을 말하고 戒相이란 五戒·十戒·二百五十戒등의 條文의 相을 말한다. 사분율종은 『성실론』에 의하므로 원칙적으로 戒體는 非色非心의 不相應行法이 된다. 상부종도 『성실론』에 의하여 戒體를 非色非心이라 하고 동탑종에서는 『구사

---

33) 石田瑞麿 『鑑眞——その戒律思想——』(大藏出版, 1974).
34) 德田明本 『律宗概論』(百華苑, 1969).

론』에 의하여 戒體를 色法(無表色)이라 한다. 도선의 남산종에서는 한편 으로는 『성실론』에 근거를 두나 『사분률』을 分通大乘이라 보고 義는 대승에 해당하는 것으로서 『羯磨疏』에 있어서는 戒體를 아뢰야식 중에 생하는 것이라 하였다. 도선은 유식설에 의하여 戒體를 기초지었기 때문에 대승우위의 중국불교 중에서 그 지위를 차지할 수가 있었다.

제5절 密 敎

眞言密呪의 도입[35] 동진시대에 帛尸梨蜜多羅(Śrīmitra)가 『大灌頂神呪經』을 번역하고 주술을 잘 하였으므로 수도 건강에서는 주술이 유행하였다. 또한 曇無蘭(Dharmarakṣa)도 太元 6년(381)부터 15년간에 걸쳐서 동진 揚都에서 『呪時氣病經』 『呪齒經』 『呪目經』 『請雨呪經』 『止雨呪經』 등의 神呪를 번역하였다.

북위의 문성제때 曇曜는 운강석굴의 하나인 通樂寺에서 『大吉義神呪經』 4권을 번역하였다(『貞元錄』卷九). 이 『吉義經』중에서 처음으로 주술도량을 설치하기 위한 結界法이나 祈雨등의 성취법이 설해지고 있다. 다시 양대에 번역된 『牟梨曼陀羅呪經』은 처음으로 印契나 護摩法을 전하였다.

당대가 되면서 貞觀 연간에 智通이 『千眼千臂觀世音菩薩陀羅尼神呪經』과 『觀自在菩薩隨心呪經』을 역출하고 (『開元錄』卷八), 阿地瞿多(Atikūṭa)는 영휘 5년(654) 4월 15일에 『陀羅尼集經』의 번역을 완료하였다. 또한 민간에 널리 보급되었던 진언 다라니는 劉宋의 구나발타라역의 『拔一切業障根本得生淨土神呪』나 당의 고종때에 佛陀波利가 인도로부터 가지고 온 『佛頂尊勝陀羅尼經』 등이 있었다. 이러한 것들은 모두가 雜密이고 체계적인 純密의 도입은 善無畏·金剛智·不空에 의하여 이루어진다.[36]

밀교의 성립 善無畏(637~735)는 중안도 烏茶(Orissa)의 국왕이었으나 왕위를 버리고 출가하여 那爛陀寺에서 達摩掬多(Dharmagupta)에게

---
35) 중국의 밀교에 대해서는 栂尾祥雲「支那の密敎」(『秘密佛敎史』第二, 高野山大學出版部, 1933) 참조.
36) 塚本俊孝「中國における密敎受容について」(『佛敎文化硏究』第二號, 1952.9)

사사하고 밀교의 깊은 뜻을 연구하고 灌頂을 받아서 인천의 스승이 되었다. 그는 스승의 명에 의하여 중국에 가르침을 펴기 위하여 출발하여 迦濕彌羅에서부터 서역에 들어가 천산북로를 통하여 개원 4년(716)에 80세의 나이로 장안에 도착하여 현종의 영접을 받았다. 그는 칙명에 의하여 興福寺·南院에 주하였으며 뒤에서 西明寺로 옮겼다가 다시 菩提院으로 옮겨 『虛空藏求聞持法』을 역출하였다. 개원 12년(724)에 사문 一行과 더불어 無行이 가지고 온 梵本에서 『大毘盧遮那成佛神變加持經』(『大日經』)을 번역하고 다시 이듬해에는 『蘇婆呼童子經』과 『蘇悉地羯羅經』을 번역하였다. 개원 20년(732)에는 서역으로 돌가갈 것을 청하였으나 帝가 허락하지 않았는데 3년 후에 沒하였다(『宋傳』卷二, 善無畏傳). 그의 제자로는 一行·寶畏·明畏·智嚴·義林·玄超등이 있다. 義林의 제자 順曉는 일본의 最澄에게 밀교를 가르쳤다.

金剛智(Vajrabodhi. 669~741)는 남인도 사람으로 10세 때 那爛陀寺에서 출가하여 寂靜智에게 聲明論을 배우고 15세 때는 서인도로 가서 4년간 法稱의 因明을 배웠으며 20세에 那爛陀寺에서 수계하였다. 이때부터 대소승의 율과 『般若燈論』『百論』『十二門論』을 본격적으로 공부하였으며 다시 28세시에는 迦毘羅城에서 勝賢으로부터 『瑜伽論』『唯識論』『辨中邊論』등을 배웠다. 31세시에는 남인도로 가서 龍智에게서 7년동안 공부하여 『金剛頂瑜伽經』『大日總持陀羅尼經』을 연찬하였다. 후에 중인도로 돌아갔다가 다시 남인도의 摩賴耶國에 당도하여 補陀落山에 올라 관음의 신령스러운 말씀을 받고서 중국에 가서 가르침을 펼 것을 결의하였다. 그는 사자국(세일론)에서 떠나 佛逝國을 경유하여 남해를 거쳐 이윽고 개원 8년(720)에 낙양에 당도하였다. 개원 11년부터 一行과 不空등과 함께 『金剛頂瑜伽中略出念誦經』『金剛峰樓閣一切瑜伽瑜祇經』등을 번역하고 다시 칙명에 의하여 祈雨를 행하고 공주의 병을 낫게 하였다. 개원 20년(732)에 귀국을 간청하였으나 후에 병을 얻어 낙양의 廣福寺에서 沒하였다. 그의 제자로는 不空·一行 등이 있다.

純密을 중국에 이식시켜 그 기초를 개척한 것은 선무외나 금강지의 공적이다. 그러나 그것을 계승하고 3대에 걸친 임금의 스승으로서 낙양과 장안에 밀교를 선양한 것 뿐만 아니라 廣州·武威·太原·五臺山에 이르기까지 이를 널리 펴서 밀교의 황금시대를 현출시킨 것은 不空의 공적이다.

不空三藏[37] (Amoghavajra 705~774)은 북인도 출신으로 開元 7년(719)에 15세의 나이로 금강지의 제자가 되어 출가하여 梵本 悉曇章과 聲明論을 공부하였다. 20세에 구족계를 받고 후에는 금강지의 역경사업을 보좌하며 밀교의 깊은 뜻을 깨쳤다. 개원 29년(741)에 금강지가 입적하자 그의 유명을 받들어 秘密經典의 범본을 가지고 오려고 인도에 들어갈 뜻을 세운다. 그는 사자국으로 가서 국빈의 예우를 받았다. 龍智阿闍梨(飛錫의 「大興寺大廣智三藏和上之碑」(『表制集』 卷四)에 의함. 趙遷의 『大唐故大德贈司空大辨正廣智不空三藏行狀』에서는 이를 普賢이라 함)를 만나 『十八會金剛頂經』 등을 받고 다시 비밀경전 범본을 1,200권을 얻어 天寶 5년 (746)에 장안으로 돌아왔다. 현종은 칙명을 내려 鴻臚寺에 주하게 하고 궁중에는 內道場을 설치하여 스스로 灌頂을 받았다. 다음의 숙종대에는 乾元中(758~760)에 내전에 들어가 道場護摩의 법을 베풀어 帝를 위한 轉輪王位七寶灌頂을 주었다. 代宗 또한 不空을 스승삼아서 永泰 원년(765)에는 그에게 特進試鴻臚卿을 내리고 다시 大廣智三藏이라 호를 주었다. 대력 9년(774)에는 병에 들었으나 帝는 그에게 開府儀同三司를 加하고 肅國公에 봉하였으며 식읍 3천호를 내리어 그것을 사양하는 것도 허락하지 않았다. 그가 歿하자 大辨正廣智不空三藏和上이라 諡하였다. 不空의 역경사업으로는 『金剛頂一切如來眞實攝大乘現證大敎王經』(『金剛頂經』), 『金剛頂五秘密修行念誦儀軌』『發菩提心論』등 110부 143권(『貞元錄』卷十五)이 있으나 모두가 不空이 번역한 것이라 하기에는 문제가 있다. 그의 제자는 극히 많은 중에서 含光·慧超·惠果·慧朗·元皎·覺超를 六哲이라 부른다. 또한

---

37) 大村西崖『密敎發達志』(佛書刊行會圖像部, 1918) 卷四, pp. 559~729. 山崎宏 「不空三藏」(『隋唐佛敎史の硏究』第十三章. 長部和雄『唐代密敎史雜考』(神戶商科大學學術硏究會, 1971). 常盤大定「密敎の發源地たる唐の靑龍寺について」(『支那佛敎の硏究』pp. 475~489).

제자 慧琳(737~820)은 玄應의 『一切經音義』 二十五卷을 가지고 『大藏音義』 100권을 저술하였다.

一行[38](673~727. 『釋門正統』卷八에 의함)은 북종선의 嵩山의 普寂에게서 선법을 전수받고 율은 當陽山의 悟眞에게서 배웠으며 荊州 玉泉寺의 弘景으로부터는 천태를 배웠다. 또한 그는 曆象이나 陰陽, 五行등의 학문에 정통하였다. 그는 선무외에게서 밀교를 배우고 『大日經疏』를 찬하였다. 또한 금강지에게서 陀羅尼秘印을 공부하였다. 그의 저서로는 앞서 말한 것 외에 『攝調伏藏』 『釋氏系錄』 『開元大衍曆』 등이 있다. 『大日經疏』는 천태교학의 해석이 들어있는 초본으로 뒤에 智嚴・溫古등이 정리하여 『大日經義釋』이 완성되었다. 不空의 제자인 慧朗은 大興善寺에 주하면서 翻經院을 檢校하였으나 그의 행적은 확실치 않다. 不空의 밀교를 널리 전하고 당조의 밀교를 통솔했던 인물은 惠果였다.

惠果[39](?~805)는 20세의 나이에 曇貞을 戒師로 하여 출가하고 구족계를 받았다. 그는 불공을 따라 金剛界를 공부하고 선무외의 제자 玄超를 따라 胎藏界를 공부하였다. 그는 대종의 신임을 얻어 祈禱法要를 행하고 다시 내도량의 護持僧이 되었다. 그는 장안 靑龍寺 東塔院에 주했기 때문에 靑龍和尙이라고 불리웠다. 덕종과 순종의 귀의를 받은 그는 三朝의 국사로서 존경을 받았다. 제자로는 辨弘・惠日・惟上・義圓・義明・空海・義滿・慧則・義操등이 있다. 특히 辨弘은 남양 쟈바의 승려이며 空海는 일본의 승려이다. 空海는 불공의 만년에 東密을 전수받았다. 또한 義操의 제자인 義眞과 慧則의 제자인 元政은 慈覺大師 圓仁의 스승이다. 이것이 台密의 第二傳이다.

密敎의 교설 중국의 밀교는 인도의 밀교와 마찬가지로 독립된 一宗으로서의 체계나 형태를 정비하지 못하였다. 弘法大師 空海에 의하여 처음으로 眞言宗으로서 독립하였다. 顯密二敎에 대하여 선무외・금강지・불공은 현교는 三乘敎라면 밀교는 一乘敎이며, 현교는 漸敎이고 밀교는 頓

---

38) 長部和雄 『一行禪師の硏究』(神戶商科大學 經濟學硏究所, 1963). 春日禮智 「一行傳の硏究」 (『東洋史硏究』 第一卷第一號, 1942. 5).
39) 勝又俊敎 「惠果和尙傳の硏究」 (『檜田硏究』).

敎이며, 현교는 權敎임에 반하여 밀교는 實敎라고 하는 敎相判釋을 세웠다.

선무외와 一行은 주로 胎藏界를 전하였으며 금강지와 불공은 주로 金剛界를 전하였다. 태장계란 理에 속하고 금강계는 智에 속한다 하여 전자는 中觀派계통에, 그리고 후자는 瑜伽行派계통에 관계가 깊다.

曼茶羅[40]는 壇이라고도 번역되어 壇은 修法할 때에 壇場을 축조하여 불보살을 배치하고 그 안에서 修法을 하는 것을 말한다. 그 壇중에서 불보살 모두가 완전히 갖추어져 一即一切·一切即一이 되기 때문에 輪圓具足이라고 한다. 만다라에는 태장계 만다라와 금강계 만다라가 있다.

儀軌는 여래의 秘密頓證의 儀式을 중생 제도하기 위하여 보인 軌範이다. 그러므로 儀軌로 여래보살의 尊形을 설하고 여기에 대한 예배나 공양, 그리고 念誦의 방법을 말하고 있다. 따라서 경에는 儀軌가 없어서는 안된다. 경은 이론이라면 儀軌는 실천이 된다. 이 儀軌에 의해 행하여 行者의 身口意가 印相과 陀羅尼와 觀念이 서로 어울려 여래보살과 入我我入의 心境에 도달하여 即身成佛하는 것이 밀교의 목적이다.

제 6 절 禪 宗

禪宗의 相承   달마를 개조로 하는 중국의 선종[41]은 제 2 조인 慧可이후에 僧璨(?~606)이 제 3 조가 되었다. 승찬의 전기는 『속고승전』에는 항목을 따로하여 있지는 않으나 오직 「可禪師의 후에 璨禪師」(『唐傳』 卷二十五, 法冲傳)라는 기록이 있다. 혜가의 후계자로서 『능가경』을 奉持한 한 사람도 보이지 않는다. 승찬은 성도 출생지도 확실치 않으며 「司空山에 숨어 숙연히 정좌하여 기록을 남기지 않고 傳法하지도 않았다」(『楞伽師資記』)

---

40) 石田尙量 『曼茶羅の硏究』 硏究篇 (東京美術, 1975).
41) 忽滑谷快天 『禪學思想史』 上·下卷 (名著刊行會, 1969年復刊). 孤峯智璨 『印度支那日本禪宗史』(大本山總持寺, 1974). 宇井伯壽 『禪宗史硏究』 『第二禪宗史硏究』 『第三禪宗史硏究』(岩波書店, 1935. 1935. 1943). 關口眞大 『禪宗思想史』(山喜房佛書林, 1964). 白石虎月 『禪宗編年史』 正·續 (東方사, 1976年復刊).

고 하며 오직 道信이 12년간 승찬을 모시고 법을 받았다고 한다. 승찬의 저서에는 『信心銘』이 있다고 전해진다. 唐 대종의 대력 7년(772)에 **鑑智禪師**(鏡智禪師)라고 시호받았다.

　제4조 도신(580~651)은 7세로 한 스승을 5년동안 따른 후에 舒州의 皖公山에 들어가 승찬에게서 禪業을 닦고 嗣法하였다. 師가 羅浮山에 행할 때 따라가려고 하였으나 허락되지 않고 후에 출가하여 吉州와 江州에 가서 廬山의 大林寺에 10년을 머물다가 이어서 黃梅山으로 옮겼다. 산에서 30년동안 지내다가 제자 弘忍에게 부촉하고 沒하였다(『唐傳』卷二十 道信傳). 그의 저서로는 『菩薩戒法』 한권, 그리고 『入道安心要方便法門』이 있다(『楞伽師資記』). 代宗의 大曆中에 大醫禪師라 시호를 받았다.

　제5조 弘忍(602~675)은 도신과 만나 법을 얻은 후 雙峰山 東山寺에 주하였다. 홍인은 「숙연히 정좌하여 文記를 出하지 않았다」(『楞伽師資記』)고 말해지며 顯慶 4년(659)에 고종이 그를 불렀으나 산을 나가지 않았다. 그의 저서에는 『最上乘論』이 있으나 의문되는 바가 있다. 홍인의 法門을 東山法門이라 부른다. 제자로는 神秀・慧能・慧安・玄賾・智詵・義方 등 십여명이 있다. 그는 大滿禪師라 시호를 받았다. 홍인의 제자에 慧能과 神秀가 가장 중요한 인물이며 南頓北漸의 2파로 나뉘었다. 혜능의 남종과 신수의 북종이외에도 初唐에서부터 中唐의 禪宗에는 牛頭宗・淨衆宗・荷澤宗・洪州宗등이 있었다(『禪門師資承襲圖』).

　南　宗　혜능(638~713)은 속성이 盧씨이며 선조는 范陽사람으로 그의 부친은 좌천하여 영남 新州의 평민이 되었었다. 부친이 일찌기 죽었기 때문에 南海에 이주하여 장작을 팔아서 모친을 봉양하였다. 22세경에 蘄州 黃梅縣의 馮茂山에 가서 5조 홍인에게 사사하고 嗣法을 허락받았다. 그 후 印宗에 의하여 삭발하고 구족계를 받았다. 그 뒤로 韶州 曹溪寶林寺에서 크게 선풍을 불리었다. 그의 설법을 제자인 法海가 기록하였는데 『六祖壇經』[42]이라 한다. 따로 『金剛經解義』가 있었다고 한다. 그는 **大鑑禪師**

---

42) 松本文三郎 『金剛經と六祖壇經の硏究』(貝葉書院, 1914). 中川孝『六祖壇經』(『禪の語錄』 4, 筑摩書房, 1976). 柳田聖山譯注『六祖壇經』(中央公論社, 1974). 駒澤大學禪宗史硏究會 『慧能硏究』(大修館書店, 1978). Wing-tsit Chan, *The Platform Scripture*, St.

라는 시호를 받았다. 제자로는 行思·懷讓·神會·玄覺·慧忠등이 있다.

육조의 제자인 南岳懷讓(677~744)의 제자에 馬祖道一(709~788)이 있고 그 嗣法의 제자에 百丈懷海(720~814)와 南泉普願(748~834) 등이 있다. 懷海는 선종의 淸規를 제정하였다. 또한 육조의 제자 靑原行思(?~740)를 嗣法한 인물로 石頭希遷(700~790)이 있고 희천의 제자로 藥山惟儼(751~834)과 天皇道悟(748~807) 등이 있다. 석두희천에게는 『參同契』가 있다.

北　宗　　북종의 神秀(?~706)는 5조에게 사법하고 후에 荊州 度門寺에 들어갔는데 다시 측천무후에게 초빙되어 장안에 와서 무후의 신임을 받았다. 그에게는 大通禪師라는 시호가 내려졌다. 신수의 저서에 『華嚴經疏』『妙理圓成觀』(均如 『華嚴五敎章圓通記』) 등이 있다. 제자로는 普寂·義福·敬賢·慧福·巨方·香育·藏師등이 있다. 大慧禪師 普寂(651~739)의 제자중에 道璿이 있고 그는 일본에 북종선을 전하였다. 普寂과 大智禪師 義福(658~736)에 의하여 북종선은 융성하게 되었다. 그러나 혜능의 남종계가 중국선종의 주류가 되면서 북종은 점차로 쇠퇴하여지기에 이르렀다. 북종의 禪史에 淨覺의 『楞伽師資記』[43]와 杜胐의 『傳法寶紀』가 있다.

牛頭宗　　4조 도신의 제자라고 하는 法融(594~657)의 계통은 牛頭山에 주하였기 때문에 우두종이라 불리운다. 법융은 芽山에 들어가 삼론종의 炅法師에 의하여 출가하고 정관 17년(643)에 우두산의 幽棲寺에 주하였다. 그는 달마선과 직접적인 嗣法은 없었던 것같다. 그의 저서에 『心銘』이 있다. 『絕觀論』을 법융의 저서로 보는 학자도 있다.[44] 우두종은 제1조 법융·제2조 智嚴(577~654)·제3조 慧方(629~695)·제4조 法持(635~702)·제5조 智威(646~722)·제6조 慧忠(683~769)으로 계승되었다. 8세기가 되어서도 鶴林玄素(668~752)나 徑山法欽(714~792)·鳥窠道林(741

　　John's Univ. Press, 1963. Philip B. Yampolsky, *The Platform Sutra of the sixth Patriarch*, New York and London, Columbia Univ. Press, 1967. 또한 禪會語錄의 佛譯은, Jacques Gernet, *Entretiens du Maitre de Dhyāna Chen-Houei,du Ho-tsö*, 1949.
43) 柳田聖山『初期の禪史一』(「禪の語錄」2, 筑摩書房, 1971). 上山大峻 」チベット譯」「楞伽師資記」について(龍谷大學佛敎學會『佛敎文獻の硏究』(百華苑, 1968).
44) 關口眞大「牛頭禪の歷史と達磨禪」(『禪宗思想史』).

~824) 등이 활약하고 있다.

우두선은 般若空觀에 기초를 둔 선의 일맥으로 북종이나 남종과도 그 교설이 다르다(『禪門師資承襲圖』). 道林과 白樂天과의 문답은 유명하다.

淨衆宗 5조 홍인의 문하에서 나온 염불선의 계통은 慧安(582~709)・智詵(609~702)・處寂(665~732)・無相(684~762)・無住(714~774) 의 순으로 계승되었다. 無住의 계통은 保唐宗이라고도 한다. 신라인인 無相의 제자에 淨衆寺 神會(720~794)가 있고 그의 제자 聖壽寺 南印에게서 법을 받은 것이 宗密이었다고 전해진다.[45] 또 3교관계의 서적인 『北山錄』의 저자 神淸도 淨衆系에 속한다. 淨衆宗의 史書에는 『歷代法寶記』[46]가 있고 이 책의 성립은 티베트불교에 영향을 주었다.[47] 無相 즉 益州 金和尙은 8세기 중엽에 티베트의 사자와 만나게 된다.[48] 또한 8세기 말에는 티베트에서 頓漸의 논쟁[49]이 벌어진다. 당대의 선종과 티베트 頓門派와의 교섭관계에 대해서는 근래에 급속하게 연구가 진전되고 있다.

荷澤宗 荷澤神會(668~760)는 유교나 노장에도 통달하고 육조를 수년동안 모시었다. 그는 후에 龍興寺에 주하며 남종의 선풍을 드높이었다. 다시 荷澤寺로 옮겨 신수의 북종을 공격하였다. 그의 저서에는 『顯宗記』와 돈황본 『神會語錄』 등이 있다. 제자에는 法如(723~811)・無名(722~793)・惟忠(705~782) 등의 18인이 있었다고 한다. 이 계통을 하택종이라 한다. 화엄종의 宗密은 하택종을 선양하였으나 오래가지 않아서 쇠퇴하였다. 또 육조의 제자인 永嘉玄覺(665~713)은 一宿覺이라고도 하며 『證道歌』『永嘉集』 등의 저서가 유명하다.

---

45) 胡適「跋裵休的唐故主峯定慧禪師傳法碑」(『歷史語言研究所集刊』第三十四本, 故院長胡適先生紀念論文集上册, 1962, 12).
46) 柳田聖山『初期の禪史 Ⅱ』(「禪の語錄」3, 筑摩書房, 1976).
47) 小畠宏允「チベットの禪宗と「歷代法寶記」」(『禪文化研究所紀要』六, 1974, 5). 上山大峻「敦煌出土チベット文禪資料 '研究——p. tib. 116 とその問題點」(『佛敎文化研究所紀要』第十三集, 1974, 6). 木村隆德「敦煌出土チベット文寫本 Pelliot.-116 硏究(その一)」(『印佛硏』第二十三卷第二號, 1975, 3).
48) 山口瑞鳳「チベット佛敎と新羅の金和尙」(金知見編『新羅佛敎研究』山喜房佛書林 1973).
49) P. Demiéville, Le Concile de Lhasa, une controverse sur le quiétisme entre Bouddhistes de l'Inde et de la Chine au VIIIᵉ siècle de l'ère chrétienne, I, Paris, Imprimerie Nationale de France, 1952. 佐藤長『古代チベット史研究』(東洋史研究會, 1958) pp. 797~808. 沖本克己「摩訶衍の思想」(『花園大學文學部研究紀要』第八號, 1977, 3).

洪州宗　육조의 제자 남악회양에게 사법한 馬祖道一 계통의 선을 洪州宗이라 부른다. 마조도일의 제자인 百丈懷海는 大智禪師라 시호가 주어졌으며 百丈淸規를 제정하고 禪院의 諸法式을 정하였다. 종래에 律院의 것에 의했던 선종은 이 청규의 제정에 의하여 독립된 생활규칙을 확립하고 천하의 禪院은 여기에 따르게 되었다. 백장의 제자중에 潙山靈祐(771~853)와 黃檗希運(?―大中 年間에 沒)이 유명하며 황벽희운의 어록에는 『傳心法要』와 『宛陵錄』이 있다. 제자 12인중에서 臨濟義玄(?~867)이 나서서 임제종의 개조가 되었다. 그의 어록으로 『臨濟錄』[50]이 있다.

禪의 사상[51]　선은 인도의 속어 jhāna (skt·dhyaña)에서 최후의 모음이 탈락하여 jhān이라고 발음되는 것을 音寫한 것으로 思惟修, 定, 功德聚林, 靜慮등으로 번역된다. 선에는 外道禪과 凡夫禪과 小乘禪과 大乘禪과 最上乘禪이 있다고 한다(『禪源諸詮集都序』). 외도선은 인도 일반에서 행해진 선으로 生天을 목적으로 한 것이며, 범부선은 五戒十善을 행하는 범부들이 하는 선이며, 소승선은 小乘法數를 思惟修하는 것으로 安世高 계통의 선이다. 대승선은 보살선이라고도 하며 安般·不淨·慈心·觀緣·念佛의 五門禪을 내용으로 하고 특히 염불문에서 觀像念佛과 觀想念佛이 발달한 것으로 구마라집이나 불타발타라가 행하였던 것이다. 이는 동진·송·제·양등의 시대에 유행했던 선관이며 천태종이나 삼론종의 조사들, 또는 寶誌와 傅大士등도 이 계통에 포함된다. 최상승선은 如來淸淨禪이라고도 하며 一行三昧, 또는 眞如三昧라고도 하는, 달마가 전한 선이라고 한다. 이 최상승선은 후에 祖師禪이라고도 불리웠다.

이 祖師禪에서는, 선이란 중생이 본래 갖추고 있는 本覺眞性을 깨달아 나타내는 것을 慧라 하고 이를 닦아 드러내는 것을 定이라 하며 이 定慧를 일러서 禪이라 한다. 선에서 깨달음이라는 것은 바로 心性에 계합하고 心性 그것을 이루며 心性의 전체를 드러내게 하는 것이다. 선을 닦는 자는

---

50) P. Demiéville, *Entretiens de Lin-tsi* Traduits du chinois et commentés, Fayard, 1972.
51) 宇井伯壽 『禪宗史硏究』 緖言, pp. 2~8. 衛藤即應 「禪の思想」(岩波講座 『東洋思想』 1935, 12). 鈴木大拙 「禪の思想」(「鈴木大拙金集」 第十三卷, 岩波書店, 1969).

우선 자기의 본성을 徹悟하고 거기에서 任運無作의 행을 발휘한다. 자기 徹見을 頓悟라 하고 卽心是佛이라고도 한다.

달마선은 또한 不立文字, 敎外別傳을 표방한다. 문자(經文)는 손가락이 달을 가리키는 데에 있어서 손가락에 지나지 않고 선은 문자 밖의 소식이기 때문에 교외별전이라는 것이다. 또한 문자에 의하지 않고 곧바로 眞心에 계합하기 때문에 直指人心, 見性成佛이라고도 한다. 교외별전은 선종이 일대불교에 대한 자기의 지위를 보이려 한 것으로 선종의 敎判이라고도 할 수 있다. 달마선은 漸悟를 주장하는 북종이라 하여도 모두 頓悟妙修에 입각하고 있으나 전통의 가풍이나 그 수행의 수단, 또는 방법에 있어서 차이가 있기 때문에 후대에 五家七宗이 성립하기에 이르렀다.

제7절 淨　土　敎

淨土敎의 相承　　북위의 曇鸞이 중국정토교[52]의 開祖라고 하는데 이 담란의 가르침을 계승한 인물이 道綽이다.

도작[53](562~645)은 담란이 입적한 후 20년되는 해에 태어난 사람으로 14세에 출가하여 경론을 배우고 후에 太原의 開化寺에서 慧瓚(532~603)을 모시면서 空理를 연구하였다. 그 중에서도 열반에 정통하여 이를 24遍이나 강의하였다. 그는 담란이 주했던 石壁 玄中寺에서 담란의 비문을 보고 수의 大業 5년(609)에 48세의 나이로 정토교에 귀의하여 오직 아미타불을 염하여 날마다 7만편석을 정해 놓고 항상 예배 공양하였다. 당의 貞觀이래『관무량수경』을 200여편 이상이나 강의하여 널리 염불을 권장하였다. 그는 작은 콩으로 그 숫자를 세게 하였는데 후에는 木槵子를 뚫어 구슬처럼 이어서 이를 세게 하였다. 晋陽·太原·汶水의 三縣에 있는

---

[52] 佐佐木月樵『印度支那日本淨土敎史』(「佐佐木月樵全集」第二卷, 國書刊行會, 1973) pp. 159~708. 岩崎敲玄『淨土敎史』(白光書院, 1930). 望月信亨『支那淨土敎理史』(法藏館, 1942). 同「唐代の淨土敎槪觀」(『支佛史學』第三卷第三·四號, 特輯「支那淨土敎の硏究」1939, 12). 小笠原宣秀『中國淨土敎家の硏究』(平樂寺書店, 1951). 服部英淳『淨土敎思想論』(山喜房佛書林, 1974).

[53] 山本佛骨『道綽敎學の硏究』(永田文昌堂, 1959).

道俗이 모두 그의 교화에 감복하였다. 당의 태종은 玄中寺로 도작을 찾아가 供養啓願하였다(『金石萃編』卷八十四 「大唐太原府交城縣石壁寺鐵彌勒像頌並序」). 그는 평생토록 영험을 많이 보였던 曇選이나 智滿등과 교류하였으며 제자로는 善導·道撫·道穗·道生등이 있다. 저서로는 『安樂集』이 있다.

善導[54] (613~681)는 어려서 출가하여 일찌기 정토의 왕생을 기원하였다. 구족계를 받은 후 妙開律師와 더불어 『觀經』을 읽고 당의 貞觀中에 幷州에서 도작에게서 염불왕생의 법을 받았다. 이어서 장안에 들어가 민중을 교화하며 『아미타경』을 수만권 書寫하였으며 극락정토의 모습을 그린 그림을 300 포나 보급하였다. 선도는 종남산 悟眞寺(『新修往生傳』)와 長安 光明寺에 주하였다. 당의 고종이 낙양 龍門에 있는 奉先寺에 大盧舍那像龕을 지을 때 檢校僧으로 활약하였다(『金石萃編』卷七十三 「河洛上都龍門之陽大盧舍那像龕記」). 사람들은 선도의 감화에 의하여 정토에 왕생하려 하였다. 어떤 사람은 光明寺에 가서 선도를 만나 그의 가르침을 받고서 결정코 왕생하려는 믿음을 굳게 가지고 절 앞에 있는 버드나무 위에서 몸을 던져 왕생하였다고 한다(『唐傳』卷二十七, 會通傳付). 『新修往生傳』과 『佛祖統記』는 두사람의 善導를 기록하고 있는데 동일인이라고 하여도 착오가 없을 것이다. 현재 전하고 있는 저서로는 『觀經疏』『往生禮讚偈』『法事讚』『般舟讚』『觀念法門』등이 있다. 이 중에서 『觀經疏』는 『四帖疏』라고 하며 玄義·序分·定善·散善의 4 권으로 구성되어 정토의 敎相敎義를 말한 것이기 때문에 이를 解義分이라 하고 『往生禮讚偈』이하는 행사의 儀則을 밝힌 것이기 때문에 行義分이라고 한다. 그의 제자로는 懷感이 있다.

회감은 장안 千福寺의 사문으로 처음에는 性相학자였으나 선도를 만나서 염불삼매를 증득하였다. 그의 저서에 『釋淨土群疑論』이 있다. 이 책은 모두 12 편으로 나뉘어 「總標身土章」이하에 116 장을 두어 미타의 身土를

---

[54] 淨宗會編 『善導大師の研究』(淨宗會, 1927). 椎尾辨匡 『善導大師──全研究の提唱──』(淨土宗務所, 1928). 上杉文秀 『善導大師及び往生禮讚の研究』(法藏館, 1931,) 常盤大定 「唐の善導大師に關する問題」(『支那佛敎の研究』春秋社, 1938). 藤永淸徹編 『宗學院論輯』第三十二輯 「善導大師研究特輯號」(宗學院, 1940). 岩井大慧 「善導傳の一考察」(『日支佛敎史論攷』東洋文庫, 1957), pp. 137~318). 小澤敎授頌壽記念 『善導大師の思想とその影響』(大東出版社, 1977).

비롯하여 왕생의 行因등에 관하여 널리 疑難을 들어 하나 하나 이를 해결하고 있다.

그 밖에 小康(?~805)은 어려서 출가하여 越州 嘉祥寺에서 수계하고 율을 배웠으며 후에는 龍興寺에 주하면서 『화엄경』과 『유가론』 등을 공부하였다. 貞元 초(785) 무렵에 기이하고 신비로움을 느끼고 장안의 善導 影堂에 가서 선도의 영상이 공중에 떠 오름을 보았다. 후에 烏龍山에 정토도량을 세우고 사람을 모아서 염불을 행하였다. 『二十四讚』 『往生淨土瑞應刪傳』을 저술하였으며 사람들에게 後善導라 불리웠다. 또한 선도와 거의 동시대에 迦才가 있는데 세상을 떠난 해나 그 밖의 행적이 분명치 않으나 저서에 『淨土論』[55]이 있다. 그 책의 서문에서 그는 「近代에 綽선사가 있어 安樂集 1권을 지어 널리 衆經을 인용하여 道理를 매우 신장시켰지만 그 文義가 參雜하고 章品이 뒤섞여 있어서 후에 이를 읽는 사람이 또한 주저하여 그 뜻을 분명히 알기 어렵다. 지금 곧 群籍을 조사하여 도리를 갖추어 인용하고, 정리하여 9장으로 만들고 文義를 구분하고 品目을 세워 이를 보는 사람으로 하여금 쉽게 알 수 있게 할 뿐이다」(『淨土論』序)라고 『淨土論』 찬술의 이유를 밝히고 있다.

또한 南岳承遠(712~802)은 처음에는 成都의 唐公(處寂)에게 사사하여 그의 학문을 전수받고 開元 23년(735)에 24세의 나이로 荊州 玉泉寺에 당도하여 蘭若惠眞에게서 삭발하였으며 그의 명에 따라 南岳衡山에 들어가 通相으로부터 구족계를 받고 경과 율을 공부하였다. 그 후 廣州의 慈愍三藏 慧日로부터 가르침을 받고서 오직 염불을 닦았다. 天寶 원년(742)에 다시 衡山에 돌아가 精舍 彌陀臺를 세워 불경과 불상을 안치하고 염불삼매를 닦았다. 呂溫은 「南岳大師遠公塔銘記幷序」(『呂衡州文集』卷六)를 쓰고, 柳子厚는 「南岳彌陀和尙碑」(『柳河東集』卷六)를 지어 그의 덕행을 기리었다. 그의 제자로 惠詮·智明·日悟·法照가 있다.

法照[56]의 生沒年은 상세하지 않다. 처음에는 慧遠을 사모하여 廬山에 가

---

55) 名畑應順 『迦才淨土論研究』(法藏館, 1955)
56) 塚本善隆 『唐中期の淨土敎』(法藏館, 1975).

서 禪觀을 닦았으나 하루는 입정하여 극락세계에 가보니 承遠이 부처님을 옆에서 모시고 있으므로 크게 놀라 永泰中(795~766)에 南岳衡山으로 들어가 承遠에게 사사하고 五會念佛의 법을 닦았다. 大曆 5년(770)에 山西 오대산에 올라 문수와 보현의 두 보살로부터 염불왕생의 법문을 전수받았다. 그 후에 각지에 五會念佛의 법을 선포하였으며 국사의 호를 받았다. 저서에는 『淨土五會念佛誦經觀行儀』 『略法事儀讚』이 있다. 『觀行儀』는 돈황에서 中下의 2권이 발견되어 『大正新修大藏經』(85권)에 수록되어 있다. 제자로는 純一·惟秀·歸政·智遠·沙彌惟英·悟性등이 있다.

그 밖에 慈愍流의 개조인 慈愍三藏 慧日[57](680~748)은 출가하여 구족계를 받은 후에 義淨三藏을 만나 스스로 서역으로 갈 뜻을 세워 남해를 경유하여 인도에 갔다. 그는 13년동안 인도를 편력한 뒤에 다시 4년동안 雪嶺胡鄕을 방문하여 학자들에게 괴로움없는 곳을 묻고서 극락에 왕생할 것을 권유받았다. 북인도의 犍駄羅에서는 관음의 示現에 의하여 정토의 가르침을 전수받았다. 전후 18년간에 걸쳐서 70여개국을 돌아 開元 7년(719)에 장안에 돌아왔다. 그는 현종에게 부처의 眞容과 梵筴등을 바치고 慈愍三藏이라는 호를 내려받았다. 그의 저서에는 『淨土慈悲集』 『般舟三昧讚』 『西方讚』이 있다. 法照는 『五會法事讚』 중에서 『般舟三昧讚』의 全文을 인용하고 있다. 『淨土慈悲集』은 한국의 桐華寺에서 상권이 발견되었다. 慈愍계통의 염불은 禪淨一致의 염불선의 기초를 개척하였다.

정토교의 교설   중국의 정토교는 당의 善導에 의하여 대성하였으나 蓮宗 九祖는 慧遠·善導·承遠·法照·少康·延壽·省常·袾宏·實賢이다(『蓮宗九祖傳略』). 일본의 法然은 중국의 정토교에 여산 白蓮社의 慧遠流와 曇鸞·道綽·善導의 善導流와 慈愍三藏의 慈愍流가 있다고 한다(『選擇集』). 그러나 이것은 敎義 내용의 차이에서 나눈 것으로 중국정토교에 유파가 있는 것은 아니다.

중국 정토교를 대성시킨 것은 善導이다. 善導계통의 특색은 口稱念佛을

---

57) 小野玄妙「慈愍三藏の淨土敎」(『佛敎の美術と歷史』第十篇, 大藏出版, 1937). 柴田泰「慈愍三藏慧日に關する二, 三の問題」(『印佛硏』第十七卷第二號, 1969, 3).

성립시킨 것과, 아미타불을 報身으로 본 것과, 극락정토를 報土라고 한 점, 또한 凡夫身의 왕생을 本意로 한 점이다. 또한 왕생을 稱名의 숫자에 의해 판단하지 않고 오히려 신심에 의해서 판단하려 한 것 등도 특색이다. 염불에는 觀像·觀想·實相·口稱의 4종이 있는데 앞의 3종은 그 중에 자력적 요소가 있기 때문에 他力敎로서의 염불은 口稱念佛 뿐이라고 하지 않을 수 없다는 것이다.

曇鸞은 難行道와 易行道로 나누고 道綽은 聖道門과 淨土門으로 나누었으며 善導는 正行과 雜行으로 나누었다. 正行에는 禮拜·讚嘆·觀察·讀誦·稱名의 5종이 있고 이 5종 가운데 稱名을 正業이라 하고 다른 4종 助業이라고 하였다. 5종의 正行說은 세친의 『淨土論』(『往生論』)의 五念門중에서 三門에다가 讀誦과 稱名의 二行을 더한 것이다. 정토교는 소의 경전으로서 康僧鎧역(?)의 『무량수경』, 畺良耶舍역의 『관무량수경』, 羅什역의 『아미타경』의 3경과 『往生論』등의 3경 1론에 바탕하고 있다.

제 4 부 實踐과 浸透

——宋·元 이후의 불교——

제12장 전환기의 불교·234
제13장 異民族지배하의 불교·252
제14장 明·淸 이후의 불교·261

제 12 장 전환기의 불교
―― 宋의 불교 ――

제 1 절 五代의 불교

전환기의 불교   당 말기에 이어서 五代에는 중국의 역사상 일대 전환기였다. 과거의 六朝를 집대성한 唐代에 대하여 宋代는 미래를 향하여 새로운 방향을 전개해 가는 近世初頭의 시대였다. 귀족의 붕괴로 인하여 문화나 종교를 담당하는 역할도 새로이 형성된 독서인계급, 즉 사대부에게로 돌아갔다.

중국불교에 있어서도 일대 전환기를 맞이하게 되었다.

(1) 인도 서역으로부터 경전의 傳譯과 유입에 의한 자극이 없게되었고

(2) 法難破佛이나 五代의 전란에 의하여 諸宗의 章疏典籍이 흩어져 없어지게 되었으며

(3) 禪宗――중국인의 불교――의 발달 등 제 조건이 불교의 일대전환을 촉진시키게 된 것이다.

北方諸國의 불교   後梁의 태조 朱全忠이 당을 멸한 이래로 북쪽 지방에서는 後梁·後唐·後晋·後漢·後周등의 오대가 흥망을 계속하고 남쪽에서는 吳·楚·閩·吳越·南唐·南漢등의 十國이 흥망을 번갈아 하였다. 五代란 後梁의 건국에서부터 後周의 멸망까지 50 여년을 말한다.

오대의 각 왕조는 불교에 대하여 단속하는 조칙을 자주 내렸다.[1] 後梁

---

1) 牧田諦亮「後周世宗의 佛敎政策」(『中國近世佛敎史硏究』 平樂寺書店, 1957). 牧田諦亮編著 『五代宗敎史硏究』(平樂寺書店, 1941). 竺沙雅章「唐五代における福建佛敎の展開」(『佛敎史學』 第七卷第一號, 1958, 2).

末帝의 龍德 원년(921)에 禮部員外郎 李樞가 (1) 천하 승니의 私度를 금지하고 함부로 大師號와 紫衣의 하사를 구하지 말 것 (2) 出家受戒 하려는 자는 필히 궁궐에 나아가서 시험을 받도록 할 것 (3) 환속을 원하는 자는 그 뜻을 따라서 방해하지 말 것의 3개 조항을 상소하였다. 이에 대하여 帝는 (1) 兩都(開封·洛陽)의 左右街에서 紫衣와 師號를 하사받은 승려는 功德使가 그 명부를 정리하고 결원이 있으면 덕이 높은 승려를 선택하여 보충한다. (2) 매년 천자의 聖節日에는 左右 各 7인을 官壇에서 득도케하는 것을 허가한다. (3) 兩街에 僧錄만을 두고 道錄과 僧正의 직은 폐지한다. 고 하는 조항들을 실시하게 하였다(『舊五代史』卷十, 梁書, 末帝記下.) 後唐 莊宗의 同光 2년(924)에는 나라 안의 名額이 없는 小院舍를 병합시켰다(『五代會要』卷十二). 같은 天成 3년에는 출가자는 관가에서 시험을 치룬 후 삭발을 허가하고 승니의 풍기가 문란해지는 것을 경계하여 법회의 의식을 빌어서 邪宗門을 행하는 것을 금하였다. 마찬가지로 廢帝의 淸泰 2년(935)에는 매년 천자의 탄절에 모든 道州府에서 승니에게 紫衣나 師號를 하사하는 것에 대하여 表薦하여 왔던 것을 그 이후는 講論·講經·表白·文章應制·持念·禪·聲讚등의 諸科로 나누어 시험을 치르고 합격과 불합격을 정하도록 하였다(『舊五代史』卷四十七, 唐書, 末帝記中). 後晋의 고조 天福 2년(937)에도 聖節日에는 州府에서 시험을 치게하여, 私度僧을 허가하지 않고 이에 관계한 자는 중벌에 처하였다. 후한의 隱帝乾祐 2년(949)에는 司勳員外郎 李欽明이 승려의 면세와 가람의 호화로움이 불합리한 일이라고 하여 僧徒의 정리를 청하였다(『册府元龜』卷五百四十七). 이와같이 사원이나 승니의 도태에 대한 禁令이 내려진 반면에 國忌行香등은 행해져 百僧齋가 설치되기도 하고 永壽節마다 設齋하는 것이 허가되기도 하였다.

　五代에는 불교학의 그렇다할만한 진전은 없었으며 저술로서는 音義와 史書가 있고 歸嶼의 『經論會要』, 可洪의 『新集藏經音義隨函錄』, 行瑫의 『大藏經音疏』, 義楚의 『釋氏六帖』, 靜·筠二師의 『祖堂集』등이 보이는 정도이다.

後周世宗의 廢佛 三武一宗의 법난중에서 맨 마지막인 후주 세종의 폐불[2]은 앞선 세차례의 폐불과는 달리 불교와 도교 두 종교간의 종교적 항쟁에 의한 것이 아니고 국가의 재정적 궁핍과 승려들의 타락에 의한 불교교단의 숙청이었다. 顯德 2년(955) 5월에 세종은 칙령을 내려 폐불을 단행하였는데 폐지한 사원이 3,336개소(『新五代史』卷十二.『佛祖統紀』卷四十二), 폐절을 면한 사원은 2,694개소, 등록된 승니가 61,200인이었다고 한다. 勅額이 없는 사원은 모두 폐지되었다. 승니의 私度는 금해져서 부모와 조부모의 허락이 없이는 출가하는 것이 불가능하게 되었다. 또한 남자는 15세 이상으로 경문 百紙를 암송하는 사람이거나, 또는 경문 五百紙를 독송한 자, 여자는 13세 이상으로 경문 七十紙를 암송하거나 또는 경문 3百紙 이상을 독송할 수 있는 자라야 하였다. 개인적으로 수계하는 것도 금하여 祠部에서 도첩을 발급받아야 비로소 삭발 수계하는 것이 가능하였다. 또한 노비・姦人・간첩・역적의 무리・도적등이 출가하는 것은 허락되지 않았다. 세종의 폐불은 五代王朝의 불교정책의 귀결이었고 뒤를 이은 宋代에 국가권력이 불교교단을 완전히 지배하게 되는 기반을 확립하였다.

남쪽지방에서 吳는 揚州(江蘇省)에, 南唐은 金陵(南京)에, 閩은 福州(福建省)에, 楚는 潭州(湖南省)에, 南漢은 廣州(廣東省)에, 吳越은 杭州(浙江省)에 도읍을 정하였으나 중앙의 문화가 지방에 파급하여 불교도 융성하였다. 이 중에서도 杭州에 도읍을 정한 吳越의 불교[3]와 福州에 수도가 있는 閩의 불교[4]가 유명하다.

吳越의 불교 後梁 태조의 開平 원년(907)에 錢鏐가 吳越王에 봉해지면서부터 五世 72년동안 즉 宋 태종의 興國 3년(978)에 錢弘俶이 宋에 귀순하기까지 전란을 겪지 않고 杭州를 중심으로 하여 불교문화가 융성하였다. 종래의 장안과 낙양중심의 불교가 杭州・揚州・福州・廣州를 중심

---

2) 畑中淨円「後周世宗の廢佛考」(『大谷學報』第二十三卷第四號, 1942, 7).
3) 小川貫弌「錢氏吳越國の佛敎に就て」(『龍谷史壇』第十八號, 1936, 7). 畑田淨円「吳越の佛敎——特に天台德韶とその嗣永明延壽について——」(『大谷大學研究年報』第七集, 1954. 10).
4) 曾我部靜雄「宋代福州の佛敎」(『塚本論集』). 塚本俊孝「五代南唐の王室と佛敎」(『佛敎文

으로 하는 남쪽지방에서 전개하여 宋·元의 근세 불교에로 일대 전환을 이루는 기초를 형성하게 되었던 것이다. 그 중에서도 忠懿王 錢弘俶(929~988)은 손꼽히는 불교신봉자로 顯德 2년에 後周 世宗의 폐불이 단행될 때 8만 4천의 銅製 寶篋印塔을 조성하고 그 중에 『寶篋印陀羅尼經』을 封藏하고 이를 반포하였다. 항주를 중심으로하여 크고 작은 수백개의 사원이 건립되고 정토·천태·율·선·화엄등의 各宗이 중흥하게 되어 중국불교의 중심이 되었다.

　吳越王 錢弘俶을 만난 천태종의 螺溪의 義寂(919~987)은 전란과 폐불로 인해서 중국본토에서는 없어진 천태종의 論疏를 구해줄 것을 청하였다. 오월왕은 사신을 고려와 일본에 파견하여 이를 구해오게 하였다. 그 때문에 고려는 『天台四敎儀』의 저자 諦觀에게 諸部의 論疏를 가지고 螺溪에 가게 하였다. 또한 선종 淸涼文益의 제자 天台德韶(891~972)를 오월의 충의왕이 맞아들여 국사에 봉하였다. 永明延壽(904~975)는 智覺禪師라고도 하며 충의왕의 영접을 받았으며 선교일치를 주장하였다. 그의 저서에『宗鏡錄』百卷,『萬善同歸集』『唯心訣』등 60 여부가 있다. 『宗鏡錄』은 불교 유심론을 집대성하여 唐代 선종자료의 寶庫이기도 하다. 그의 사상이 고려불교에 미친 영향은 크다.

　南唐의 佛敎　　閩(909~946)의 태조 王審知는 오월의 충의왕과 함께 불교를 보호한 천자로서 天祐 2년(905) 4월에 5,048권의『대장경』을 靑山에 헌납하였다고 한다. 선종[5]의 雪峰義存(822~908)에게 태조 王審知는 귀의하여 가르침을 받았다. 태종 王延鈞도 불교를 공경하여 天成 3년(928)에 승려 2만여명을 득도시켰다고 한다. 당시는 선종의 세력이 가장 성하여 羅漢桂琛(867~928)의 제자 淸涼文益(885~958)은 南唐의 왕에게 초청되어 금릉의 청량사에 주하면서 法眼宗을 열어 五家의 一派를 확립하였다. 또한 雪峰義存의 제자 雲門文偃(864~949)은 匡眞大師라고도 하며 南漢의 雲門山(廣東省)에서 운문종을 열었다. 그 밖에 촉의 王建의 신임

　　化硏究』第三號, 1953, 11).
　5) 鈴木哲雄 「唐·五代時代의 福建에 있어서의 禪宗」(『愛知學院大學文學部紀要』第三號, 1974, 12).

을 얻어 鎭國大師, 또는 講唱大師등으로 賜號를 받았던 禪月[6](貫林)은 『禪月集』을 저술하고 「16 나한도」를 그렸던 승려로 유명하다.

제 2 절 宋代의 불교교단

度牒制度 당대에서는 출가와 得度의 법제적인 구별은 없이 단지 度 자체만을 문제삼아 私度僧이나 僞濫僧의 방지에 힘을 썼던 데에 대하여 송대[7]에서는 出家(童行)와 得度(沙彌)와의 사이에 분명한 구별을 두어 이중으로 규정하였다. 당대에는 노비의 출가를 허가하지 않았으나 송대에서는 이 금지령을 철폐하였다.

불문에 드는 자는 먼저 허락을 받아 入寺하고 童行이 되는 것이 필요하였다. 童行은 출가자의 관문이 되기 때문에 이를 출가라고 하였다. 출가의 지망에는 부모의 허락을 받아야만 하였다(『慶元條法事類』卷五十, 道釋門). 童行은 절내에 있는 童行堂(또는 行堂)에 주하며 사미가 되기 위하여 필요한 경전의 독송이나 諸法式, 또는 그 밖의 훈련을 받는 것과 함께 절내의 잡역에 종사하였다. 그들을 方丈行者・客頭行者・堂司行者・監作行者 등으로 불렀다(『勅修百丈淸規』). 童行은 부과면세의 특전이 주어지지 않았다.

송대에는 度僧에 試經度僧・特恩度僧・進納度僧의 3종의 방법이 있었다(『佛祖統紀』卷五十一). 試經度僧은 관에서 童行이 경을 공부한 것에 대하여 시험을 하고 합격자에게는 祠部牒을 발급하여 승려가 되는 것을 허가하였다. 特恩度僧은 천자의 탄생절이나 제후 왕족의 忌日, 생일등에 즈음하여 시험을 치루지 않고 도첩을 발급하는 것이며, 進納度僧은 賣度・賣牒하는 것을 말하였다.

시험의 제도는 당대에 시작하였으나 그 방법은 일정치 않았다. 송대에

---

6) 小林太市郞『禪月大師の生涯と藝術』(創元社, 1947).
7) 高雄義堅「宋代の度及び度牒制」(『宋代佛敎史の硏究』第一章, 百華苑, 1975). 小川貫弌「宋元明淸に於ける敎團の構造──宋元佛敎の僧尼制度──」(芳村修基編『佛敎敎團の硏究』百華苑, 1968).

이르러 북송에서는 『법화경』을 독송시켜 시험하였다(『佛祖統紀』 卷四十七). 그러나 남송에서는 『대반야경』의 念經 白紙, 또는 讀經 五百紙를 하게하고 尼童은 念經 七十紙, 또는 讀經 三百紙였다. 이는 後周의 제도를 답습한 것이다. 시험에 합격한 자는 관으로부터 도첩을 교부받고 그러한 후에 師主에게 나아가 삭발 득도식을 받게 되는 규정이다. 도첩이란 승려가 득도할 경우에 관이 일정한 문서를 발급하여 그가 승려임을 증명하는 허가서로서 승려의 진위를 가리는 중요한 증서였다. 도첩을 처음 발행한 것은 당 현종의 天寶 6년이라 한다(『佛祖統紀』 卷四十.『唐會要』 卷四十九). 『禪林象器箋』(第二十三類, 薄卷門)에는 명대의 것이 실려져 있고 成尋의 『參天台五台山記』권 8 에는 通事陳詠의 恩度度牒이 게재되어 있는데 도첩의 형식은 득도자의 본적·속성명·연령·절에 들어온 날짜·소속사원·스승의 이름을 기록하고 禮部長官 등 관계관의 연명날인이 있는 관문서이다. 송대에는 賣牒, 즉 도첩의 매매가 행해졌다. 매첩은 神宗무렵에 시작되었다고 하나[8] 매첩한 사실은 신종 이전에도 있었는듯 하다. 그러나 국고의 재원을 충당하기 위하여 법명등을 기록하여 교부하지 않고 도첩을 미기입한 그대로 발행하는 소위 空名度牒[9]을 발행한 것은 신종 이후였다. 이 공명도첩을 사서 형식적으로만 출가자가 되어 부역을 면하는 특권을 가지기 위하여 자질이 없는 승려가 출현하고 재산의 은익을 위하여 이용되기도 하였다.

도첩을 매매하는 것만이 아니고 송은 국가의 재정난을 구하기 위하여 紫衣와 師號까지도 팔았다. 남송이 되면서 점차 증가하여 교단은 내부적으로 붕괴로 치달았다.

僧官制度 송대에 이르러 승려들이 관의 하위에 속하는 현상(所隷)[10]은 송의 초기부터 나타나기 시작하였다. 神宗의 元豊官制 이전은 功德使의 소속으로 있었고, 북송까지는 鴻臚寺의 관하로 옮겨갔으며, 남송시대에

---
8) 曾我部靜雄「宋代の度牒雜考」(『史學雜誌』第四十編第六號, 1930).
9) 塚本善隆「宋の財正難と佛敎」(桑原隲藏還曆紀念『東洋史論叢』弘文堂, 1931). 同「道君皇帝と空名度牒政策」(『支佛史學』第四卷第四號, 1941, 1).
10) 高雄義堅, 前揭書, 第二章「宋代の僧官制度」.

는 祠部에 예속하였다. 당대와는 달리 송의 공덕사는 환관이 아니고 지위나 권력이 낮은 것이었다. 鴻臚寺도 주로 開封府 관내의, 또는 하남성을 포함한 특정구역의 僧道를 다스렸다. 남송에 이르러 鴻臚寺는 禮部에 병합되었으며 승려의 장부제작, 도첩발급, 승관의 補任, 紫衣나 師號의 수여 등 일체의 불교교단 사무는 祠部에 통할되었다.

북송의 중앙승관으로는 수도 개봉에 左右街僧錄司가 있어서 사원과 승려를 관리하고 서경 河南府에도 승록사가 설치되었다. 또한 승록의 밑에는 서무를 관장하는 鑑義가 설치되었다. 남송에서는 講經과 講論의 首座가 폐지되고 僧錄・副僧錄・鑑義와 額外鑑義(정원외의 승관)가 있었다. 액외감의가 설치되었던 것은 공명도첩의 발행이나 자의, 또는 사호의 濫授로 인하여 사무가 증가했던 결과로 생각된다.

태조와 태종무렵의 승관으로서는 승록을 지냈던 인물로 道深(『宋傳』卷七, 傅章傳)・神曜・可朝・省才(『佛祖統紀』卷四十三)가 있다. 贊寧은 한때 左街講經首座에 임명되기도 하였다. 眞宗代에는 승록에 贊寧(『佛祖統紀』卷四十四). 澄遠(『宋史』卷四百六十六, 周懷政傳)등이 임명되었고 講經首座에 秘演(『續資治通鑑長編』卷九十五)과 修靜이, 그리고 鑑義에는 重珣・啓冲(『景祐新修法寶錄』卷十六)등이 임명되었다.

지방승관으로는 당대의 제도를 이어 받아 각 주에 管內僧正 1명을 두고 그 밑에 부승정과 僧判을 배치하였다. 그 후에 溫州・杭州・台州・湖州・處州・明州등의 지구에는 승정위에 다시 도승정의 제도를 설치하였다 治平中(1064~1067)에 천축사의 靈山慧辨은 항주 도승정에 임명되었다. 그 밖에 오대산과 천태산에는 특수한 승관을 두기도 하였다. 오대산에는 당대에 이미 十寺僧長이 설치되었는데 송대에 이르러서도 太平興國 5년 (980)에 眞容院에 十寺僧正司가 설치되어 사문 芳潤이 十寺僧正에 임명되었다. 송대에 천태산에 승관이 설치되었던 사실은 成尋의 『參天台五台山記』권1에 山門都僧正 履歌와 山門副僧正 清緖등의 이름이 보이고 같은 책 권2에 天台山門 僧司의 이름이 있는 것에 의해서 알 수 있다.

寺院제도   당대에는 특수한 사원에 勅額을 하사하여 그 사찰의 품격을 높이는 일이 있었으나 송대에 이르러서는 많은 사원에 勅額이 남발되었기 때문에 有額寺의 품격은 자연히 떨어지게 되었다.

한편 勅額의 유무에 관계없이 송대 초엽에는 주지상속법의 입장에서 甲乙徒弟院(度弟院)과 十方住持院의 구별이 생기게 되었다[11]. 갑을도제원이란 주지가 사망하거나, 또는 퇴임하는 경우에 그의 제자들 중에서 득도한 순서대로 갑을의 순차를 정하여 계승시키는, 곧 師弟相傳을 하는 사원을 말한다. 十方住持院이란 여러곳에서 이름있는 승려를 초빙하여 주지의 적을 잇게하는 사원으로 이 十方刹은 품격이 훨씬 높았다. 이 밖에도 조정과 관계가 깊은 사원에 宣勅을 내려 주지를 임명하는 勅差住持院이 있어서 최고의 품격과 대우를 받았다. 勅差住持制의 사원은 선종사원이 가장 많았고 교종이나 율종의 사원은 그 숫자가 적었다.

功德墳寺[12]는 귀족의 분묘에 세워진 개인 절로 제후의 陵寺에 버금가는 높은 지위를 지녔었다. 이러한 공덕분사는 이미 당대에도 존재했었는데 송대가 되면서 공덕분사에도 名額이 허가되고 일반사원과는 달리 寺領의 면세나 度僧의 허가, 그리고 紫衣와 師號의 하사와 같은 특권이 부여되었다. 이 사원은 주지의 임명이나 寺領 관리사무의 집행도 墳寺의 本家가 자유로이 행할 수 있어서 일종의 치외법권을 누렸다. 그 때문에 공덕분사의 소유권은 기성사원을 병합하여 경제상의 특권을 누리려 하였고 또한 과세나 부역의 면제를 받지 못한 교단측도 墳寺의 특권을 받으려고 귀족에게 아부하여 기성사원의 墳寺지정은 그 숫자가 격증하였다.

제 3 절 『大藏經』의 출판과 번역

『대장경』의 출판 송대 불교에서 특기할만한 것은 『대장경』의 조판과 인쇄[13]가 대규모로 이루어졌다는 사실이다. 중국의 인쇄술은 이미 당대에 시작하여 경전인쇄가 일부 행해졌으나 인쇄된 『대장경』이 간행된 것은 송

---

11) 高雄義堅, 前揭書, 第三章「宋代寺院の住持制」.
12) 小川貫弌「宋代の功德墳寺に就いて」(『龍史谷壇』第二十一號, 1938, 2).
13) 大藏會編『大藏經——成立と變遷——』(百華苑, 1964).

의 太祖때 였으며 세계 인쇄문화사상 그 유례를 찾아보기 힘든 대사업이 었다.

　태조는 開寶 4년(971)에 張從信을 蜀의 益州(成都)에 파견하여 『대장경』의 조판을 명하였다. 『開元錄』에 바탕하여 1,076부 5,048권의 『대장경』이 12년간에 걸쳐서 완성되고 太平興國寺내의 印經院에서 인쇄에 부쳤다. 이것이 蜀版 『대장경』(北宋 勅版 『大藏經』)이다.

　일본의 奝然이 太平興國 8년(983)에 汴京에 들어가서 하사받은 대장경이 바로 이것이다. 이 蜀版을 받아서 고려성종 10년(991)부터 시작하여 현종 2년(1011)에 완성시킨 것이 고려판 『대장경』이고 고종때에 다시 새긴 것이 현존하고 있는 해인사판 『대장경』이다. 그 밖에 북송 神宗의 원풍 3년(1080)부터 정화 2년(1112)에 걸쳐서 완성된 것이 福州 東禪寺 等覺院版 『대장경』(『崇寧萬壽大藏』), 정화 2년(1112)부터 남송 고종의 소흥 21년(1151)에 걸쳐서 완성된 福州 開元寺版 『대장경』(毘盧藏·福州版·閩本·越本), 湖州 思溪(浙江省 吳興縣)의 圓覺禪院에서 남송 고종의 소흥 3년(1133)경에 개판된 湖州 圓覺寺版 『대장경』(思溪藏·宋版), 江蘇省 平江府磧沙 延聖禪院에서 開版되었으나 산실되어 그 전모가 분명치 않다가 최근에 발견되어 영인 간행된 磧沙版 『대장경』, 남송 度宗의 咸淳 5년(1269)에 浙江省 杭州 普寧寺에서 개판되어 元代에 완성한 보령사판 『대장경』(『元版白雲宗門藏經』)등이 송대에 개판되었다. 그 밖에 宋版을 모방한 元版 『대장경』을 비롯하여 契丹판 『대장경』 西夏文 『대장경』, 南京 大報恩寺版 『대장경』(南藏), 北京 勅版 『대장경』(北藏), 萬曆版 『대장경』 등이 元과 明代에 완성되었다. 이와같이 많은 官版과 私版의 간행에 의하여 『대장경』은 정비되어 불교의 전파와 보급에 커다란 공헌을 하였다.

　譯經事業　송 태조의 乾德 3년(965)에 滄州의 道圓이 18년간의 인도 여행에서 汴京에 돌아와 불사리와 貝葉梵經을 가지고 왔다. 또 다음해에는 사문 行勤 등 157인이 칙명에 의하여 법을 구하여 서역으로 출발하였다(『佛祖統記』 卷四十三). 또한 건덕 2년(964)에 繼業은 사문 300인과 함께 천축에 들어가서 불사리와 경전등을 가지고 와서 받들어 모셨다(范

成大『吳船錄』卷上). 이처럼 인도에 들어가 법을 구하는 승려가 늘어나고 인도의 사문이 중국에 오게되는 기연이 성숙하여 太宗은 흥국 7년 (982)에 太平興國寺에 역경원을 창설하고 天息災(法賢)·法天·施護·法護등을 번역사업에 종사케 하였다.[14] 그 밖에 범어에 통달한 譯經三藏 惟淨도 역출에 참가하고 證義·證文·筆受·綴文·刊定 등 역경에 필요한 모든 작업을 중국승이 담당하여 번역사업을 도왔다.[15] 역경원과 그 서편에 세워졌던 印經院을 합하여 傳法院이라고 불렀다.

역출경전으로는 施護등이 번역한『佛說一切如來眞實攝大乘現證三昧大敎王經』30권은『金剛頂經』18 會중에서 初會의 全譯이며 不空이 번역한 본 중에서 빠진 부분을 보충하는 중요한 문헌이다. 태종에서부터 眞宗까지의 사이에 234부 489권이 역되었는데 그러한 경전 가운데 연구 주해된 것은 知則의『聖無量壽經疏』와 省才의『大方廣總持寶光明經疏』, 그리고 楚南의『寶月童子問注經疏』등에 지나지 않는다. 또한 새로 번역된 경전의 대부분이 밀교경전이었기 때문에 송대의 불교에 미쳤던 영향은 거의 없었다고해도 좋을 것이다. 역경의 수준도 낮아서 誤譯이 많을 뿐 아니라 僞譯이라고 해야할 것도 있었다.[16]

제 4 절 佛敎史學의 발전

佛敎史書의 출현 송나라 초기에 贊寧[17]이 당나라 초기 이후 고승의 전기를 집대성한『宋高僧傳』을 찬술하고 다시 전 불교사를 사항별로 정리하여 개관한『大宋僧史略』을 찬술한 것이 송대에 있어서 불교사학 발전의 출발점이 되었다. 게다가 司馬光의『資治通鑑』에 자극을 받아서 불교사 편

---

14) 松本文三郎「趙宋の譯經事業」(『佛敎史雜考』1944). 岩井諦亮編 「宋代新譯經典索引目錄」(『日華年報』第一年, 1936, 8).
15) 深浦正文「譯經の制規」(『日華年報』第三年, 1938, 9).
16) J. Brough, "The Chinese Pseudo-translation of Ārya-sūra's Jātaka-mālā", *Asia Major*, vol. XI, part I, 1964.
17) 牧田諦亮 「贊寧とその時代」(『中國近世佛敎史硏究』. 同 「宋代における佛敎史學の發展」(『印佛硏』第三卷第二號, 1955, 3).

찬의 풍조가 높이 일었다. 한편 선종은 法燈확립의 필요상 많은 傳燈書를 작성하고 선종에 대하여 대항의식이 싹튼 천태종측에서도 자기네 종파를 중심으로 한 불교 通史를 완성시키기에 이르렀다.[18]

仁宗의 嘉祐年間에 達觀曇頴은 『五家宗派圖』를 작성하고 石門慧洪은 이를 계승하여 『禪林僧寶傳』을 썼다. 이 책의 오류를 시정하여 『僧寶正續傳』을 찬집한 祖琇는 흥륭 2 년(1164)에 『隆興佛敎編年通論』을 저술하였다. 그 후 本覺은 『釋氏通鑑』을 지어 이 편년체 불교사의 계통을 이었다. 元代에는 熙仲이 『歷朝釋氏資鑑』을 쓰고 念常은 『佛祖歷代通載』를 지었다.

禪宗系가 편년체 불교사를 저술한 것에 대하여 천태종 측에서는 기전체를 주로 하는 불교사를 썼다.

특히 유명한 것이 宗鑑의 『釋門正統』[19]과 志磐의 『佛祖統紀』이다. 『釋門正統』은 현존하는 기전체 불교사서 중에서 가장 오래된 것으로 남송의 慶元中(1195~1200)에 만들어진 鎧菴의 『釋門正統』에 바탕하여 本紀·世家·列傳·諸志·載記의 五科로 나뉘어져 있다. 志磐의 『佛祖統紀』는 寶祐 6 년(1258)에 집필에 착수하여 전후 12 년이 걸려서 완성한 것으로 本紀·世家·列傳·表·志의 5 편·19 科로 구성되어 있다. 이는 다른 종파에 대하여 천태종을 높이 드러내려는 목적으로 쓴 것인데 「淨土立敎志」「諸宗立敎志」 등은 다른 종파의 역사를 서술하였고 「法運通塞志」 등에서는 불교 전체의 발달 전개과정을 말하고 있다.

禪宗의 燈史　당대부터 五代에 걸쳐서 『傳法寶紀』『楞伽師資記』『歷代法寶記』『寶林傳』[20] 『聖胄集』『續寶林傳』『祖堂集』 등의 선종등사가 출현하였는데 송대에 이르러서도 선종의 융성함과 더불어 선종 傳燈의 계보를 밝히기 위하여 많은 등사가 출현하였다. 道原의 『景德傳燈錄』은 眞宗의 大中祥符 4 년(1011) 칙령에 의하여 『대장경』에 편집되는 것이 허가되었다. 다시 仁宗의 嘉祐 6 년(1061)에는 錢塘의 契嵩이 스스로의 저서인 『傳法正宗記』『定祖圖』『傳法正宗論』『輔敎篇』 등 4부 16권을 상소를 올려,

---

18) 高雄義堅「佛敎史書の出現」(『宋代佛敎史の硏究』第八章).
19) 小川貫弌「宗鑑『釋門正統』の成立」(『龍谷史壇』 第四十三號, 1958, 6)
20) 常盤大定『寶林傳の硏究』(東方文化學院東京硏究所, 1934, 3)

入藏이 허가되었다. 『傳燈錄』이 대장경 안에 편입된 것은 선종의 전등을 국가의 제왕이 공인한 것이 된다. 이 『景德傳燈錄』 30권을 刪定한 것이 王隨의 『傳燈玉英集』[21] (『宋藏遺珍』)이고 다음해에 대장경에 편입되었다. 이러한 것에 이어서 李遵勗의 『天聖廣燈錄』, 惟白의 『建中靖國續燈錄』, 悟明의 『聯燈會要』, 正受의 『嘉泰普燈錄』 등 소위 『五燈錄』이 출현하고 다시 普濟의 『五燈會元』이 편찬되었다. 明과 淸代에는 圓極居頂의 『續傳燈錄』, 文琇의 『增集續傳燈錄』, 通容의 『五燈嚴統』, 超永의 『五燈全書』 등이 있다.

제5절 佛敎諸宗의 전개

禪宗의 발전   당나라 중, 후기에 크게 발전한 선종은 五代를 거치면서 五家로 분립하였다.[22] 우선 百丈의 제자 潙山靈祐(771~853)와 그의 제자 仰山慧寂(807~883)에 의하여 潙仰宗이 성립하였다. 다음에 黃檗希運(?~大中年間沒)의 제자 臨濟義玄(?~867)은 임제종을 출현시켰다. 靑原 계통에서 나온 雲巖曇晟(782~841, 또는 780~841)의 제자 洞山良价(807~869)와 그의 제자 曹山本寂(840~901)에 의하여 조동종이 일어났다. 또한 雪峰義存(822~908)의 제자 雲門文偃(864~949)에 의해서 운문종이 개창되었으며 같은 五代에 法眼禪師 淸凉文益(885~958)에 의하여 법안종이 흥하였다. 여기에서 潙仰·臨濟·曹洞·雲門·法眼의 五家가 성립하였다.

5가 중에서 위앙종은 비교적 일찌기 쇠퇴하였다. 조동종은 曹山本寂의 계통보다도 雲居道膺(?~902)의 계통이 번영하여 8대 후에 宏智正覺(1091~1157)이 나와서 默照禪을 제창하고 『頌古百則』을 저술하였다. 같은 조동종의 萬松行秀(1166~1246)는 여기에 示衆·著語·評唱을 더하여

---

21) 篠原壽雄 「王隨の玉英集刪定について——北宋士大夫の禪受容——」(『駒澤大學佛敎學部硏究紀要』第十九號, 1961, 3). 椎名宏雄 「「傳燈玉英集」の基礎的考察」(『曹洞宗硏究員硏究生硏究紀要』九, 1977, 9).
22) 阿部肇一 『中國禪宗史の硏究』(誠信書房, 1963). 高雄義堅 「宋代禪宗の性格」(『宋代佛敎史の硏究』第五章).

『從容錄』을 저술하였다. 법안종은 天台德韶(891~972)가 활약하고 다시 그의 제자 永明延壽(904~975)가 크게 종풍을 일으켰다. 그러나 5가중에서 가장 왕성했던 것은 임제종으로 臨濟義玄에서부터 興化存奬(830~888)·南院慧顒(?~952)·風穴延沼(896~973)·首山省念(926~993)·汾陽善昭(947~1024)·慈明楚圓(986~1039)으로 법을 이어 慈明楚圓의 두명의 제자 黃龍慧南(1002~1069)은 황룡종을 열었고, 楊岐方會(992~1049)는 楊岐宗을 개창하였다. 이 2종과 5가를 합하여 선종의 五家七宗이라 한다.

楊岐方會로부터 3대째인 佛果克勤(1063~1135)은 『碧巖錄』을 쓰고 그의 제자인 大慧宗杲[23](1089~1163)는 看話禪을 제창하였다. 선종의 5파중에서「雲門·臨濟의 二宗만이 홀로 천하에 盛하였다」(『建中靖國續燈錄』序)라고 말하여지는 것처럼 운문종도 임제종에 지지않는 융성함을 이루었다. 운문에서부터 3대째인 雪竇重顯(980~1052)은 『頌古百則』을 지었다. 남송시대가 되면서 운문종은 점차로 쇠퇴하여 조동종이 이를 대신하여 임제와 조동의 2종이 유력하게 되었다. 임제종이 看話禪을 고취한 것에 대하여 조동종은 默照禪을 제창하였다.

당대에도 永嘉玄覺의 『證道歌』나 『永嘉集』, 또는 石頭希遷의 『參同契』 등의 禪文學이 있었는데 송대가 되면서 不立文字의 토양에서 반대로 선문학이 크게 개화하였다. 『鐔津文集』『北礀禪師文集』 등의 시문학을 비롯하여 禪宗典籍 중에는 선적인 체험의 표현을 韻文을 쓰기도하고 속어를 사용하기도 하여 선문학의 장르를 열었다. 어록을 집대성한 것으로는 慧嚴宗永의 『宗門統要』, 古林清茂의 『宗門統要續集』, 鼓山 賾藏主의 『古尊宿語錄』, 師明의 『續古尊宿語要』 등이 있다.

천태종　吳越의 충의왕이 고려에 사신을 보내어 고려의 諦觀이 천태의 典籍을 가지고 왔던 기연으로 인하여 천태종이 부흥하였다[24]. 義寂의 문인 義通(927~988)이 있고 그의 제자로 四明知禮(960~1028)가 있다. 한편 의적의 동문에 慈光志因이 있고 그의 제자로 慈光晤恩이 있으며 晤恩

---

23) 石井修道「大慧語錄の基礎的研究」(『駒澤大學佛教學部研究紀要』第三十三號, 1975, 3).
24) 硲慈弘『天台宗史槪說』(大藏出版, 1969).

의 제자에는 源清과 洪敏등이 있다. 원청의 제자에는 孤山智圓(976~1022)과 梵天慶昭(963~1017)가 있다. 그들은 서로 천태교의에 대하여 논란을 계속하였다. 義通과 知禮의 일문을 山家派라고 하고 志因과 晤恩등의 일파를 山外派라고 이름지었다. 山家와 山外의 두파 사이에 쟁점이 된 문제는 唯心論과 實相論과의 대립 항쟁이었다. 山家派의 知禮[25]는 四明尊者라 하여 존경을 받았으며 저서에 『觀經疏妙宗鈔』 『金光明玄義拾遺記』 『金光明經文句記』 『觀音玄義記』 『觀音義疏記』 『十不二門指要鈔』 『觀心二百問』 『十義書』 등이 있다. 宗曉가 찬했던 『四明敎行錄』은 知禮의 遺文과 行業碑 등 백여편을 모은 것이다. 山外派의 梵天慶昭는 知禮와 논쟁을 하였으며 孤山智圓도 『金錍顯性錄』 『首楞嚴經疏』를 저술하였다. 천태종은 四明知禮의 법계가 번성하였으며 특히 廣智尙賢·神照本如·南屛梵臻의 세법계가 유명하여 세상에서는 이를 四明三家라 불렀다.

송대 불교계의 패자였던 선종과 천태종사이에 논쟁이 있었다. 천태종의 四明智禮와 선종의 天童寺 子凝의 사이에 서로 논란이 왕복하였다. 또한 立祖相承에 관한 문제에 대하여 契嵩과 子昉의 사이에 논쟁이 있었다. 神智從義도 法統說에 대하여 선종을 공격하였다.

律 宗 眞悟 智圓大師 允堪(1005~1061)은 처음에 천태종을 공부했으며 율에 정통하여 道宣의 저서에 주해를 하였는데 특히 『行事鈔』에 주를 한 『會正記』가 중요하다. 그의 제자로는 擇其가 있고 택기의 제자로 靈芝元照(1048~1116)가 있다. 원조는 大智律師라고도 불리우는데 道宣의 三大部에 주하였으며 그 중에서 『行事鈔資持記』는 『會正記』에 대하여 다른 의견을 제시하였기 때문에 남산종은 會正과 資持의 2종이 되었다. 元照의 계통은 道標(또는 智交)·准一·法政·法久·了宏이 있다. 일본의 俊芿[26]은 了宏에게서 율을 전수받았다. 또한 俊芿은 四明智禮의 계통의 北峰宗印(?~1213)에게서 천태를 계승하였다.

화엄종 송대에는 高麗의 義天이 入宋하면서 많은 「華嚴部章疏」를 가

---

25) 島地大等 『天台敎學史』(明治書院, 1929) pp. 151~225. 安藤俊雄 『天台學論集 止觀과 淨土』(平樂寺書店, 1975).
26) 高雄義堅, 前揭書, 第九章 「宋入僧俊芿と南宋佛敎」.

지고 왔다. 이러한 전적들이 고려로부터 중국으로 역수입됨으로 말미암아 화엄학이 융창하였다. 또한 고종의 紹興 15년(1145)에 圓澄大師 義和가 華嚴部章疏 를 대장경에 편입시킨 일도 송대에 화엄교학이 다시 융성하게 된 원인이 되었다.[27]

宗密의 제자 石壁傳奧는 종밀의 『起信論註疏』에 주석하여 『隋疏義記』를 썼으며 『金剛經疏論纂要』에 대하여 『貫義意鈔』를 지었는데 쓸모없이 길게 서술된 부분이 있었기 때문에 長水子璿(?~1038)은 이를 刪定하여 『筆削記』와 『刊定記』를 저술하였다. 또한 五台承遷은 『註金師子章』을 저술하였다. 長水子璿은 천태종의 洪敏으로부터 능엄을 공부하고 瑯琊慧覺에게서 선을 배웠다. 그 제자가 晋水淨源(1011~1088)이다. 정원은 자선으로부터 능엄・원각・기신등을 공부하고 화엄은 五台承遷의 것을 이었다. 정원은 화엄의 중흥을 이룩했던 인물로 저서에는 『妄盡還源觀疏鈔補解』『原人論發微錄』등이 있다. 송대에는 『華嚴五敎章』의 연구가 성행하여 普靜寺 道亭은 『華嚴一乘敎義分齊章義苑疏』를 저술하고 華嚴寺 觀復은 『折薪記』를 썼으며, 師會는 『焚薪』과 『復古記』를 쓰고 希迪이 『集成記』를 저술하였다. 도정・관복・사회・희적을 화엄종의 宋朝四家라고 부른다.

『華嚴五敎章』의 연구와 더불어 『法界觀門』의 연구도 이루어져서, 道通은 『法界觀披雲集』을 쓰고 紹元은 『法界觀門智燈疏』를 지었다. 송대의 화엄연구는 『五敎章』과 『法界觀門』의 末疏에 집중되어 있다.

淨土敎 송대 300여년을 통하여 정토교[28]는 자못 융성하여 특히 그 신앙은 민중사이에 깊이 침투하였다. 정토교는 대부분 천태나 선종등의 여러 종파에 의지하여 행해졌는데 그 가르침도 台淨融合, 禪淨雙修의 思潮를 형성하였다. 선종의 법안종에 속하는 永明延壽는 『萬善同歸錄』을 지어 禪淨一致를 제창하였다. 천태종의 四明知禮의 계통, 특히 神照本如의 계통에 정토사상이 널리 퍼져서 본여는 白蓮社를 결성하여 정토의 수행에 전

---

27) 常盤大定「宋代における華嚴敎學興隆の緣由」『支那佛敎の硏究』第三, 春秋社, 1943.
28) 高雄義堅, 前揭書, 第六章「宋代社會と淨土敎」同「宋以後の淨土敎」(『支佛史學』第三卷第三・四號, 1939, 12). 小笠原宣秀『中國淨土敎家の硏究』(平樂寺書店, 1951). 同『中國近世淨土敎史の硏究』(百華苑, 1963).

념하였다. 율종의 靈芝元照는 정토교에 관하여 『觀無量壽經義疏』『阿彌陀經義疏』『直生淨土禮懺行法』『芝園集』등을 썼다. 화엄종에서는 남송 초에 활약한 圓澄義和가 『華嚴念佛三昧無盡燈』을 저술하여 華嚴圓融念佛의 법문을 설파하였다. 정토신앙에 바탕한 念佛結社[29]도 성행하여 특히 남쪽 浙江지방에서 많이 행해졌다. 그 명칭은 白蓮社・淨業會・西歸會・繫念會등으로 불리웠다.

昭慶省常(959~1020)은 西湖의 昭慶院의 주하면서 아미타상을 새겼으며 「華嚴淨行品」을 혈서로 쓰고 123인과 더불어 淨行社를 결성하여 중국 정토종의 제7조로 불리웠다. 그 밖에 遵式은 至道 2년(996)에 四明 寶雲寺에서 염불수행을 하였고 知禮도 또한 四明 延慶寺에서 念佛施戒會를 일으켰다. 또한 譯經潤文使를 겸하여 潞國公에 봉해졌던 文彦博은 仁宗 때 京師에서 淨嚴禪師와 함께 정토회를 결성하여 승속 10만인이 함께 참예하여 염불을 하였다고 한다(『佛祖統記』卷五十三).

또한 송대에는 遵式의 『往生西方略傳』(서문 뿐임), 戒珠의 『淨土往生傳』, 王古의 『新修往生傳』(『續藏』『續淨土宗全書』), 남송의 陸師壽의 『淨土寶珠集』(『續淨土宗全書』) 등 많은 왕생전이 저술되어 중국과 일본을 통하여 애독되고 인용되었다. 송대의 「왕생전」은 咸淳 5년(1269)에 이루어져 『佛祖統紀』중의 「淨土立敎志」 3권의 편찬에 의하여 집대성되었다.

제6절 宋儒와 불교

유교와 불교의 논쟁   송대에는 周濂溪・張橫渠・王安石・張天覺・程明道・程伊川・楊龜山・謝上蔡・朱熹・陸象山 등 유학자이면서 불교를 연구하는 인물이 배출되었다.

宋學[30]은 불교, 특히 화엄이나 선의 사상을 받아들여 유교의 심화를 도

---

29) 鈴木中正「宋代佛敎結社の研究」(『史學雜誌』第五十二編第一・二・三號, 1941, 1. 2. 3 ').
30) 安田二郎『中國近世思想研究』(弘文堂書房, 1948). 島田虔次『朱子堂と陽明學』(岩波新書, 1967). 山田慶兒『朱子の自然學』(岩波書店, 1978). 楠本正繼『宋明時代儒學思想の硏究』(廣池學園出版部, 1962). 守本順一郎『東洋政治思想史硏究』(未來社, 1967). 岩間一雄『中國政治思想史硏究』(未來社, 1968). 儒佛二敎の交渉에 대해서는 常盤大定「宋儒と佛

모했던 것이나 그 반면에 통렬한 불교비판을 전개하기도 하였다.

배불론자 가운데 가장 심했던 인물은 歐陽修(1007~1072)였다. 구양수는 韓退之의 『原道』를 읽고 이에 공명하여 『本論三篇』을 지어 배불을 주장하고 이어서 『新唐書』『新五代史』등을 편찬할 때에 유감없이 그 취지를 발휘하여 배불을 강조하였다. 李泰伯과 章表民등도 이에 동조하였다. 이 구양수의 배불론을 반박하기 위하여 契嵩은 『輔敎篇』을, 張商英은 『護敎論』을, 그리고 劉謐은 『三敎平心論』을 저술하였다. 『輔敎篇』은 『本論三篇』에 대한 것이며 『護法論』과 『三敎平心論』은 『新唐書』에 대한 것이다.

불교의 교리에 대하여 공격을 한 것은 장횡거이다. 그는 『正蒙』을 지어 불교의 유심연기설을 비판하고 있다. 또한 교리와 실제의 양방면에서 불교를 비판한 것은 정명도이다. 그 밖에 정이천·楊龜山·謝上蔡·陸象山·張南軒·石守道등도 배불설을 제창하였으며 朱熹는 形而上·形而下의 모든 면에서 불교를 비판하였다.

三敎調和 排佛說이 높아짐과 더불어 유학자가 불교를 연구한 결과 調和說[31]을 주창하는 학자도 나타나게 되었다. 陳搏(?~989)은 삼교조화를 제창하였으며 이어서 張商英은 『護法論』 중에서 공자의 도는 불교의 識心見性과 無上菩提의 도라고 하고 다시 儒는 피부의 질환을 치료하고 道는 혈맥의 질환을 치료하며 佛은 골수의 병을 치료하여 삼교가 조화할 때 비로소 하나로 통한다고 설하였다. 李綱(1083~1140)은 吳敏의 물음에 대한 復書(『居士傳』卷二十九)에서 易과 화엄을 융합해야 한다고 논하였다. 남송의 孝宗도 『原道論』에서 삼교관계를 논급하였다. 『原道論』은 한퇴지의 『原道』에 대하여 반박하는 내용이다. 또한 劉謐의 『三敎平心論』도 삼교의 조화를 설하였다.

승려로서 조화의 설을 제시한 사람은 智圓·契嵩·宗杲·懷璉등이다. 智

敎」(『支那における佛敎と儒敎道敎』 前編, 中), 久保田量遠 「宋儒の佛敎排斥論」(『支那儒道佛三敎交涉史』 第二十一章). 結城令聞 「朱子の排佛說における根本動機」(『支佛史學』 第四卷第一號, 1940, 5). 柳田聖山 「朱子と佛敎の周邊」(『禪文化硏究所紀要』 第八號, 1976, 7).
31) 久保田量遠, 前揭書, 第二十二章 「宋代における儒佛二敎調和論」.

圓은 『閑居編』을 쓰고 契嵩은 『輔敎篇』을 지어서 삼교일치를 설하였다.

　남송의 무렵에 金朝치하의 강북지방에서 全眞敎・太一敎・眞大道敎등의 新道敎가 흥하였는데 이러한 것들도 북송이래의 사상계의 조류를 이어 받아서 삼교조화사상에 입각한 교리를 전개하였다. 전진교[32]의 開祖인 王重陽(1112~1170)은 『孝經』과 『道德經』과 『般若心經』을 가지고 立敎의 정신으로 삼았는데 이는 분명히 삼교일치인 것이다. 그의 저서 『立敎十五論』에는 禪의 영향이 엿보인다.

---

32) 窪德忠「金代の新道敎と佛敎──三敎調和思想からみた──」(『東方學』第二十五輯, 1963, 3). 同『全眞敎の成立』(『東硏紀要』第四十二册, 1966, 11) 同 『中國の宗敎改革』(法藏館, 1967). 陳垣『南宋初河北新道敎考』(輔仁大學叢書第八, 1941.

제 13 장 異民族 지배하의 불교
── 遼·金·元의 불교 ──

제 1 절 遼·金의 불교

遼의 불교　五代의 초에 契丹人 중에서 영걸 耶律阿保機(太祖)가 나와서 契丹의 여러 부족들을 통일하고 국가를 건설하여 219년동안 명맥을 이었는데 그 전성기에는 중국 동북부를 중심으로 하북과 산서성의 북부를 차지하고 수도인 上京 臨潢府를 비롯하여 東京 遼陽府(遼陽)·中京 大定府(熱河省 大名府)·南京 折津府(河北省 北京)·西京大同府(山西省 大同)의 五京을 설치하여 각지역 정치문화의 중심이 되어 번영하였다. 12세기 초엽에 북만주 일각에서 궐기한 만주인 女眞族은 이 契丹인 정권을 타도하고 다시 남하하여 송을 공략하고 淮水이북의 중국땅을 제압하여 金을 건국하였다.

　遼의 태조는 즉위전인 天復 2년(902)에 황하의 남쪽 龍化州에 開敎寺를 세웠다. 이것이 요나라 불교[1]의 기원이다. 912년(일설에는 927년)에는 天雄寺를 건립하고 태조가 전쟁에 승리하여 얻은 승려 崇文 등 50인을 上京으로 데려와 天雄寺에 머물게 하였다. 神册 3년(918)에는 제국의 수도를 건설하는 일부로서 공자묘나 佛寺, 도관등을 건립하였다. 天贊 4년(925)에 태조는 安國寺에 행차하여 여러 승려들을 공양하였다. 불교사찰의 건립은 한인의 이민정책과 불가분의 관계가 있었다. 태종이 會同 5년(942)에 황태후의 쾌유를 기원하기 위하여 보살당에 나아가 공양한 승

---

1) 野上俊靜 『遼金の佛敎』(平樂寺書店, 1953).

려의 숫자가 5만인에 이르렀다.

  요의 최전성기를 이루게 하였던 聖宗은 불교와 도교 등 2교에 정통하여 統和 2년(984)에 죽은 부친 景宗의 忌日에 諸道를 초청하여 行香飯僧 하였다. 飯僧이란 승려에게 齋를 공양하는 것을 말한다. 동 4년에는 전사자의 명복을 기원하여 上京 開龍寺에서 일개월동안에 걸쳐서 성대한 불사를 행하여 만여명의 승려를 공양하였다. 자주 飯僧을 하는 동시에 많은 사찰에 行幸하였다. 성종은 불교를 숭상하는 인물이었으나 한편으로는 私度僧의 금지령을 내리기도 하였다. 이것은 僞僧이 증대했었다는 사실을 보여주고 있다. 이 성종시대에는 학승이 배출되었다. 行均은 『龍龕手鑑』을 찬술하였다. 房山 雲居寺에서 石刻 경전의 조각을 다시 시작한 것도 성종 때였다.

  성종의 뒤를 이어 興宗도 불교숭상의 정책을 계승하였기 때문에 불교는 한층 더 융성하였다. 흥종은 사찰에서 行幸하여 스스로 구족계를 받고 승려공양을 자주 행하였으며 佛事法要에 의하여 수감된 죄인을 특사하였다. 또한 승려를 고위고관에 임명하여 우대하였다. 道宗은 요나라 임금중에서 제일의 崇佛天子이며 특히 화엄학에 조예가 깊었다. 도종의 불교숭상은 「1년에 승려공양이 36만, 1일에 祝髮 3천」(『遼史』卷二十六, 道宗紀贊) 이라 하였을 정도였다. 堂塔과 가람의 건립도 성행하여 奉福寺의 대전당은 당시 국내 제일이라고 하였고 淸寧中에 세워진 錦州 大廣濟寺의 白塔은 지금까지도 남아 있다. 도종은 불전연구에도 힘을 기울여 불서의 모집과 간행에 노력하였다. 도종은 스스로 『華嚴經贊』(『圓宗文類』卷二十二)을 저술하고 이를 보급하였다.

  『대장경』의 조판은 蜀版이 최초이나 요의 興宗은 景福中(1031~1032)에서부터 30여년의 세월에 걸쳐서 『대장경』을 雕造하여 간행하였다. 이것이 契丹版 『대장경』이다. 이 사업에는 覺苑・非濁・法均등의 고승이 종사하였다. 도종이후에 契丹版 『대장경』은 가끔 고려에 보내졌다. 契丹版 『대장경』은 산서 大同의 大華嚴寺의 경장에 보관되어져 있었으나 일찌기 산실되었다.

성종의 불교 보호정책으로 말미암아 불교의 교학도 극히 융성하였다. 현존하는 불교관계의 저서에는 希麟의 『續一切經音義』, 行均의 『龍龕手鑑』, 覺苑의 『大日經義釋演密鈔』, 道㲀의 『顯密圓通成佛心要集』, 『釋摩訶衍論贊玄疏』, 志福의 『釋摩訶衍論通玄鈔』, 鮮演의 『華嚴談玄決擇』, 道宗의 『華嚴經隨品讚』, 澄淵의 『四分律詳集記』, 常信의 『俱舍論頌疏抄』 등이 있다. 이러한 불교연구의 특징은 音韻字義의 연구와 『釋摩訶衍論』 등의 밀교연구와 화엄연구[2]에 있다. 遼代에 있어서 화엄과 밀교와의 관계는 중요하다.

요의 불교는 민중의 가운데에도 침투하였기 때문에 千人邑會가 행하여졌다. 천인읍회는 어느 사찰에 속하는 것으로 그 지도는 寺主가 하고 일반 재가신도들이 회원이 되어 일정량의 재물을 보시하는 의무를 가지게 된다.

요대에는 많은 사탑이 건립되었으나 현존하는 것으로는 성종때의 獨樂寺(河北省 蘇縣), 奉國寺(省錦州), 흥종때의 大同의 大華嚴寺(省河北)등 이 있고 契丹불교의 독특한 白塔이 현존하여 있다.[3]

金의 불교   요를 멸망시킨 금은 12세기 초부터 약 120년간 존속했던 女眞族이 세운 국가이다. 금의 태조는 송과 맹약을 맺고 국세가 기울기 시작한 요를 급습하여 五京을 탈취하여 요의 영토를 점유하였기 때문에 요대에 번영하였던 불교문화를 잘 알고 있었음에 틀림없지만 태조와 불교와의 관계는 거의 없었다. 다음의 태종은 불교에 대하여 호의적인 태도를 가지고 임하였다. 태종은 天會 2년(1124)에 승려 善祥에게 칙명을 내려 山西 應州에 淨土寺를 건립하고 사탑을 세우게 하였다. 또한 일면으로는 私度僧을 금지하였다. 이것은 화북의 불교교단에 僞濫僧이 많았던 것에 원인이 있었다.

다음의 熙宗은 명승 演慧로 하여금 上京에 大儲慶寺를 건립케 하였다. 그 밖에 회종의 신임을 얻었던 演人僧 悟銖(『補續高僧傳』 卷十七, 金 悟敏悟

---

2) 脇谷撝謙 「遼金時代の佛教 「遼金佛教の中心」(『華嚴經要義』 興教書院, 1921). 龜川敎信 「華嚴經談玄決擇の完本に就て」(『龍谷學報』 第三百十一號, 1935, 1).
3) 神尾弌春 『契丹佛教文化史考』(滿州文化協會, 1937). 田村實造 「契丹佛教の社會史的考察」 (『大谷學報』 第十八卷第一號, 1937, 5).

銖二傳戒大師傳)가 있다. 悟銖는 皇統中에 都右街僧錄에 임명되었던 燕京 불교계의 거장이었다.

　금의 전성시대를 이루었던 世宗은 금나라 역대 임금들 중에서 명군으로 전해지고 있는데 大定 2년(1162)에는 칙령을 내려 연경에 大慶壽寺를 건립하고 玄冥禪師 顗公을 開山제 1 세로 하여 錢 20,000 緡과 沃田 20 頃을 하사하였다. 또한 산서 孟縣에 慈氏院과 淸涼院의 두 절을 건립하였다. 대정 8년(1168)에는 東京에 淸安禪寺를 건립하고 승려 500인을 득도케 하였다. 대정 24년 (1184)에는 仰山에 棲隱寺를 세우고 玄冥을 開山 제 1 세로 하여 田을 賜與하고 僧 10,000 인을 득도케 하였다. 다시 동년에 연경에다 昊天寺를 중건하여 田 100 頃을 주었으며 매년 10 인의 승려를 득도하게 하였다. 대정 26년에는 大永安寺에서 行幸하여 田 2,000 畝와 粟 7,000 株, 錢 20,000 貫을 보시하였다. 세종은 한편으로 불교교단에 대해서 엄격한 통제를 가하였다.

　다음 章宗은 금대 불교계의 제일인자인 禪宗의 萬松行秀를 궁정에 초청하여 설법하게 하였으며 그를 西山의 仰山에 머물게 하였다. 또한 章宗은 불교교단에 대한 통제를 강화하여 明昌 원년(1190)에 승려와 도사에 대하여 3년에 한차례씩 시험을 치르게 하였다. 다음해에는 親王과 皇官의 집에 승려와 도사의 출입을 금지시켰다(『金史』卷九, 章宗紀). 또한 승려와 도사도 부모에게 절을 해야하며 喪禮를 다해야 한다는 것을 명하였다.

　承安의 초엽부터 재정난에 빠진 금나라는 세종이 폐지한 도첩이나 師號·名額의 매매를 부득이 행하기에 이르렀다. 이것이 교단의 부패와 타락을 가져오게 된 것은 말할 것도 없다.

　금대의 불교학자로서 활약한 인물은 萬松行秀의 문하에서 나온 李屛山과 耶律楚材가 있다. 특히 李屛山은 『鳴道集說』[4]을 저술하여 송대의 주렴계·정명도·정이천·주희 등의 배불론을 철저히 비판하여 불교를 선양하고 삼교일치를 주장하였다.

---

4) 久保田量遠「金代に於ける儒道佛三敎の關係」(『支那儒道佛三敎史論』第二十三章). 常盤大定「金の李屛山撰「鳴道集說」について」(『服部先生古稀祝賀記念論文集 (冨山房, 1936)

또한 금대 불교에서 특필할만한 것은 金刻『대장경』의 발견이다. 民國 23년(1934)에 산서성 趙城縣에 있는 廣勝寺에서 이 대장경이 발견 조사되어 많은 소개와 연구논문이 발표되었다.[5] 이 金刻『대장경』은 금 熙宗의 皇統 8년(1148)경부터 세종의 大定中에 이르는 약 30년간에 산서성 남부 지방의 유지들이 출자하여 조인한 것으로 밝혀졌다. 특히 금각『대장경』에 실려진 章疏나 史傳, 또는 경록류등의 전해지지 않고 있던 귀중한 전적 46종이 영인되어『宋藏遺珍』으로 영인 간행되었다. 이것에 의하여 이제까지 산실되었다던 송대에 새로 번역된 경율론의 목록인『大中祥符法寶錄』『景祐新修法寶錄』『天聖釋敎總錄』등 귀중한 자료들을 볼 수 있게 되었다.

수의 靜琬에서부터 시작하여 당대에 계승되어진 房山의 石經刻造사업도 요대에 계승되어 다시 금대에도 행해졌다. 章宗의 明昌중에도 석경의 續刻이 있었다고 한다.[6]

제 2 절 元의 불교

元의 불교 원의 태조 징기스칸(成吉思汗)은 남송 寧宗의 開禧 2년 (1206)에 일어났으나 뒤에 4대를 거쳐 쿠빌라이(世祖)가 中統 원년(1260)에 즉위하여 남송을 멸하고 천하를 통일하였다. 元朝는 喇嘛敎[7]를 국교로 삼았으나 그밖에 불교·유교·도교·회교·예수교·마니교 등의 여러 종교도 존재하였다. 불교중에서는 선이나 율등의 종파와, 민간신앙이나 마신과 결합한 白雲宗과 白蓮敎등의 諸派가 있었다. 원의 불교에 있어서 여

---

5) 塚本善隆「佛敎史料としての金刻藏經」(『東方學報』京都, 第六册, 1936,2). 同「金刻大藏經の發見とその刊行」(『日華年報』第一年, 1936,8). 小野玄妙「北宋官版大藏經と遼·金·元及び高麗諸藏との關係」(『ピタカ』第三年第八號, 1935,8). 石田幹之助「磧沙藏と金刻藏經との發見並にその影印に就いて」(『大正大學學報』第二十一——二十三輯, 1935,11).
6) 塚本善隆「石經山雲居寺と石刻藏經」(『東方學報』京都, 第五册副刊, 1935,3).
7) 喇嘛敎 전반에 대해서는, ジグメナガ「蒙古佛敎史」(『蒙古喇嘛敎史』第二編, 生活社, 1940). 橋本光寶『蒙古の喇嘛敎』(佛敎公論社 ,1942). 長尾雅人『蒙古學問寺』(全國書房, 1948). 金山正好『近世の喇嘛敎』(『東亞佛敎史』第三十七章, 理想社, 1942). 呂澂『西藏佛學原論』(百科小叢書, 商務印書館, 1933). 妙舟編『蒙藏佛敎史』(上海佛書局, 1935).
L.A. Waddell, *The Buddhism of Tibet or Lamaism*, London, 1895.

러 종파중에서 가장 융성했던 것은 선종이었다.

임제종의 海雲印簡[8](1202~1257)은 太宗·定宗·憲宗·世祖의 4 대를 섬기었고 헌종의 원년(1251)에는 발탁되어 천하의 불교에 관한 일을 관장하였다. 세조에게 중용되었던 劉秉忠(子聰 1201~1256)은 耶律楚材와 더불어 정치에 참여하였다.

불교 종파들 가운데 임제종은 남쪽지방에서 융성하였고 조동종은 북쪽지방에서 번영하였다. 조동종중에서 가장 유명했던 것은 萬松과 行秀였다. 행수는 『從容錄』을 저술하였는데 이는 임제종의 『碧巖錄』과 견주어 조동종의 가풍을 발휘한 것이었다. 임제종에서는 雪巖祖欽·高峰原妙(1238~1295)·中峰明本(1263~1323)이 원대를 대표하는 선승들이다.

또한 불교사서의 간행도 성하였다. 覺岸은 『釋氏稽古略』을 찬술하였으며 明末의 大聞幻輪이 찬술한 『釋氏稽古略續集』은 이에 계속된 것이다. 또 念常은 『佛祖歷代通載』를 지었다.

천태종에서는 玉岡蒙潤(1275~1342)이 『四敎儀集註』를 쓰고 화엄종에서는 眞覺國師 文才(1241~1302)가 『惠燈集』을 저술하였다. 법상종에서는 普照寺 普喜·景福寺 英辨(1247~1314)·雲巖志德(1235~1322) 등이 있다.

또한 원대에는 각 종파가 모두 淸規를 편집하였다. 至元 2 년(1265)에 東陽德輝는 『勅修百丈淸規』를 제작하였고 태정 2 년(1325)에 省悟등은 『律苑事規』를 쓰고 다시 至正 7 년(1347)에 自慶은 『增修敎苑淸規』를 편술하였다. 이러한 세가지 청규가 국내 모든 사찰의 생활을 규정하였다.

불교 사찰의 건립도 성행하여 上都의 축성을 맡았던 劉秉忠은 乾元寺와 華嚴寺를 세웠는데 그 밖에 上都에는 라마교 계통의 開元寺와 八思巴帝寺 등이 있었다.[9] 불교사찰의 숫자와 더불어 승려의 수도 증가하여 세조의 至元 28 년(1291)에는 사원이 42,318 개소, 승려 213,148 인을 헤아렸다. 세조의 中統 2 년(1261)에는 慶壽寺에 500 頃을 하사하였고, 성종의 大德

---

8) 岩井大慧「元代に於ける帝室と禪僧との關係について」(『日支佛敎史論攷』東洋文庫, 1957)
9) 野上俊靜「元の上都の佛敎」(『佛敎史學』第一卷第二號, 1950,1). 또한, 同『元史釋老傳の硏究』(野上俊靜博士頌壽記念刊行會, 1978)에는, 上記論文 외에,「元代の宗敎」「元の功德使司について」등 八篇이 收錄되어 있다.

5년(1301)에는 興敎寺에 100頃을, 乾元寺에 90頃, 萬安寺에는 600頃을 하사하였다(『元史』卷二十, 成宗紀).

원대의 승관제도를 보면 교단 일반의 통제는 宣政院[10]이 담당하고 그 밑에는 總統·僧錄·正副都綱과 그 밖에 승관이 설치되었다. 지방승관의 제도는 천하의 各州路에는 僧錄司를 설치하고 그 관하의 州에는 僧正司를 설치하였으며 여기에는 승정과 부승정의 두사람을 배치하고 縣에는 都綱 한 사람을 배치하였다. 강남에서는 이러한 지방승관을 총섭하는 것으로 釋敎總統所가 있었고 이는 大都宜政院에 직속되었다.

원대의 라마교는 八思巴(1239~1280)에 의하여 세조때에 받아 들여졌다 세조는 八思巴를 국사로 삼아 전 불교를 통관하게 하였다. 至元 7년(1270), 그는 帝師가 되어 제왕 다음으로 권력을 얻게 되었다. 八思巴가 沒한 후에도 원조의 제왕은 서장 승려를 帝師[11]로 맞이하였다.

세조는 지원 6년(1269)에 大普寧寺에서와 지원 14년(1277)에 弘法寺에서 宋版에 이어서 『대장경』을 간행하여 이를 諸國에 반포하였다. 또한 서장경전과 한역경전의 비교연구로서 『至元法寶勘同總錄』을 완성시켰다.

불교와 도교의 논쟁　憲宗시대에 불교와 도교와의 논쟁[12]이 벌어졌다. 漢魏이래 계속되어 온 불교와 도교사이의 논쟁은 이 이후에는 점차 약해져 갔다. 이 논쟁의 사실들을 정확히 전하는 문헌은 없지만 祥邁의 『至元辨僞錄』과 念常의 『佛祖歷代通載』등에 의하여 이를 알 수 있다.

논쟁의 동기는 도사 李志常이 『太土混元上德皇帝明威化胡成佛經』이라는 제목의 化胡經의 일종인 책과 『老子八十一化圖』를 판각하여 반포하였는데 少林寺의 福裕는 그 책들이 근거가 없는 위서라고 선언한데서 비롯되었다.

---

10) 藤島建樹「元朝における政治と佛敎」(『大谷大學研究年報』第二十七集, 1975, 2).
11) 稻葉正就「元の帝師に關する硏究——系統と年次を中心として——」(『大谷大學硏究年報』第十七集, 1965, 6).
12) 久保田量遠「元代に於ける儒道佛三敎の關係」(『支那儒道佛三敎史論』第二十四章). 野上俊靜「元代道・佛二敎の確執」(『大谷大學硏究年報』第二輯, 1943, 3). 吉岡義豊 『道敎と佛敎』第一 (日本學術振興會, 1959) pp. 136~252. 窪德忠「元代佛道論爭硏究序說」(『結城論集』). 同「老子八十一化圖說について——陳致虛本の存在をめぐって——」(『東硏紀要』第四十六册, 1968, 3). 同「老子八十一化圖說について——その資料問題を中心として——」(『東硏紀要』第五十八册, 1972, 3).

헌종 5년(1255) 8월에 헌종은 福裕와 李志常을 한자리에서 토론하게 하여 그 바르고 그른 것을 결정하게 하였다. 애초에 태조때부터 全眞敎의 長春眞人 丘處機등은 태조의 신임이 두터운 것에 편승하여 불교 사찰을 도관으로 삼고 불상을 파괴하는 등의 횡포가 극심하였다. 불교와 도교의 선후문제에 대한 대결이 정점에 올랐을 때 이 사건이 일어난 것이었다. 첫번째의 토론에서 도교측이 패했기 때문에 헌종은 『老子化胡經』과 『八十一化圖』는 물론, 『도덕경』 이외의 일체 위경을 소각케하였다. 두번째 세번째의 토론도 도교측이 불리하였다. 그 결과 헌종은 도사 樊志應등을 삭발시켜 승려로 만들고 위경을 불태웠으며 도교측에게 빼앗었던 불교 사찰을 불교측에 내어주게 하였다. 그렇지만 두 종교사이의 암투가 계속되었기 때문에 世祖의 至元 18년(1281) 10월 20일에 전진교 탄압의 소칙이 내렸던 것이다.

白蓮敎와 白雲宗 백련교[13]는 정토신앙에 바탕한 宗敎結社로서 남송 초기에 吳郡 延祥院의 慈照子元(?~1166)이 시작한 것으로 白蓮菜라고도 부른다. 살생계를 지키고 술과 고기를 금하고 채식을 고수하는 염불결사였던 것이다. 교세가 융성해지자 탄압을 받아 결사는 금지되고 子元은 유배 당하였다.

원대가 되면서 세조때 이래로 邪敎라 하여 탄압되었으며 武宗의 至大 원년(1308)에 「白蓮社를 금하여 그 祠宇를 폐쇄하며 그 사람들을 民籍에 속하게 한다」(『元史』 卷二十二, 武宗紀)고 하였다. 廬山 東林寺의 普度는 『廬山蓮宗寶鑑』 10권을 지어 백련교의 본의를 밝히고 다시 북쪽으로 가서 원의 大都에서 백련교의 顯正護法에 힘썼다. 仁宗때 일시적으로 포교를 공인받기도 하였으나 다음의 英宗때 다시 탄압을 받았다. 백련교에는 주술신앙이 섞여 있었기 때문에 左道亂正의 術이라 하여 금지되었던 것이다. 명나라 말기에는 백련교 중에 미륵신앙이 혼입되기도 하였다. 청나라 중기의 嘉慶중에는 종교를 중심으로 한 반란이 자주 일어났다.

---

13) 矢野仁一 「白蓮敎の亂に就いて」(内藤博士還曆祝賀 『支那學論叢』 弘文堂書房, 1927). 重松俊章 「初期の白蓮敎會について」(『市村論叢』). 鈴木中正 『中國史における革命と宗敎』 (東京大學出版會, 1974).

白雲宗[14]은 북송말에 낙양 寶應寺의 사문 孔淸覺(1043~1121)이 杭州의 白雲庵에서 개창한 서민불교의 한 종파이다. 白雲采라고도 하고 十地采라고도 불리운다 유·불·도 삼교의 일치를 제창한 左家집단 이었는데 전통적인 종파들로부터는 이단시되었고 관헌으로부터도 사교로 취급을 받아 박해와 탄압을 받았다. 元代가 되면서 杭州의 南山 普寧寺를 중심으로 전성시대를 맞이하게 되었다(『釋氏稽古略』卷四). 남송의 멸망 직후에 일반 불교의 승관과는 따로 白雲宗 僧錄司가 창설되었다. 남산 보령사의 주지 道安은 백운종 승록에 취임하였다. 도안은 또한 『대장경』 간행을 계획하였다. 이 사업은 도안과 그를 이은 如一·如志·如賢·如隱등의 역대 주지가 종합 관리하였다. 그리하여 思溪版에 의하여 私版인 杭州本(普寧寺版)이라고 불리우는 元藏 558函, 6,010권이 완성하였다. 백운종 신도들의 사회활동에 대해서는 『釋門正統』권 4에 수록된, 嘉泰 2년(1202) 7월 12일에 시행되었던 臣寮의 上表文에 의하여 짐작할 수 있다. 『대장경』의 간행 등 불멸의 공적을 이루었던 백운종도 사교이단이라고 취급되어졌던 延祐 7년(1320)에 개창이래 227년으로서 단절되기에 이르렀다.

---

14) 重松俊章 「宋元時代の白雲宗門」(『史淵』第二輯, 1929). 小川貫弌 「元代白雲宗敎團の活躍」(『佛敎史學』第三卷第一號, 1952, 6).

제 14 장 明·淸 이후의 불교

　명과 청 이후의 근세불교는 불교의 쇠퇴기라고 하는데 중국에 수용되었던 불교가 중국 민중의 사이에서 피와 살이 되어서 불교는 외래종교가 아니고 중국인의 종교로서 수용되어졌던 것이다. 수와 당의 불교에서 볼 수 있는 것처럼 불교교학이 찬란하게 전개되는 것은 아니나. 대신에 관음신앙이나 염불회, 또는 방생회, 수계회, 그리고 채식등의 실천을 통하여 불교가 민중의 가운데로 깊이 침투한 것이다. 그렇지만 그것은 민중의「有求必應」이라고 하는 현세이익을 가져다 주는 것이어서 불교신앙이 도교나 민간신앙과 습합하여 민중의 생활과 밀착하게 된 것이 명과 청 이후 중국불교의 대략적인 모습이다.

제 1 절 明의 불교

　불교의 統制　　명의 태조는 건국과 더불어 洪武 원년(1368) 정월에 金陵 天界寺에 善世院을 설치하여 불교를 관리하게 하였다. 초대의 善世禪師가 된 것은 慧曇이었다. 홍무 15년(1382) 3월에는 사찰의 토지를 매매하는 것을 금하였다(『釋氏稽古略續集』卷二). 홍무 19년(1386)에는 砧基道人을 두었는데 이 道人은 僧과 俗의 이중인격을 가지고 승단과 관청과의 사이에서 세금의 차액을 취했던 승려였다. 사찰토지의 매매를 금하는 금지령이 발하면서 僧道의 衙門이 개설되어 在京 僧錄司의 職掌이 결정하였다. 같은 홍무 15년 5월에는 불교사찰을 禪·講·敎의 3종으로 나누었다. 원나라 때에는 禪·講·律의 3종이 있었는데 律寺가 없어지게 되고 그 대신에 敎寺가 더해지게 되었다. 이 敎寺는 瑜伽敎寺이다. 瑜伽顯密의 法事儀式을 행하는 승려를 瑜伽敎僧[1](敎僧)이라 하고 그 사찰를 敎寺라 한 것이다. 敎僧은 세속의 요구에 응하여 불사를 하였기 때문에 赴應僧이라고도 하였다. 그래서 敎寺를 赴應寺라고도 불렀다.[2] 명대에 있어서 불교의례의 확립과 서민에 의한 법회의 유행이 이 제도를 낳게된 것이라 할 것이다. 홍무 27년(1394)에 승려와 사찰에 대하여 엄중한 단속령이 내려졌는데 이는 僧과 俗이 섞여짐을 방지하기 위한 것이었다. 속인이 사원에 간섭하는 것을 금지하는 것과 함께 승려가 속인의 생활에 접촉하는 것을 금하는 것이었다. 그러나 敎僧은 속인과 접촉시키지 않을 수 없었기 때문에 禪僧이나 講僧과는 다른 단속이 행하여졌다.

僧官제도 승려나 사원에 대한 감독은 禮部에 속한 승려의 衙門을 통하여 이루어졌다. 태조는 善世院으로서 불교를 통제하게 하고 玄敎院으로서 도교를 각각 통할하게 하는 기관으로 삼았다. 선세원은 금능의 天界寺에 두어 統領·副統領·讚敎·紀化등의 승관을 임명하였다. 선세원의 창설은 會堂自緣에 의하여 이루어졌다(『釋氏稽古略續集』卷二).

명나라 초기의 이 선세원에 대신하여 僧錄司의 제도가 홍무 14년(1381)에 세워져 15년에는 반포 실시되었다. 이 승록사에는 在京과 在外가 있었다. 재경승록사에는 좌우 한사람씩의 善世·闡敎·講經·覺義가 임명되었다. 재외승관으로서는 僧綱司(府, 都綱·副都綱을 둠), 僧正司(州), 僧會司(縣)가 설치되었다. 제도를 실시함과 더불어 戒資는 左善世, 宗泐은 右善世, 智輝는 左闡敎, 仲羲는 右闡敎, 如玘는 左講經, 守仁은 右講經, 來復은 左覺義에, 그리고 宗彛은 右覺義에 임명되었다.

승관[3]의 임무는 첫째로 천하 승려의 숫자를 조사하고 승려의 명부인 周知冊을 작성하며 교문전반을 통괄한다. 둘째로 사찰의 주지에 결원이 생

---

1) 龍池淸「明代の瑜伽敎僧」(『東方學報』東京, 第十一册之一, 1940, 3).
2) 龍池淸「明初の寺院」(『支佛史學』第二卷第四號, 1938, 12).
3) 龍池淸「明代の僧官」(『支佛史學』第四卷第三號, 1940, 11). 間野潛龍「中國明代の僧官について」(『大谷學報』第三十六卷第三號, 1938, 2).

기면 덕행이 높은 자를 추천하고 고시를 행하여 임용을 결정한다. 세째는 아직 도첩이 없는 승려는 고시를 치른 다음 도첩을 발급한다. 네번째는 천하의 승려를 점검 단속하여 계율을 엄수케하고 교법을 드러내어 만일 계율에 위반하는 자가 있으면 이를 조사하여 처리한다.

高僧의 활약 명대에 활약했던 승려는 거의 선종계통의 인물이었다. 명나라 초기에는 楚石梵琦(1296~1370)와 道衍이 있다. 楚石梵琦는 임제종에 속하며 大慧의 종풍을 표방하였는데 명망이 높아서 임금과 신하들이 그에게 귀의하였다. 그의 저서로는 『淨土詩』『慈氏上生偈』『北游集』『鳳山集』등이 있고 敎禪一致說을 주장하였다.

道衍은 태종의 軍師, 僧錄司左善世, 太子少師등이 되어 권세가 당당하였다(『明史』卷百四十五, 姚廣孝傳.『增集續傳燈錄』卷五). 天界寺 慧曇은 善世院을 통괄하였고 紫衣와 금란의 방포를 하사받았으며 演梵善利國從敎大禪師가 되었다(『補續高僧傳』卷十四, 覺原曇禪師傳). 萬曆이후에 고승의 배출에 이어서 그 종풍은 멀리 滇黔(雲南・貴州)지방에까지 미쳤다.[4]

雲棲袾宏(1535~1615)은 杭州 仁和人으로 蓮池大師라고도 불리웠다. 화엄의 辨融과 禪의 笑嚴德寶에게서 가르침을 받았다. 그의 저서로는 『首楞嚴經』『阿彌陀經』『遺敎經』『梵網經』의 주석과 『禪關策進』『緇門崇行錄』『自知錄』『往生集』『竹窓隨筆』『水陸儀軌』『放生儀』등이 있다. 『禪關策進』은 일본의 선종에도 커다란 영향을 주었다. 또한 『水陸儀軌』등의 불교의례에 관한 저서는 종래의 불교의례를 대성시킨 것임과 동시에 현대에 행해지고 있는 중국 불교의례의 기초를 형성한 것이다. 紫柏眞可(1543~1603)의 자는 達觀이며 江蘇吳江의 사람이다. 그는 徧融에게 사사하여 心印을 얻었다. 그의 저서로는『紫柏尊者全集』과『紫柏尊者別集』가운데 수록되어 있다. 憨山德淸과 함께 萬曆중에『대장경』을 雕印하였다.

憨山德淸(1546~1623)은 雲谷法會와 徧融등에게서 가르침을 받았으며 廬山 五乳峰에 초암을 짓고 淨業을 닦았다. 그는 유교와 불교의 융합을 주장하였으며 화엄과 선과의 융합도 제시하였다. 그의 저서에는『解楞伽經

---

4) 陳垣『明季滇黔佛敎考』(輔仁大學叢書第六, 1940).

記』『圓覺經直解』『法華經通義』『肇論略註』『憨山老人夢遊集』『憨山語錄』 등이 있다. 그는 또한 유교와 불교의 융합의 입장에서『中庸直解』『老子解』『莊子內篇注』등의 저술을 하였다.

藕益智旭[5] (1599~1655)은 스스로 八不道人이라 칭하고 세인들은 그를 雲峰大師라고도 불렀다. 江蘇吳縣의 인물로 처음에는 유학을 배웠으나 16세에 雲棲袾宏의 『自知錄』을 읽고 스스로 반성하였으며 다시 憨山德淸을 사모하여 출가하였다. 종파를 따지자면 천태종에 속하나 화엄과 법상에 능통하였다. 그는 선은 佛心이요 교는 佛語이며 율은 佛行이라 하여 三學一致의 가르침을 펴서 諸宗融合을 주장하였다. 그는 다시 유식과 『기신론』을 조화시켜서『起信論疏裂網疏』를 쓰고 선과 염불을 조화시켜서『阿彌陀經要解』를 저술하였다. 천태종에 관한 것으로는『敎觀綱宗』『敎觀綱宗釋義』등이 있고 그 밖에 『楞嚴經玄義』『楞伽經玄義』『金剛經觀心釋』『般若心經釋要』『法華經會義』『遺敎經解』『四十二章經解』『八大人覺經略解』『起信論裂網疏』『大乘止觀法門釋要』『閱藏知津』등이 있다. 또한 기독교에 대한 것으로는『天學初徵』[6]『天學再徵』을 썼고 유교에 대해서는『易經禪解』『四書直解』를 지었다. 그 밖에 法相宗의 明昱은『百法論』『唯識三十頌』『入正理論』『八識規矩』를 모아 주해하고『相宗八要解』를 지었다. 禪宗에서는 明末에 永覺元賢(1578~1657)이 출현하여 曹洞의 眞風을 떨쳤으며『洞山古轍』을 썼다.

불교와 유교의 관계   袾宏이나 智旭등의 유불조화론자가 있었던 것에 반하여 유학자에 의하여 배불론도 전개되었다. 胡居仁의『居業錄』, 羅欽順의『困知記』, 詹陵의『異端辨正』등이 그것이다. 이러한 배불론에 대하여 호법론도 출현하게 되었다. 心泰의『佛法金湯編』, 屠隆의『佛法金湯錄』, 姚廣孝의『道餘錄』등이 그것이다.

명대가 되면서 유학자도 불교를 연구하여 이를 자기의 사상속에 조화시켰는데 그 대표적인 인물이 王陽明[7] (1472~1528)이었다. 왕양명은 陸象山

---

5) 張聖嚴『明末中國佛敎の硏究──特に智旭を中心として』(山喜房佛書林, 1975).
6) 橫超慧日「明末佛敎と基督敎との相互批判」(『大谷學報』第二十九卷第二・三・四號, 1949, 12, 50, 5).
7) 久須本文雄『王陽明の禪的思想硏究』(日進堂書店, 1958). 荒木見悟『佛敎と儒敎』(平樂寺書店, 1958). 同『明代思想硏究──明代における儒敎と佛敎の交流──』(創文社, 1972).

의 학설을 계승하여 知行合一說과 致良知說을 주창하였다. 특히 실천법에 있어서는 선가의 좌선법의 영향이 엿보인다.

善書와 寶卷   명과 청의 시대에 일반민중의 사이에 보급되었던 것에 「善書」[8](勸善書)와 「寶券」[9]이 있다. 대표적인 「善書」에는 『太上感應篇』 『文章帝君陰隲文』 『關聖帝君覺世眞經』 등이 있는데 이들은 도교신앙에 바탕한 「善書」들이다. 「善書」의 성립과 서로 전후하여 「善書」의 한 종류인 「寶券」이 출현하였다. 명의 말기 이후의 종교결사에서는 각각 「寶券」을 지어 비밀히 소지하였다.

명대의 袁子凡이 勸善書인 『陰陽錄』을 썼는데 이를 고쳐서 구체적으로 실천할 수 있는 것으로 시도한 것이 雲棲袾宏의 『自知錄』 상하권이다. 『自知錄』은 善門과 過門의 二門으로 나뉘어 善門에는 忠孝類・仁慈類・三寶功德類・雜善類의 항목을 두고 過門에는 不忠孝類・不仁慈類・三寶罪業類・雜不善類의 각기 네항목씩을 두어 善惡功過를 상세히 판별하고 있다. 한사람의 命을 해하면 百過에 해당하고 실수하여 사람을 사형에 처하면 八十過에 해당한다고 규정하며 선한 일을 행하면 더해지고 악한 일을 행하면 감소해지는데 만일 감소하여 零에 이르게 되면 그 사람의 命數가 끝난다고 한다. 『自知錄』은 덕목의 분류와 善過의 평가가 정밀하고 세밀하여 세간과 출세간을 막론하고 인간생활 일체를 망라하고 있다. 이와같은 『陰隲』『自知』의 二錄은 袾宏이후에 간행이 매우 왕성해져서 집집마다 널리 유포되었다. 중국의 민중이 음덕을 쌓으려고 하는 것은 이러한 功過思想이 생활중에 뿌리깊이 침투하여 있었기 때문일 것이다. 사원이나 廟등에서도 많은 「善書」가 보시용으로 준비되어 있었다.

小柳司氣太 「明末の三教關係」(高瀨博士還曆記念 『支那學論叢』 弘文堂書房, 1931). 久保田量遠 「明代に於ける儒佛二教の關係」(『支那儒道佛三教史論』 第二十五章).
8) 高雄義堅 「明代に大成せる功過格思想」(『中國佛敎史論』). 清水泰次 「明代における宗敎融合と功過格」(『史潮』 1936, 10). 酒井忠夫 『中國善書の研究』(弘文堂, 1960). 同 「明末淸初の社會における大衆の讀書人と善書・淸言」(『道敎の總合的研究』 國書刊行會, 1977). 西澤嘉朗 『陰隲錄の研究』(八雲書店, 1946). 秋月觀暎 『中國近世道敎の形成』(創文社, 1978).
9) 澤田瑞穗 『增補寶卷の研究』(國書刊行會, 1975). 塚本善隆 「寶卷と近代中國の宗敎」(『佛敎文化硏究』 第一號, 1931, 6).

제 2 절 淸의 불교

청조왕실과 불교　청조왕실[10]은 라마교를 숭배하여 북경의 紫禁城에는 라마교의 본산인 雍和宮을 설치하였다. 그러나 불교에 대해서도 숭배의 정성은 두터웠다.[11] 그러나 청조 정책의 기본 방향은 불교와 도교를 억압하려는데 있었다. 『康熙字典』편찬의 위업을 달성한 康熙帝는 재위기간 60여년동안 불교를 숭상하는 마음이 강하여 명나라 말기 이후에 산림에 숨어 있던 각 종파의 고승을 京師로 맞아들였기 때문에 명조 말기 이후에 쇠퇴해가던 불교는 다시 활기를 되찾았다. 雍正帝는 라마승 章嘉國師에게 사사하였으며 다시 중국승려 迦陵性音에게 입참하여 크게 깨달은바 있어 스스로 圓明居士라고 칭하고 『御選語錄』과 『揀魔辨異錄』을 찬술하였다. 帝는 유·불·도 3교의 일치와 불교중에서도 제종파의 일치, 그리고 선가 중의 五家一致를 주창하였다. 또한 雲棲袾宏에게서 모범을 삼아 선문의 폐풍을 정리하기 위하여 淨土門을 고취하였다. 雍正帝의 염불제창이 근세의 불교에 커다란 영향을 주어 중국의 불교가 어느 종파를 막론하고 염불을 기본으로 삼게 되었다.

또한 청대의 명승으로는 木陳道忞(1596~1674)·憨璞性聰(1610~1666)·玉林通琇(1614~1675)·爲霖道霈(1615~1702)·柏亭續法(1612~1723) 등이 있다.

『大藏經』의 출판　乾隆帝의 업적 중에서 가장 유명한 것은 『대장경』의 간행이다. 청대에 있어서 『대장경』의 간행은 강희제 때 명의 萬曆藏에 이어서 『續藏』(『明續藏』) 93질 1,833권과 『又續藏』 47질 1,246권이 간행되었다. 또한 雍正 13년(1735)부터 乾隆 3년(1738)에 걸쳐서 勅版 『대장경』이 간행되었는데 이것이 『龍藏』으로 735질 7,838권에 이르는 엄청난 것이다. 이어서 청말의 宣統 3년(1911)에는 일본의 『縮刷藏經』이 그대로 번

---

10) 塚本善隆「明·淸政治の佛敎去勢」(『佛敎文化硏究』第二號, 1952, 9).
11) 山內晉卿「淸朝帝室と佛敎」(『支那佛敎史之硏究』).

각되었는데 이것이 『頻伽藏經』이고 民國 12년(1923)에는 일본의 『大日本續藏經』이 영인 간행되었다. 또한 건륭 3년(1738)에는 『大淸重刊三藏敎目錄』이 간행되었다.

건륭제는 또한 건륭 22년(1757)에 西藏『대장경』의 조사를 명하여 『如來大藏經總目錄』(『番藏目錄』)을 작성하게 하였고 동시에 『蒙古藏經』의 조사도 행하였다. 건륭 24년(1759)에는 滿漢蒙蕃의 四譯對照의 『漢滿蒙藏四體合璧大藏全呪』를 편집하였다. 그 후에 건륭제는 한문 『대장경』의 滿州語 번역을 계획하고 건륭 38년(1773)부터 건륭 55년(1790)에 걸쳐서 滿州語譯『大藏經』을 완성하였다.

淸朝의 불교정책 청대의 僧官[12]은 형식적으로는 명대의 제도를 답습하였다. 북경에 僧錄司를 설치하고 지방의 府에는 僧綱을 두고 州에는 僧正을, 縣에는 僧會를 설치하여 이를 통괄하게 하였다. 승록사의 밑에는 左右善世 2인, 闡敎 2인, 講經 2인, 覺義 2인을 두었는데 실제적인 권력은 없었다. 또한 출가에 대한 제한을 실시하였는데 이는 직업없는 遊民이 승려가 되어 놀고먹는 것을 제지하기 위하여 규정한 것에 지나지 않았다. 또한 사원의 설립에 대해서도 엄중한 제한이 가해졌다. 그 밖에 승려의 간음에 대하여 엄중한 제재를 정하였고 복장에 대해서도 규정하였다. 그 때문에 중국의 승려는 누구나 모두 소박한 법의를 착용하고 보통 승려는 검은회색의 綿衣를 입고 주지는 갈색의 綿服을 착용하였으며 법요의 행사가 있을 때만 붉은색의 가사를 착용하였다.

거사불교의 대두 건륭제가 불교교단을 사회로부터 유리시키려는 방침을 채용했기 때문에 청나라 말기의 불교는 불교교단으로부터 점차로 재가 거사들의 손으로 넘어가 거사불교[13]가 융성하게 되었다. 많은 뛰어난 거사들 중에서도 가장 유명한 것은 彭紹升과 楊文會이다.

팽소승(1740~1796)은 長州사람으로 尺木居士라 불렀다. 불교를 신앙하고 술과 고기와 五辛을 금하였으며 蓮社를 형성하여 염불을 하고 방생회

---

12) 水野梅曉 『支那佛敎近世史の硏究』(支那時報社, 1926) pp. 28~36.
13) 小川貫弌 「居士佛敎の近世的發展」(『龍谷大學論集』 三百三十九號, 1950, 6).

등이 불교행사를 행하였다. 또한 불교학에 정통하여 『居士傳』『善女人傳』 『淨土賢聖錄』을 비롯하여 『華嚴念佛三昧論』『一乘決疑論』『念佛驚策』 등 의 많은 책을 저술하였다.

양문회[14] (1837~1911)는 호를 仁山이라 하며 安徽石埭의 사람이다. 그는 병석에 누워있던 중 『起信論』을 읽고 불교를 알고나서 다시 『금강경』『능엄경』 등을 통독하고 불도에 귀의하였다. 그의 신앙은 『기신론』을 근거로 하고 다시 『법화경』『화엄경』『유식론』을 더하여 최후로는 정토를 가지고 귀결을 삼았다. 光緖 23년(1897)에 남경에 金陵刻經處를 설립하고 불전의 간행과 보급에 공헌하였다. 英國에 체재중에 南條文雄과 만나 그의 협력을 얻어 중국에서 산실되어버린 경론을 구하여 이를 출판하였다. 또한 리쳐드의 『大乘起信論』의 英譯을 도왔다. 『楊仁山居士遺書』 중에서 『等不等觀雜錄』에는 일본승려와의 왕복 서간문이 수록되어 있다. 양문회는 근세 중국불교의 중흥조일 뿐만 아니라 康有爲[15]·梁啓超·譚嗣同·章炳麟 등에게 커다란 영향을 주었다.

제 3 절   民國革命 이후의 불교

淸末民初의 배불운동   청나라 말기에 洪秀全이 일으킨 太平天國의 혁명운동에 의하여 寺廟는 파괴되고 그 명맥도 끊어질뻔 했던 것을 楊仁山 거사등의 활약으로 인하여 겨우 명맥을 이어 왔다. 그런데 光緖 24년(1898)에 湖廣總督 張之洞(1837~1909)이 제출한 「中學(유교)을 體로 하고 西學을 用으로 한다」는 교육방침이 허용되어 각지의 불교사원의 재산을 몰수하여 각종학교를 건설하는 등의 극단적인 폐불정책이 행해졌다. 소위 廟産與學이 그것이다. 廟産이란 寺廟의 일체 재산을 말한다. 이 운동은 廟産의 10분의 7을 가지고 학교교육의 비용에 충당시킬 것을 목표로 하고

---

14) 水野梅曉, 前揭書, pp. 54~58.
15) 小野川秀美 『淸末政治思想硏究』(東洋史硏究會, 1960). 西順藏編 『原典中國近代思想史』 第二冊 (岩波書店, 1977).

있었다. 이 廟産與學운동[16]은 民國이 되어서도 자주 거론되었다. 남경 중앙대학 교수 邰爽秋는 民國 20년(1931)에 僧閥의 타도, 僧衆의 해산, 廟産의 劃撥, 교육의 진흥이라는 네가지 항목을 내세우고 廟産興學조직위원회를 조직하였다.

불교계의 혁신　사원의 존재를 위협하는 廟産興學운동에 대하여 불교계는 일치단결할 필요가 생겨 民國 원년(1912)에 天龍寺 敬安(1851~1912)은 中華佛敎總會를 창설하고 사찰재산 보호와 불교진흥에 적극적으로 힘을 기울였다[17]. 한편 거사를 중심으로 하는 불교회도 출현하였다. 불교계의 혁신에 활약한 인물로는 敬安・道階・諦閑・圓瑛등이 있는데 그 중에서 가장 유명했던 것은 남경 毘盧寺의 太虛(1890~1949)이었다. 그의 스승인 敬安은 廟産興學에 반대하여 憤死하였던 것에 반하여 태허는 불교계 내부의 정리를 계획하고 『覺社叢書』를 창간하여 『整理僧伽制度論』을 발표하였다. 한편으로는 인재양성을 위하여 武昌佛學院등을 설립하여 청년승려를 교육하고 세계불교도의 협력을 강조하여 세계불교연합회를 조직하였으며 월간지 『海潮音』을 발간하였다. 민국 이후에 중국에서 활약하고 있던 승려나 거사의 대부분이 그의 감화를 입었다. 그가 입적한 후 『太虛大師全書』 『太虛大師年譜』가 간행되었다.

불교단체의 설립[18]　중국 승려의 교육기관으로서 가장 대표적인 것은 태허가 경영한 武昌佛學院이다. 또한 楊仁山거사의 문하였던 歐陽漸(竟無)이 주재한 남경의 內學院은 梵・藏・漢의 문헌을 비교 연구하여 불교연구[19]에 커다란 성과를 올렸다. 이 내학원은 學科와 事科의 二科로 나뉘어 연구교육과 장경의 간행정리등을 하였다. 그 밖에 弘慈佛學院(북경), 法界學院(廬山), 淸凉學院(常州), 明敎學院(杭州), 學佛社(濟南), 覺海學院 (揚

---

16) 牧田諦亮 「淸末以後に於る廟産興學と佛敎敎團」(上海東亞同文書院大學刊 『東亞硏究』 第六十四號, 1942,12), 藤井草宣「中國佛敎の寺田喪失――解放までの經緯――」(『東海佛敎』 第三輯, 1957,10), 塚本善隆 「中華民國の佛敎」(佛敎大學編, 三敎授頌壽記念 『東洋學論叢』 1952), 釋東初 「維新運動與佛敎厄運」「佛敎存亡關頭」(『中國近代佛敎史』 上・下, 第五・七章, 中華佛敎文化館, 1974) 參照.
17) 水野梅曉「民國の建設と佛敎の再興」(『支那佛敎近世史の硏究 第九』.
18) 水野梅曉『支那佛敎の現狀に就て』(支那時報社, 1927) pp. 2~57. 『華北宗敎年鑑』(興亞院華北連絡部內, 興亞宗敎協會, 1941).
19) 佐藤泰舜 「現代支那の佛敎硏究一斑――南京內學院發行の 「內學」 について」(『宗敎硏究』 新第三卷, 1926).

州), 佛學院(成都)등의 각종 불교학교가 창설되었다.

또한 연구단체로서는 紹興佛學硏究會·鄞縣佛學硏究會·濟南佛學社閱經處·杭州佛學硏究會·鎭江佛學硏究會 등 많은 연구회가 창설되었고 그 밖에 中國佛學會등의 불교 홍법포교를 위한 단체등도 성립하였다. 또한 수양단체로는 念佛蓮社의 전통을 이은 棲雲寺의 蓮池海會·濟南女子蓮社등을 비롯하여 淨業社라고 부르는 단체가 각지에 설립하였다. 그 밖에 淨土를 주로하는 일반적인 수양단체로서 世界佛敎居士林(上海)이 있다.

교화단체로서는 佛化新靑年會가 있어서 월간잡지『佛化新靑年』을 발간하고 불교의 선전교화를 담당하였다. 그 밖에 사회사업으로서 고아원·양로원·병원등의 개설도 있었다.

佛書의 出版 金山寺 승려 宗仰이 일본 弘經書院의 『縮刷藏經』을 翻刻(『頻伽藏經』)한 데에 이어서 상해 商務印書館에서는 『大日本續藏經』을 翻刻하였다. 또한 民國 20년(1931)부터 4년간에 걸쳐서 磧沙版『大藏經』(『影印宋磧沙藏經』)이 영인 간행되었다. 또한 金刻『대장경』도 민국 24년 (1935)에 상해에서『宋藏遺珍』이라 하여 간행되었다. 민국 원년(1912)에는 월간잡지 『佛學叢報』(濮一乘·狄楚卿)가 발간되었으며 계속하여 많은 불교잡지가 간행되었는데 그 중에서도『海潮音』(太虛)이 가장 충실한 잡지로서 많이 보급되었다. 한편 일본에서도 1934년 중국승과의 제휴교류를 목적으로 설립한「日華佛學學會」(東京)는 기관지『日華佛敎』를 발간하였고「日華佛敎硏究會」(京都)는『日華佛敎硏究會年報』를 간행하였다.

불교연구의 융성 康有爲(1858~1927)의『大同書』나 譚嗣同(1866~1898)의『仁學』중에는 불교사상의 영향이 엿보인다. 章炳麟(1868~1936)의 佛學思想은 그의 저서『五無論』『無神論』『建立宗敎論』『人無我論』『大乘佛敎緣起論』『大乘起信論辨』(章氏叢書) 등에 나타나고 있다. 梁啓超 (1873~1929)는 불교에 관하여「佛敎之初輸入」「佛敎與西域」「大乘起信論考證序」등의 여러 논문들을 발표하였다(民國 64年(1975)刊『中國佛敎硏究史』에 수록). 胡適(1891~1962)은 『神會和尙遺集』『中國禪學史』(『支那禪學의 變遷』) 등 중국선종사 연구에 새로운 장을 열었다. 그 밖에 熊十力(1882~

1968)은 『新唯識論』 『佛家名相通釋』을 쓰고 湯用形은 『漢魏兩晋南北朝佛敎史』를 저술하였는데 이는 중국불교사 연구에 커다란 공헌을 하였다. 또한 거사로서는 梅光羲가 『相宗綱要』 『相宗史傳略錄』 『法苑義林章唯識章註』 『相宗新舊兩譯不同論』 등을 썼고 蔣維喬는 『中國佛敎史』 『佛學綱要』 『大乘廣五蘊論註』 등을 썼으며 黃懺華는 『中國佛敎史』 『印度哲學史綱』 『佛敎各宗大意』 등을 저술하였다. 승려로서는 諦閑(1858~1932)이 『大乘止觀述記』 『圓覺經講義』 『梁皇懺隨聞錄』 『八識規矩頌講義』 등을 쓰고 印光(1861~1940)은 『印光法師文鈔』를 저술하여 정토교를 고취하였다.

불교신앙과 불교의례 민간신앙으로서의 불교는 도교나 일반 민간신앙과 융합하여 신앙의 대상으로 關帝와 관음이 그 중심이 되어왔다. 관음은 白衣大士・南海大士・慈航大士라고도 불리웠으며 도교의 廟에서도 신앙의 대상이 되어 있다. 중국에 수용되어진 후한의 불교는 현세이익을 위하여 신앙되었던 것인데, 서민의 불교신앙[20]은 현세이익으로 일관하여 「有求必應」을 위한 부처나 보살이 숭배의 대상으로 되었던 것이다. 불교신자는 방생회에 참가하여 살생을 금하고 채식주의(素食)를 지켰다. 특히 북경의 六味齋나 상해의 功德林등의 菜館이 있어 불교의 유통에 힘썼다. 또한 念佛淨業會나 受戒會의 참가도 성행하였으며 일부 인사들에 의하여 불교신앙은 계속되었다. 근대 중국의 불교의례[21]는 명나라때에 확립되었다고 생각되는데 瑜伽燄口(施餓鬼), 梁皇懺, 慈悲水懺,[22] 金剛懺, 大悲懺[23]등의 불교의례가 행하여 졌다.

현대의 중국불교 1949년 中華人民共和國의 성립[24]과 더불어 불교는

---

20) ウィン・チァット＝チァン, 福井重雅譯 『近代中國における宗敎の足跡』(金花舍, 1974). 華中調査資料第四〇六號 『中支に於ける民間信仰の實情』(興院華中連絡部, 1942). 興亞資料第九號 『支那に於ける新興宗敎』(興亞院政務部, 1940).
21) 中國佛敎의 儀禮에 대해서는, Holmes Welch, *The Practice of Chinese Buddhism*, 1900~1950, Harvard Univ. Press, 1967. 鈴木大拙 『中華佛敎印象記』(森江書店, 1934).
22) 塩入良道 「慈悲道場懺法の成立」(吉岡博士還曆記念 『道敎研究論集』 國書刊行會, 1977).
23) 拙稿 「香港の佛敎儀禮――大悲懺法について――」(『印佛硏』 第二十二卷第一號, 1973, 12). 同 『日本佛敎のふるさと』(東京大學出版會, 1978).
24) 中濃敎篤 『中國共產黨の宗敎政策』(理想社, 1958). 香港佛敎聯合會編 『中國大陸佛敎資料彙編――一九四九年至一九六七年――』(友聯書報發行公司, 1968年). 小竹文夫 「現代中國の宗敎政策」(『塚本論集』). 牧田諦亮 『アジア佛敎史・中國編Ⅱ・民衆の佛敎』(佼成出版社, 1976) p. 193 以下. Holmes Welch, *The Buddhist Revival in China*, Harvard Univ.

개인의 신앙의 자유에 한정되고 말았으나 불교사원이나 불교문화에 대해서는 수리 복구하도록 원조가 이루어져 산서성의 玄中寺,[25] 西安의 大慈恩寺, 杭州의 靈隱寺, 남경의 靈谷寺, 상해의 玉佛寺, 북경의 廣濟寺, 낙양의 白馬寺등의 불교사원을 비롯하여 大同의 운강석굴, 낙양의 용문석굴, 甘肅省의 돈황석굴등이 복구수리되고 보호되고 있다.[26] 불교계는 1953년에 성립한 중국불교협회에 의하여 통일되어 있다. 중국불교협회는 현재 趙樸初 거사를 중심으로하여 불교를 통하여 세계의 국민들과 일대교류를 하려 하고 있다. 일본불교도와의 교류센터로서 太原의 石壁玄中寺나 揚州 鑑眞和尙의 法淨寺(大明寺) 등을 부흥정비하고 있다.

불교관계의 잡지로서는 1950년에 『現代佛學』의 第1卷 第1期가 발간되어 1964년 제6기(계144기)에 이르기까지 간행되었다. 또한 학술서로서는 任繼愈[27]의 『漢・唐佛敎思想論集』이 간행되어 유물사관의 입장에서 중국불교사상사가 재검토되기에 이르고 있다.

Press, 1968. Holmes Welch, *Buddhism under Mao*, Harvard Univ. Press, 1972. Richard C. Bush, Jr., *Religion in Communist China*, Abingdon Press, 1970.
25) 菅原惠慶『玄中寺と曇鸞大師』(ピタカ中, 1978).
26) 國佛敎協會編『中國佛敎』(北京, 民族出版社, 1955年). 또한 新發見의 房山石經이, 中國佛敎協會編『房山雲居寺石經』(文物出版社, 1978)이라는 제목으로 간행되었다.
27) 任繼愈『漢一唐佛敎思想論集』(北京, 人民出版社, 1973). 批評的紹介로서는, Kenneth Ch'en, "Chinese Communist Attitude towards Buddhism in Chinese History", *China Quarterly*, No. 22, 1965. 岡部和雄・河合一孝譯 「中國における佛敎および佛敎硏究」 (一)・(二)(『宗敎學論集』第三・四輯, 1969, 12, 1970, 12).

中國佛敎史籍解題

出三藏記集　　僧祐撰. 15권. 大正藏 55권. 梁의 天監 9~17년(510~518) 사이에 찬술. 僧祐錄이라고도 함. 현존하는 여러 경록중에서 가장 오래된 것에 속한다. 후한부터 梁代까지의 경전목록을 편집한 것으로 經錄과 經序와 僧傳의 3부로 구성되어 있다.

歷代三寶紀　　費長房撰. 15권. 正藏 49권. 隋의 開皇 17년(597)에 찬술. 長房錄이라고도 함. 17년간의 세월을 걸쳐서 편집하였던 一切經目錄이다. 出三藏記集이 南朝에 정통한 것에 대해서 本書는 北朝의 諸經에 정통한 것이 특색이다.

大唐內典錄　　道宣撰. 10권. 正藏 55권. 당의 麟德 원년(664)에 찬술. 內典錄이라고도 함. 종래의 제 경록의 장점을 채택하고, 폐단을 혁신시키기 위하여 찬집된 일체경 목록이다. 卷八의 歷代衆經見入藏錄은 道宣이 실제로 西明寺의 장경에 바탕하여 작성한 것이다.

開元釋敎錄　　智昇撰. 20권. 正藏 55권. 당의 개원 18년(730)에 찬술. 開元錄이라고도 함. 일체경 목록으로 1,076부 5,048권이 수록되어 있다. 기존의 경록중에서 개원록보다 더 우수한 것은 없으며 그 후의 경록도 모두 개원록을 기초로 해서 그 후의 譯出經을 추가하고 있음에 지나지 않는다.

貞元新定釋敎目錄　　円照撰. 30권. 正藏 55권. 당의 정원 16년(800)에 찬술. 貞元錄, 또는 円照錄이라고도 함. 당 덕종의 칙령에 의해서 西明寺 사문 円照가 찬술하였다. 勅選一切經目錄의 대표적인 것. 후한명제 영평 10년(67)부터 당 덕종의 정원 16년(800)에 이르는 734년동안에 傳譯되었던 2,417부 7,388권의 경전을 수록하고 있다. 그 대부분은 開元錄의 기록을 계승하고 있다.

高僧傳　　慧皎撰. 14권. 正藏 50권. 梁의 天監 18년(519)에 찬술. 梁高僧傳 또는 梁傳이라고도 함. 후한의 영평 10년부터 梁의 天監 18년에 이르는 453년동안에 있어서의 正傳 257인, 付傳 243인의 전기를 수록하였다. 譯經, 義解, 神異, 習禪, 明律, 亡身, 誦經, 興福, 經師, 唱導의 十科로 나누고 있다.

續高僧傳　　道宣撰. 30권. 正藏 50권. 당고승전 또는 唐傳이라고도 함. 당의 정관 19년(645)에 찬술. 慧皎의 고승전에 이어서 양대부터 당의 정관 19년에 이르기까지 144년동안에 걸쳐서 고승의 正傳 340인, 付傳 160인의 전기를 수록하고 있다. 정관 19년에 탈고. 후에도 가끔 증보하고 있다. 중국불교 제일의 佛敎史家 道宣의 대표적인 史傳書이다.

宋高僧傳　　贊寧等撰. 30권. 正藏 50권. 宋의 端拱 원년(988)에 찬술. 梁·唐의 兩高僧傳을 이어 주로 唐代 고승의 전기를 찬집하였던 것. 당시, 唐末五代의 난세때문에 자료의 散逸이 많고 그 때문에 착오도 보여진다.

大明高僧傳　　如惺撰. 8권. 正藏 50권. 明의 萬曆 45년(1617)에 찬술. 譯經篇, 解義篇, 習禪篇의 三科로 나뉘어지며, 南宋 79인, 元 22인, 明 18인, 계 119인과 付傳 60인을 더한 179인의 고승전을 수록하고 있다.

佛祖歷代通載　　念常撰. 22권. 正藏 49권. 元의 至正 원년(1341)에 찬술. 과거 칠불에서 元의 元統 원년(1333)에 이르기까지의 불교상의 事蹟을 열거한 편년사이다.

釋氏稽古略　　覺岸撰. 4권. 正藏 49권. 元의 至正 14년(1354)에 찬술. 불교를 중심으로 하는 3교의 史實을 편년체로 기술하였던 것으로 佛祖歷代通載와 같은 型의 僧史이다.

釋氏稽古略續集　　幻輪撰. 3권. 續藏 제133책. 明의 崇禎 11년(1638)에 찬술. 釋氏稽古略에 이어서 元 世祖의 至元원년(1264)에서 明의 熹宗의 天啓 7년(1627)에 이르기까지의 364년동안에 걸쳐 430여인의 僧傳記를 중심으로 편술한 것이다.

弘明集　　僧祐撰. 14권. 正藏 52권. 後漢에서 梁代에 이르는 동안의

유불도 삼교의 교섭관계에 관한 중요한 자료를 망라한 것이며 초기 중국불교사연구의 중요자료일 뿐 아니라 六朝사상사 연구의 자료를 제공해 준다.

廣弘明集   道宣撰. 30권. 正藏 52권. 唐의 麟德원년(664)에 찬술되었다. 梁 승우의 홍명집에 수록되지 않았던 六朝諸家의 文과 梁代에서 당의 초기에 이르는 護法의 文書, 詩賦, 詔銘등을 編錄하였던 것. 내용은 歸正, 辨惑, 佛德, 法義, 僧行, 慈濟, 誡功, 啓福, 悔罪, 統歸의 10편으로 이루어졌다. 佛敎史上의 중요한 것임은 물론 道敎史上의 귀중한 자료이다.

法苑珠林   道世撰. 100권. 正藏 53권. 당의 總章 원년(668)찬. 본서는 諸經論에 있어서 모든 사항을 類別하여 집성한 것으로 불교의 대 백과사전이다. 또한 중국불교 자료로서도 중요하다.

釋門正統   宗鑑撰. 8권. 統藏 제130책. 송의 嘉熙 원년(1237)찬. 천태종의 記傳史이다. 釋門의 정통이 천태종인 것을 논술한 것이다. 천태종 이외에도 선종, 화엄종, 법상종, 율종, 밀교의 相承에 대해서도 언급하고 있다.

佛祖統紀   志磐撰. 54권. 正藏 49권. 송의 咸淳 5년(1269)찬. 인도의 고승과 천태종의 역대 조사의 전기를 수록한 天台宗史이나 淨土立敎志, 諸宗立敎志등의 타종파의 역사도 있다. 권 34에서부터 권 48까지의 法運通塞志는 불교사를 서술하고 있다.

景德傳燈錄   道原撰. 30권. 正藏 51권. 송의 景德 원년(1004)찬. 과거 7불에서부터 인도의 조사, 중국의 달마에서 법안종의 淸凉文益에 이르는 禪宗五家 五十二世에 걸쳐서 傳燈法系를 상술하고 있는 것으로 그 숫자가 7101인에 달한다. 중국 선종사 연구의 중요한 자료이다.

大宗僧史略   贊寧撰. 3권. 正藏 54권. 송의 太平興國 3년에서 咸平 2년(978~999)의 사이에 찬술되었다. 僧史略이라고도 한다. 불교에 관한 事理, 來歷, 紀綱, 制度의 실제를 열거한 것으로 중국불교의 법제와 의례 등을 아는데 중요한 자료이다.

僧傳排韻   堯恕編. 108권. 大日本佛敎全書 第99~1000 일본의 天台座主堯恕法親王(1640~1695)이 고심하여 지은 중국의 각종 僧傳의 색인이

다. 人名의 下字를 韻으로 배열한 인명사전이다. 중국불교 연구를 하는데 꼭 필요한 불교인의 인명사전이다.

중국불교의 史籍의 解題書에는 陳垣撰 『中國佛教史籍槪論』(中華書局, 1962)이 있다. 또한 승려의 생존연대에 대해서는 陳垣撰 『釋氏疑年錄』(中華書局, 1964)이 있다.

中國佛教 各宗系譜　277

中国仏教各宗系譜

成実学派系譜

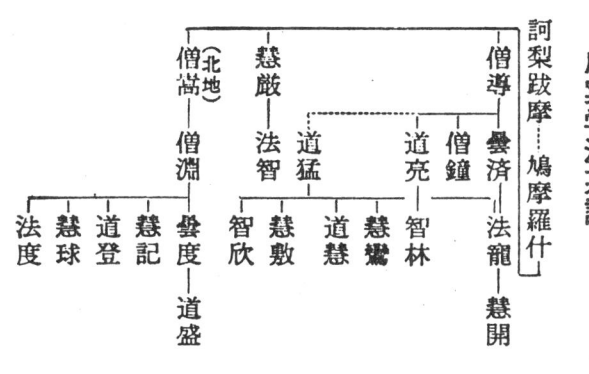

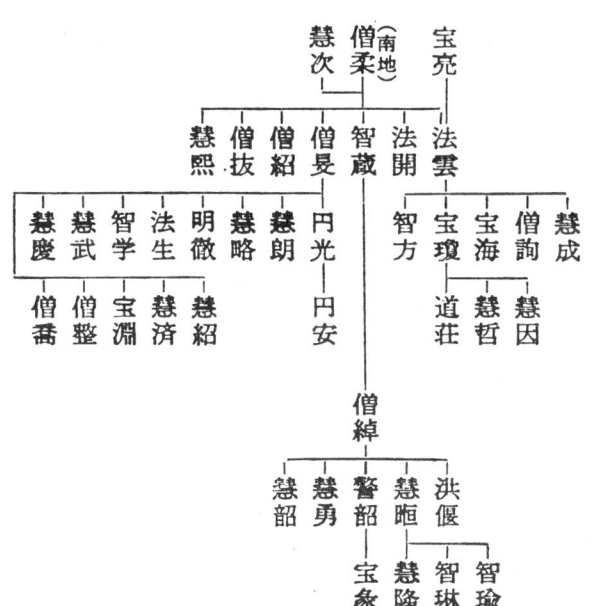

278 中國佛教 各宗系譜

涅槃学派系譜

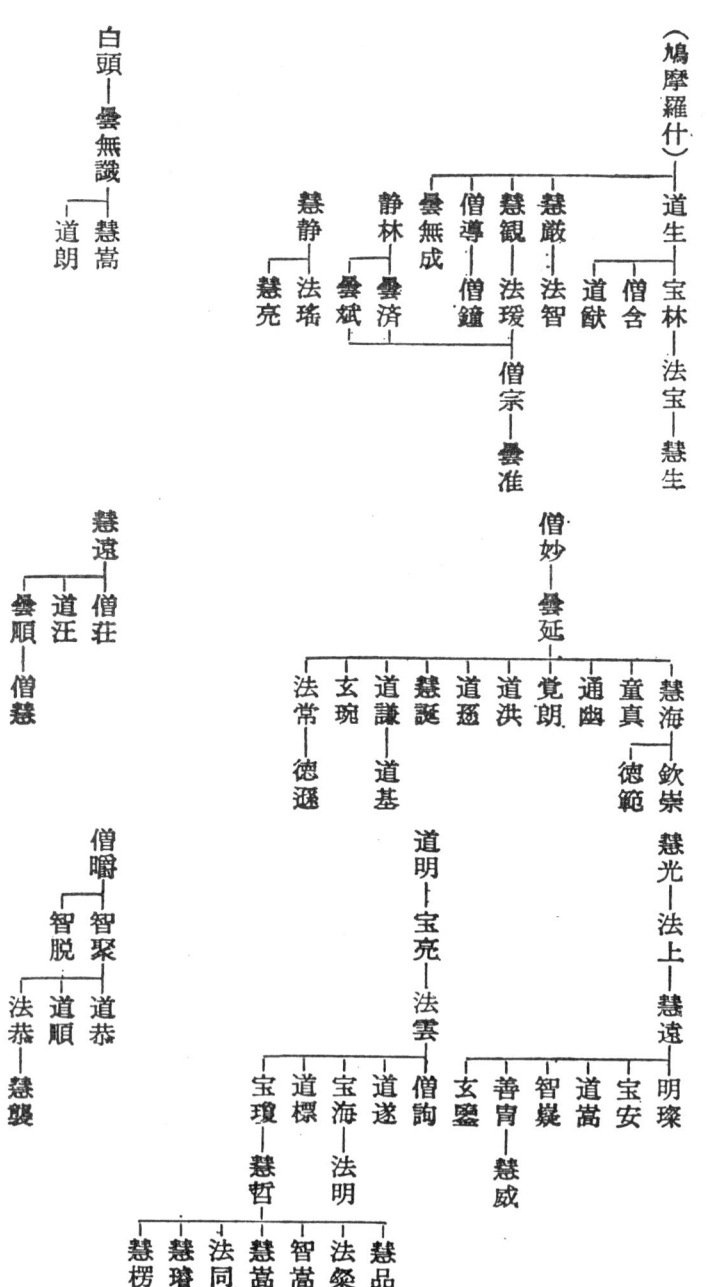

中國佛教 各宗系譜　279

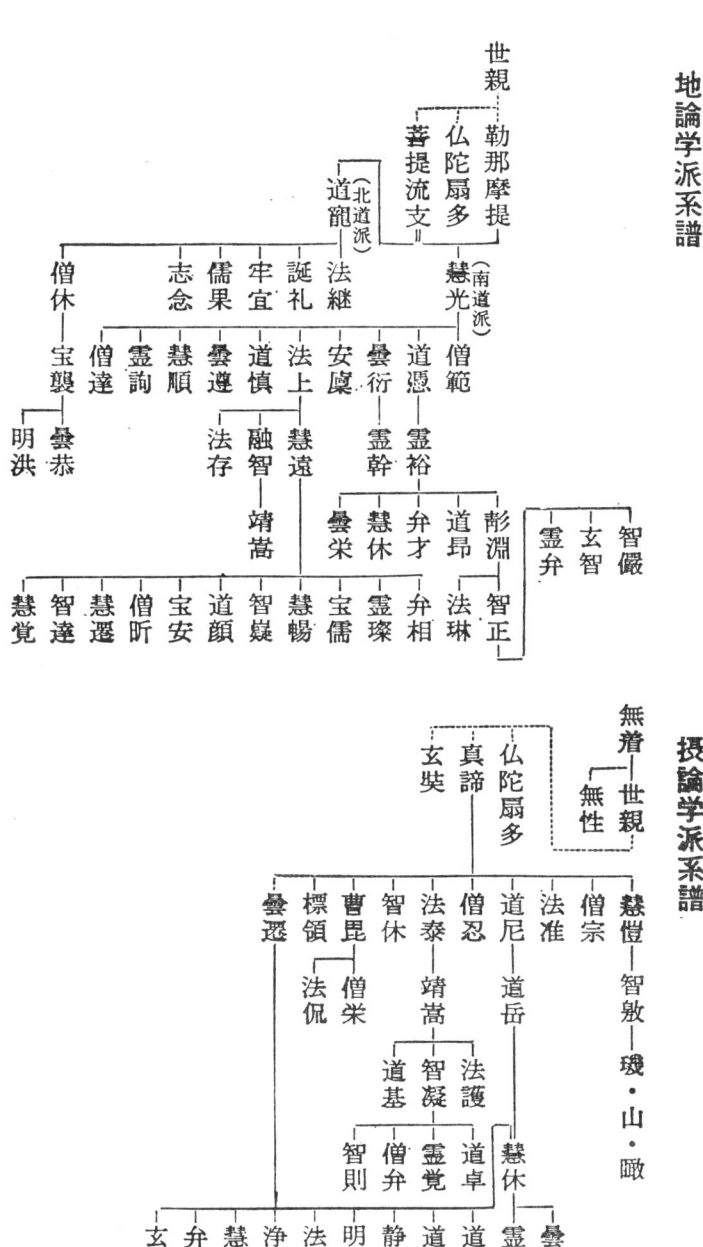

地論学派系譜

摂論学派系譜

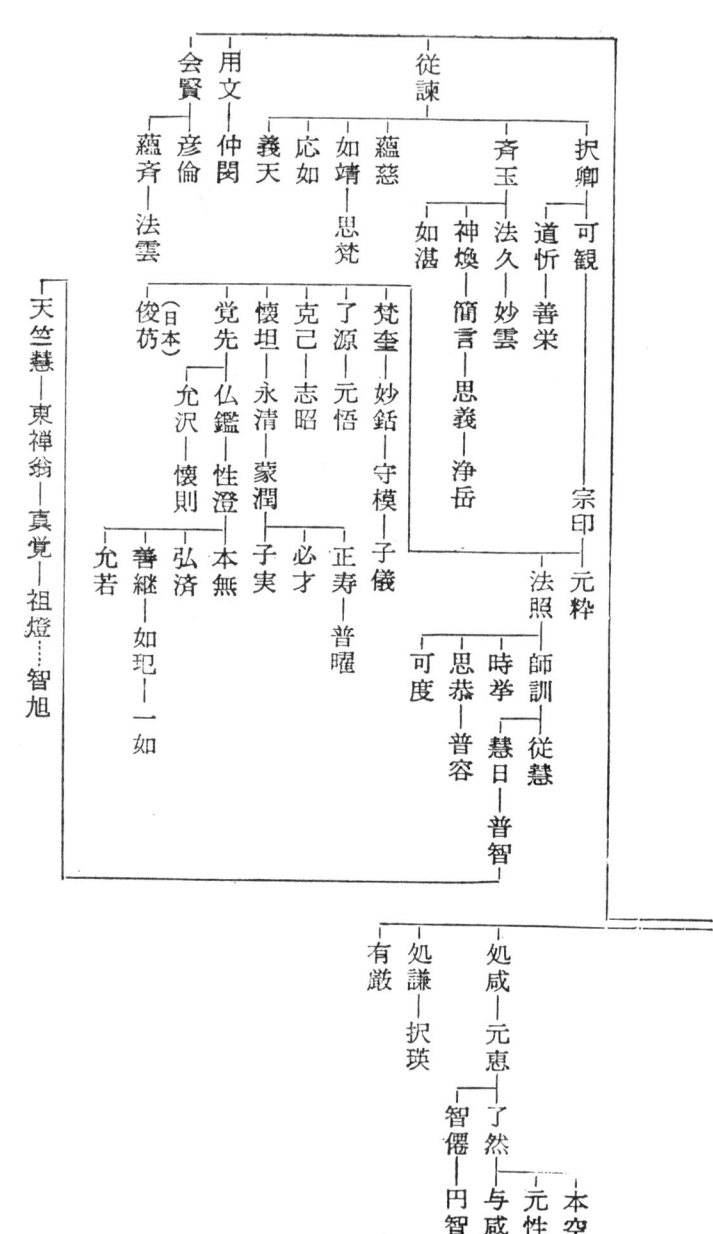

(1) 中國佛教 各宗系譜　281

天台宗系譜

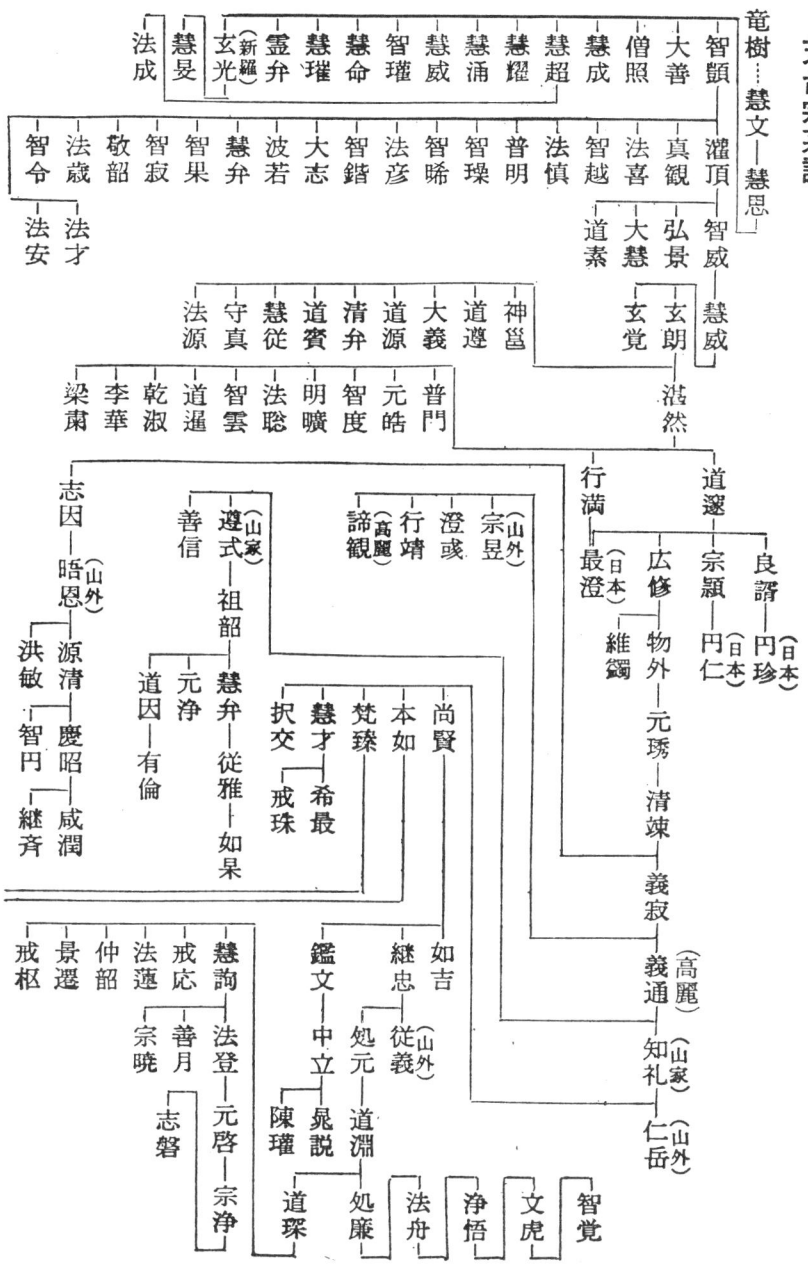

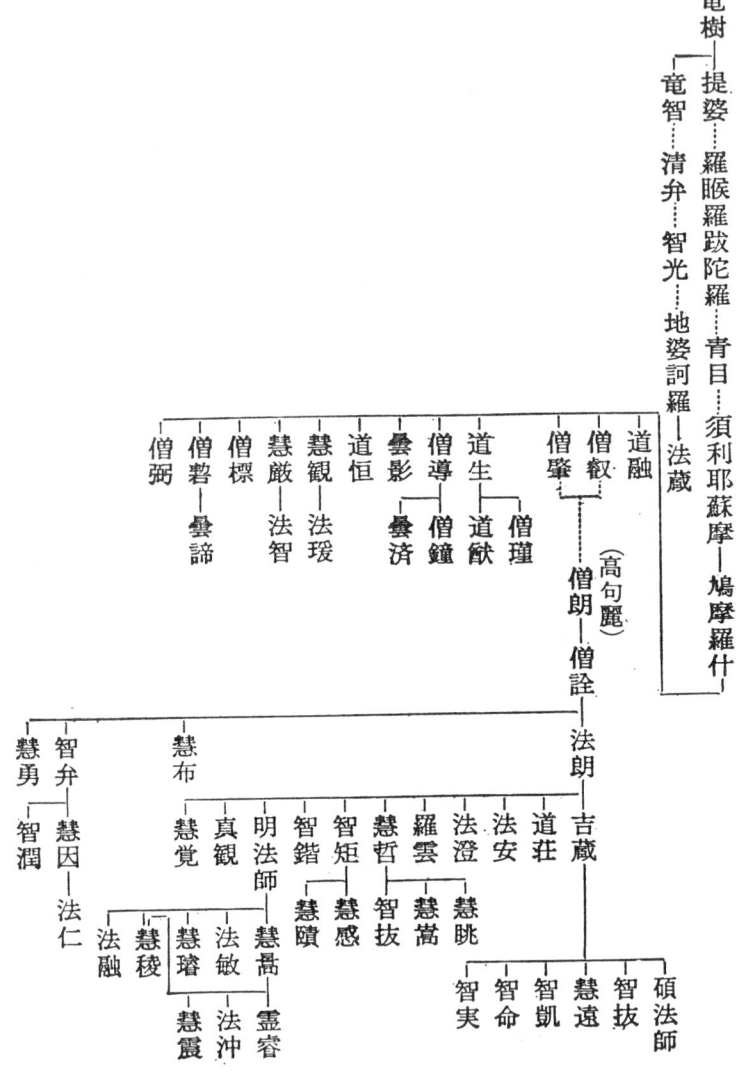

中國佛教 各宗系譜 283

華嚴宗系譜

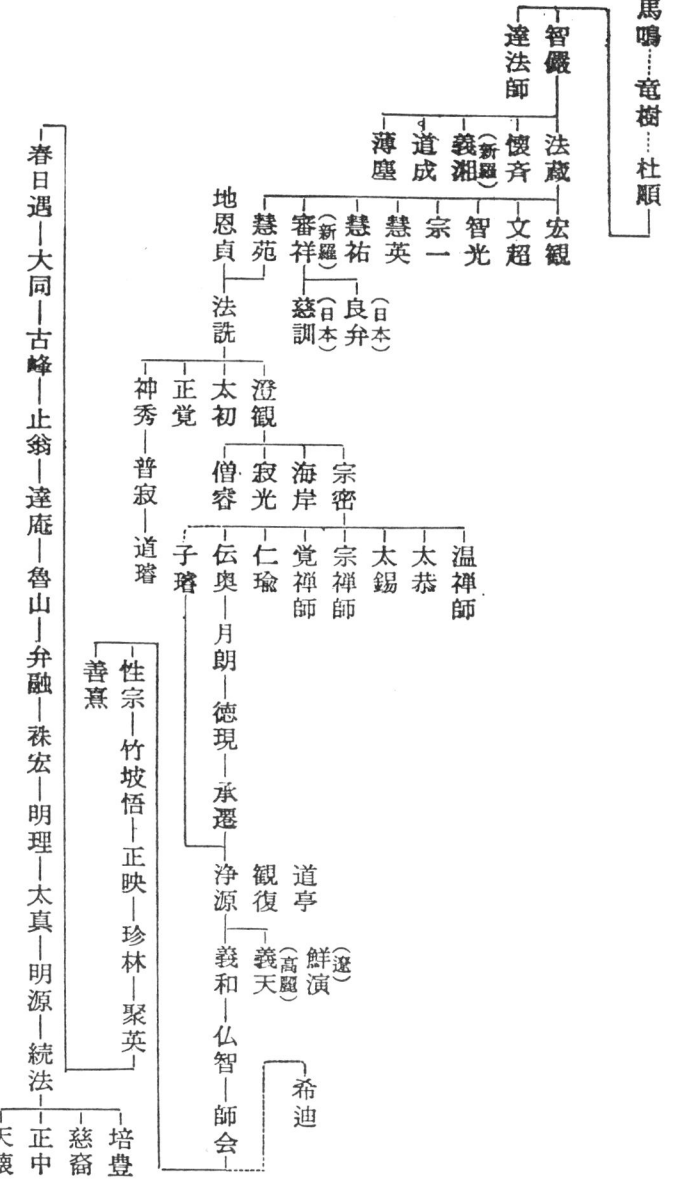

密教系譜

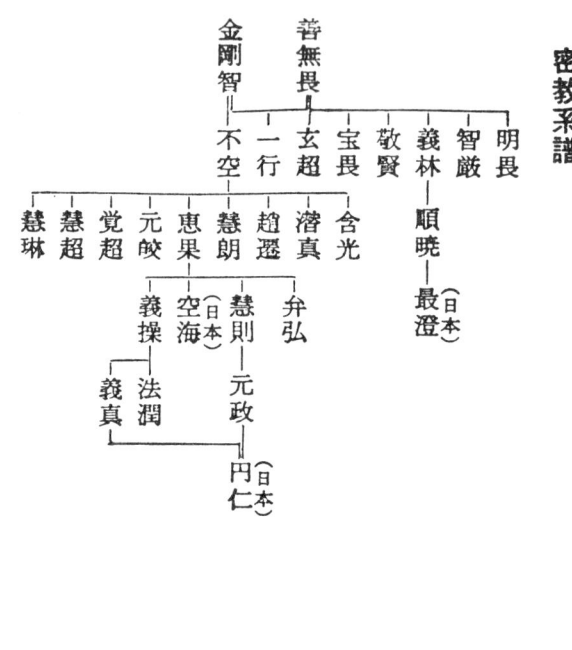

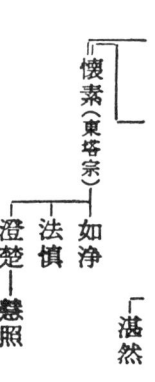

四分律宗系譜

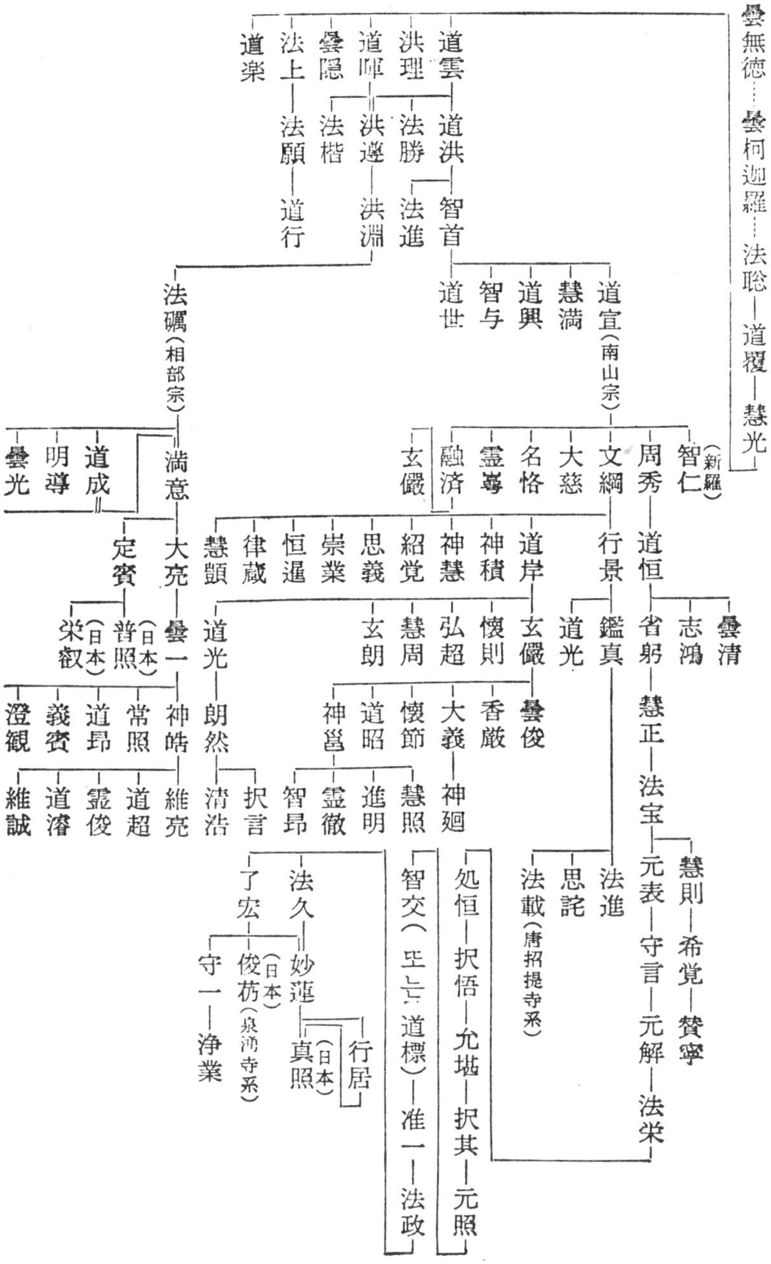
曇無德……曇柯迦羅……法聡—道覆—慧光
道雲 洪理 道暉 曇隠 法上 道楽
道洪 法勝 洪遵 法楷 法願
智首 法進 洪淵 道行
道宣(南山宗) 慧満 道興 智与 道世
法礪(相部宗)
智仁(新羅) 周秀 文綱 大慈 名恪 霊㝷 融済 玄儼
道恒 行景 道岸 神積 神慧 紹覚 思義 崇業 恒暹 律蔵 慧顗
曇清 志鴻 省躬 鑑真 道光 玄儼 懐則 弘超 慧周 玄朗 道光
慧正 法宝 元表 守言 元解 法栄
慧則 希覚 贊寧
法進 思詫 法載(唐招提寺系)
曇俊 香厳 大義 懐節 道昭 神邕
神迥 慧照 進明 霊徹 智昻
処恒 択悟 允堪 択其 元照
智交(또는 道標) 准一 法政
法久 妙蓮 真照(日本) 行居
了宏 俊芿(日本)(泉涌寺系)
守一 浄業
朗然 択言 清浩
満意 大亮 曇一 神皓 維亮
道成 明導 曇光
定賓 普照(日本) 栄叡(日本)
常照 道昂 義賓 澄観
道超 霊俊 道濬 維誠

286　中國佛教 各宗系譜

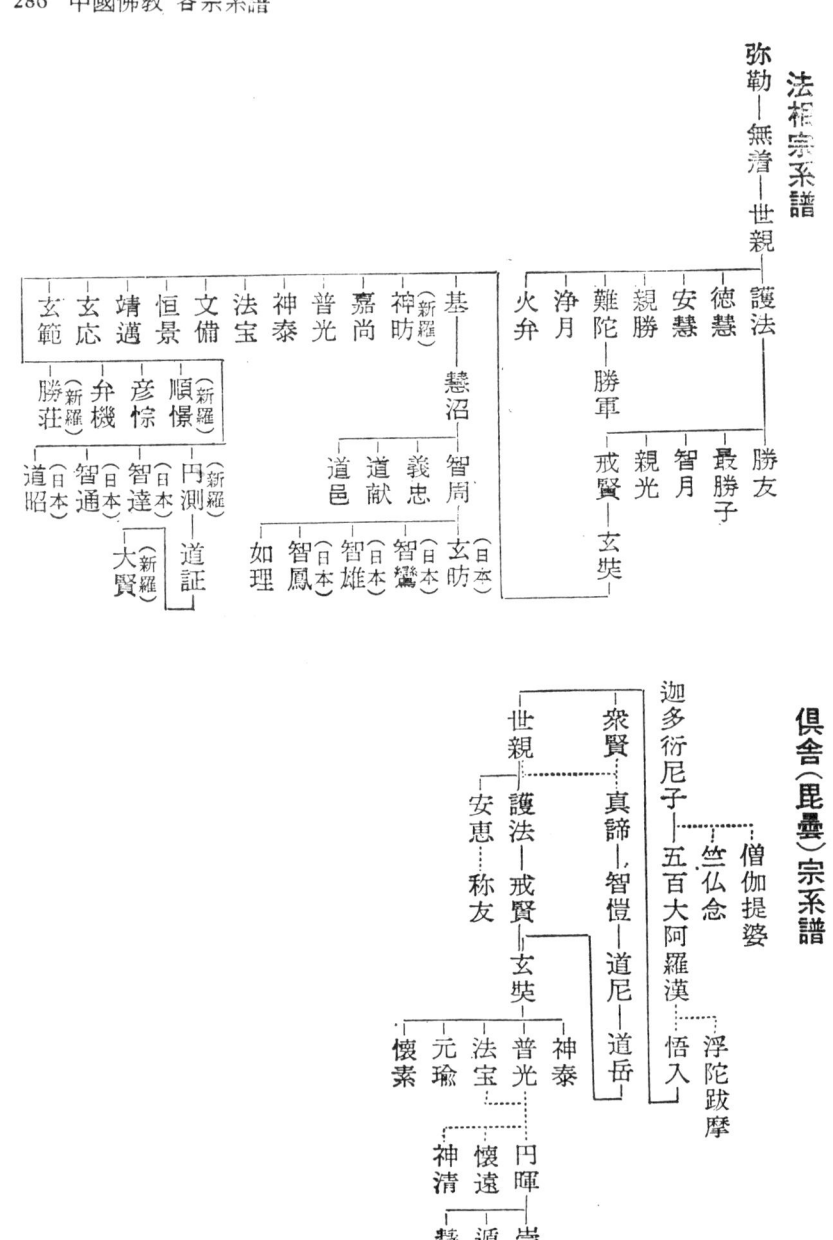

浄土教系譜

馬鳴──竜樹──世親──菩提流支──曇鸞──道綽──善導──懷感──少康
　　　　　　　　　　　　　　　　　├──迦才
　　　　　　　　　　　　　　　　　└──承遠──法照
廬山慧遠──────永明延壽──────昭慶省常
　　　　　慈愍三藏慧日──靈芝元照

中國佛教 各宗系譜（2）

宝峰明瑄—天奇本瑞—無聞明聰—月心德宝—幻有正伝―┬―天隱円修―玉林通琇
　　　　　　　　　　　　　　　　　　　　　　　├―雪嶠円信―郭凝之
　　　　　　　　　　　　　　　　　　　　　　　└―密雲円悟―┬―費隱通容―隱元隆琦
　　　　　　　　　　　　　　　　　　　　　　　　　　　　　├―木陳道忞
　　　　　　　　　　　　　　　　　　　　　　　　　　　　　└―漢月法藏

藥山惟儼―┬―雲巖曇晟―洞山良价―┬―雲居道膺―同安道丕―同安観志―梁山緣観―大陽警玄……投子義青
　　　　 └―道吾円智―石霜慶諸　└―曹山本寂

芙蓉道楷―┬―丹霞子淳―┬―真歇清了―天童宗珏―足庵智鑑―長翁如淨―永平道元
　　　　 　　　　　　 └―宏智正覺―自得慧暉―明極慧祚―東谷明光―直翁德举―東明慧日
         └―鹿門自覚―普照一弁―大明宝―王山体―雪巖満―万松行秀―林泉從倫

雪庭福裕―崧山文泰―還源福遇―淳拙文才―松庭子嚴―凝然了改―俱空契斌―無方可從―虛白文載
幻休常潤―慈舟方念―堪然円澄―石雨明方―遠門淨柱

宗鏡宗書―蘊空常忠―無明慧経―┬―永覺元賢―為霖道霈
　　　　　　　　　　　　　　├―晦台元鏡―覚浪道盛―闊堂大文―心越興濤
　　　　　　　　　　　　　　└―無異元來　　　　　三宜明盂―林弘衍

天皇道悟―竜潭崇信―德山宣鑑―雪峰義存―┬―玄沙師備―羅漢桂琛―清涼文益―天台德韶―永明延壽
　　　　　　　　　　　　　　　　　　　└―鼓山神晏

雲門文偃―香林澄遠―智門光祚―雪寶重顯―天衣義懷―慧林宗本―大通善本―妙湛思慧―月堂道昌

禅宗系譜

```
菩提達摩―曇林
        ├―二祖慧可―三祖僧璨―四祖道信―┬―牛頭法融
        │                              └―五祖弘忍―┬―大通神秀
        │                                          ├―荷沢神会
        │                                          └―六祖慧能―┬―青原行思―石頭希遷
        │                                                      └―南岳懷讓―馬祖道一
        │                                                                    │
        │                                                                    └―主峰宗密
```

南泉普願―趙州從諗

西堂智藏―黄檗希運―臨済義玄―興化存奨―南院慧顒―風穴延沼―首山省念―汾陽善昭

百丈懷海―潙山霊祐―仰山慧寂

慈明楚円―黄竜慧南―晦堂祖心―霊源惟清―長霊守卓―無示介諶―心聞曇賁―雪庵従瑾

瑯琊慧覚

楊岐方会―白雲守端―五祖法演―┬―昭覚克勤―┬―大慧宗杲―仏照徳光―北磵居簡
                            │   └―虎丘紹隆―応庵曇華―密庵咸傑―┬―松源崇岳―運庵普巌―虚堂智愚―南浦紹明(日本)
                            │   ├―破庵祖先―無準師範―┬―断橋妙倫―方山文宝―無見先観―無聞智度―古拙俊―無際明悟―楚山紹琦
                            │   │   ├―雪巌祖欽―高峰原妙―中峰明本―千巌元長―万峰時蔚―宝蔵普持―虚白慧旵―海舟普慈
                            │   │   ├―默堂宣―吉庵祚―法舟道済―雲谷法会―憨山徳清
                            │   │   ├―石田法薫―愚極智慧―清拙正澄
                            │   │   ├―滅翁文礼―横川如珙
                            │   │   ├―仏鑑慧懃
                            │   │   └―物初大觀―晦機元熙―笑隠大訢
                            │   └―竺元妙道―恕中無慍―円極居頂
                            ├―真浄克文
                            ├―死心悟新
                            ├―禾山慧方
                            ├―虚庵懷敞―明庵栄西
                            ├―大日能忍
                            ├―仏果克勤
                            ├―仏眼清遠
                            └―保寧仁勇

古林清茂―了庵清欲
```
```

中國佛敎史 年表

☆표는 역사적 史實이 아니고 전설에 의거한 것임.

년 대	불 교 사	중국일반사
전 2 前漢・元壽 1	大月氏王의 사자 伊存이 博士弟子 景盧에게 浮屠經을 전수함.	
25 後漢・建武 1		後漢이 흥함.
64 後漢・永平 7	明帝는 꿈속에서 金人을 보고 秦景등을 서역에 파견하여 불법을 구하도록 하였다. (일설에는 60, 68, 70년 설이 있음)	
65 後漢・永平 8	楚王英이 黃老・浮屠(불)를 모심.	
67 後漢・永平 10	☆중천축의 攝摩騰・竺法蘭이 「四十二章經」을 가지고 낙양에 옴.	
	☆明帝代에 낙양 白馬寺를 창건.	
148 後漢・建和 2	안식국의 安世高가 낙양에 옴.	
156 後漢・永壽 2	안세고가 「人本欲生經」을 번역함.	
179 後漢・光和 2	지루가참이 「道行般若經」과 「般舟三昧經」을 번역함.	
181 後漢・光和 4	안식국의 安玄이 嚴佛調와 함께「法鏡經」등을 번역함.	
184 後漢・中平 1		黃巾의 난이 일어남
220 後漢・延康 1		後漢이 멸망하고 魏가 흥함. 삼국시대가 시작됨.
228 吳・黃武 7	支謙이 黃武中에 「瑞應本起經」을 번역함.	
247 吳・赤烏 10	康僧會가 해로로 建業에 옴. 建初寺를 창건함.	
250 魏・嘉平 2	曇柯迦羅가 낙양에 와서 「僧祇戒心」을 번역함.	
254 魏・正元 1	曇諦가 낙양에 와서 「曇無德羯磨」를 번역함.	
260 魏・甘露 5	朱士行이 于闐에 가서 범본을 구해옴.	
265 晋・泰始 1	竺法護는 장안에 와서「正法華經」등 약 150부를 역출함. 이 때 「牟子理惑	魏가 멸망하고 晋이 흥함.

		論」이 저술됨. 노장사상을 빌어서 格義佛敎를 일으킴.	
280	晉·太康 1		吳가 멸망하고 晉이 중국을 통일.
310	晉·永嘉 4	佛圖澄이 낙양에 옴.	永嘉의 난.
316	晉·建興 4		西晉이 멸망함. 五胡十六國시대가 시작됨.
348	東晉·永和 4	佛圖澄이 죽음.	
351	東晉·永和 7	前秦의 僧朗이 太山에 들어감.	
364	東晉·興寧 2	道安이「綜理衆經目錄」을 저술함.	
366	東晉·太和 1	사문樂傅이 莫高窟(敦煌)을 개착.	
372	東晉·咸安 2	前秦王 符堅이 順道를 高句麗에 파견하여 佛象과 經文을 보냄.	
384	東晉·太元 9	慧遠이 廬山에 들어감. (일설, 381) 摩羅難提가 百濟에 불교를 전함.	後秦·後燕·西燕이 흥함.
385	東晉·太元 10	釋道安이 죽음.	
386	東晉·太元 11		拓跋廬(道武帝)가北魏를 세움.
390	東晉·太元 15	慧遠이 白蓮社를 결성함.	
397	北魏·皇始 2	北魏의 法果가 道人統이 됨.	
398	東晉·隆安 2	僧伽提婆가「中阿含經」을 번역함.	
399	東晉·隆安 3	法顯이 인도를 향해서 장안을 출발. (일설, 400)	
401	後秦·弘始 3	구마라집이 장안에 와서 이후에「마하반야바라밀경」「묘법연화경」「아미타경」「십송율」「성실론」「대지도론」「중론」 등 35부 300백여권을 번역함.	
404	東晉·元興 3	廬山慧遠이「沙門不敬王者論」을 찬술함. (일설, 403)	
405	後秦·弘始 7	僧肇가「般若無知論」을 찬술함. 後秦에서 僧䂮을 僧主, 僧遷을 悅衆, 法欽과 慧斌를 僧錄으로 임명함.	
414	東晉·義熙 10	法顯이 인도에서 돌아와「佛國記」를 찬술함.	
416	東晉·義熙 12	廬山慧遠이 죽음.	
420	東晉·永初 1	佛馱跋陀羅「화엄경」을 번역함.	劉宋이 흥함 남북조시대가 시작됨.
421	東晉·永初 2	불타발타라와 寶雲이「무량수경」을 함	

中國佛教史 年表　293

421	北涼・玄始 10	께 번역함. 曇無讖「大般涅槃經」을 번역함.	
424	宋・元嘉 1	佛陀什「五分律」「比丘尼戒本」「羯磨」를 번역함.	
425	北魏・始光 2	북위의 도사 寇謙之는 天師가 되어 道壇을 설치함.	
428	宋・元嘉 5	竺道生이 闡提成佛說・頓悟說을 제창하여 建康에서 추방되어 虎丘山에 들어감.	
436	宋・元嘉 13	宋의 慧琳이 「白黑論」을 저술함. 宗炳・顏延之가 이에 반론함.	
439	北魏・太延 5		北魏가 北涼을 멸하고 화북을 통일.
443	宋・元嘉 20	求那跋陀羅가 「능가경」을 번역함.	
446	北魏太平眞君 7	北魏 태무제가 諸州에 조칙을 내려 廢佛毀釋을 단행함. (三武一宗의 法難중 첫번째)	
448	北魏・太平眞君 9	道士 寇謙之가 죽음.	
452	北魏・興安 1	文成帝가 불교부흥의 조칙을 발표함.	
460	北魏・和平 1	雲岡石窟의 개착이 시작됨. 曇曜가 沙門統이 됨. (일설, 462)	
467	北魏・皇興	北魏의 平城에 永寧寺를 세움.	
468	宋・泰始 4	宋의 僧瑾이 天下僧主가 됨.	
476	北魏・承明 1	北魏에 僧祇戶・佛圖戶를 설치함.	
469	齊・建元 1		宋이 멸망하고 南齊가 흥함.
494	北魏・太和 18	용문석굴의 造營이 시작됨.	
502	梁・天監 1		南齊가 멸망하고 梁이 흥함.
504	梁・天監 3	무제가 도교를 버리고 불교에 귀의함.	
509	梁・天監 8	寶亮이 「涅槃義疏」를 찬술하고 10월에 죽음(66세).	
511	梁・天監 10	菩提流支・勒那摩提가 「十地經論」을 번역함.	
516	梁・天監 15	寶唱등이 「經律異相」을 찬술함. 이때 僧祐가 「出三藏記集」「弘明集」을 찬술함.	
518	北魏・神龜 1	惠生・宋雲등이 서역으로 향함.	

519	梁·天監 18	慧皎가 「고승전」을 찬술함.	
529	梁·中大通 1	양무제가 同泰寺에 無遮大會를 베풀고 捨身함.	
534	北魏·永熙 3		北魏가 東魏와 西魏로 분열.
542	東魏·興和 4	曇鸞이 죽음.	
548	梁·太淸 2	眞諦가 建康에 들어가고 그 후 「攝大乘論」「決定藏論」「大乘起信論」등을 번역함.	
557	北周·孝閔帝 1		西魏가 멸망하고 北周가 흥함. 梁이 멸망하고 陳이 흥함.
559	陳·永定 2	慧思가 「立誓願文」을 찬술함.	
566	北齊·天保 7	那連提耶舍가 「大集月藏經」등을 번역함.	
570	北周·天和 5	北周의 道安이 「二敎論」을 獻上.	
574	北周·建德 3	北周武帝가 폐불을 단행함. (三武一宗의 法難중 第二)	
581	隋·開皇 1	文帝가 불교부흥에 힘씀.	
589	隋·開皇 9		隋가 중국을 통일. 남북조시대가 끝남.
591	隋·開皇 11	晋王廣(煬帝)이 智顗를 청하여 보살계를 받음.	
592	隋·開皇 12	淨影寺의 慧遠이 죽음.	
594	隋·開皇 14	三階敎의 信行이 죽음. 法經의 「衆經目錄」이 이루어짐. 이 때 五衆衆主를 설치함.	
597	隋·開皇 17	費長房이 「歷代三寶紀」를 찬술함. 天台智顗가 죽음.	
601	隋·仁壽 1	文帝가 諸州에 사리탑을 건립함.	
605	隋·大業 1	靜琬이 房山 雲居寺에 「대장경」의 石刻을 시작함.	
609	隋·大業 5	道綽이 정토교에 귀의함.	
618	唐·武德 1		李淵(高祖)이 唐을 세움.
622	唐·武德 5	法琳이 「破邪論」을 찬술함.	
623	唐·武德 6	삼론종의 길장(嘉祥大師)이 죽음.	
626	唐·武德 9	佛道二敎徒의 논쟁에 의해 沙汰의 소칙이 나옴.	

629	唐·貞觀 3	현장이 장안을 떠나 서역으로 향함. (일설, 627)	
637	唐·貞觀 11	조칙을 내려서 道士·女冠을 僧尼의 上에 둠. 法常·法琳·智實등이 이에 항의.	
640	唐·貞觀 14	法琳이 죽음. 화엄종 初祖 杜順이 죽음.	
645	唐·貞觀 19	현장이 귀국하여 「대당서역기」를 찬술함. 그후에 「瑜伽師地論」「成唯識論」「大般若經」등을 번역함. 道宣이 「續高僧傳」을 찬술함.	
648	唐·貞觀 22	장안에 大慈恩寺가 세워짐. 翻經院을 설치함.	
664	唐·麟德 1	道宣이 「大唐內典錄」「集古今佛道論衡」을 찬술함.	
666	唐·麟德 3	諸州에 一觀一寺를 둠.	
667	唐·乾封 2	南山道宣이 죽음.	
668	唐·總章 1	道世가 「法苑珠林」을 찬술함. (일설, 683) 화엄종의 智儼이 죽음.	고구려가 멸망함.
675	唐·上元 1	5조 弘忍이 죽음.	
678	唐·儀鳳 1	地婆訶羅가 장안에 옴.	
681	唐·永隆 2	정토교의 善導가 죽음.	
682	唐·永淳 1	법상종의 基가 죽음.	
683	唐·永淳 2	菩提流志가 장안에 옴. 후에 「大寶積經」등을 번역함.	
690	周·天授 1	武后가 大雲寺를 諸州에 둠.	武周革命으로 측천무후가 실권을 잡음
695	周·天册萬歲 1	明佺등이 「大周刊定衆經目錄」을 찬술함. 義淨이 인도에서 돌아와 「南海寄歸內法傳」「大唐西域求法高僧傳」을 찬술함.	
699	周·聖曆 2	實叉難陀가 「화엄경」 80권을 번역함.	
705	唐·神龍 1	中宗이 諸州에 中興寺를 둠.	中宗이 復位함. 국호를 唐으로 복귀.
706	唐·神龍 2	북종의 神秀가 죽음.	
709	唐·景龍 3	菩提流志가 「不空羂索神變眞言經」을 번역함.	
712	唐·延和 1	화엄종의 법장이 죽음.	
719	唐·開元 7	慈恩三藏 慧日이 인도에서 돌아와 慈	

		懿流를 열음.	
720	唐·開元 8	金剛智와 不空이 낙양에 옴.	
721	唐·開元 9	一行이 「大衍曆」 52권을 찬술.	
724	唐·開元 12	善無畏·一行이 「大毘盧遮那成佛神變加持經」을 함께 번역함.	
727	唐·開元 15	밀교의 一行이 죽음.	
729	唐·開元 17	李通玄이 「新華嚴經論」을 찬술함.	
730	唐·開元 18	智昇이 「開元釋敎錄」을 찬술함.	
735	唐·開元 23	善無畏가 죽음.	
737	唐·開元 25	승니는 祠部가 관할하고 도사와 女冠은 崇正寺에 소속시킴.	
738	唐·開元 26	玄宗이 天下諸州에 開元寺觀을 세움.	
755	唐·天寶 14		安祿山의 난.
756	唐·至德 1	불교와 도교의 도첩을 판매, 이를 香水錢이라고 함. (일설, 757)	
768	唐·大曆 3	盂蘭盆會를 열고 이후 이를 연간행사로 함.	
774	唐·大曆 9	밀교의 不空三藏이 죽음.	
781	唐·建中 2	「大秦景敎流行中國碑」가 세워짐.	
782	唐·建中 3	천태종의 湛然이 죽음.	
796	唐·貞元 12	칙령으로 荷澤神會를 禪宗 7조로 함.	
798	唐·貞元 14	般若가 「화엄경」 40권을 번역함.	
800	唐·貞元 16	圓照가 「貞元新定釋敎目錄」을 찬술함.	
805	唐·永貞 1	密敎의 靑龍寺惠果가 죽음. 空海가 惠果에게서 受法.	
806	唐·元和 1	端甫가 左街僧錄이 됨. (일설, 820)	
807	唐·元和 2	慧琳이 「大藏音義」를 찬술함.	
814	唐·元和 9	「百丈淸規」의 百丈懷海가 죽음.	
819	唐·元和 14	韓愈가 「論佛骨表」를 上奏하여 불교를 공격함.	
826	唐·寶曆 2	杭州 龍興寺에서 華嚴經社를 結成함.	
835	唐·太和 9		甘露의 變.
839	唐·開成 4	화엄종의 澄觀이 죽음.	
841	唐·會昌 1	화엄종의 宗密이 죽음.	
845	唐·會昌 5	武宗이 破佛을 단행함. (三武一宗의 法難중에서 第三)	
853	唐·大中 7	圓珍이 福州에 옴. 潙仰宗의 潙山靈祐가 죽음.	
867	唐·咸通 8	임제종의 義玄이 죽음.	

연도	왕조·연호	사건	비고
869	唐·咸通 10	조동종의 洞山良价가 죽음.	
875	唐·乾符 2		黃巢의 난이 시작됨
907	後梁·開平 1		唐이 멸망하고 後梁이 흥함. 契丹이 흥함.
926	後唐·天成 1		渤海가 멸망함.
949	後漢·乾祐 2	운문종의 雲門文偃이 죽음.	
955	後周·顯德 2	世宗이 폐불령을 내림. (三武一宗의 法難중에서 第四)	
958	後周·顯德 5	법안종의 淸涼文益이 죽음.	
960	北宋·建隆 1	吳越王이 사신을 高麗와 日本에 파견하여 전란으로 廢滅하였던 佛典論疏를 찾음.	後周가 멸망하고, 北宋이 흥함.
961	北宋·建隆 2	延壽가「宗鏡錄」을 찬술함. 高麗僧 諦觀이 吳越에 들어감.	
979	北宋·太平興國 4		北漢을 멸하고 宋이 통일 이룸.
983	北宋·太平興國 8	蜀版「대장경」을 완성함.	
988	北宋·端拱 1	贊寧등이「宋高僧傳」을 찬술함.	
1004	北宋·景德 1	知禮가「十不二門指要鈔」를 찬술함. 道原이「景德傳燈錄」30권을 찬술함.	
1006	北宋·景德 3	知禮가「十義書」를 만들어 慶昭에게 선사함.	
1022	北宋·乾興 1	天台山外派의 孤山智圓이 죽음.	
1028	北宋·天聖 6	天台山家派의 四明知禮가 죽음.	
1035	北宋·景祐 2	法護·惟淨이「天竺字源」7권을 찬술함.	
1037	北宋·景祐 4	惟淨등이「景祐新修法寶目錄」을 入藏함.	
1061	北宋·嘉祐 6	契嵩이「輔敎篇」을 찬술함.	
1090	北宋·元祐 5	義天이「新編諸宗敎藏總錄」을 찬술함.	
1115	北宋·政和 5		金이 흥함.
1123	北宋·宣和 5	慧洪이「禪林僧寶傳」30권을 찬술함.	
1125	北宋·宣和 7		遼가 멸망함.
1127	南宋·建炎 1		北宋이 멸망함.
1133	南宋·紹興 3	思溪版「대장경」을 影印함.	
1143	南宋·紹興 13	法雲이「翻譯名義集」을 찬술함.	
1163	南宋·隆興 1	大慧宗杲가 죽음.	

1164	南宋·隆興 2	祖琇가「隆興佛敎編年通論」을 찬술함.	
1170	南宋·乾道 6	王重陽이 죽음.	
1189	金·大定 26	이 무렵에 金刻「대장경」이 완성됨.	
1199	南宋·慶元 5	宋曉가「樂邦文類」를 찬술함.	
1227	南宋·寶慶 3	道元이 天童如淨으로부터 嗣法을 하고 일본에 돌아감.	
1231	南宋·紹定 4	磧沙版「대장경」의 간행이 시작됨.	
1234	金·天興 3		金이 멸망함.
1251	南宋·淳祐 11	印簡이 釋敎를 관장함.	
1252	南宋·淳祐 12	普濟가「五燈會元」20권을 찬술함.	
1260	元·中統 1	元世祖 八思巴를 帝師로서 초빙함.	蒙古, 쿠빌라이(世祖) 즉위함.
1269	南宋·咸淳 5	志磐이「佛祖統紀」를 찬술함.	
1270	元·至元 7	元, 護國仁王寺를 세워라 라마교를 보호함.	
1279	元·至元 16	杭州 白雲宗 大普寧寺가「대장경」의 출판에 착수함.	
1280	元·至元 17	元, 功德使司를 설치함.	
1287	元·至元 24	慶吉祥등이「至元辨寶勘同總錄」을 찬술함.	
1291	元·至元 28	祥邁가「至元辨僞錄」을 찬술함. (一說, 1286)이 해, 宣政院의 기록에 사원 42,318 개소, 승니 213,148 인이라고 함.	
1331	元·至順 2	元, 천하에 廣敎總管府 16 개소를 설치함.	
1335	元·至元 1	德輝가「百丈淸規」를 重修함.	
1341	元·至正 1	念常이「佛祖歷代通載」를 찬술함.	
1354	元·至正 14	覺岸이「釋氏稽古略」을 찬술함.	
1368	明·洪武 1	金陵 天界寺에 善世院을 두고 승니를 통관함.	朱元璋이 明을 세움
1372	明·洪武 5	사원에 周知册을 반포함. 이 때 明南藏의 간행을 시작함.	
1382	明·洪武 15	善世院을 僧錄司로 바꾸고 중앙과 지방의 승관을 정하였으며, 천하의 禪·講·敎의 3종과 승니의 복색을 제정함.	
1386	明·洪武 19	천하의 불사에 砧基道人을 둠.	
1392	明·洪武 25		이성계의 朝鮮이 흥함.

中國佛敎史 年表

1418	明·永樂 16	道衍이 죽음.	
1440	明·正統 5	明北藏의 雕印이 끝남.	
1579	明·萬曆 7	雲谷法會가 죽음.	
1589	明·萬曆 17	萬曆版「대장경」의 간행이 시작됨.	
1603	明·萬曆 31	紫柏眞可가 죽음.	
1615	明·萬曆 43	雲棲袾宏이 죽음.	
1617	明·萬曆 45	如惺이「大明高僧傳」을 찬술함.	
1636	淸·崇德 1		淸이 흥함.
1638	明·崇禎 11	幻輪이「釋氏稽古略續集」을 찬술함.	
1655	明·永曆 9	藕益智旭이 죽음.	
1702	淸·康熙 41	爲霖道霈가 죽음.	
1759	淸·乾隆 24	「漢滿蒙藏四體合璧大藏全呪」를 완성함.	
1773	淸·乾隆 38	「대장경」의 만주어역이 시작됨.	
1796	淸·嘉慶 1	白蓮敎의 반란. 彭紹升이 죽음.	
1840	淸·道光 20		아편전쟁.
1850	淸·道光 30		太平天國의 난.
1894	淸·光緒 20		淸日戰爭.
1900	淸·光緒 26	이 때 돈황문서가 발견됨.	
1911	淸·宣統 3	楊文會가 죽음.	辛亥革命이 일어남.
1912	民國·1	天龍寺敬安등이 中華佛敎總會를 발족함.	中華民國成立.
1921	民國·10	太虛가 武昌佛學院을 설립함.	
1922	民國·11	南京에 內學院을 설립함.	
1924	民國·13	中華佛敎連合會를 설립함. 世界佛敎連合會를 결성함.	
1931	民國·20	宋의 磧沙版「대장경」의 영인판간행이 시작됨.	
1935	民國·24	金刻「대장경」(「宋藏遺珍」)이 간행됨.	
1938	民國·27	湯用彤이「漢魏兩晋南北朝佛敎史」를 간행함.	
1939	民國·28	陳垣이「釋氏疑年錄」을 간행함.	
1940	民國·29	印光이 죽음.	
1949		太虛가 죽음.	中華人民共和國成立
1953		북경에 중국불교협회가 설립되어 圓瑛이 회장이 됨.	
1957		일본불교 친선사절단이 訪中함.	
1963		중국불교협회가 鑑眞逝去 1200년 기념법회를 거행.	
1978		趙樸初를 단장으로 하는 중국불교협회가 우호방문을 위하여 來日.	

索　引

ㄱ

迦陵性音　266
迦膩色迦王　35
嘉　尙　206, 207
可　領　240
嘉泰普燈錄　245
可　洪　235
覺　救　203
覺　郞　116, 162
覺　岸　258
覺　苑　254
覺　超　221
覺　賢　87
揀魔辯異錄　266
簡文帝　76, 99
刊定記　248
羯磨疏　216, 217
葛參成　188, 190
葛　洪　54
憨璞性聰　266
憨山老人夢遊集　264
憨山德清　268
鑑　眞　272
畺良耶舍　95, 126, 232
康孟詳　40, 42
姜　斌　112

康法郎　65
康法暢　78
康僧淵　66, 78
康僧鎧　27, 41, 46, 232
康僧會　41, 47, 48, 63, 76ʻ122, 144
康有爲　268, 270
康藏法師之碑　213
康熙字典　266
康熙帝　266
鎧　菴　244
開元錄　204
開元釋敎錄　205
開元釋敎錄略出　205
契丹版大藏經　242
巨　方　225
居士傳　267
居業錄　264
建中靖國續燈錄　245
甄　鸞　55, 109, 113
甄正論　189
堅　慧　214
決對論　187
景德傳燈錄　244
景　盧　35
經論會要　235
經律異相　99
景法師　201
景福寺英辯　258
經山法欽　214, 225
警　韶　117, 171

索引 301

景祐新修法寶錄　255
敬　宗　185, 188
敬　賢　225
繫觀世音應驗記　143
戒　法　203
戒本疏　216
契　嵩　190, 244, 247, 250
繼　業　242
戒　珠　249
啓　沖　240
戒　賢　201, 206
高麗寶　168
高麗印　168
高麗版大藏經　242
古林清茂　246
高　辯　214
高峰原妙　258
高僧傳　31, 32, 100, 136, 143
高　穎　176
高王觀世音經　143
高　帝　96, 138
高　祖　139, 147, 179, 183, 186, 187
古尊宿語錄　246
高　宗　139, 148, 158, 180, 183, 184, 188, 203
高宗文成帝　105
顧　歡　112
高　歡　134
困知記　264
功德直　96
孔穎達　190
孔　子　21, 27
孔雀王經　202
孔清覺　260
空　海　180, 222
郭　象　50

郭　誼　133
觀經疏　229
觀經疏妙宗鈔　247
觀無量壽經　232
觀無量壽經義疏　249
觀　復　248
觀佛三昧經　87
關聖帝君覺世眞經　265
觀世音菩薩普門品　142
觀世音菩薩授記經　142
觀世音三昧經　143
觀心二百問　247
觀音經　142
觀音經持驗記　143
觀音義疏　143
觀音義疏記　247
觀音慈林集　148
觀音玄義　148
觀音玄義記　247
貫義意鈔　248
光世音菩薩普門品　142
光世音應驗記　143
廣智尚賢　247
光讚般若經　51
光統律師　118
廣弘明集　189, 217
宏　觀　213
宏智正覺(頌古百則)　245
敎觀綱宗　264
寇謙之　104, 111
究竟一乘寶性論　108
求那跋摩　94, 95, 123, 129
求那跋陀　102
求那跋陀羅　26, 95, 219
求那毘地　97
鳩摩羅佛提　73

鳩摩羅什　22, 63, 66, 68, 74, 79, 80, 116,
　　　　　133, 142, 164, 202, 227
鳩摩羅什法師大義　70
鳩摩羅什法師誄　68
俱舍論　101, 202, 206, 209
俱舍論疏　206
俱舍論頌疏抄　254
歐陽修　250
歐陽漸　269
丘處機　259
灌　頂　160, 172
歸　嶼　235
筠　235
根本說一切有部毘奈耶　202
根本說一切有部律　218
金剛經　70, 187, 192, 196
金剛經鳩異　205
金剛經疏論纂要　248
金剛經解義　224
金剛般若經　108
金剛般若集驗記　205
金剛峰樓閣一切瑜伽瑜祇經　220
金剛頂經　221, 243
金剛頂五秘密修行念誦儀軌　221
金剛頂瑜伽中略出論經　220
金剛智　201, 219, 220, 222
金光明經　85, 101
金光明經文句記　247
金光明最勝王經　202
金光明玄義拾遺記　247
金錍顯性錄　247
金和尚　226
基　207, 179, 206
起信論　215
起信論疏　212
起信論疏裂網疏　264

起信論義記　213
起信論註疏　248
吉迦夜　108
吉　藏　133, 134, 150, 159, 165, 166, 167,
　　　　168, 169, 189, 190

ㄴ

那連提耶舍　109, 150, 156, 160
洛陽伽藍記　84, 108, 143
難　陀　209
南京大報恩寺版大藏經　242
南屏梵臻　247
南山普寧寺住持道安　260
南岳承遠　230
南岳慧思　170
南岳懷讓　225
南院慧顒　246
南　操　194
南泉普願　225
南海寄歸內法傳　203
內德論　187
盧景裕　134
老　子　21, 36
老子化胡經　38, 55, 91
論佛骨表　190
雷次宗　81
楞伽經　96, 120
楞伽師資記　225, 244

ㄷ

端　甫　182, 185, 190
達觀曇穎　244

索 引

達　摩　125, 126, 223
達摩掬多　219
達摩笈多　142, 160, 161
達磨多羅禪經　87
達摩般若　156
達摩耶舍　85
達法師　211
曇柯迦羅　27, 46, 64, 216
曇　講　61
曇　景　150
曇　果　42
曇　曠　208
曇　度　116, 138
曇　鸞　108, 127, 228, 231
曇　林　125
曇摩伽陀耶舍　97
曇摩掘多　73
曇摩難提　72
曇摩蜜多　96, 123
曇摩耶舍　78, 123
曇摩流支　74, 81, 127
曇摩持　64, 73
曇　斌　115
曇無竭　90
曇無德　216
曇無德羯磨　46
曇無蘭　219
曇無毘　123
曇無成　83, 114, 115
曇無讖　85, 129, 133
曇無最　211
曇　斐　138
曇嗣同　268
曇　相　124
曇　選　229
曇　詢　124

曇　崇　137
曇　始　104
曇　岳　138
曇　噩　78
曇　延　109, 115, 137, 156, 157, 161, 162
曇　衍　119, 187
覃　延　188, 190
湛　然　170, 190
曇　影　166
曇　邕　80
曇　曜　105, 106, 108, 131, 136, 139, 147, 219
曇　瑗　128, 139
曇　壹　67, 78
曇　一　182, 214, 217
曇　靜　221
曇　帝　46
曇　濟　66, 115, 116
曇　諦　27, 64
曇　准　115
曇　遵　119, 121, 137
曇　遷　121, 129, 156, 161
曇　靖　111, 108, 130
曇　弘　123, 126
唐　臨　205
唐梵文字　205
唐　邕　151
大孔雀王神呪經　75
大唐內典錄　217
大唐西域求法高僧傳　89, 203
大唐西域記　89, 202
大　亮　217
大明度無極經　48, 50
大聞幻輪撰　258
大般若經　202, 206, 239
大般涅槃經　46, 89

304 索 引

大方廣佛華嚴經　87
大方廣總持寶光明經疏　243
大方等如來藏經　87
大寶積經　203, 207
大佛頂首楞嚴經　204
大毘盧遮那成佛神變伽持經　220
大毘婆沙論　202
大宋僧史略　136, 243
大乘光　206
大乘廣五蘊論　203
大乘起信論　101, 204
大乘起信論廣釋　208
大乘大義章　80
大乘妙林經　189
大乘法苑義林章　207
大乘法苑義林章補闕　207
大乘入道次第開決　208
大乘止觀述記　271
大乘顯識經　203
戴安道　92
大雲經　85, 183, 184
大日經　220
大日經疏　222
大日經義釋　222
大日經義釋演密鈔　254
大日本續藏經　267
大　慈　216, 218
大悲經　109
大慈恩寺三藏法師傳　206
大藏經　242
大藏經音疏　235
大莊嚴寺威秀　181
大藏音義　205, 222
代宗(唐)　185, 188
大宗地玄文本論　204
大周刊定衆經目錄　205

大中祥符法寶錄　255
大智度論　70, 80
大集經　85
大集月藏經　150
大清重刊三藏敎目錄　267
大品般若經　71
大　賢　208
大慧宗杲　246
德宗(唐)　188, 205
道　謙　116
道　階　269
道敎義樞　189
道　紀　142
闍那崛多　137, 142
闍　尼　121
道　達　138
道　登　107
道　藥　119
道　朗　85, 165
道亮(大亮)　116
道　亮　116
道　猛　116
道　明　115, 124
道　撫　229
道武帝(北魏)　102, 136
道門敎法相承次序　189
道　房　124
道　覆　128, 216
道　備　131
道　憑　119, 127, 211
道　生　71, 80, 81, 82, 86, 94, 115, 123,
　　　　134, 174
道生(淨土敎)　229
道　璿　225
道　宣　107, 124, 125, 129, 134, 144, 145,
　　　　159, 176, 181, 187, 189, 205, 216,

索引

218
(豊德寺)道宣　206
道　邈　86, 173
道　盛　138
道　世　205, 217
道　昭　206
道　恭　116, 162
道　穗　229
道　樹　177
道　邃　173
道　攸　95
道　身　212
道　愼　119, 137
道　信　224
道　深　240
道　岳　121
道安(二敎論)　91, 110, 113, 163
道安(彌天)　28, 32, 40, 55, 59, 61, 64, 66,
　　　　　　73, 80, 122, 126, 130, 191
道　岸　216
道　余錄　264
道　衍　263
道　溫　138
道　雲　129, 216
道　円　242
道　原　124
道原(景德傳燈錄)　244
道　育　125
屠　隆　264
道融(신라)　71, 206, 212
道　邑　207
道　因　203
道　綽　130, 150, 176, 184, 228, 231
道　莊　156, 167
道　照　94
道宗(遼)　253

道　證　208
道　臻　137
道　哲　122
道　寵　118
道　通　248
道　判　164
道　標　247
道　恒　126
道恒(律宗)　218
道行般若經　42, 48, 53, 63
道　獻　207
道賢論　52, 77
道　洪　116, 216
陶弘景　30, 33, 112, 127
道　歡　131
道　訓　177
道　暉　129
東方朔　28
洞山良价　245
洞上古轍　264
東陽德煇　258
童　眞　115, 157, 162
洞玄靈寶太上眞人問疾經　189
杜　順　176, 210, 211, 215
遁　倫　208
遁　麟　209

ㄹ

羅　雲　167
羅什(鳩摩羅什)　82, 107, 115, 116, 117,
　　　　　　　　122, 123, 129, 136, 137,
　　　　　　　　166, 232
羅漢桂琛　237
羅　含　92, 111

羅欽順　264
鷲法師　124
瑯琊慧覺　248
牢　宜　118
了　宏　247
樓炭經　53
樓　玄　206
勒那摩提　108, 118, 124, 125
琳法師　212

ㅁ

馬鳴菩薩傳　70
馬祖道一　225, 227
摩訶摩耶經　150
摩訶僧祇　74, 87, 88, 216
曼陀羅　100
萬曆版大藏經　242
萬善同歸集　237, 248
萬松行秀　245, 255, 258
滿　意　217
滿州語譯大藏經　267
萬天懿　160
亡　名　137, 163
妄盡還源觀　213, 215
妄盡還源觀疏鈔補解　248
梅光羲　271
孟景翼　112
孟獻忠　205
滅法記　152
明　槃　187
明　曠　173
鳴道集說　190, 255
名　恪　216
明　穆　161

明法師　167
冥祥記　30, 31
明　舜　159
明僧紹　112
明僧傳　100
明帝(魏)　45
明帝(後漢)　31
明帝(劉宋)　112, 138
毛　璩　138
邈禪師　167
慕容德　60
目連救母變文　197
穆宗(唐)　185
木陳道忞　266
妙　光　132
妙樂大師　173
妙　蓮　247
妙法蓮華經　70, 142
無羅叉　47, 53
無量壽經　87, 90, 232
無量壽經論　108
無量義經　97
無　名　214, 226
無　相　226
無　性　206
無　礙　163
牟　子　43
牟子理惑論　30, 32, 33, 34, 47, 112
武帝(漢)　26
武帝(齊)　96, 131, 138
武帝(劉宋)　93, 116
(北周)武帝　109, 150, 154, 157, 186
武帝(梁)　97, 99, 100, 111, 115, 126, 129, 133, 166
武宋(唐)　186, 200
無　住　226

索　引　307

無　着　201
武后（則天武后）　184, 203
文　綱　216, 218
文章帝君陰隲文　265
文德皇后　184
文明皇太后馮氏　105
文宣王（北齊）　109, 115, 117, 124, 137, 138, 139, 160
文成帝（北魏）　105, 136
文昭皇太后　107, 147
文　琇　245
文殊般若經　100
文彥博　249
文義綱目　213
文帝（劉宋）　83, 94, 138
文帝（西魏）　137
文帝（劉宋）　95
文帝（隋）　152, 155, 157, 158, 162, 163, 183
文帝（陳）　101, 102, 117, 132, 166
文宗（唐）　196
文　超　213, 214
文惠太子　96
彌勒成佛經　70, 151

ㅂ

波羅頗迦羅蜜多羅　201
薄　塵　206, 212
槃頭達多　69
般　若　201, 203
般若心經　192
般若流支　108
般刺蜜帝　204
般舟三昧經　41, 81
般舟三昧讚　231

李　經　151
發菩提心論　221
跋　陀　124
放光般若經　47, 53
方等三昧行法　192
放生儀　263
房　融　204
裴松之　35
裴玄證　176
白居易　194
白頭禪師　85
白樂天　226
百　論　22, 70
百法論疏　207
帛法祚　53
帛尸梨蜜多羅　75, 219
帛　遠　53, 54
百丈清規　227
百丈懷海　225, 227
柏亭續法　266
白　整　147
樊志應　259
樊玄智　211
筏提摩多　205
梵語千字文　205
梵語雜名　205
范　曄　29
范　縝　111
梵天慶昭　247
梵　體　212
法　侃　121
法　炬　53
法　經　130, 132, 134, 161
法鏡經　41, 46, 48
法　繼　118
法界觀門　211

法界觀門智燈疏　248
法界觀拔雲集　248
法界無差別論　203
法界無差別論疏　213
法界體性經　100
法界玄鏡　214
法　果　103, 135
法　久　247
法句經　48
法　貴　120
法　達　136
法　度　96, 116
法　郎　118, 165, 166, 167, 168
法　礪　129, 216, 217
法　論　159
法論目錄　34
法琳(南齊)　127, 128
法琳(唐)　28, 55, 111, 113, 187, 188, 190
法　明　183
法　敏　167, 205
法　寶　206, 209
法社建功德邑記　142
法社經　142
法社節度序　142
法　上　109, 118, 119, 129, 137, 160, 211
法　常　109, 116, 122, 162, 208
法　緒　171
法　仙　138
法　詵　214
法　成　182
法　歲　171
法　順　211
法　安　156, 159, 167, 171
法　彥　121, 157, 172
法　如　226
法　顒　128, 138

法　悟　205
法　瑤　115
法　勇　90, 95
法　雲　98, 99, 111, 117, 138, 139, 169
法　瑗　83, 115
法苑珠林　143, 205, 217
法　融　225
法藏(華嚴宗)　178, 179, 185, 205, 210, 213
法藏(三階敎)　177
法藏(北周)　154, 155
法藏和尙傳　213
法　政　247
法　照　230, 231
法　持　225
法　智　156, 160
法　澄　156, 159, 167
法　纂　161
法　粲　161
法　天　243
法　超　128, 138
法　總　157
法　聰　128, 216
法　寵　98, 116, 117, 116
法　冲　96
法　稱　159
法　泰　120, 121
法　獻　101, 138
法　顯　27, 85, 88, 202
法顯傳　89
法　護　243
法　和　62, 73, 138
法華經　22, 143, 152, 189, 192, 196, 239
法華經論　108
(道生)法華經疏　83
法華經傳記　205
法華三昧懺儀　192

索引

法華義疏(道生)　83
法　欽　136, 138
法　喜　171
碧巖錄　246, 258
辯　堪　247
辯　機　206
辯道論　47, 54
辯法師　212
辯　相　122
辯　融　263
辯　寂　168
辯正論　55, 135, 188
辯　弘　222
寶　瓊　98, 102, 118, 139, 193
普　光　206, 207, 209
輔教篇　190, 244, 250
寶　卷　265
寶　貴　163
普　度　259
寶　亮　99, 115, 116, 126
普寧寺版大藏經　242
菩提達摩　96, 109, 125
菩提燈　133
菩提流支　108, 118, 127, 201, 203, 207, 211
寶林傳　244
菩薩善戒經　95
菩薩戒經　85
菩薩戒本　85
菩薩瓔珞經　73
菩薩地持經　85
菩薩處胎經　73
寶　遏　161
寶性論　214
寶　曇　157
寶　淵　117
普曜經　89

寶　雲　85, 89, 95, 132
寶雲經　100
寶月童子問注經疏　243
寶藏論　72
普　寂　185, 222, 225
寶積經論　108
普靜寺道亭　248
普　濟　245
普　照　217
普照寺普喜　258
保誌(寶誌)　123
寶　誌　96, 123, 124, 166
寶　鎮　121
寶　唱　98, 99, 100
寶賢尼　138
寶　海　117
復古記　248
復　禮　189
福州開元寺版大藏經　242
福州東禪寺等覺院版大藏經　242
本　覺　244
本論三篇　250
本　濟　176
本際經疏　189
奉法要　76
鳳山集　263
峰律師　166
苻　堅　60, 61, 62, 80
傅大士　227
浮　屠　36
傳　亮　143
父母恩重經　204
父母恩重經變文　197
付法藏因緣傳　108
傳　奕　187
北磵禪師文集　246

北京勅版大藏經 242
北峰宗印 247
北山錄 186, 190, 226
北游集 263
北周武帝 120
焚 薪 248
汾陽善昭 246
不 空 157, 176, 185, 187, 201, 202, 219
佛果克勤 240
佛圖澄 58, 61, 65
佛名經 204
佛法金湯錄 264
佛法金湯編 264
佛說一切如來眞實攝大乘現證三昧大敎王經 243
弗若多羅 73, 127, 204
弗如檀 46
佛藏經 70
佛頂尊勝陀羅尼經 203
佛祖歷代通載 244, 258
佛祖統紀 136 '143, 244
不眞空論 66
佛馱跋陀羅 26, 74, 79, 81, 85, 86, 89, 122, 123, 125, 210, 227
佛陀扇多 108, 118, 124
佛陀禪師 109, 124, 125
佛陀耶舍 74, 95, 128
佛陀什 74, 83, 94, 123
佛陀波利 202, 219
佛學綱要 271
佛學叢報 270
佛化新青年 270
比丘尼大戒 73
比丘尼傳 100
毘尼多流支(滅喜) 156, 161
毘盧寺太虛 269

卑寧羅叉 74, 128
鞞婆沙論 72
飛 錫 203
秘 演 240
費長房 27, 162
非 韓 190
頻伽藏經 267

人

社誠文 194
四敎儀集註 258
史 記 54
謝靈運 83, 86, 94, 114
師 利 177
舍利弗阿毘曇論 73
司馬光 243
司馬炎 50
師 明 246
四明敎行錄 247
四明知禮 246
沙門不敬王者論 81, 103
謝 敷 41
四分戒本 74
四分律 74, 128, 216
四分律開宗記 257
四分律詳集記 254
四分律疏 217
四分律討要 217
四分律行事鈔 217, 218
謝上蔡 249, 250
四十卷華嚴經 203
四十二章經 32
四十二章經序 30, 32
四阿含暮抄解 73

索引

思益經 70
謝鎭之 112
師　賢 105, 136
史　華 188
師　會 248
山　濤 45
三教平心論 190, 250
三國志魏志 35
祥　邁 55, 258
三昧大敎王經 242
三法度論 73
譚嗣同 270
三聖圓融觀 214
相續解脫經 96
常　信 254
相源(元) 212
相宗綱要 271
相宗八要解 264
賾 246
徐　岱 190
徐同卿 163
西方讚 231
西遊記 202
瑞應本起經 48, 91
西夏文大藏經 242
釋　迦 22
釋迦方志 217
釋迦譜 99
石頭希遷 225, 246
釋摩訶衍論 204, 205, 254
釋摩訶衍論贊玄疏 254
釋摩訶衍論通玄鈔 254
釋門自鏡錄 205
釋門正統 244, 260
石門慧洪 244
拓跋珪 60

碩法師 83, 168
石壁傳奧 248
石守道 250
釋氏稽古略 258
釋氏稽古略續集 258
釋氏六帖 235
釋氏通鑑 244
善見律毘婆沙 97
禪關策進 263
善　導 130, 150, 176, 179, 184, 192, 229, 231
禪林象器箋 239
禪林僧寶傳 244
善無畏 179, 201, 219, 222
宣武帝(北魏) 135, 136, 140, 107, 144, 147
禪門經 204
禪門師資承襲圖 214
善　伏 196
仙　師 117, 166
善　祥 254
善女人傳 267
鮮　演 254
禪源諸詮集都序 214
禪　月 238
禪月集 238
宣帝(陳) 102, 120, 171
宣帝(北周) 154, 155
善　胄 157
善　智 176
薛懷義 183, 184
雪竇重顯(頌古百則) 246
雪峰義存 237, 245
雪巖祖欽 258
攝大乘論 101, 108, 120, 201, 202
聶道眞 52
攝摩騰 32, 34

蕭承遠　52
聖無量壽經疏　243
聖　法　205
省　常　231
聖壽寺南印　226
成實論　70, 116, 219
成　尋　239, 240
省　悟　258
成唯識論　202, 206, 207
成唯識論決　208
成唯識論疏　208
成唯識論述記　207
成唯識論演秘　208
成唯識論了義燈　207
成唯識論要集　206
成唯識論掌中樞要　207
成唯識論纂要　207
成唯識論學記　208
省　才　240, 243
聖宗(遼)　253
聖胄集　244
世宗(後周)　186, 236
世　親　121, 206, 207, 232
少　康　205, 230, 231
昭慶省常　249
笑道論　55
小　亮　116
少林寺福裕　258
昭明太子　99, 169
小野臣妹子　164
紹　元　248
蕭　琛　111
小品般若經　41
續開元釋教目錄　205
續古今譯經圖紀　205
續高僧傳　143, 217

續古尊宿語要　246
續光世音應驗記　143
續寶林傳　244
續一切經音義　254
續傳燈錄　245
續集古今佛道論衡　189
續華嚴略疏刊定記　214
孫　盛　79
孫　綽　52, 77, 79, 93
孫　皓　144
宋高僧傳　203, 243
宋　雲　108
宋藏遺珍　255
首楞嚴經(大佛頂)　50, 52, 53
首楞嚴經・　247
水陸儀軌　263
須利耶蘇摩　69
須菩提　102
首山省念　246
隋書卷二十七百官志　136
隨疏演義鈔　214
隨疏義記　248
守　仁　262
修　靜　240
蕭子良　96, 111
肅宗(北魏)　143
肅宗(唐)　185
順　憬　208
舜子至孝變文　197
順正理論　202
順中論　108
順　曉　220
崇　廙　209
崇　惠　188
習鑿齒　62
僧可(慧可)　126

索　引

僧伽羅叉	73
僧伽婆羅	100
僧伽跋摩	96
僧伽跋澄	72, 73
僧伽跋陀羅	97
僧伽提婆	73, 79, 80, 95
僧璩	83, 138, 139
僧儉	123
僧鏡	83, 115
僧琨	157, 163
僧恭	138
僧喬	117
勝軍	201
僧瑾	138
僧祇戒心	46
僧尼要事	139
僧達	96, 119, 124, 137
僧疊	161
僧導	71, 114, 116, 166
僧朗(梁)	99, 115
僧朗(三論)	165, 166
僧朗(泰山)	59, 103
僧翹	135
僧亮	115
僧契	71, 137
勝鬘經	95, 151
僧猛	156
僧旻	98, 99, 117, 169
僧敏	112
僧範	129, 211
僧法尼	132
僧辨	121, 128
僧寶正續傳	244
僧馥	95
僧副	125
僧頻	137
僧詳	205
僧遷	137
僧紹	99
僧遼	161
僧順	112
僧純	64
僧嵩	71, 116
僧寔	124
僧實	124, 137
僧若	138
僧業	127
僧淵	116
僧榮	121
僧叡	60, 67, 71, 84, 122, 165, 166, 206
僧邕	176
僧祐	34, 96, 98, 100, 113, 128, 130, 142
承遠	231
僧瑋	137
僧柔	96, 117
僧義	136
僧印	123
僧綽	117, 166, 169
勝莊	208
僧詮	165, 166, 213
僧肇	66, 71, 165
僧照	170
僧鐘	116
僧宗	115, 120
僧稠	109, 124, 177
僧珍	211
僧粲	157, 163, 167
僧璨	126, 223
僧遷	98, 136, 137
僧弼	83
僧顯	136
僧慧	138

僧暉 161
僧休 121, 157, 161
施護 243
始皇帝 27
神昉 206, 207
神不滅論 111
神秀 185, 214, 224, 225
新修往生傳 249
信心銘 224
神邕 182
神曜 240
新唯識論 271
神照本如 247, 248
神宗 239
神智從義 247
新集藏經音義隨函錄 235
神清 111, 113, 189, 190, 226
神泰 188, 206, 209
神湊 194
信行 133, 150, 175, 176, 177, 178
神迥 163
神皓 194
新華嚴經論 214
神會(荷澤) 225, 226
神會語錄 226
神會和尚遺集 270
悉曇字記 205
實叉難陀 87, 151, 201, 202, 206, 218
實賢 231
沈君理 171
心銘 225
深密解脫經 108
審祥 213
沈約 111
鐔津文集 246
心泰 264

十輪經疏 206
十門辯惑論 189
十不二門指要鈔 247
十誦比丘戒本 70, 73
十誦律 70, 127, 216
十義書 247
十異九迷論 188
十二門論 70
十二門論宗致義記 213
十一面觀世音神呪經 143
十住斷結經 73
十住毘婆沙論 70
十地經論 108, 118
十八會金剛頂經 221
十慧章句 41, 63

O

阿彌陀經 70, 232
阿彌陀經變文 197
阿彌陀經要解 264
阿彌陀經義疏 249
阿毘達磨雜集論 202
阿毘曇心論 73
阿毘曇八犍度論 73
茅山明法師 167
阿地瞿多 219
安令首尼 59
安廩 98, 119
安般守意經 40, 48
安法賢 46
安世高 27, 42, 44, 48, 51, 72, 122, 227
顏延之 111, 115
顏之推 111
安玄 40, 41, 46, 48

索　引

安　慧　209
仰山慧寂　245
哀　帝　35
耶舍崛多　143
耶律阿保機　252
耶律楚材　255, 258
略法事儀讚　231
藥師經　192
藥山惟儼　225
襄　楷　37
梁啓超　268, 270
楊龜山　249, 250
楊岐方會　246
楊文會　267
良　誚　173
良　円　212
楊仁山居士遺著　268
煬　帝　156, 157, 160, 161, 163, 167, 185
楊衒之　34, 108, 125
楊弘元　189
御選語錄　266
魚　豢　35, 38
彥　悰　206
彥　琮　64, 130, 159, 161, 162, 163
嚴法師　201
嚴佛調　40, 41, 42, 46, 48, 63
呂　光　69, 70
如　玘　262
酈道元　34
如來大藏經總目錄　267
如　理　208
如　滿　194
與孟簡書　190
廬山蓮宗寶鑑　259
廬山慧遠　79
如實論　101

呂　澂　230
譯經圖紀　205
易經禪解　264
歷代三寶紀　27, 226, 244
歷朝釋氏資鑑　244
聯燈會要　245
延　壽　204, 231
演　慧　254
涅槃經　115, 152, 189, 196, 201
涅槃經（北本）　85
列子仲尼篇（卷四）　27
閱藏知津　264
念佛警策　267
念佛三昧經　96
念　常　244, 258
劉　虬　210
閭朝隱　213
永嘉集　226, 246
永嘉玄覺　226, 246
永覺元賢　264
靈　侃　120
令　韜　181
永明延壽　237, 246, 248
炅法師　225
靈　辯　109, 170, 206, 210, 211
靈　遠　182
靈　詢　119
靈　崿　216, 218
榮　叡　217
靈　裕　121, 126, 127, 129, 151, 156, 162, 210
靈　潤　122, 163
靈　帝　35, 39
靈芝元照　247, 249
靈　璨　120
靈太后　140, 143, 144

禮言 205
五家宗派圖 244
五教止觀 211, 215
五臺承遷 248
五燈嚴統 245
五燈全書 245
五燈會元 245
悟明 245
吳敏 250
五部區分鈔 216
五分律 74
悟銖 254
悟眞 212
玉岡蒙潤 258
玉林通琇 266
雍正帝(清) 266
宛陵錄 227
王建 237
王古 249
王浮 91
往生論 232
往生論註 108
往生西方略傳 249
往生禮讚偈 229
往生淨土瑞應刪傳 205, 230
往生集 263
王隨 245
王審知 237
王安石 249
王陽明 264
王延鈞 237
王琰 31
王遠知 159
王重陽 251
王質 147
王弼 45

姚廣孝 264
姚崇 187
姚義玄 188
要行捨身經 204
姚興 60, 69, 70, 136, 137
龍龕手鑑 253, 254
龍樹 127, 164, 170, 205
龍樹菩薩傳 70
龍藏 266
于道邃 66, 67
牛頭法融 167
于法開 52, 66, 67, 78
于法蘭 66, 67, 78
藕益智旭 264
牛弘 162
郁伽羅越問菩薩行經 41
郁伽長者所問經 41
雲居道膺 245
雲谷法會 263
雲棲袾宏 264, 265
雲門文偃 237, 245
雲嚴曇晟 245
雲嚴志德 258
円覺經 204, 214
円覺經道場修證儀 192
円覺經直解 264
元康 168
元皎 221
袁宏 29
原道 190, 251
原道論 250
袁了凡 265
元英 194
円瑛 269
円仁 173, 198, 222
原人論 191, 214

索引 317

原人論發微錄 248
阮 籍 45
元 政 222
元 帝 99
円 照 203
円 珍 173
源 清 247
円 測 208, 209
元版大藏經 242
元 皓 173, 190
元 曉 212
丹 暉 209
月燈三昧經 109
月婆首那 102
魏略西戎傳 35, 38
爲霖道霈 266
魏伯陽 54
衛士度 53
潙山靈祐 227, 245
魏 書 102
魏書釋老志 28, 35, 136, 139, 147
魏 收 28, 102
衛元嵩 109
瑜伽論 184, 201, 202
瑜伽論記 208
瑜伽論疏 208
瑜伽論略纂 207
瑜伽法鏡經 204
惟 慤 204
劉謙之 211
儒 杲 118
劉 虬 83
維祇難 48
維摩經 22, 70, 151
維摩詰經(竺法護譯) 52
維摩詰經 51

劉 謐 190, 250
惟 白 245
劉秉忠 255, 258
裕菩薩(靈裕) 119
庾 冰 110
劉 憑 163
惟 上 222
唯識三十頌 206
唯識述記義蘊 207
唯心訣 237
遊心法界記 213
遊心法界記 215
惟 英 182
劉 裕 116
劉遺民 71
喩 疑 84
柳子厚 230
惟 淨 243
劉進喜 187, 189
惟 忠 226
劉 向 29
劉 勰 112
六家七宗論 66
陸 果 143
六卷泥洹經 89
六度集經 48
陸師壽 249
陸象山 249, 250, 264
陸修靜 98, 112
六十卷華嚴經 213
六祖壇經 224
陸 澄 34
尹 謙 188
律(衆律師) 166
律苑事規 258
融 濟 216, 218

隆興佛教編年通論 244
段成式 205
陰持入經註 40, 48, 49
義　林 189, 220
義　滿 222
義　明 222
義　方 224
義　福 225
義　湘 212
義　円 222
義寂(螺溪) 237
義　寂 212
義　淨 22, 89, 179, 201, 202, 204, 205,
　　　 206, 213, 218
懿　宗 193
義　眞 222
義　天 247
義　楚 235
義　忠 207
義　通 247
義　和 248
李綱山 250
二教論 55, 91, 113
異端辯正 264
李屏山 190, 255
異部宗輪論 202
李師政 187
二十四讚 230
李　榮 188
李遵勗 245
李仲卿 188, 189
李志常 258
李泰伯 250
李通玄 214
夷夏論 112
李　樞 235

李欽明 235
印　光 271
印光法師文鈔 271
印度哲學史綱 271
因明大疏 207
因明論義纂要 207
仁　岳 204
仁王經疏 208
一乘決疑論 267
一乘法界圖 212
一乘佛性究竟論 206
一切道經音義妙門由起 189
日照三藏 166, 206
一　行 187, 218, 220, 222, 223
日華佛教 270
日華佛教研究會年報 270
任繼愈 272
任道林 110
臨濟錄 227
臨濟義玄 227
立教十五論 251
入楞伽經 108, 203
入楞伽經心玄義 213
入唐求法巡禮行記 192, 198
立誓願文 150

亠

慈覺大師 173
自　慶 258
慈光晤恩 246
慈光志因 246
子　隣 203
子　立 188
慈明楚円 246

慈愍三藏慧日 231	章表民 250
子昉 247	張橫渠 249, 250
紫柏尊者全集 263	沮渠京聲 96, 122, 123
紫柏眞可 263	沮渠蒙遜 85
慈善 208	闍那崛多 156, 161
子璿 204	磧沙版大藏經 242, 270
慈氏上生偈 263	轉經行道願往生淨土法事讚 192
慈恩 178	傳教大師 173
慈恩大師 207	傳教大師最澄 225
慈恩大師(基) 184, 206	傳燈玉英集 245
慈照子元 259	傳法寶紀 225, 244
自知錄 264, 265	傳法正宗記 244
資治通鑑 243	傳法正宗論 244
雜阿毘曇心論 89	傳心法要 227
章嘉國師 266	全眞 205
張角 54	錢弘俶 236
張騫 21, 28, 31	絕觀論 225
蔣君 121	折薪記 248
張南軒 250	靜 235
張魯 54	正覺 214
張陵 54	淨覺 225
章炳麟 268, 270	鄭道子 111
藏師 225	整理僧伽制度論 269
張商英 190, 250	程明道 249
長水子璿 248	正蒙 250
章氏叢書 270	正法念處經 108
長阿含經 74	正法華經 51, 142
章安尊者 172	定賓 217
張演 143	正受 245
張元伯 148	淨業 163
蔣維喬 271	彭淵 119
張融 112	靜琬 150, 151, 255
張議潮變文 197	貞元新定釋教目錄 205
莊子註 50	程伊川 249, 250, 255
張之洞 268	靜藏 163
張天覺 249	靜帝(北周) 154, 155

索 引 319

定祖圖 244
淨衆寺神會 226
靜　泰 188
淨土論 230, 232
淨土寶珠集 249
淨土詩 263
淨土五會念佛誦經觀行儀 231
淨土往生傳 249
淨土盂蘭盆經 204
淨土慈悲集 231
淨土賢聖錄 267
提　婆 164
提婆菩薩傳 70
提雲般若 201, 203, 213, 218
提謂波利經 108
鳥窠道林 225
趙歸眞 186
祖堂集 235, 244
肇　論 72
肇論疏 67
趙樸初 272
曹　毘 121
曹思文 111
曹山本寂 245
祖　琇 61, 244
宗　鑑 244
宗鏡錄 233
宗　泐 262
綜理衆經目錄 64
宗門統要 246
宗門統要續集 246
宗　密 191, 192, 205, 214, 226, 248
宗　炳 28, 81, 111
種性差別章 206
宗　仰 270
宗　穎 173

從容錄 246, 258
宗　賾 262
宗　曉 247
坐禪三昧經 70
朱廣之 112
袾　宏 204, 231
周克復 143
註金師子章 248
周道祖 92
周濂溪 249, 255
王　浮 54
朱士行 28, 46, 52, 65
朱昭之 112
周　秀 216, 218
周易參同契 54
周　顒 112, 117, 165, 166
注維摩詰經 72
朱　熹 249, 255
竹窗隨筆 263
遵　式 249
准　一 247
中國佛教研究史 270
中　論 22, 70
中邊分別論 101
中峰明本 258
重　珣 240
中阿含經 73
中庸直解 264
中陰經 73
中宗(唐) 183, 185
仲　羲 262
即色遊玄論 67, 77
證道歌 226, 246
增修教苑清規 258
增一阿含經 73
增集續傳燈錄 245

索引 321

支疆梁接 48
智 鍇 167, 172
智 凱 159, 168
智 矩 159, 167
智 炬 211
支 謙 47, 48, 50, 51, 76, 126, 132
智 廣 205
智 交 247
智 顗 216
志 念 121
知 訥 214
智 達 207
支 遁 66, 67, 76, 77
智 鸞 208
支 亮 48, 50
支婁迦讖 22, 27, 39, 41, 42, 44, 48, 51, 81, 122
智 林 116, 166
智 猛 90
智 命 168
智 斌 138
智 文 128
支敏度 66, 78
地婆訶羅 201, 203, 208, 213
支 磐 244
智 拔 168
支法領 87
智 辯 166
志 福 205
智 鳳 208
至相大師 212
智 詵 185, 224, 226
智 首 216
智 昇 177, 189, 203, 205
智 實 168, 188
智 嚴 87, 89, 132, 203, 220, 225

智 儼 119, 122, 176, 178, 210, 212, 215
支 曜 40, 42
智 雄 208
智 円 204, 251
至元法寶勘同總錄 258
至元辯偽錄 55, 258
芝園集 249
智 越 172
智威(天台宗) 173
智威(牛頭宗) 225
智 隱 157
智 凝 121
智 顗 129, 133, 134, 143, 160, 167, 171, 172, 192
智 仁 216
智者大師 156, 160, 171
智 藏 98, 99, 117, 169
智 寂 166
智 正 119, 210
智 璪 160, 172
智 周 208
智證大師 173
支 讖 41
知 則 243
智 稱 128
智 脫 118, 159
智 通 203, 207, 212, 216
志 鴻 218
支孝龍 66
智 輝 262
直生淨土禮懺行法 249
眞覺國師文才 258
眞 觀 167
陳起祖 171
陳 那 206, 209
陳 搏 250

陳思王曹植　47, 54
晋　書　59, 68
秦世英　188
晋水淨源　248
晋王廣　156, 159, 160, 171
秦王俊　156
眞　藏　212
眞　定　212
眞　諦　26, 28, 100, 101, 120, 121, 167, 189, 202
眞　照　247
陳　慧　49
眞　誥　30, 33
嫉妬新婦經　204
集古今佛道論衡　189, 217
隼成記　248
集神州三寶感通錄　205
澄　觀　182, 211, 214
澄　淵　254
澄　遠　240

天

贊　寧　240, 243
參同契　225, 246
參天台五台山記　239, 240
菜根譚　23
蔡　晃　188, 190
笮　融　39, 42, 144
處　寂　185, 226
拓跋珪　102
拓跋晃　123
天界寺慧曇　263
天童寺敬安　269
天童寺子凝　247

千臂千鉢曼殊室利經　204
天聖廣燈錄　245
天聖釋教總錄　255
天息災(法賢)　243
天台大師　170
天台大師智顗　171
天台德韶　237, 246
天台四教儀　237
天學再徵　264
天皇道悟　225
詹　陵　264
添品法華經　142
靖　公　166
請觀世音菩薩消伏毒害陀羅尼呪經　142
請觀音經疏　143
清涼文益　237, 245
清涼澄觀　217
靖　邁　205, 206
靑　目　164
靖　嵩　120, 121
靑原行思　225
淸淨法行經　91
諦　觀　175, 237, 246
諦　閑　269, 271
楚　南　243
超　度　128
楚石梵琦　263
超　永　245
楚王英　31, 35, 42, 144
蜀王秀　156
蜀版大藏經　242
崔　光　118
最　澄　173, 180, 220
崔致遠　213
崔　浩　104
竺難提　142

索 引

竺曇摩羅刹 51
竺道潛 52, 66, 72, 76, 77
竺道壹 52
竺法蘭 28, 31
竺法雅 59, 65
竺法溫 67
竺法義 52
竺法濟 61
竺法汰 61, 67, 78, 82
竺法讀 41, 46, 51, 63, 66, 122, 126, 142, 202
竺佛朔 40, 42
竺佛念 73, 128, 129, 133
竺叔蘭 47, 53, 65
竺僧度 72
竺僧輔 61
竺僧敷 66
竺律炎 10, 48
出三藏記集 34, 100
出曜經 73
則天武后 149, 158, 177, 181, 183, 185, 194, 197, 205
緇門崇行錄 263
郗超 79
則法師 166
勅修百丈清規 258

E

誕禮 118
湯用彤 271
太武帝(北魏) 103, 104, 111, 136, 186
太上感應篇 265
太上靈寶元陽妙經 189
邰爽秋 269

太上混元上德皇帝明威化胡成佛經 258
熊十力 270
太子勇 156
太祖(金) 254
太祖(元) 255
太祖(宋) 242
太祖(後梁) 236
太祖(北周) 124
太祖(北魏) 135
太宗(北魏) 103
太宗(唐) 179, 184, 187, 188, 190, 202
太 初 214
太平經 38
太平清領書 37
太虛大師全書 269
太 賢 129
太玄眞一本際經 189
通 容 245
通 幽 115, 162
破邪論 28, 55, 187
婆 藪 165
波 若 172
皮 業 48
八思巴 258
八相成道變文 197
八十一化圖 259
彭紹升 267
抱朴子 54
表 訓 212
風穴延沼 246
筆削記 248

ㅎ

何尙之 115

何承天　111
何　晏　45
荷恩寺宗　213
鶴林玄素　225
閑居編　251
韓　林　48
漢滿蒙藏四體合璧大藏全呪　267
漢法本內傳　31
漢王諒　156
漢魏兩晉南北朝佛教史　271
韓愈(韓退之)　190
漢一唐佛教思想論集　272
韓退之　250
含　光　221
恒　景　216, 218
降魔變文　197
海空智藏經　189
解楞伽經記　263
解深密經　96, 202
解深密經疏　208
海雲印簡　255
海潮音　270
行　均　253, 254
行　勤　242
行　瑫　235
行　滿　173
行事鈔　247
行事鈔記　218
行事鈔資持記　247
行　表　225
向　秀　45, 50
香　育　225
獻文帝　105, 147
獻　帝　39
玄　覺　203, 225
玄　高　104, 123

玄　光　171
現代佛學　272
玄　朗　173
玄冥禪師頴公　255
顯密円通成佛心要集　254
玄　昉　208
玄　儼　218
顯揚論　202
玄　琬　116, 122, 162
玄　應　222
玄　燮　189
玄　奘　22, 27, 89, 96, 168, 179, 184, 201,
　　　　202, 205, 206, 207, 216
玄　賾　224
顯正論　187
顯　祖　139
玄　宗　158, 181, 184, 185, 187, 188, 194
顯宗論　53
玄　暢　96, 123, 138, 210
玄　超　220
荊溪湛然　217
慧　可　96, 126, 166, 223
慧　覺　120, 159, 167
慧　簡　131
嵇　康　45
慧　愷　120
慧　璩　138
惠　果　222
慧　觀　80, 82, 83, 84, 85, 86, 95, 114, 115
　　　　127, 174, 210
慧　曠　171
慧　光　109, 118, 124, 127, 129, 137, 174,
　　　　210, 212, 216, 217
慧　皎　31, 32, 84, 100, 127
慧　球　116, 138
慧　郡　159

索　引

慧灌	168	
慧均	168	
慧暅	117, 139, 171	
慧苴	138	
慧記	116	
慧能	179, 181, 224	
慧陵	167	
慧達	67	
慧曇(天界寺)	261	
惠燈集	258	
慧朗	221	
慧令	138	
慧琳	111, 205, 222	
慧立	206	
慧命	167, 170	
慧斌	136, 138	
慧文	109, 170	
慧方	225	
慧辯	171	
慧福	225	
慧思	150, 166	
慧詳	205	
惠生	108	
慧璿	167	
慧韶	117	
慧沼	207	
慧詢	128	
慧順	119, 129, 137	
慧嵩	85, 105, 123	
慧乘	139, 156, 159, 163, 188	
惠深	136	
慧鍔	143	
慧安	224, 226	
慧約	98	
慧嚴	82, 84, 86, 94, 114	
慧嚴宗永	246	
慧知	176	
慧琰	118	
慧榮	121	
慧英	205, 213	
慧影	157, 163	
慧叡	81, 82, 84	
慧苑	213	
慧勇	166	
慧越	159	
慧苑	213	
慧遠	61, 65, 67, 92, 103, 110, 115, 118, 120, 123, 127, 121, 139, 142, 156, 157, 161, 168, 194, 231	
慧威	170, 173	
慧義	87, 93	
慧愷	101	
慧因	166	
惠日	222	
慧藏	121, 157, 161	
慧靜	115	
慧淨	188, 190	
慧志	101	
慧持	80, 81	
慧次	117	
慧瓚	228	
慧遷	120, 157	
慧哲	167	
慧超	98, 99, 138, 170, 221	
慧忠	225	
慧則	222	
慧誕	116	
慧猷	128	
慧通	95, 112	
慧布	166	
慧海	115, 122	
慧曉	212	

慧　休　121
慧　興　101
胡居仁　264
讀　法　206, 207, 209, 210
讀法論　190, 250
胡　適　270
湖州円覺寺版大藏經　242
弘　景　173, 222
弘明集　99
洪　敏　247, 248
弘法大師空海　222
洪　辯　182
洪　偃　117
洪　淵　217
洪　義　162
弘　忍　224
洪　遵　121, 157, 161, 217
弘　贊　143
弘贊法華傳　205
華嚴綱目　212
華嚴經　85, 151, 194, 196, 210, 213
華嚴經感應傳　205
華嚴經搜玄記　212
華嚴經音義　214
華嚴經入法界品　203, 213
華嚴經傳記　205, 213
華嚴經贊　253
華嚴經探玄記　213
華嚴孔目章　122, 212
華嚴敎分記　213
華嚴念佛三昧論　267
華嚴念佛三昧無尽燈　249
華嚴談玄決擇　254
華嚴論　211
華嚴論節要　214
華嚴法藏　129

華嚴寺智光　213
華嚴三昧觀　213
華嚴五敎章　213, 248
華嚴五十要問答　212
華嚴一乘敎義分齊章義苑疏　248
華嚴旨歸　210, 213
化胡經（老子）　189
桓　帝　35, 37, 39, 42, 110, 144
黃龍慧南　246
黃檗希運　227, 245
黃　壽　188
黃　隨　188
黃　帝　36
黃懺華　271
懷　感　178, 229
會空有論　206
懷　素　129, 216, 217
懷　讓　225
會　隱　188
懷　仁　205
懷　迪　203, 204
會正記　247
廻諍論　108
懷　齊　212
孝武帝（東晉）　185
孝明帝　107
孝武帝　60, 76, 95, 131, 138
孝文帝　105, 107, 116, 124, 128, 136, 140
孝　宗　250
後漢紀　29, 31
後漢明帝　29
後漢書　29
欽　177
興化存奬　246
希　迪　248
熙仲, 244,　　　　　希　麟　254

譯者 鄭 舜 日
　　全北 金提 出生
　　圓光大學校 圓佛敎學科 卒
　　　同大學院 佛敎學科碩士. 博士過程 修了
　　現 圓光大敎學大 專任講師
《論著》
「宗密의 禪敎一致觀」
『華嚴原人論』硏究
「宗密의 會通思想硏究」
「普照禪의 頓漸基礎」外多數

중국불교사

佛紀 2540年(1996)	6月	25日	初 版	1刷	發行
佛紀 2544年(2000)	3月	30日	初 版	2刷	發行
佛紀 2549年(2005)	8月	15日	初 版	3刷	發行
佛紀 2554年(2010)	3月	10日	初 版	4刷	發行
佛紀 2556년(2012)	2月	25日	初 版	5刷	發行
佛紀 2565년(2021)	2月	25日	初 版	6刷	發行

ⓒ 지은이　鎌田茂雄

옮긴이　鄭 舜 日

펴낸이　이 규 택

발행처 경 서 원
110-170 서울·종로구 견지동 55-2
登錄 1980. 7. 22. 제1 - 37호
☎ 02) 733 - 3345~6
FAX 722 - 7787

♣ 파본은 바꾸어 드립니다.
ISBN 978－89－85101－23－3

값 20,000 원